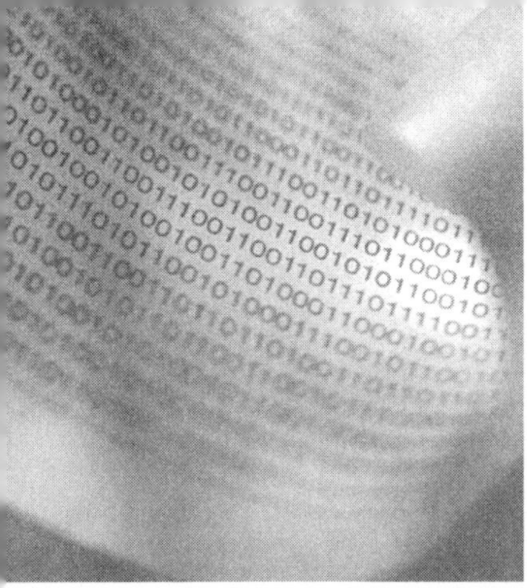

테크노경영

| 배석주 · 안광일 · 이동호 · 정인재 · 최경현 지음 |

TECHNO MANAGEMENT

清文閣

머리말

기대와 두려움으로 내디딘 새 밀레니엄의 문턱을 넘은 지도 10년이란 세월이 훌쩍 넘어버렸다. 당시 21세기의 새로운 모습을 예측하는 많은 얘기들이 있었다. 그리고 10년이 지난 현재 눈에 띄는 단어들 중 하나는 '융합'이라는 말일 것이다. 정보기술과 환경기술의 융합, 인문학과 공학의 융합, 과학기술의 철학적 이해, 마케팅 엔지니어 등 서로 독립적으로 발전해 오던 학문들이 융합을 통해 새로운 분야를 개척해 나가고 있다.

이러한 융합이라는 단어는 이공계 분야에 새로운 도전이자 도약을 위한 디딤돌이라고 생각한다. 2002년부터 기술개발과 성공적인 기업경영을 통하여 국가과학기술혁신과 기업발전에 크게 이바지한 이공계 출신의 CEO를 발굴하여 포상하는 제도가 생겼다. 바로 테크노 CEO상이다. 이 상은 경영과 기술의 융합을 성공적으로 이루어낸 리더에게 주는 상이라고 말할 수 있다. 기술 분야에만 한정되어 좁았던 생각의 폭을 넓혀 경영의 관점이라는 새로운 시각을 받아들임으로써 새로운 도약을 이루는 좋은 사례이다. 그러나 융합의 시대에서 멀티플레이어로서의 변신이 필요하긴 하지만 이는 쉽지 않은 도전이기도 하다.

이공계를 졸업한 많은 학생들이 기업과 연관해서 일하게 되지만 막상 기업 시스템을 이해하는 학생들은 많지 않다. 남다른 관심을 갖지 않고서는 자신의 전공 외에 기업경영에 대한 공부를 별도로 할 기회를 갖지 못한다. 마케팅 개념의 부재, 경영학적 사고의 부재로 인한 산업현장의 불만들을 이공계 학생 개인의 책임이라고만 말할 수 없다. 이공계 학생들에게 기업경영을 배우고 이해할 수 있는 기회가 필요한 것이다. 이러한 기회를 주고자 이공계 학생들에게 경영 전반을 이해하도록 돕는 전략적 과목으로 테크노 경영학이 등장하였다.

《테크노 경영》은 이공계 학생들에게 경영시스템을 이해하고 테크노 CEO로서 필요한 자질들을 알고 계발하는 것을 돕기 위해 쓰였다. 지난 몇 년간 테크노경영학을 강의해 오면서 한 권으로 기업의 모든 것을 담을 수 있는 책은 하나도 없으며 불가능하다는 것을 인정할 수밖에 없었다. 그러면서도 핵심이론과 실무사례를 잘 전달할 수 있는 책을 집필해야 한다는 필요성을 크게 느꼈다. 다행히도 몇 교수님들께서 같은 필요성을 느끼시고 뜻을 모아서 이렇게 공저로 책을 발간하게 되었다. 이 책이 기업의 모든 것을 말해 주지는 못하지만 이공계 학생들이 기업시스템을 이해하고 기업경영에 대한 흥미를 갖고 알아가고자 하는 데 기폭제 역할을 하길 기대한다. 또한 개정증보를 통해 계속 알찬 내용을 제공할 것을 약속드린다.

마지막으로 이 책의 출판을 허락해 주신 청문각의 김홍석 회장님과 빠듯한 일정 가운데 많이 애써 주신 편집부 여러분께 감사드리며, 아울러 청문각의 무궁한 발전을 기원한다.

2011년 2월
저자들을 대표하여
안광일 드림

차 례

1 테크노 리더 · 1

1.1 리더와 리더십 ······ 3
1.2 기업의 리더(CEO) ······ 11
1.3 테크노 리더 ······ 18

2 기업의 문화와 윤리 · 25

2.1 기업문화의 의미 ······ 27
2.2 기업문화와 경쟁력 ······ 29
2.3 기업문화의 구성요소(7S모형) ······ 34
2.4 기업문화 사례들 ······ 39
2.5 글로벌 기업을 위한 기업문화 개발 ······ 43
2.6 기업윤리 ······ 47

3 인적자원관리 · 57

3.1 인적자원관리의 의미 ······ 59
3.2 인적자원의 확보 ······ 61
3.3 인적자원의 개발 ······ 68
3.4 평가 및 보상 ······ 72
3.5 인적자원의 유지 ······ 80
3.6 인적자원관리의 방향 ······ 83

4 마케팅과 CRM · 87

4.1 CRM의 개념 ······ 89
4.2 고객관리 ······ 99
4.3 고객가치와 마케팅 ······ 106

5 생산관리 • 113

5.1 기초 ······ 115
5.2 생산전략 ······ 118
5.3 제품설계 ······ 120
5.4 공정설계 ······ 123
5.5 설비계획 및 입지 ······ 129
5.6 생산 및 일정계획 ······ 131
5.7 재고관리 ······ 136

6 품질경영 • 141

6.1 품질경영의 이해 ······ 143
6.2 품질비용 ······ 153
6.3 품질개선 기본도구 ······ 159

7 경영정보시스템 • 171

7.1 기초 ······ 173
7.2 기본개념 및 발전과정 ······ 176
7.3 경영정보시스템의 구현과 운영 ······ 184

8 공급사슬경영 • 197

8.1 공급사슬관리의 개념 ······ 199
8.2 공급사슬 분석 ······ 207
8.3 공급사슬계획 ······ 213

9 회계시스템과 재무전략 • 225

9.1 재무회계의 기초 ······ 227
9.2 재무제표의 이해 ······ 234
9.3 기업의 재무분석 ······ 242

10 6시그마 경영 · 249

10.1 6시그마 경영의 정의 ······ 251
10.2 6시그마 DMAIC 프로세스 ······ 259

11 전략경영 · 277

11.1 전략경영의 개념 ······ 279
11.2 전략경영의 개요 ······ 282
11.3 전략수립 프로세스 ······ 287

12 기술경영 · 297

12.1 기술경영의 정의 ······ 299
12.2 연구개발관리 ······ 302
12.3 기술혁신 ······ 304
12.4 기술관리 ······ 306

13 환경경영 · 323

13.1 기초 ······ 325
13.2 환경경영 개요 ······ 330
13.3 환경경영 전략 ······ 334
13.4 환경경영 각론 ······ 337

찾아보기 · 349

Techno Management

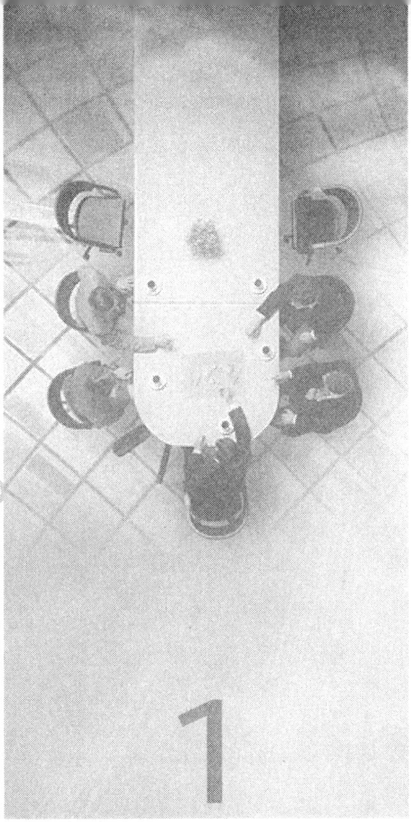

1

테크노 리더

경영환경의 변화에 따라 기업의 CEO(Chief Executive Officer)의 역할이 바뀌어 왔다. 21세기에는 기술개발이 가속화되고 있으며, IT기술을 기반으로 하는 벤처기업이 등장하였다. 이런 변화에 맞추어 이공계 출신도 기업의 CEO가 되는 사례가 늘고 있다. 그러나 이공계 출신의 CEO라고 해도 경영에 대한 이해가 없다면 이 시대의 상황에 맞는 CEO라고 말할 수 없다. 출신이 중요한 것이 아니라 기술과 경영에 대한 이해를 잘 하고 있는 능력을 갖춘 CEO, 즉 테크노 CEO를 필요로 하는 시대가 도래했다.

1.1 리더와 리더십

1.1.1 사전적 의미

리더란 조직이나 단체 따위에서 전체를 이끌어 가는 위치에 있는 사람을 일컫는다. 기업에서 CEO(Chief Executive Officer)는 기업의 리더인 것이다.

그리고 리더십(leadership)이란 'the ability to be a leader or the qualities a good leader should have'라고 영영사전에 정의되어 있다. 즉 리더십이란 리더로서 지니고 있는 능력 혹은 좋은 리더가 갖춰야 할 특성이다. 그러면 리더십이 구체적으로 어떤 능력과 자질을 의미하는가를 사전적 정의에서 찾아보자.

영어사전에서 'Lead'에는 첫째 '앞장서서 안내하다'라는 뜻이 있다. GE(General Electric)사의 CEO였던 잭 웰치(Jack Welch)는 "성공의 비결이 무엇이었습니까?"라는 질문에 대해서 이렇게 말했다고 한다. "나는 내가 어디로 가는지 알고 우리 회사 직원들은 내가 어디로 가는지 알고 있다." 그는 비전이 있는 리더였다. 앞장서서 안내하기 위해서 갖추어야 할 능력은 비전을 제시할 수 있는 능력인 것이다.

'Lead'의 둘째 의미는 '앞서다. 선두를 달리다'이다. 사람마다 특색이 있고 저마다 장점이 있다. 앞서고 선두로 달리려면 리더는 자신만의 경쟁력이 있어야한다. 자기의 결정을 전력을 다해 설득하는 열정적인 CEO도 있지만 앤디 그로브(Andrew Grove)처럼 귀를 열어놓고 다양한 의견을 들으며 배우려는 '배움경영'으로 인텔을 세계의 최고의 자리에 올려놓은 경우도 있다.

셋째로 'Lead'에는 '지휘하다 인솔하다'라는 뜻이 있다. 기업(企業)이란 단어에서 企(기)자를 풀어보면 人(사람 인)+止(멈출 지)로 이뤄져있다. 즉 기업은 사람들이 멈춰서 함께 모여 일하는 곳이다. 따라서 경영 리더는 사람을 동기부여하고 하나로 모을 수 있는 통솔력이 필요하다. 리더는 혼자 가는 사람이 아니라 직원들을 동기부여해서 함께 갈 수 있는 사람이어야 한다.

마지막으로 'Lead'에는 '먼저 시작하다'라는 의미가 있다. 남미의 한 인디언 추장에게 한 기자가 질문했다. "추장의 특권은 무엇입니까?" 그때 추장은 이렇게 말했다. "추장이 갖는 특권은 전장에서 맨 앞에 서는 것입니다." 리더는 먼저 시작하는 솔선수범의 본을 보일 때 권위가 생기며 가장 큰 영향력을 발휘하게 된다.

배움경영_앤디 그로브(1987~1998 인텔 CEO)

한 CEO가 유력한 경영자들이 모이는 중요한 행사에서 연설을 앞두고 있습니다. 연설의 내용은 다음의 세 가지 중 하나를 선택해야 하는데요, 첫째는 아주 매력적이고 정교해 보이지만 실전에 투입된 일은 없는 신기술을 도입하겠다는 것이고, 둘째는 현재 가지고 있는 기술을 강화하는 데 주력하겠다는 것이며 셋째는 두 가지 모두 하지 않고, 판단을 시장에 맡기겠다는 것입니다. 이것은 지난 1991년, 미국 스탠포드 경영대학원에서 당시 인텔 회장이었던 앤디 그로브가 학생들에게 던진 질문이었습니다. 그리고 그 세 가지 보기는 바로 당시 앤디 그로브가 경영자로서 실제로 선택해야할 것들이었죠. 말하자면, 전설적인 경영자 앤디 그로브가 이제 막 경영학을 배우려고 하는 초보자들에게 중요한 경영 의사결정에 대해 의견을 구한 것입니다. 자신의 결정을 전력을 다해 설득하는 CEO는 많지만, 이렇게 모든 의견을 들으려고 한 CEO는 참 드문 것이 현실입니다. 하지만 앤디 그로브는 이처럼 언제라도 다른 이의 의견을 들을 자세가 되어있었죠. 그래서 사람들은 그의 경영스타일을 두고 "배움경영"이라 부릅니다.

끊임없이 세상과 소통하면서 받은 피드백을 경영 의사결정에 활용하는 것이 바로 앤디 그로브식 배움경영이라 할 수 있는데요, 여기에는 아주 중요한 원칙, 세 가지가 있습니다.

첫째, 새로운 문제에 부닥치면 이전에 알고 있던 모든 것을 잊어버리라는 것입니다. 1980년대 중반, 인텔이 일본 경쟁사들과의 가격경쟁에서 밀려 위기에 빠졌을 때였는데요, 당시 인텔의 이익은 1984년 2억 달러에 육박하다가 불과 1년 만에 200만 달러 이하로 곤두박질쳤다고 합니다. 그러나 인텔 직원들의 콧대는 여전히 높았습니다. 자신들이 일본 기업에 뒤졌다는 현재 상황을 인정하려 하지 않았던 것이죠. 그것은 최고경영진도 마찬가지였습니다. 이때 앤디 그로브는 당시 CEO 고든 무어에게 물었습니다. "만일 주주들이 우리 경영진을 내쫓고 새로운 경영진이 들어온다면, 그들은 무엇을 할거라고 생각하십니까?" 고든 무어가 대답합니다. "과거를 생각지 않고 회사를 확 바꿔놓겠지." 그러자 앤디 그로브는 되받아쳤죠. "우리가 새로 들어온 사람이라고 생각하고, 지금 그걸 그대로 하는 게 어떨까요?"

둘째 원칙은 어려운 결정을 내릴 때는 경영자가 아닌 경영학자가 되어보라는 것인데요, 이 원칙은 실제로 인텔이 메모리반도체의 선두주자에서 마이크로프로세서 기업으로 변신하는 과정에서 적용된 바 있습니다. 메모리반도체는 사실상 인텔이 개발해서 만든 시장입니다. 그런데 자기가 만든 시장에서 경쟁자들에게 뒤졌다는 것을 인정하고, 인정하는 것도 모자라 아예 철수해 버리는 것은 정말 어려운 일이었지요. 게다가 인텔의 모든 임직원 역시 이를 반대했습니다. 하지만 그때 앤디 그로브는 잠시 경영자가 아닌 경영학자로 되돌아가서 시장을 객관적으로 보기 시작했습니다. 그리고 아무리 계산해 봐도 메모리반도체에서 인텔은 승산이 없다는 결론을 내렸죠. 데이터가 말해주고 있었습니다. 그 다음은? 인텔은 과감하게 업종을 바꿨습니다. 그 해에는 엄청난 적자가 났고 정든 직장 동료 8000명을 떠나보내는 아픔이 뒤따랐습니다. 그러나 그 뒤 10년 동안, 인텔은 흑자를 이어가면서 마이크로프로세서 분야의 지배자로 올라섰습니다. 제2의 전성기를 맞은 것입니다.

셋째 원칙은 져야 하는 논쟁에서 이기지 말라는 것입니다. 메모리반도체 분야 신기술인 RISC가 처음 나왔을 때, 기술자들은 열광했습니다. RISC는 패션으로 따진다면 아주 고급스럽고 유행의 첨단을 달리는 매력적인 기술이었습니다. 여기에 매료된 앤디 그로브는 인텔의 기존 주력 기술인 CISC를 버리고 RISC로 방향을 바꾸려고 했습니다. 투자자들에게 뿌린 사업보고서 표지에 멋진 RISC칩 사진을 넣었습니다. 그리고 앤디 그로브가 직접 홍보비디오에 출연해 RISC칩에 대해 설명했습니다. 그때 인텔의 오래된 기술자 두 명이 앤디 그로브에게 달려갑니다. 그들은 인텔에게 가장 많은 돈을 가장 오랫동안 지속적으로 벌어다 줄 기술은 RISC가 아니라 CISC라고 확신하고 있었습니다. 그들이 제시한 모든 근거를 검토한 앤디 그로브는 두 기술자의 설득에 RISC를 포기합니다. 나중에 앤디 그로브는 이렇게 회고합니다. "나는 회사를 거의 망쳐 놓을 뻔했다. 신기술의 유혹에 홀렸던 모양이다. 나는 그 두 기술자에게 진심으로 감사한다."

출처: SERI 경영전략실 이원재 수석연구원

1.1.2 리더십의 정의

리더십의 정의를 한마디로 표현하는 것은 쉽지 않은 일이다. 리더십은 많은 사람들이 관심을 갖고 있는 영역이며 저마다 관점이 다르기 때문이다. 리더십에 대한 대표적인 학자들의 정의는 <표 1-1>과 같다.

표 1-1 대표적인 학자들의 리더십 정의

헴필과 쿤 (1957)	집단의 활동을 공유된 하나의 목표로 집중시키려는 개인의 행동
워렌 베니스 (1959)	리더가 부하들을 바람직한 방향으로 이끌어가는 과정이다.
R. M. 스토그딜 (1974)	기대와 상호작용 속에서 조직을 주도하고 유지하는 것이다.
카츠와 칸 (1978)	기계적으로 조직의 일상적 명령을 수행하는 것 이상의 결과를 가져올 수 있게 하는 영향력이다.
슈리셰임, 톨리버와 베홀링(1978)	사회적 영향력 행사과정으로, 리더가 조직목표 달성을 위하여 하급자들의 자발적인 참여를 추구할 때 발생한다.
포시스 (1990)	"집단과 각 구성원들의 목표달성을 촉진하기 위하여 각 구성원들이 다른 구성원들에게 영향을 미칠 뿐만 아니라 그들을 동기화시키는 상호적, 교환적 및 변환적 과정이다." 이를테면 리더와 구성원, 환경의 세 가지 요소가 상호의존적으로 영향을 주고받는다는 것이다. 리더십은 그 자체가 유동적이며 역동적이기 때문에 이 세 가지 요소에 대하여 지속적인 조율과 조정을 필요로 하는 과정이라고 할 수 있다.

출처: 김석우, 이상호(2008), 공학기술과 리더십, 지호출판사, p.24

<표 1-1>의 정의들에서 공통적으로 발견할 수 있는 것은 한 리더가 조직의 사기와 성과에 큰 영향력을 준다는 것이다. 결론적으로 리더십이란 영향력이라고 말할 수 있다.

리더십 전문가인 존 맥스웰(John Maxwell C.)은 ≪리더십의 법칙≫이란 책에서 '리더십은 진정한 정의는 영향력이며 그 이상도 그 이하도 아니다'라고 주장하며 5단계의 리더십을 설명했다. 즉 당신은 무엇으로 영향으로 주고 있는가? 달리 말하면 직원들이 왜 당신을 따르는가에 대해서 5단계를 설명했다.

1단계는 Position(직위) 때문이다. 리더는 직위나 권한 때문에 영향력을 발휘하게 된다. 사람들은 리더의 직위(position) 때문에 그를 따른다. 그러나 이 단계에서 오래 머물다 보면 이직률이 높아지고 사기는 떨어진다. 직원은 직장을 떠나는 것이 아니라 상사를 떠나게 된다.

2단계는 Permission(허용) 때문이다. 리더가 허용하고 이해하면 관계가 좋아져서 함께 즐겁게 일하게 된다. 사회에서 성공한 사람들의 85%는 원만한 인간관계 때문이었다는 연구결과가 있다. 주변사람과 잘 지내는 능력이 중요하다. 1단계 리더십에서 직위는 주어지는 것이지만 2단계 리더십에서 관계발전을 위해서는 꾸준한 자기계발이 필요하다. 다른 사람을 높여주는 시도와 노력을 통해 자원함을 끌어내는 것이 필요하다.

3단계는 Production(성과)이다. 리더가 이룩한 성과로 인해 사람들은 리더를 지지하고 따르기 원한다. 그리고 리더의 말에 신뢰를 두게 된다. 이 단계에서 리더는 비전을 제시하고 추진력을 갖는 것이 중요하다. 지속적인 모멘텀(운동력)을 만들어내야 하는 것이다.

4단계는 People(인재양성) 단계로서 조직 내에 리더를 양성하기 위한 의지를 갖기 때문에 사람들이 따르는 것이다. 사람들은 자신의 능력을 이용하는 리더가 아니라 자신을 키워주는 리더에게 자발적 충성을 하게 될 것이다.

5단계는 리더십의 완성단계로 Personhood(인격) 단계로서 성품리더십이다. 사람들은 리더의 성숙한 인격을 인해 존경하고 자발적인 충성을 하게 된다. 5단계 리더십에서는 자기성장을 위해 부단한 투자와 계발이 필요하다.

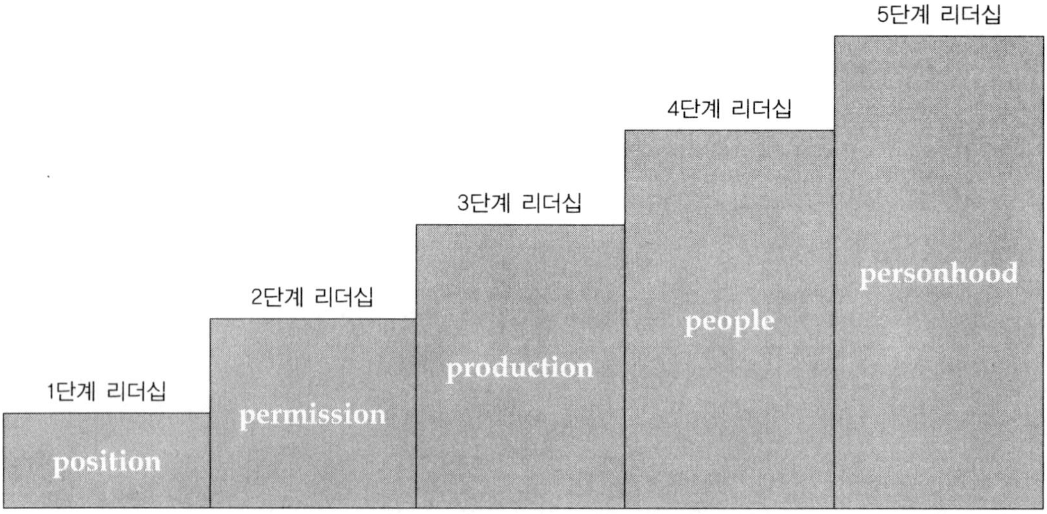

그림 1-1 존 맥스웰(John Maxwell C.)의 5단계 리더십

1.1.3 리더십에 대한 연구

(1) 특성이론

리더십의 의미를 개념화하는 많은 연구 중 초기 모델은 리더십 특성이론(Traits theory)이다. 특성이론은 '잘 될 나무는 떡잎부터 안다'는 의미이다. 즉 리더는 타고난 신체적 특성, 사회적 특성, 능력 등을 지니고 있다는 이론이다.

그러나 성공한 리더들에게 모두 발견되는 공통적인 특성을 제시할 수는 없었다. 또한 후천적으로 개발되는 리더십도 있기 때문에 일반화하기에는 한계가 있었다.

표 1-2 리더의 선천적 특성

구분	내 용
신체적 특성	활동성, 정력, 외모, 차림새, 키, 몸무게 등
능력 특성	행정능력, 지능, 판단력, 지식, 기술적 능력, 어휘 구사력 등
성격 특성	성취동기, 야망, 적응력, 공격성, 민첩성, 반권위주의적 성격, 지배성향, 자기제어, 열정, 외향성, 독립성, 주도적, 직관력, 성실성, 객관성, 창의성, 일관성, 인내력, 책임감, 자신감, 유머감각, 스트레스 저항력 등
사회적 특성	협동심, 대인관계 기술, 민감성, 명예나 인기중시 성향, 사회성, 사회경제적 지위, 다변성, 재치 등

출처: Jago, A.G.(1982), Leadership: Perspectives in Theory and Research, Management Science, Vol.28, no.3, p.317

(2) 행동이론

특성이론의 한계를 지적하며 제안된 모델은 리더십 행동이론(Behavior theory)이다. 따르는 자의 눈에 비치는 리더는 그의 특성이 아니라 행동이기 때문에 가장 바람직한 리더십 행동이 무엇인가를 연구하게 된 것이다. 이 이론은 오하이오 주립대학과 미시간 대학교에서 비슷한 시기에 연구가 진행되었다. 리더들의 행동차원을 생산(목표) 지향적인 경향과 종업원과의 관계를 중시하는 경향으로 구분하였다. 생산 지향적 리더는 구성원의 과업목표 달성을 도와주는 리더십 행동을 하며 종업원 지향적인 리더는 구성원 간의 호의적인 인간관계를 가지고 잘 지내도록 도와주며 일터에서 만족을 느끼도록 도와주는 리더십 행동을 한다는 것이다.

브레이크(Blake)&모우톤(Mouton)은 기존의 행동에 따른 리더십 유형을 개념화하여 정형화하였다. <그림 1-2>는 그들이 제시한 관리격자이론(Managerial Grid Theory)이다. 관리격자에서는 5가지의 행동 유형을 보여주고 있다.

- **무관심형(1,1)**: 과업성취와 종업원에 대한 관심이 모두 낮은 유형이다. 리더는 자신의 자리를 유지하기 위한 최소한의 노력을 할 뿐이다.
- **인기형(1,9)**: 과업성취보다 인간만을 중시하는 유형이다. 종업원과 우호적인 관계에 관심을 둔다.
- **과업형(9,1)**: 과업성취에만 관심을 보이는 유형이다. 관리의 초점을 생산성에 두고 종업원은 목표성취를 위한 수단으로 취급한다.
- **중도형(5,5)**: 과업성취와 인간에 대한 중간정도의 관심을 보이는 유형이다. 리더는 절충에 신경을 쓰며 종업원에게 우유부단한 리더십으로 보여질 수 있다.
- **팀제형(9,9)**: 과업성취와 인간의 양면에 모두 높은 관심을 갖는 유형이다. 리더는 공동목표와 상호관계를 강조하며, 신뢰와 존경에 바탕으로 종업원의 몰입을 통해 과업을 달성한다.

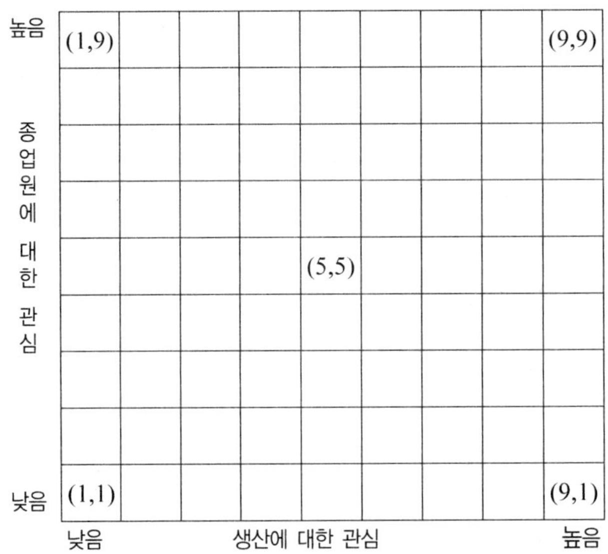

[출처: Blake, R. R. & Mouton, J. S. (1982), "A comparative Analysis of Situationalism and 9.9 Management by Principle", Organizational Dynamics, 10(4), pp.20~42]

그림 1-2 관리격자(managerial grid)

행동이론은 성공적인 리더들의 행동을 통해 다른 사람을 리더로 훈련시킬 수 있는 가능성을 제시했다.

(3) 상황이론

행동이론의 연구는 리더의 성향 외의 다른 변수들을 고려하지 못하는 한계가 있기 때문에 구성원의 특성, 과업환경요인, 조직의 특성 등의 요소들을 함께 고려하는 상황이론(Contingency theory)이 등장하게 되었다.

<그림 1-3>은 허시(Hersey)와 블랜차드(Blanchard)의 리더십 모델이다. 허시와 블랜차드는 기존의 행동이론에 제시한 것과 유사하게 리더의 행동을 2차원으로 표시하고 상황조절변수로 종업원의 성숙도를 선택하였다. 종업원의 능력에 따라 효과적인 리더십 스타일이 달라져야 한다는 주장이다. 그리고 과업의 종류마다 종업원의 능력이 달라지므로 그 상황마다 발휘해야할 리더십의 유형이 또 바뀌게 된다.

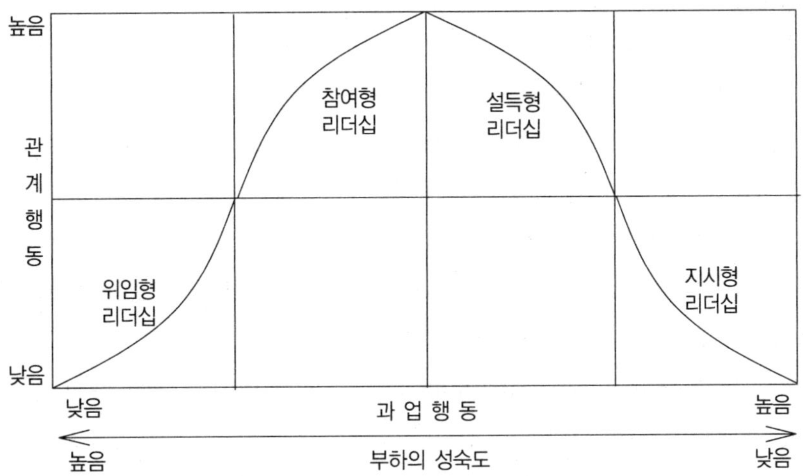

[출처: 김석우, 이상호(2008), 공학기술과 리더십, 지호출판사, p.116]

그림 1-3 허시와 블랜차드의 리더십 모델

종업원의 상황에 따른 효과적인 리더십 스타일을 요약하면 다음과 같다.

- 능력과 의지가 모두 낮은 상태: 지시적(telling/directing) 리더십
- 능력은 낮으나 의지가 강한 상태: 설득적(selling/coaching) 리더십
- 능력은 뛰어나나 의지가 약한 상태: 참여형(participating/supporting) 리더십
- 능력과 의지가 모두 높은 상태: 위임형(delegating/observing) 리더십

지금까지 특성이론, 행동이론, 상황이론에 대해 살펴보았다. 리더십에 대한 다양한 연구는 지금까지도 계속 진행 중이다. 2002년에는 한일 월드컵을 통해 한국을 4강까지 끌어올린 히딩크 리더십이 이슈가 되었다. 세종대왕, 징기스칸 등 역사의 인물 속에서

리더십의 의미를 찾아보는 노력도 있었다. 디지털시대로 들어서면서 디지털 리더십이라는 용어도 나오기도 했다. 인류가 존재하는 동안 리더십의 문제는 늘 새로운 이슈가 될 것이다.

1.1.4 리더와 관리자

'리더는 관리자이다.' 이 명제는 참인가? 거짓인가? 일반적으로 관리자가 리더이고 리더가 관리자라는 생각을 갖는다. 리더와 관리자는 원하는 결과물을 낼 수 있도록 사람들을 동기부여하고 제시하는 역할을 한다는 측면에서는 공통점을 갖는다.

그러나 리더와 관리자는 근본적으로 다르다. 워렌 베니스(Warren Bennis)는 '리더는 제대로 된 일을 하는 사람이고 관리자는 일을 제대로 돌아가게 하는 사람이다.'라는 명제로 리더와 관리자의 차이를 설명했다.

관리자는 주어진 업무를 적은 노력과 시간으로 원하는 결과를 도출하기 위한 효율적인 방법을 찾고 연구한다. 즉 효율성(efficiency)이 관리자의 능력의 척도이다.

그러나 리더는 조직이 추구해야할 미래상, 즉 비전을 그려내고 제시하는 사람이다. 그리고 5년 후 혹은 10년 후 우리 기업의 모습을 이루기 위해 우리가 무슨 일에 집중해야할지를 결정하는 사람이 리더인 것이다. 미래목표에 얼마나 근접한 결과를 도출했느냐를 나타내는 효과성(effectiveness)이라는 척도가 리더의 능력의 평가지표가 된다. 달리 말하면 리더는 올바른 일(right things)을 찾고 정의하는 사람이고 관리자는 올바른 방법(right way)을 찾는 사람이다.

<표 1-3>에서는 리더와 관리자에 대한 워렌 베니스의 관점을 보여주고 있다.

표 1-3 21세기 리더와 관리자의 차이

- 관리자가 관리를 한다면, 리더는 혁신을 한다.
- 관리자가 모방을 하는 복사본이라면, 리더는 새로운 것을 창조하는 원본이다.
- 관리자가 체제나 구조에 초점을 맞춘다면, 리더는 사람에 초점을 맞춘다.
- 관리자가 통제에 의존한다면, 리더는 신뢰를 불러일으킨다.
- 관리자가 단기적인 관점을 가지고 있다면, 리더는 장기적인 관점을 가지고 있다.
- 관리자가 방법과 시기를 요구한다면, 리더는 내용과 이유를 요구한다.
- 관리자가 현상을 수용한다면, 리더는 이에 도전한다.
- 관리자가 자신이 맡은 일을 모범적으로 수행하는 훌륭한 병사라면, 리더는 주체성을 가지고 독자적으로 행동한다.
- 관리자가 일을 옳게 한다면, 리더는 옳은 일을 한다.

출처: 김석우, 이상호, 공학기술과 리더십, 지호출판사, p.31

1.2 기업의 리더(CEO)

1.2.1 미국 CEO의 변천사

미국 경제 전문지 포천(fortune; 2002년 10월)은 지난 100년간의 미국 최고경영자(CEO)를 7개 유형으로 나눠 제시했다. 당시 미국은 엔론사(에너지 판매 및 중개회사)와 월드컴사(장거리 전화회사)가 회계부정으로 파산함으로 인해 충격에 휩싸여있었고 CEO의 윤리성에 대한 문제가 크게 대두되었던 해였다. 이를 계기로 과거 'CEO 변천사'를 짚어보고 교훈을 얻자는 취지에서 연구되었다. 폭군형으로부터 시작하여 전기톱형까지 그 내용(출처: 동아일보 2002년 11월 13일)은 다음과 같다.

- 폭군형(1884~1921년)

20세기 초 내셔널금전등록기(NCR)사를 이끈 존 패터슨이 대표인 인물이다. 그는 존 록펠러, 앤드루 카네기처럼 현대 미국의 위대한 기업을 일구어낸 경영자였으나 폭군이었다. 6개월마다 사원들의 키와 체중을 재게 했고 음식을 꼭 32번 씹어 먹게 했다고 한다. 중역 책상을 엎기도 했다. 그러나 아이디어 제안에 대한 보상, 사장 직보(直報)시스템 등을 도입했었다. 1910~30년대 미국 CEO의 6분의 1이 그가 세운 경영자학교 출신이었다.

- 관리자형(1923~1940년대 초)

1923년 제너럴모터스(GM)의 경영권을 쥔 앨프리드 슬론은 GM 오너이자 창업자인 윌리엄 듀랜트의 부실경영으로 위기에 빠진 회사를 구해냈다. 그는 '기획조정위원회'를 만들어 사업부문 간 업무를 조정했다. 시보레, 폰티악, 뷰익, 캐딜락 등 차종의 생산라인과 판매망을 정비했다. GM은 1925~85년까지 매년 경쟁사 포드보다 많은 이익을 냈다. '기획조정 위원회'가 잇따라 기업들에 도입되면서 1940~50년대는 '얼굴 없는 CEO' 시대가 됐다.

- 계산기형(1959~1977년)

1959년 국제전화전신(ITT)의 CEO가 된 해럴드 제닌과 같은 유형이다. 당시 ITT는 기업합병에 나서 80국 350개 사업장을 거느렸다. 많은 사업장 관리에는 제닌 같은 금융 전문가가 필요했다. 그는 사장 250명으로부터 월례보고를 받고 2 m 높이의 사업계획서를 검토했다. 그의 지론은 "숫자를 알면 자유롭게 되리라."는 것이었다. 1939년 7%이던 금융인 출신 CEO 비율이 1979년에는 31%가 됐다.

- 정치가형(1970년대초~1981년초)

70년대 미국 경제는 침체기였다. 고유가로 인한 인플레이션이 그 원인으로 꼽혀 CEO들은 비난을 피할 수 있었다. 대신 CEO는 기업보다 공공정책에 대한 의견을 내놓아 주목받았다. GE의 레지날드 존스, 듀폰의 어빙 샤피로, 체이스맨해튼의 데이비드 록펠러 등이 대표적이다. 이들은 각국 지도자들과 식사를 하면서 '미국 기업'의 운영방안에 대해 이야기했다.

- 중성자탄형(1981~2000년)

1981년 GE의 CEO가 된 잭 웰치가 대표적인 인물이다. 그는 인명살상이라는 목적에 충실한 중성자탄처럼 경영목표에 치중했다. 고과를 냉혹하게 실시했으며 효율이 낮은 사업부문은 과감하게 없앴다. 그는 오로지 주가 상승을 목표로 삼았다. 그가 재임한 20년 동안 GE 주가는 5021% 올랐다. 정치가형이 '미국기업'을 논의한 데 비해 웰치는 에너지를 기업 경영에만 쏟았다.

- 스타형(1990년대 초~2002년)

개인적인 카리스마로 인해 주목받는 유형으로 90년대에 급증했다. CNN의 테드 터너, 인텔의 앤디 그로브, 아마존의 제프 베조스 같은 이들이다. 이들은 모두 타임지의 '올해의 인물'에 선정됐다. 이 시기에 연봉도 치솟았다. 81년부터 20년간 미국 10대 최고 연봉 경영인의 평균 급여는 4300% 상승했다. 스타형의 효시는 79년 크라이슬러의 CEO가 된 리 아이아코카로 그의 자서전은 700만 부나 팔렸다.

- 전기톱형(1990년대 후반~2002년)

일명 '파괴자' 유형이다. 앨버트 던랩은 90년대 중반 스콧페이퍼사의 CEO가 되면서 인건비 연구개발비 설비개선비를 모조리 삭감해 주가를 225%나 올렸다. 그는 자신을 마이클 조던과 비교했다. 그러나 96년 선빔사를 맡은 후 단기간 내 성과를 올리고자 회계부정을 지시했다. 그는 사기혐의로 고소됐으며 5억 달러의 벌금을 물었다. 선빔사의 2002년 주가는 2센트(약 24원)였다.

포천지에서 제시한 7가지 유형의 CEO의 분류는 리더십 이론을 근거로 분류하기보다는 사회적 환경, 경영환경 등 시대의 요구에 의해서 필요했던 CEO의 모습을 보여주고 있다. 폭군형에서 스타형까지는 사회적 환경에 슬기롭게 대처해서 성과를 낸 사례들을 중심으로 분류하였다. 그러나 마지막 전기톱형 CEO는 회계부정을 통해 이루어 놓은 성과가 물거품으로 돌아가 버린 사례를 통해 윤리적 CEO가 좋은 리더를 넘어 위대한 리더가 될 수 있음을 보여주었다.

1.2.2 기업 경영환경의 변화

'미국 CEO 100년사에서 7개 유형의 CEO 중 어느 CEO가 가장 성공적으로 리더십을 발휘했는가?'라고 질문한다면 각각의 CEO 나름대로 그 당시의 상황에 적합한 리더십을 발휘했다고 말할 수 있다. 그렇다면 앞으로 다가올 시대에 적합한 리더십은 무엇인가? 그 해답을 알기 위해서는 경영환경 변화를 잘 파악해야할 것이다.

(1) SOHO기업의 활성화

SOHO란 'Small Office Home Office'의 약자이다. 자신의 전문성을 기반으로 설립한 작은 사무실 혹은 자기 집을 사무실로 해서 창업한 사업들을 일컫는 말이다. SOHO라는 말은 IMF 외환위기 극복을 위해 대기업의 구조조정과 벤처창업 장려 정책과 맞물려 창업한 소규모의 개인 사업을 일컫는 말로 일반화 되었다.

1970~80년대 개인 창업은 소매업 위주의 생계형 창업이 특징이었다. 그러나 90년대 이후 창업은 자신의 전문성을 기초로 한 고부가가치 창업이 특징을 이룬다. 특별히 IT 기술의 발전과 함께 많은 벤처기업들이 세워졌다.

그런데 이러한 SOHO 형태의 기업들의 등장이 더욱 가속화될 것이다. 빌 게이츠는 "1980년대의 키워드는 품질이고 1990년대의 키워드가 리엔지니어링이었다면 2000년대 키워드는 속도일 것이다."라고 말했다. 경영환경의 빠른 변화에 대처하기 위해서는 빠른 의사결정이 기업생존의 중요한 관건요소가 된다. 그러기에 기업들은 핵심역량을 남기고 다른 영역은 아웃소싱(Outsourcing)의 형태로 변신하고 있다.

아웃소싱이란 기업 내부에서 생산하던 제품이나 서비스의 전체나 일부를 국내외에 위치한 외부 기업에게 맡겨서 대신 생산하게 하는 제작 공정 형태를 말한다.

정보통신산업진흥원의 발표에 의하면 오늘날의 기업은 아웃소싱 발주 영역을 인사, 회계, 구매, 제조, 판매 등의 비즈니스 프로세스나 경영 자문, 전략 개발, 디자인 등과 같은 지식 서비스 영역까지 확대하고 있다고 한다. 이러한 변화는 경영의 효율화를 가져올 뿐 아니라 새로운 SOHO 형태의 기업의 성장을 의미하기도 한다.

SOHO기업들은 자신만의 전문성을 살리면서 네트워크를 형성하게 된다. 영업을 전문으로 하는 기업, 생산을 전문으로 하는 기업, 물류를 전문으로 하는 기업, 광고기획을 전문으로 하는 기업들이 네트워크를 형성하여 거대한 가상기업을 형성하게 된다. 기업 간의 경쟁이 아니라 네트워크화된 SOHO그룹 간의 경쟁 구도를 갖게 된 것이다.

한때 벤처창업이 붐으로 일어났다가 많은 SOHO 벤처기업들이 도산하였다. 그러나 경영환경의 변화는 지속적인 SOHO 기업들의 등장을 필요로 하고 있다. <그림 1-4>는 벤처기업의 수가 점점 증가하고 있음을 보여주고 있다. 대기업 혹은 공기업 임원들이 퇴임 후 자신의 전문성을 기반으로 SOHO 창업을 하는 사례도 많다. 21세기 스마트폰을 비롯한 모바일 산업의 성장은 애플리케이션 개발을 하는 개인 창업가의 등장을 더욱 부채질하고 있다. 전문적인 기술 혹은 전문적인 지식을 가진 인재는 누구나 기업의 CEO가 될 수 있는 기회가 많아진 것이다.

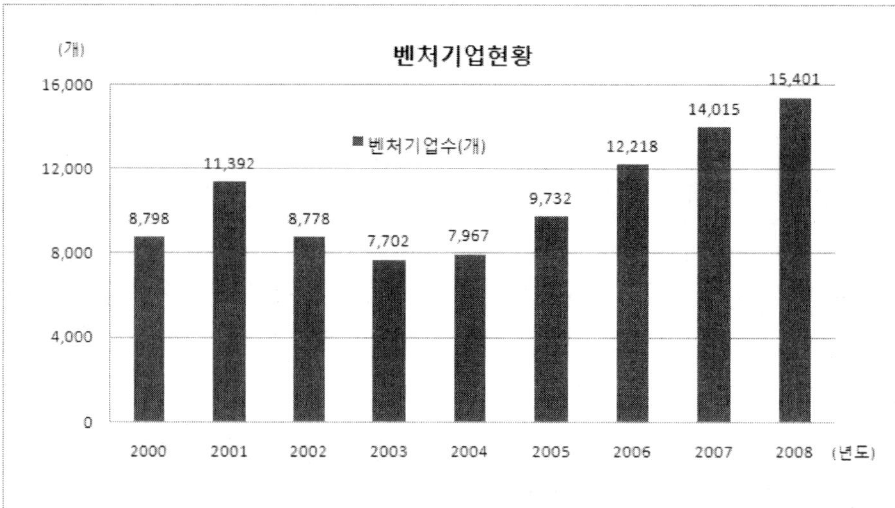

[출처: 중소기업청, 벤처기업 정밀실태조사]

그림 1-4 벤처기업의 추이

(2) 사람을 위한 기업

'손님은 왕이다' 또는 '고객은 왕이다'라는 말이 있다. 기업이 많고 경쟁이 치열한 환경에서 고객확보는 생존을 위해 필요한 원리이다. 그러나 이 말을 처음 한 사람은 1870년대 백화점의 왕이라고 불리는 워너메이커(John Wanamaker)였다. 그는 고객을 왕처럼 섬기는 교육을 시켰고 실천한 사람이었다. 그는 고객들에게 '쇼핑이 만족스러웠는지' '직원이 친절하게 대했는지' 피드백(feedback)을 받고 만족스럽지 못했다는 응답을 듣게 되면 그 직원을 재교육하는 실천을 하였다.

고객중심의 마인드는 기업의 가장 기본적인 가치이면서도 최근에 경쟁력의 원천으로서 부각되는 원리이기도 하다. "기업의 목적이 무엇인가?"라고 질문하면 십중팔구는 이윤추구라고 대답한다. 기업이 이윤을 창출해야하는 것은 기업의 유지를 위해서 필요한 조건임을 인정한다. 그러나 기업의 존재의 의미는 고객에게서 찾을 수 있다. 고객은 우리 기업이 없어도 살아갈 수 있지만 우리 기업은 고객이 없으면 생존할 수 없다.

미국에서 'My car' 시대를 연 인물로 포드(Ford)를 꼽을 수 있다. 그는 소수의 사치품으로 여겨지던 자동차를 일반 노동자도 꿈꿀 수 있게 만들었다. 그리고 부품표준화 및 컨베이어벨트 시스템을 도입하여 대량생산을 이루어 원가절감에 성공하고 드디어 T형 모델 자동차를 만들었다. 값싼 자동차를 소망했던 소비자의 필요가 만족되면서 T형 모델은 단종되는 1927년까지 1500만 대가 팔렸다.

그러나 T형 모델은 성공과 함께 실패의 원인이 되었다. 그 이유는 고객의 성향이 바뀌었기 때문이다. T형 자동차는 단일 모델에 색깔도 검은색 한 종류뿐이었다. 고객은 싫증을 느끼기 시작했다. 결국 다양화를 추구하며 차별화된 자동차를 만든 GM(General Motors)에게 1위 자리를 내어주게 된다. 기업의 고객을 중심으로 한 변신이 기업의 생존 및 성공의 중요한 요소임을 보여주는 예라고 볼 수 있다.

그럼 고객이 직원보다 우선인가? 저가항공사로 가장 규모가 큰 사우스웨스트(Southwest) 항공사는 직원을 우선으로 하는 경영이념을 갖고 있다. 만족한 직원은 고객에게 최선의 서비스를 한다는 생각을 기초로 꾸준히 직원 우선 정책을 실시하고 있다. 세계적인 할인마트인 월마트에선 고용인(employee)이란 말 대신 동료(associate)라는 말을 사용한다. 세계적인 택배회사인 페덱스(Fedex)는 PSP철학을 갖고 있다. PSP철학이란 '임직원(People)이 자긍심과 만족감을 느낄 때 서비스(Service)도 향상되고 이를 통해 회사의 이익(Profit)을 창출한다.'는 것이다.

미국 경제 전문지 포천(fortune)에서는 매년 직원이 일하기 좋은 직장 지수인 GWP (Great Work Place)지수를 산정하여 우수한 100곳을 발표하고 있다. 생산성 향상을 위해 직원을 압박하기 보다는 배려를 통해 직원의 자발성을 끌어내는 것이 더 생산적이라는 원리를 재발견하게 된 것이다. 이러한 경영사례들은 '고객이 왕이다'라는 원리와는 달리 '직원이 고객보다 우선'이라는 것을 보여주는 것처럼 보인다.

그러나 문제의 핵심은 '고객이 먼저냐 직원이 먼저냐'가 아니라 '이윤추구가 먼저냐 사람의 만족이 먼저냐'이다. 사람을 위해 기업이 있는 것이지 사람이 기업을 위해 있는 것이 아니다. 많은 이익을 내기 위해서 과대광고를 하고 재료를 정량보다 적게 사용하고 정품이 아닌 재료를 사용하는 행위는 단기적으로 생산적이라고 보이지만 결국은 진실이 밝혀짐과 동시에 고객들의 외면을 받게 된다는 사실은 역사가 말해준다.

뿐만 아니라 직원 존중의 차원에서 볼 때 산업혁명 이후 단기적으로는 생산성 향상의 장점이 부각되기도 했지만 인간의 기계화, 인간성 상실이라는 근본적인 문제가 대두되었다. 부당한 임금조건과 열악한 작업환경 속에서 사람을 희생시키며 생산성을 높이던 기업들은 비윤리적인 기업으로 인식되어 결국은 파국에 이르게 된다.

HP, IBM, 유한킴벌리 등 존경받는 우수한 기업들의 공통점은 직원과 고객을 우선으로 한다는 인간존중의 이념을 실천하는 기업들이다. 미래에 지속가능한 기업은 사람을 위한 기업인 것이다.

(3) 윤리적 기업

대부분의 기업은 법인기업이다. 법인(法人)이란 법적인 인격체란 뜻이다. 기업이 법인등록을 하면 사람처럼 기업이름으로 계약도 할 수 있고 세금도 낸다. 기업은 태어나서 성장기와 성숙기를 거쳐 쇠퇴한다. 사람이 살아가는 데 서로 지켜야 할 윤리가 있듯이 기업도 법적인 인격체로서 지켜야할 윤리가 있다는 것이다.

그러나 과거 기업들은 부당한 이윤을 얻기 위해서 비윤리적인 행위를 당연시하는 경향이 있었다. 그러나 매출 및 이익 부풀리기, 부채축소 등 분식회계를 했던 거대 기업들(엔론, 월트컴)의 파산 등은 비윤리적인 기업의 종말을 잘 보여준다. 우리나라에서는 기업하려면 정치적 로비를 해야만 하는 정경유착의 관행이 있었다. 그러나 온실 속에 자란 풀같이 무한경쟁 시대에서 그러한 기업들은 진정한 경쟁력을 갖추기 위해 혹독한 구조조정을 하거나 파산했다.

회계의 투명성뿐 아니라 공정한 인사제도, 협력 업체와의 관계에서 공정한 처우 또한 기업의 윤리적 책임에 해당한다. 그리고 사회의 구성원으로서 기업은 지역사회 발전에 기여해야 할 책임이 있다. 자신의 이익만을 추구하는 구성원은 함께 사는 사회에서 그 존재 의미를 상실하게 된다. 최근 기업들은 어린이 가장 돕기, 독거노인 돕기, 학교설립, 환경 캠페인 등 다양한 사회공헌 활동을 하고 있다.

윤리적인 기업은 좋은 이미지로 브랜드 가치의 상승효과를 누리게 된다. 또한 기업홍보를 통해 마케팅 효과를 보게 된다. 기업윤리를 기업의 경쟁력으로 삼고, 공익 마케팅이라는 이름으로 전략적 활동을 하는 기업들이 늘어나고 있다. 진실함은 미래 지속가능 경영을 위한 진정한 경쟁력이다.

(4) 창의적이고 혁신적인 기업

21세기 키워드로 '혁신(Innovation)'을 빼놓을 수 없다. 기술혁신, 조직혁신이라는 말처럼 변화보다 강한 의미로 혁신이라는 말을 사용한다. 혁신을 위해서는 창의적인 발상, 창의적인 인재가 필요하다고 한다. 창의성 계발을 위한 조기교육 프로그램이 사회적 붐이 되고, 창의적 사고, 창의적인 공학설계 등을 대학에서 과목으로 채택하기도 한다.

그러나 기상천외한 생각을 하는 것만이 창의적인 사고가 아니다. 기초가 약한 건축물이 무너지듯이 전문적 지식 기반 없이 만들어지는 다양한 아이디어는 사상누각에 불과하게 될 것이다. 창의적 사고는 다른 각도로 바라 볼 수 있는 능력이다. 그것은 자신의 전문성을 버리고 전혀 새로운 것을 만들어낸다는 의미가 아니다. 본질을 유지하면서 다른 입장에서 바라봄으로써 본질을 더욱 잘 이해하는 것을 의미한다.

예를 들어, 한국에서는 'IT 강국 코리아'라는 슬로건을 앞세워 반도체, 휴대폰, 디스플레이 등으로 세상의 주목을 받아왔다. 그리고 이제는 환경을 중시하는 경영환경에서 '녹색성장'이라는 슬로건으로 새롭게 시작하였다. 이것은 IT기술을 이제는 강조하지 않겠다는 것이 아니다. 오히려 IT기술을 확장하여 에너지 절약 및 환경보호에 도움이 되도록 하겠다는 것이다.

21세기를 퓨전시대라고 부른다. 퓨전피자, 퓨전요리, 퓨전재즈 등 서로 다른 형태를 결합하는 시대이다. 과학기술에서는 융합(Convergence)기술이라는 단어를 자주 사용한다. 스마트폰은 더 이상 폰(전화)이 아니다. 사진기 같기도 하고 네비게이션 같기도 하며 컴퓨터 같기도 하다. 융합을 통해 전혀 새로운 혁신적인 제품이 탄생한 것이다. 융합은 창의적 발상을 위한 방법이며 혁신을 위한 수단이다.

기업환경은 계속해서 변해간다. 그리고 그 속도는 계속해서 빨라지고 있다. 기업들이 혁신을 하지 않으면 더 이상 존재하기 어려울 것이다. 그러나 기업의 본질적 경쟁력을 버려서는 안 된다. 기업들은 자신의 경쟁력을 기초로 해서 다른 기술이나 아이디어를 융합하여 새로운 혁신을 꾀하여야 한다.

지금까지 새로운 경영환경에 적합한 기업의 모습에 대해서 살펴보았다. 흥미 있는 사실은 새로운 경영환경일수록 기본에 충실한 기업이 지속가능한 기업이라고 말할 수 있다는 것이다. 즉 사람을 위한 기업, 윤리적인 기업, 자신만의 경쟁력을 가진 기업들이다. 또 한 가지 흥미 있는 사실은 자신의 전문성만 있다면 기업의 CEO가 될 수 있는 경영환경이 형성되었다는 것이다.

1.3 테크노 리더

1.3.1 엔지니어와 CEO

CEO(Chief Executive Officer)는 기업의 중요한 전략을 수립하고 전반적인 경영활동을 관장하는 가장 높은 지위의 최고경영자를 의미한다. 전문경영을 배운 상경계열 출신의 CEO로 진출하는 사례가 많지만, 창업 특히 기술 창업의 분위기가 형성되면서 엔지니어 출신의 CEO의 숫자가 증가하고 있다.

월간 현대경영이 매출기준 100대 기업 CEO들의 프로필을 처음 조사한 1994년 이래 이공계 출신 CEO의 수는 <그림 1-5>에서 보여주듯이 계속해서 증가하고 있다. 100대 기업을 선정할 때 공기업, 금융업, 보험업이 제외되었기 때문에 실제 기업 전체로 보면 상경계 출신의 수가 많지만 이공계 출신 CEO의 숫자가 증가하는 것이 사실이다.

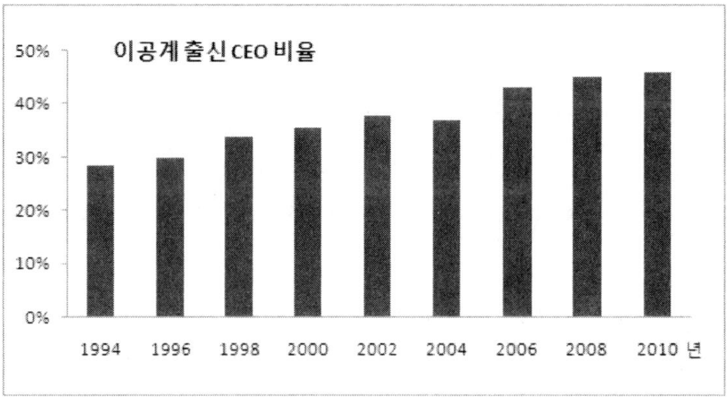

[출처: 월간 현대경영]

그림 1-5 100대 기업에서 이공계 출신의 CEO 비율

그러나 새로운 기술로 벤처창업의 성공적인 모델이 되었던 벤처 1세대 CEO들이 몰락하고 말았다. 벤처창업에 있어 좋은 기술은 성공의 필요조건이기는 하지만 충분조건이 되지는 못한다. 성공률이 높은 벤처 창업가가 되기 위해서는 기술의 전문성 그 이상의 요건이 필요하다는 것이다.

1.3.2 T형 인재

T자형 인재는 도요타에서 개발한 개념으로 아래 막대기는 한 분야에 대한 전문성을 뜻하고 수평 막대기는 다른 분야에 대한 상식과 수용능력을 뜻한다. 퓨전의 시대, 융합의 시대에서 자신의 전문성과 폭넓은 상식을 가진 T형 인재는 핵심인재로 등장하였다.

2010년 2월 고 이병철 회장의 탄생 100주년 기념일을 맞아 재계에서는 한국전쟁 후 잿더미에서 한국경제의 기적을 일궈낸 것은 기업가들의 끊임없는 도전과 모험 정신, 즉 기업가 정신 때문이었다고 말한다. 그러나 이러한 기업가 정신이 쇠퇴해가고 있다고 지적하였다. 기업가 정신의 쇠퇴의 원인의 일 순위로 꼽은 것이 경영능력을 갖춘 창업인력의 부족으로 꼽았다. 이러한 지적은 자신의 전문성과 더불어 경영에 대한 이해를 갖고 있는 CEO의 필요성을 잘 나타내고 있다.

미래의 핵심인재는 업무의 전문성을 갖춘 스페셜리스트(specialist)이면서 조직운영 능력을 갖춘 제너럴리스트(generalist)인 인재, 즉 T형 인재를 의미한다고 볼 수 있다.

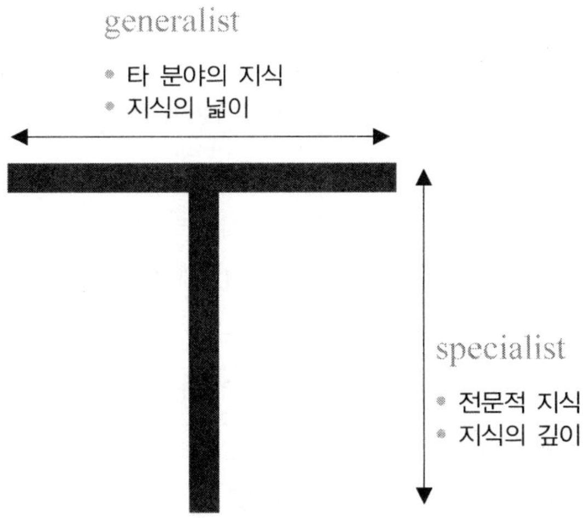

그림 1-6 T자형 인재

1.3.3 테크노 리더의 조건

테크노 리더란 기술의 전문성과 경영의 전문성을 갖춘 CEO를 의미한다. 반드시 이공계 출신의 CEO일 필요는 없다. 유한킴벌리의 CEO였던 문국현 CEO는 영문학과 출신이지만 화학관련 위생사업 및 녹색경영을 선도했던 테크노 CEO였다. 미래산업은 반도체 시험장비인 테스트 핸들러를 국산화하는 데 성공한 기업인데, 이 기업의 창업자는 정문술 CEO로서 동양철학을 전공했다. 테크노 리더는 출신이 중요한 것이 아니라 실력을 갖추고 있어야 한다. 즉 기술의 전문성과 경영의 전문성을 갖춰야 하는 것이다.

그럼 자신의 전문성 외에 어떤 능력을 갖춰야할지 세부적으로 살펴보고자 한다.

테크노(TECHNO) 리더의 조건을 영문자 첫 글자로 시작해서 6가지로 <표 1-4>에 요약해 보았다.

표 1-4 TECHNO 리더의 조건

Trend-spotter	: 기술의 변화와 시장변화를 예측하는 능력
Economic analyst	: 시장성 및 재무정보를 분석하고 문제점을 정의하는 능력
Customer-oriented supporter	: 고객중심의 조직운영 능력
Harmonizer	: 의사소통 능력
Neighbor	: 윤리의식과 기업의 사회적 책임에 대한 이해
Organizer	: 시스템적 사고력

(1) Trend-spotter

테크노 리더는 기술의 변화와 시장변화를 예측하는 능력이 필요하다. 즉 비전을 제시하는 리더가 되어야한다. 자신의 전문성을 기반으로 해서 시장의 변화를 읽어내고 이를 대비해서 준비하고 추진하는 능력이 필요하다.

1982년 삼성은 가전 분야에서 1위를 하고자 하는 목표가 있었다. 그러나 당시 삼성그룹의 총 매출액은 필립스의 가전제품 하나의 매출액만 못했다. 그래서 삼성그룹의 이병철 회장은 전자제품 제조의 핵심기술인 반도체 분야로 진출해야 할 필요성을 느꼈다. 자원이 거의 없고, 수출만이 살 길인 한국에서는 부가가치 높은 하이테크 상품에 대한 개발과 투자가 중요하다는 것을 인식했던 것이다. 그래서 1983년 반도체 사업을 삼성의 주력업종으로 하겠다는 의지를 공표했다. 그러나 당시 한국의 반도체 산업은 선진국에 비해 10년 이상 뒤떨어진 상태였다. 주변에 부정적 시각이 많았다. 반도체 산업은 소극적으로 시작했다가는 시장 진입조차 불가능한 사업이었다. 초기 투자에만 50억 달러가 필요하고, 메모리 반도체 1개 라인 건설에만 1조 원 가량이 들기 때문이었다. 그러나 현재 이병철 회장의 예상대로 반도체 산업은 삼성의 주력산업일 뿐 아니라 한국의 효자 산업이 되었다. 이병철 회장은 기술과 시장의 변화를 잘 파악하여 추진한 비전있는 CEO였다.

금호아시아나그룹 건설부문 부회장인 신훈 CEO는 '기업을 이끄는 CEO는 한 분야에 대한 전문지식보다 미래 예측력, 정확한 상황판단 능력 등을 발휘하기 위한 종합지식을 가지고 있어야 한다.'라고 말했다.

(2) Economic analyst

테크노 리더는 기술과 시장변화를 이해할 뿐 아니라 기술의 시장성에 대한 이해가 필요하다. 아무리 훌륭한 기술이라도 시장성이 없다면 기업입장에서는 그 가치가 떨어지기 때문이다. 테크노 리더는 또한 재무정보를 보고 기업의 건전성을 파악하고 대처해 나가는 능력이 꼭 필요하다. 기업은 이윤을 창출하는 조직이기 때문이다.

한국벤처캐피탈협회 자료에 의하면 벤처캐피털회사에서 이공계 출신의 CEO의 수는 2006년 18.7%에서 2008년 20.7%로 늘어났다. 엔지니어가 벤처캐피털회사에 진출하는 비율이 늘어난 것은 엔지니어의 기술에 대한 전문성뿐만 아니라 기술의 경제성 평가에 대한 분석력을 인정받게 되었다는 증거라고 할 수 있다.

(3) Customer-oriented supporter

과거의 경영환경이 판매자 중심의 환경이었다면 지금은 소비자 중심의 환경이다. 이러한 변화에 맞게 CEO의 역할이 달라져야 한다. 지시하는 리더가 아니라, 직원이 고객을 잘 대하도록 지원하는 역할을 담당해야한다.

제록스의 창업자 조 윌슨(Joe Wilson)은 "우리가 일자리를 계속 가질 수 있을지 여부는 고객이 결정한다."라고 말했다. 그러나 시간이 지날수록 제록스는 고객의 소리를 외면하면서 어려움을 겪게 되었다. 제록스가 가지고 있는 기술은 선도적이었으나 고객을 응대하는 방식은 만족스럽지 못했다. 결국 제록스의 주가는 반 토막이 났다.

2001년 새로운 CEO가 된 앤 멀케이(Anne M. Mulcahy)는 창업자의 이념을 계승해서 Color(컬러복사기), Customer(고객중심), Cost(비용절감)를 강조하며 경영진으로 하여금 고객과 관련된 일을 하게 했고 이에 대해서 한마음으로 따르지 않는 경영진은 해고했다. 기술을 위한 기술개발보다는 고객만족을 목표로 제품과 서비스를 단순화했다. 결국 제록스는 회생하게 되었다.

아무리 좋은 기술 경쟁력을 갖췄다고 해도 고객의 선택을 받지 못한다면 성공한 기술이라고 말할 수 없다. 우리 기업이 없어도 고객은 살지만 우리 기업은 고객 없이 존재할 수 없음을 테크노 리더는 기억해야 할 것이다.

(4) Harmonizer

기업의 리더가 비전을 제시한다고 해도 실제 그 비전을 성취하는 것은 직원들이다. 직원들의 도움이 없다면 비전은 하나의 명제로 끝나고 말 것이다. 직원들의 손과 발을 움직이려면 공감대 형성이 중요하다. 그리고 공감대는 비전이 각 직원들에게 흘러들어 갈 때, 즉 소통이 잘 이루어질 때 형성된다. 따라서 테크노 리더는 의사소통 능력을 갖추고 있어야 한다. 기업을 운영한다는 것은 의사소통의 연속이라고 말해도 과언이 아니다.

안철수 연구소의 창업자인 안철수 교수는 "현대사회 전문가의 실력=전문지식×커뮤니케이션 능력"이라고 했다. 아무리 많은 전문지식이 있어도 의사소통 능력이 0이라면 전문가의 실력은 없는 것이다.

매일경제의 조사(2006년)에 의하면 우리나라 CEO들은 인터넷이 없으면 불안해 할 정도로 결재, 인맥관리, 사내 커뮤니케이션 등 업무 전반에 email을 사용하고 있는 것으로 나타났다. CEO가 직원과 의사소통을 위해 정보기술을 적절히 잘 활용하는 것도 필요함을 알 수 있다.

(5) Neighbor

테크노 리더는 직업 윤리의식이 명확해야 한다. 이익을 목적으로 했던 CEO들은 잠시 좋은 CEO였으나 장기적으로 존경받는 CEO가 되지 못했다. 기업은 사회의 구성원으로서 책임을 다해야 한다는 의식이 테크노 리더에게 필요하다. 쉽게 말하자면 이웃과 더불어 사는 것을 배워야 한다는 것이다.

1984년 유한킴벌리의 문국현 CEO는 산림청에 찾아가서 기업의 이익금의 일부를 내서 나무심기를 함께 하겠다고 했다. 국가가 마련한 재원으로 나무심기를 장려하던 시절에 기업이 먼저 나무 심는 데 기부를 하겠다는 것은 의아한 일이었다. 그러나 25년 이상 지속해 온 이 나무심기 운동은 오늘날 사회적 책임을 다하는 기업의 모범이 되고 있다.

(6) Organizer

기업은 다양한 재능을 가진 사람들이 모여서 유기적으로 움직이는 시스템이다. 기업의 리더는 기업 시스템의 목표를 최대로 끌어올리기 위해서 구성원 간의 최적 결합을 찾아내는 감독과 같은 사람이다. 따라서 조직을 잘 구성하는 능력이 테크노 리더에게 필요하다. 즉 시스템적 사고가 필요하다.

90년대 말, 한 성공한 벤처사업가의 강연을 통해 조직관리 능력의 중요성을 배울 수 있었다. 그는 기술경쟁력을 바탕으로 소수의 인원으로 사업을 시작하였다. 그러나 회사가 성장하면서 사원의 수가 증가하게 되었고 자신이 그 많은 인원을 관리할 수가 없었다. 그래서 새로운 CEO를 영입했고 본인은 CTO(Chief Technology Officer)로서 남기로 했다고 말했다. 조직을 관리하는 능력의 부재로 인해 생긴 어쩔 수 없는 의사결정이었다.

직원이 소수일 때는 CEO가 직접 모든 일에 관여할 수 있지만 사람들이 많아질수록 기업은 시스템에 의해서 움직여야 하고, 그 시스템이 최고의 결과를 내기 위해 최적의 시스템을 구축하는 것은 CEO의 중요한 능력이 된다.

토의문제

1. 자신의 리더십에 대해서 평가해 보고 개선점을 찾아보시오.
2. 기업의 CEO를 선정해서 테크노 리더의 조건 및 리더십에 대해서 조사해보시오.
3. 성공한 CEO의 핵심역량이 무엇이었는지 조사해보시오.

참고문헌

1. 권기태(2002), "폭군서 전기톱까지…포천誌 분석 CEO캐릭터 변천", 동아일보
http://news.naver.com/main/read.nhn?mode=LSD&mid=sec&sid1=104&oid=020&aid=0000161566
2. 김석우, 이상호(2008), 공학기술과 리더십, 지호출판사
3. 빌 게이츠, 안진환 역(2006), 생각의 속도, 청림출판사
4. 워렌 베니스, 김원석 역(2005), 워렌 베니스의 리더와 리더십, 황금부엉이
5. 유필화, 신재준(2002), 기업문화가 회사를 말한다, 한언
6. 조현보, 이효상(2010), 아웃소싱 우수 사례집, 정보통신산업진흥원
7. 존 맥스웰, 강준민 역(2003), 리더십의 법칙, 비전과 리더십
8. 한국능률협회 컨설팅(2004), 테크노 경영학, 한양대학교 출판부
9. CEO 특강제작팀(2009), CEO 특강(도전하는 젊은이), 마리북스

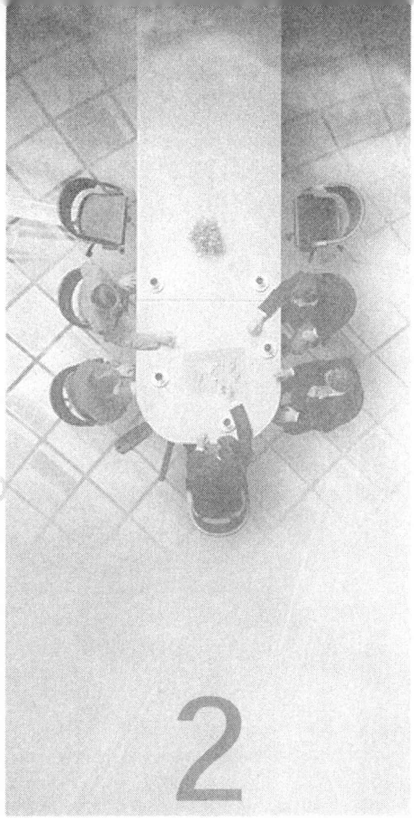

Techno Management

2

기업의 문화와 윤리

사람이 모여 사는 곳에서는 문화와 윤리가 항상 존재하게 된다. 문화란 사회구성원에 의하여 습득, 공유, 전달되는 행동양식이나 생활양식의 과정 및 그 과정에 이룩하여 낸 물질적·정신적 소득을 통틀어 이르는 말이다. 그리고 윤리란 사람으로서 마땅히 행하거나 지켜야 할 도리이다. 기업 또한 사람들이 모여 함께 일하는 곳이다. 따라서 기업에도 나름대로의 문화가 있고 윤리가 있다. 기업문화를 무시한 전략 및 계획, 체계 등은 거센 반발에 부딪히게 되고 성공확률이 떨어진다. 그러나 차별화된 기업문화는 경쟁력이 되기도 한다. 또한 기업윤리의 성실한 이행은 기업의 신용을 높이고 기업의 브랜드 가치를 높여준다. 단순히 좋은 기업을 넘어서 위대한 기업으로 존경받기 위해서는 좋은 기업문화와 윤리적 신임도가 높은 기업으로 한 차원 발전해야 할 필요가 있다.

2.1 기업문화의 의미

2.1.1 기업문화의 3단계

업무 중간에 일광욕을 즐기며 수영을 하고 배구를 즐길 수 있는 직장, 마사지 룸과 각종 체육시설을 갖추고 언제나 이용할 수 있는 직장, 식당의 모든 음식은 무료로 즐길 수 있는 직장. 한 언론에 공개된 이 파격적인 직장의 모습은 바로 구글(google)의 모습이다.

그러나 이것은 가시적으로 드러난 직장문화의 한 모습일 뿐 기업문화의 본질은 아니다. 이러한 직장문화의 모습은 창의성을 강조하는 가치관이 내면화되어 나타난 것이라고 볼 수 있다.

애드거 H. 샤인(Edgar H. Schein)은 <그림 2-1>처럼 문화를 3단계로 구분해서 설명하였다.

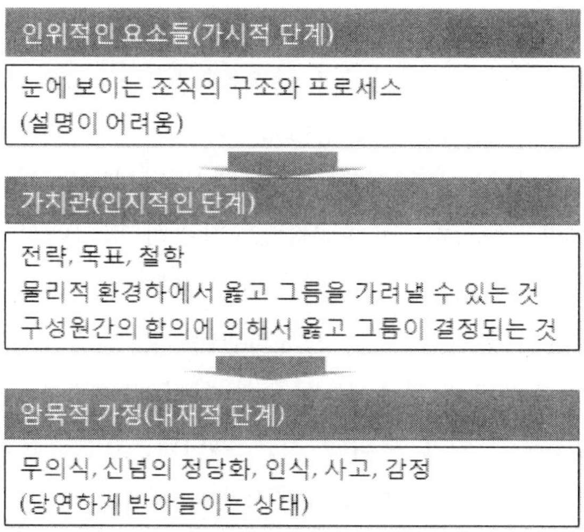

그림 2-1 문화의 단계

문화의 첫 번째 단계는 가시적인 단계이다. 열린공간, 편안한 옷차림, 자유로운 토론 분위기, 팀 인센티브 제도 등 외적으로 드러난 직장의 모습은 가시적인 단계이다.

어떤 기업이 성공기업의 외적 모습만을 모방한다고 성공하는 기업이 되는 것은 아니다. 예를 들어 도요타의 대표적인 생산시스템인 JIT(Just In Time)시스템을 도입한 기업들은 대부분 실패했다. 제도는 쉽게 도입할 수 있지만 직원들의 내재적 공유가치까지 닮을 수는 없기 때문이다.

문화의 두 번째 단계는 가치관에 해당하는 단계이다. 인간존중, 기술 중시, 고객만족 등 기업의 경영철학이 이에 해당한다.

그러나 같은 가치관을 갖고 있어도 외적인 모습이 전혀 다를 수 있다. 예를 들어 인간존중의 실천이라는 가치관을 실현함에 있어 한 기업은 어떤 일이 있어도 해고를 하지 않는 종신고용을 한다. 그러나 다른 기업은 평가를 해서 같이 회사와 함께 갈 사람이 아니라고 판단되면 빨리 이직을 권하여 자기의 길을 찾게 도와주는 것이 인간존중의 실천이라고 생각한다.

문화의 세 번째 단계는 암묵적인 가정 단계이다.

서양 사람들은 실리적으로 생각하여 성취하는 것을 실속 없어 보이는 지위보다 중요하게 생각한다. 그러나 한국 사람들은 실리보다는 체면을 더 중요하게 여기는 경향이 있다. 사람, 자연, 시간, 공간 등 다양한 영역에서 갖고 있는 암묵적 가정의 차이는 기업문화의 차이를 가져오는 근본 이유가 된다고 볼 수 있다.

2.1.2 기업문화의 정의

기업문화를 어떻게 정의할 수 있을까? 이것은 단순히 '기업의 분위기가 어떠하다'라는 말로 설명할 수 있는 단순한 것이 아니다. <표 2-1>은 기업문화에 대한 여러 학자들의 정의를 정리한 것이다. 여러 정의들에서 핵심 단어들을 정리해보면 '공유, 차별화된, 가치관'들을 선택할 수 있다. 이 단어들로 간단히 정의해본다면, 기업문화란 '구성원들이 공유하고 있는 차별화된 가치관'이라고 말할 수 있다.

기업문화가 구성원들이 공유하고 있는 가치관이라면 어떻게 구성원들이 동일한 가치관으로 받아들이고 공유하게 되었을까? 단순히 어떤 가치관을 정해서 공표함으로써 모든 구성원이 그날 이후로 그렇게 행하는 것은 아니다. 기업문화는 오랜 기간 함께 하면서 문제에 직면하고 그 문제를 해결하는 과정에서 학습되고 터득되어 온 것이다. 기업문화의 첫 주춧돌은 창업자에 의해서 놓여진다. 창업자와 공동 학습과정을 통해 터득한 관행들이 그 기업문화의 밑그림을 그린 것이다.

지금까지 살펴본 문화의 3단계 그리고 여러 학자들의 의견을 종합해서 기업문화를 정의해본다면 다음과 같이 정의할 수 있을 것이다.

"기업문화란 기업의 구성원들이 공동 학습과정을 통해 인정하고 공유하고 있는 기업체의 고유한 가치관 및 행동양식, 제도 등을 의미한다."

표 2-1 기업문화의 정의

① "조직과 그의 목표에 관한 일련의 중요한 가설이며 기업의 종업원들이 공유하고 있는 실제(관행)이다. 이는 무엇이 중요한 것인가를 판단하는 가치관과 그것이 실행에 옮겨지는 방법에 관한 신념의 공유된 시스템이다." B. Schneider(1990), "Climate & Culture"
② "조직 내에서 외적인 적응과 내적인 통합의 문제를 대처하기 위해 학습된 것으로 무의식적으로 작용하며 당연시되는 기본 가정과 신념." E. H. Schein(1990), "Organizational Culture"
③ "다른 조직과 차별화되는 조직 내 구성원의 공유된 의미의 시스템이다." S. P. Robbins(1993), "Organizational Behavior"
④ "조직 내 구성원의 행동에 영향을 미치는 공유된 가치와 신념의 시스템이다." A. J. Dubrin/R. D. Ireland(1993), "Organizational Behavior"
⑤ "무엇이 좋고 나쁘며, 옳고 그른 것이 무엇이며, 구성원이 생각하고 행동함에 있어서 적절한 방법이 무엇인가에 관해 규정하는 일련의 구성원 간에 공유된 의미이다." T. J Watson(1994), "In Search of Management; Culture, Chaos and Control in Managerial Work"
⑥ "조직 내 구성원 간의 상호작용과 구성원과 공급자, 고객, 기타 조직 외부 집단들과 상호작용을 통제하는 일련의 공유된 가치관을 말한다." G. R. Jones(1995), "Organizational Theories"
⑦ "조직의 구성원들을 한데 묶는 사교적 접착제이다." R. Kreitner/A. Kinicki(1998), "Organizational Behavior"

출처: 서병인,정동섭(2000), 현대조직행동, 삼영사, p.409

2.2 기업문화와 경쟁력

2.2.1 기업문화의 연구배경

1970년대 오일쇼크로 인해 미국기업은 생산성 향상을 위한 합리적이고 과학적인 의사결정을 하게 된다. 기술을 개발하고 직원의 수를 줄여서 인건비를 절감하는 결정이었다. 그러나 일본은 종신고용의 전통이 있었기 때문에 해고보다는 효율적인 협력을 목표로 조직관리와 인사관리에 힘쓴다. 그 결과는 일본기업의 번창으로 이어진다.

그 성과의 이유를 찾기 위해 일본기업을 연구한 미국학자들은 일본의 조직문화가 성공의 이유였음을 발견하게 된다. 그래서 많은 학자들이 일본의 기업문화를 어떻게 미국기업에 접목시킬 수 있을지 연구하게 되었다.

여러 연구 중에서도 오우치(Ouchi)는 미국과 일본의 48개 기업을 조사해서 생산성이 높은 기업의 조직을 'Z조직'이라 정의하고 그 기업문화의 특성들을 설명했다.

<표 2-2>는 일본기업과 미국기업의 전형적인 모습을 비교한 것이다.

일본의 경우 사람들은 직업에 대한 소명의식을 갖고 평생직장의 개념을 중요시해왔다. 그래서 기업도 한번 채용하면 평생 고용하는 종신고용제를 기반으로 하고 있다. 이 제도는 미국기업이 모방하기에 가장 어려운 제도이다. 이에 반해 미국의 경우는 단기적 이익에 따른 평가를 받기 때문에 탄력적인 인력운영을 위해 단기고용을 선호한다.

일본 사람들이 좋아하는 단어 중에 화(和)라는 단어가 있다. 서로 피해를 주지 않고 잘 지내는 것을 미덕으로 생각하기 때문이다. 그래서 기업도 소속감 및 동료들 간의 강한 애착을 중시하며 상사와 직원 간의 관계가 온정적이다. 이러한 가치관의 영향으로 평가 및 승진에 있어서도 업무성과보다는 잘 화합하는 능력 그리고 연공서열 등이 기준이 된다.

표 2-2 일본기업과 미국기업의 조직 비교

일본기업	미국기업
• 종신고용	• 단기고용
• 완만한 능력 평가 및 승진	• 급속한 능력 평가 및 승진
• 포괄적인 업무숙달 및 비전문성의 경력계획	• 업무능력의 전문성 및 특수성의 경력계획
• 집단적인 의사결정	• 개인적인 의사결정
• 공동체적인 가치기준	• 개인적인 가치기준
• 노사관계의 통합적 결합	• 노사관계의 부분적 결합

출처: 박기찬, 이윤철, 이동현(2005), 경영의 교양을 읽는다(고전편), p.334

반면에 미국은 빠른 이동과 승진이 보편화되어 있다. 자신의 전문적인 지식과 객관적인 성과가 평가와 승진의 중요한 기준이 된다. 그리고 공동체보다는 개인주의적인 성향이 강하다. 자신에게 적합한 직장을 위한 이동을 자연스럽게 여기는 편이다.

전반적으로 미국기업과 일본기업의 문화에는 많은 차이가 있기 때문에 일본의 경영방식을 직접 받아들이는 것은 불가능해 보인다. 그러나 오우치(Ouchi)는 연구를 통해 미국의 휴렛패커드, 인텔, P&G 등은 전통적인 미국기업과는 다른 모습을 갖고 있음을 지적하고 일본식 경영방식을 미국기업에 접목시킬 수 있는 가능성을 제시하며 Z형 조직을 제안했다. <표 2-3>은 Z형 조직의 특징을 보여주고 있다.

표 2-3 Z형 조직의 특징

• 장기적인 고용관계	• 공개적인 실적평가 및 비교적 완만한 승진
• 직무 간, 본 지점 간의 순환근무제	• 참여적인 의사결정
• 개인적인 책임	• 신뢰를 기반으로 한 평등주의

Z형 조직이 기존의 미국기업 조직과의 차이점은 생산성 제고를 위한 방안을 기술이나 물자에서 찾기보다는 인적자원 및 조직관리의 차원에서 제시한다는 것이다. 특히 구성원 간의 신뢰가 회사의 생산성 향상에 크게 기여한다는 개념이 Z형 조직의 기반을 이루고 있다.

Z형 조직은 기존의 계층조직과는 달리 동류 조직으로서 공동의 목표를 위해 팀워크로 일한다. 팀의 성과가 개별적으로는 드러나지 않더라도 구성원은 자율적으로 업무에 적극적으로 임하게 된다.

2.2.2 기업문화의 중요성

(1) 생산성 향상

기업문화의 연구배경에서 살펴보았듯이 기업문화가 중요한 이유는 기업문화가 생산성과 효율에 큰 영향을 끼친다는 것이다.

<그림 2-2>는 포천(Fortune)지가 선정한 '일하기 좋은 100대 기업'의 수익성을 일반

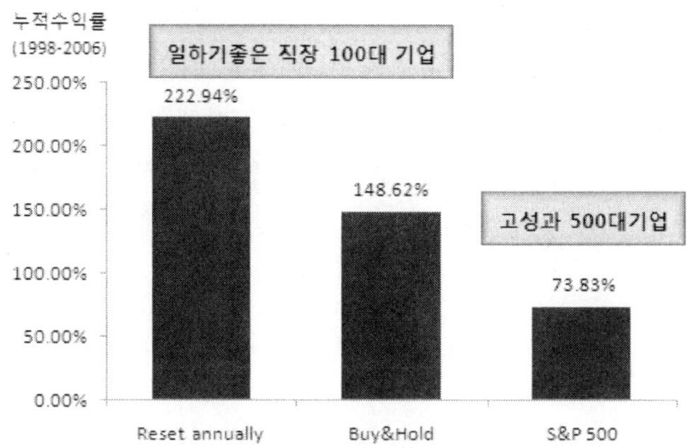

주: 1. Reset annually는 매년 일하기 좋은 직장으로 선정된 100대 기업에 투자한 경우의 수익률
2. Buy&Hold는 최초 선정된 일하기 좋은 직장 100대 기업에 계속 투자한 경우의 수익률
3. S&P는 Standard & Poor's사 선정 500대 기업의 누적 수익률

출처: 김은환 외 3명(2007), "좋은 기업 문화 만들기", CEO Information 제603호, 삼성경제연구소

그림 2-2 일하기 좋은 직장과 고성과 기업의 누적수익률 비교

적인 '고성과 기업'의 수익성과 비교한 그림이다. '일하기 좋은 직장'이란 신뢰와 자부심 그리고 동료애를 3대 가치로 제시하고 있으며 이는 기업문화의 지표로 활용된다.

(2) 일체감과 정체성

기업문화는 구성원들로 하여금 일체감과 정체성을 갖도록 한다. 구성원이 우리는 한 배에 탄 공동체라는 의식을 갖게 하는 것이 기업의 문화이다. 즉 경영이념과 규범체계를 학습함을 통해 형성되는 고유한 가치의식과 사고방식은 신규참여자를 기존 구성원 및 조직과 결합시키는 역할을 한다.

회사에서 정규적인 워크숍(Workshop) 모임을 갖는데, 이것은 단순히 학습을 위한 공간이 아니라 서로의 친밀감을 높이는 프로그램이다. 함께 야간등반, 극기 훈련, 팀워크를 위한 게임 등 즐겁고도 유익한 시간들을 통해 자연스러운 공동체 의식을 심어준다.

동아리 활동을 지원하는 회사도 있다. 이러한 노력들은 외부에서 형성된 친밀함과 결속력을 내부의 힘으로 끌어들여 업무성과를 높이려는 노력이다. 어떤 회사는 맥주파티를 하기도 한다.

가시적으로 드러나는 이러한 기업의 문화들은 기업에 대한 소속감 및 정체성을 더욱 확고하게 해준다.

(3) 긍지와 자부심

기업문화는 구성원들의 긍지와 자부심을 높이는 일을 한다.

기업에서는 입사 5년 기념반지 제공이나 근무연수에 따라 제주도 여행, 동남아 여행, 유럽 여행 등의 기업문화를 통해 구성원들의 긍지를 높이는 일을 한다.

모 회사에서는 직원이 부친이나 모친상을 당하면 장례식 때 이사진의 차를 사용하도록 해주며, 모든 과정을 회사가 책임져 주어서 직원은 오직 조문객에게 인사하는 일만 할 수 있도록 배려해 주는 장례문화를 통해 회사의 소속감 및 자부심을 고취시키기도 한다.

(4) 행동의 지침

기업문화는 구성원이 행동하는 지침이 된다.

한 회사에서 회의시간을 가지는 데 열띤 토론의 장이 펼쳐진다. 사장의 의견이나 말단 직원의 의견이 동일한 가치로 취급되는 분위기다. 지위와 상관없이 누구나 자신의 의견을 낼 수 있고 여러 직원의 동의를 얻으면 그 정책은 채택되어 반영된다. 그들의 복장은 자유롭고 사무실 간의 벽도 없다.

이와 상대적으로 다른 한 회사는 회의시간에 정장 차림으로 참여하고 상사의 의견은 반대 없이 받아들이는 분위기다. 사무실은 개인공간으로 칸막이가 있다.

이 두 회사의 차이는 창업 이후 창업자와 직원들의 상호작용 속에서 학습된 기업문화의 차이이다. 그리고 신입으로 선발된 직원들은 이 문화 속에서 자신의 행동을 맞추게 된다. 즉 첫 번째 사례로 든 회사에서는 의사소통을 활발히 전개해 나갈 것이며 자유로운 의견을 제안하게 될 것이다. 기업문화를 훼손시키는 행동은 동료 직원으로부터 제재를 받게 될 것이다.

(5) 전략적 의사결정의 기준

기업문화는 전략을 선택하거나 위기를 극복하는 주요한 의사결정에 성패를 좌우하게 된다.

1991년 AT&T는 컴퓨터 제조회사 NCR을 인수했다. 그러나 합병 후 5년이 지난 95년 말 AT&T는 한 해 동안 컴퓨터 사업에서 24억 달러 적자를 보았다. 합병의 실패이유는 기업문화의 차이였다.

AT&T는 분권화 조직이었고 NCR은 보수적이고 CEO가 엄격히 통제하는 회사였다. 1993년 AT&T에서 NCR에 파견된 제르 스테드(Jerre Stead)는 조직의 계층 수를 줄이고 권한을 이양하는 분권적 조직문화를 적용하였다. 그러나 자격 없는 사람이 중요한 결정을 내리는 사태가 발생하며 영업사원들이 외형적으로 매출만 높이려다가 이익성이 없는 주문까지 받아들이면서 결국 적자를 내게 되었다. 이 일로 AT&T는 컴퓨터 사업을 포기하게 된다.

(6) 홍보 효과

기업문화는 그 자체가 브랜드 가치를 창출한다. 즉 기업의 사회적 이미지와 위상을 제고시킴으로써 대외 홍보에 용이하게 한다. 뿐만 아니라 우수한 인재의 모집이나, 선발을 수월하게 한다.

미국 경제 전문지 포천(fortune)지는 1998년부터 '일하기 좋은 직장(Great Work Place; GWP)' 운동의 실천 정도를 평가하여 일하기 좋은 직장 100대 기업의 순위를 발표하고 있다. GWP운동은 미국뿐 아니라 다른 나라로 확산 중에 있다.

2007년 포천(fortune)지 조사에서 구글은 GWP 순위에서 1위를 차지했으며, 미국 MBA 출신 학생들이 가장 가고 싶은 직장으로 선정되었다.

2.3 기업문화의 구성요소(7S모형)

기업문화를 진단하고 분석하는 방법으로 보편적으로 알려져 있는 모형이 <그림 2-3>에서 보여주는 7S모형이다. 기업문화의 구성요소들이 모두 S로 시작되기 때문에 7S모형이라고 부른 것이다.

2.3.1 Shared Value(공유가치)

기업의 공유가치란 구성원들이 함께 인식하고 있는 행동지침, 가치관을 의미한다.

기업에서 공유가치를 핵심가치(Core Value)라고 부르기도 한다. 핵심가치는 '만드는 것이 아니라 찾는 것이다'라는 말이 있다. 사무실에 걸려있는 사훈 정도가 아니라 직원들의 소명의식, 일의 동기부여가 되는 그 무엇이 핵심가치이며 직원들이 공유하는 내용이다. 물론 이런 공유가치는 창업자의 경영이념에서 큰 영향을 받게 되어 형성된다.

HP에는 '인간은 누구나 우수하며 여건만 갖추어지면 실제로 능력을 발휘할 것이다'라는 인간존중의 공유가치를 갖고 있다. 이러한 가치는 출퇴근 기록기를 없앴고 유연근무제를 도입하게 하였다. 그리고 관리자들과 사원들 간의 친근감을 발전시키기 위해 관리자가 사원들을 먼저 찾아가서 이야기를 듣는 순회경영을 도입케 했다.

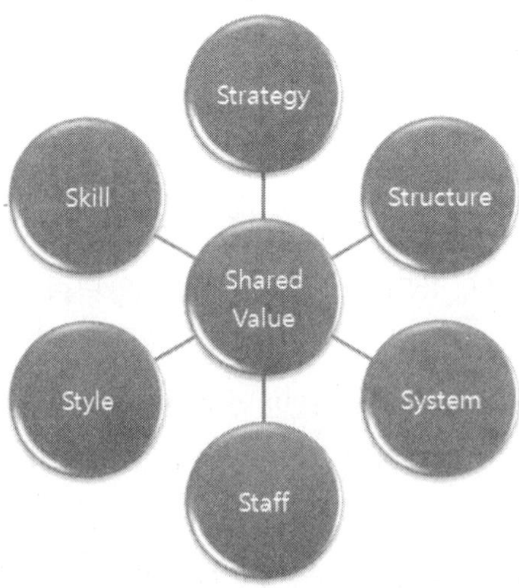

[출처: Peters and Waterman(1982), In Search of Excellence]

그림 2-3 기업문화의 7S 구성요소

HP의 사장 및 관리자의 문은 항상 열어두었으며, 실험실 문을 항상 열어두고 누구나 실험할 수 있게 하여 직원에 대한 회사의 믿음을 보여주었다. 불황 시에도 해고 대신 업무를 서로 나누고 급여를 적게 받는 업무분담제도를 도입하기도 하였다.

이 모든 제도는 인간존중의 가치를 실현하면서 형성된 제도라고 볼 수 있다. 이는 공유가치가 기업문화에 미치는 영향을 잘 보여주는 사례라고 볼 수 있다.

2.3.2 Strategy(전략)

기업전략은 기업의 장기적인 목적과 계획 등을 의미한다. 우리 기업의 확장 혹은 합병 등 기업의 사명과 관련된 여러 의사결정을 의미한다.

1980년대 전형적인 화학회사인 Ciba-Ceigy는 Spectraphysics라는 레이저 회사를 인수하였다. 그러나 Spectraphysics는 물리학에 바탕을 둔 회사였다. 물리 분야의 예상 성장률이 화학에 비해 높았기 때문에 좋은 전략처럼 보였다. 그러나 화학자인 임원진들은 새로운 사업과 일체감을 느끼지 못했다. 물리와 전자는 생소하게만 느껴졌고 결국 화학 사업으로 돌아갈 수밖에 없었다.

디즈니는 500만 달러로 시작한 애니메이션 제작사 픽사(PIXAR)를 74억 달러의 인수가격으로 사들였다. 디즈니와 픽사가 합작으로 토이스토리를 제작할 때만 해도 픽사는 디즈니의 하청업체에 불과했다. 그러나 디즈니가 적극적으로 픽사를 추진한 이유는 무엇일까? 인수할 당시 디즈니의 CEO 로버트 아이거는 "우리는 역사상 가장 혁신적이고 성공적인 영화 개발의 배경이 된 픽사 고유의 문화를 환영하고 받아들일 것."이라고 말했다. 디즈니는 픽사의 기업문화를 받아들여 디즈니의 변화를 추구하려 했던 것이다.

이러한 사례들은 기업문화가 전략의 성공 여부를 결정할 수도 있고, 기업문화의 변화 자체가 전략이 될 수도 있음을 보여주는 예들이라고 할 수 있겠다.

2.3.3 Structure(조직구조)

일반적으로 기업의 조직구조는 수직적이다. 구성원들 간의 관계는 상하관계로서 책임과 권한이 명확하며 상부의 의사결정이 하부로 전달되는 형태이다. 그러나 최근에는 일부 기업들이 수직적 조직구조를 깨고 팀조직, 즉 수평적 조직을 만드는 노력을 하고 있다. 팀조직은 상호 의견교환의 장을 마련하고 집단적 의사결정을 하는 형태이다. 조직구조는 기업의 직원들의 행동지침에 영향을 주는 것을 볼 수 있다.

스위스 취리히에 본부를 둔 ABB(Asea Broun Boveri)는 중전기 분야의 글로벌 기업이다. 대기업들이 조직이 경직화되는 관료화 문제를 안고 있는 반면에 ABB사는 분권화 조직을 통해 자율경영을 추구하고 있다.

<그림 2-4>는 ABB사의 조직구조이다. 이사회 아래 사업영역과 지역영역의 두 축을 기준으로 1300개의 자회사가 있고 각 자회사에는 3~4개의 이익센터로 구성되어 있다. 50명 정도로 구성된 이익센터는 5000개가 있는데 실적을 따로 계산하는 자율책임 경영을 하고 있다. 제품별로는 규모의 경제를 지역부문 면에서는 분권화된 효율성이 적절히 조화를 이루고 있다. ABB의 조직은 글로벌하면서도 로컬의 성격을 갖고 있다. 철저한 분권화이면서도 집권적으로 통제되고 있다. ABB사의 조직문화를 '글로벌 매트릭스 조직문화'라고 부르는데, 이는 조직구조와 기업문화의 밀접성을 잘 보여주는 예이다.

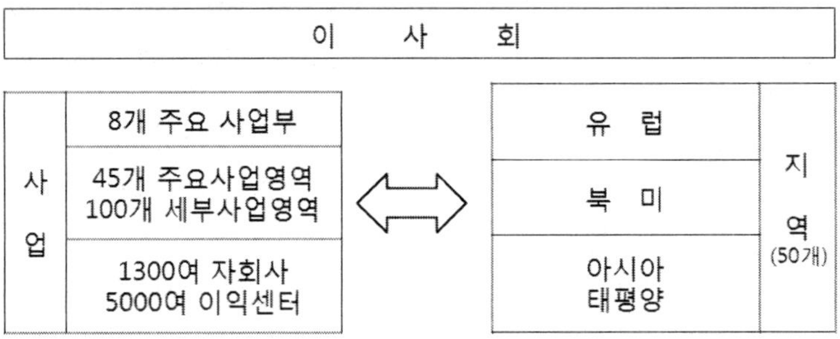

[출처: 이학종(2008), 기업문화와 기업경쟁력, 박영사, p.399]

그림 2-4 ABB의 글로벌 매트릭스 조직구조

2.3.4 System(관리시스템)

관리시스템은 전략목표를 성취하기 위한 적합한 보상제도나 의사결정 시스템 등 각 부서의 관리제도 및 절차를 의미한다. 우리나라에서는 과거에 비해 연봉제를 많이 도입하고 있다. 성과중심의 문화로 바뀌어 감을 잘 보여주는 예라고 할 수 있다. 어떤 회사는 출퇴근 체크카드를 활용하여 출퇴근 시간을 통제함으로써 중앙집권적 문화를 만들어가기고 하고, 어떤 회사는 목표만 제시하고 시간계획은 자율에 맡기는 신뢰의 문화를 만들기도 한다.

아타리(Atari) 기업이 게임설계 분야에서 리드할 당시 마케팅 분야의 CEO를 임명하였다. 그는 각자의 업무를 정의하고 개별적이고 경쟁적인 보상제도를 시행하였다. 경쟁을 통한 성과를 높이기 위해서였다. 그러나 오히려 유능한 기술자들이 퇴사하는 결과를 낳게 되었고 실패하였다. 그 이유는 기업문화에 있었다. 아타리 직원들은 협력을 통해 일해 왔다. 특히 비공식적인 상호작용을 통해 아이디어가 결실을 맺을 수 있다는 가정을 공유하고 있었다. 그러나 개별포상은 결국 협력의 즐거움과 창조성을 소멸시켰다. 보상시스템이 기업문화와 맞지 않으므로 생긴 결과이다.

2.3.5 Staff(구성원)

기업문화는 기업체 구성원들의 말과 행동을 통해 실제로 나타난다. 구성원들의 능력, 전문성, 태도 등이 기업문화에 미치는 영향이 크다. 기업은 선발과 모집 과정을 통해 기업문화를 유지하거나 변화시킨다. 기업은 기업문화에 적합한 인재상을 정의하고 기업문화에 맞는 인원을 선발하여 그 문화를 유지해 나가는 것이다.

삼성은 '인재와 기술을 바탕으로 최고의 제품과 서비스를 창출하여 인류사회에 공헌한다'는 새로운 경영이념하에 창의력과 자율성, 도전성과 공격성, 기술지향성과 국제감각을 주요 인재상으로 강조하였다. 그 결과로 기술의 전문성을 가진 이공계 출신의 구성원들이 임원진으로 많이 진출하게 되었고, 석박사급의 인력이 대거 영입되게 되었다.

2.3.6 Style(리더십 스타일)

리더의 관리스타일은 구성원들의 행동에 직접적인 영향을 주는 요소이다. 특히 창업자의 경영이념 및 관리스타일은 기업문화를 결정짓는 기반이 된다.

마쓰시다(panasonic 창업자)는 완전한 상황파악 특성이 있었다. 현장경영자와 밤낮으로 통화하였고 외부고객을 직접 만나는 경영방식을 선택하였다. 이러한 관리스타일에 영향을 받아서 마쓰시다전기(파나소닉) 구성원들은 직접 부딪혀서 문제를 풀어나가고, 문제는 발생시점에 국한시켜 그곳에서 풀어내는 문제해결 방식을 택하고 있다.

<그림 2-5>는 기업문화의 유형을 조사한 내용이다. 삼성은 이성적인 문화를 가진 반면, 현대는 매우 감성적인 문화를 갖고 있다. 이러한 차이는 창업자의 경영스타일의 영향이 크다고 말할 수 있다.

삼성의 이병철 CEO는 치밀하게 분석하고 준비하는 스타일이다. 반도체 사업을 해야겠다고 마음먹고 나서 시작하기로 선포하는 데 약 10년의 준비기간을 두었다. 보고서 작성 및 인재확보 등 충분한 준비 가운데 시작하였다.

반면에 현대의 정주영 회장은 1%의 가능성이 있으면 도전한다는 정신을 갖고 있다. "해 봤어?"라는 말은 여러 변명을 대는 구성원들에게 자주 했던 유명한 말이다. 조선소도 없이 배 수주를 따내고 차관을 빌려온 일도 잘 알려진 일화다. 즉흥적이면서도 도전적인, 그리고 감성적인 경영방식은 현대의 기업문화에 큰 영향을 미치게 되었다.

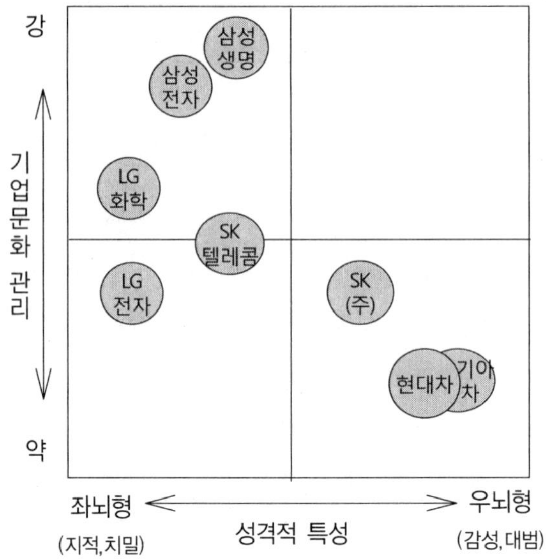

[출처: 중앙일보 2007년 1월 9일]

그림 2-5 기업문화의 유형

2.3.7 Skill(기술)

기업문화를 형성하는 중요 요소로 하드웨어 및 소프트웨어 기술이 있다. 정보기술의 발전은 기업문화에 영향을 크게 끼쳤다. 화상회의 기술의 도입은 서로 떨어져 있는 사업부서 간에 새로운 의사소통의 장이 되었다.

인텔에서는 사장이나 일반사원의 의견이 같은 비중으로 다루어진다. 반론을 제기하는 것도 자유롭고 활발한 토론을 장려하는 문화를 가지고 있다. 이런 자유분방한 커뮤니케션 문화에 정보기술, 특히 전자우편의 뒷받침으로 더 광범위한 의사소통이 이루어졌다. 건설적인 토론문화는 인텔의 경쟁력이라고 보고 있다.

어떤 회사가 정보기술의 도입을 통해 서류업무를 줄이려는 계획을 세웠다. 자료는 다 전산화되었다. 그러나 새로운 시스템에 숙달되지 않은 직원들은 고객이 문의할 때 자료를 컴퓨터에서 찾을 수 없어서 광범위한 예비 서류파일을 필요할 때마다 꺼내봐야 했다. 그리고 정보기술 관리자가 지나갈 때만 컴퓨터를 사용하는 시늉을 했다. 이는 직원들을 이끌어가는 진정한 문화를 이해하지 못해서 생기는 일이라고 볼 수 있다.

기술이 기업문화를 더욱 강하게도 하지만, 기업문화에 맞지 않는 기술의 도입은 부가적인 일만 더 만들기도 한다.

지금까지 기업문화의 요소 7가지를 살펴보았다. <그림 2-6>은 GE의 기업문화를 7S 모형으로 분석한 예를 보여주고 있다.

[출처: 이학종(2008), 기업문화와 기업경쟁력, 박영사, p.29]

그림 2-6 7S모형의 예: GE의 기업문화

2.4 기업문화 사례들

2.4.1 구글(Google)

구글의 창업자인 래리 페이지(Lawrence E. Page)는 "직원들이 가장 소중하다. 우리는 회사와 세상을 더욱 좋게 만드는 일에 기여하고 있는, 우리의 재능 있고 열심히 일하는 직원들에게 좋은 환경을 조성해 주고자 노력하고 있다."고 말했다. 그의 경영철학이 잘 담겨있는 말이다.

직원이 자유롭게 일할 수 있게 만든다는 경영철학은 구글 본사를 '구글 캠퍼스'라고 부를 정도로 자율적인 기업문화를 이룩케 했다. 직원들은 사무실 한가운데 위치한 뷔페 식당에서 무료로 점심을 먹을 수 있다. 뿐만 아니라 여러 스낵룸이 구비되어 있어 음료수, 신선한 과일, 땅콩 등의 다양한 간식을 무료로 즐길 수 있다. 전동 안마의자와 마사지 프로그램까지 기본적으로 제공되고 있으며, 일과 중에 스포츠를 즐길 수도 있다. 때로 일광욕을 즐기며 낮잠을 자기도 한다. 낮잠은 집중력을 위한 보충시간으로 오히려 권장하기도 한다.

직원을 위한 직장이란 단순히 복지 차원에서의 지원을 의미하지 않는다. 자신의 경력을 극대화할 수 있는 제도장치가 필요하다. 구글에서는 조직의 창의성 극대화를 위해 '20%룰'을 적용하고 있다. '아이디어 마켓'에 제출한 아이디어가 다른 직원들의 좋은 평가를 받게 되면 '20% 프로젝트'에 등재되어 자신의 업무시간의 20%를 새로운 아이디어를 발전시키는 데 사용할 수 있도록 하고 있다. 그리고 이런 아이디어가 성숙되면 경영진의 승인하에 사업화가 추진된다. 또한 경력 개발을 위한 학비지원과 프로그램 역시 개인이 원한다면 언제든지 지원 받을 수 있도록 시스템이 구축되어 있다.

구글의 이러한 파격적 기업문화는 인재들의 창의성을 자극하고 직원들의 자부심을 제고시켰다. 만족한 직원들은 더 많은 성과를 내었고 2008년 경영대학원생이 가장 선호하는 직장으로서 꼽히기도 했다. 구글은 직장과 집의 경계를 허물어 일에 더욱 열중하게 만든다는 평가를 받고 있다.

2.4.2 사우스웨스트(Southwest) 항공사

사우스웨스트는 직원들이 흥미와 재미를 가지고 일할 수 있는 직장이 되도록 Fun경영, 유머경영을 도입하고 있다. 창업자인 허버트 켈러(Herbert D. Kelleher)는 '일이 즐거워야 생산성도 올라간다'는 경영철학을 가지고 있다.

기내 안전방송에서도 유머경영을 엿볼 수 있다. 금연에 대한 안내방송에 대한 예이다. "흡연은 비행기 날개 위 스카이라운지를 이용해 주십시오. 영화 '바람과 함께 사라지다'가 상영되고 있습니다." 기내에서 재밌는 이벤트도 개최된다. '양말에 큰 구멍이 있는 고객의 선발' 등이 한 예이다.

사우스웨스트 항공사는 임직원을 중시하는 가족주의 경영을 하고 있다. 9.11 테러로 인해 항공업계 대부분이 침체에 빠져 있을 때도 한 명의 직원도 해고하지 않았고, 직원 해고를 피하기 위해 차입을 하는 선택을 하기도 하였다.

사우스웨스트의 인사부서의 미션은 다음과 같다. '우리의 미션은 직원들이 경쟁력임을 인식하고, 사우스웨스트 항공사의 가치와 문화를 보호하면서 직원들이 경쟁에서 승리하고, 회사의 성장과 이익을 달성할 수 있도록 지원한다.' 사우스웨스트는 채용과정에 있어 긍정적인 태도와 팀워크를 할 수 있는 능력을 아주 중요하게 생각한다. 허버트 켈러 CEO는 특히 팀원으로서 일하는 능력을 중요하게 생각하였다. 그의 말에 의하면 기술적인 능력은 교육에 의해서 바꿀 수 있지만 태도는 바꿀 수 없기 때문이라고 한다.

사우스웨스트에 입사한 신입직원들은 신입연수에서 랩송을 부르며 나오는 허브트 켈러 CEO의 우스꽝스러운 장면을 사전에 제작된 영화를 통해서 보며 Fun경영의 기업문화를 느끼게 된다.

전 임직원은 자발적 업무참여를 통해 가족적 문화를 정착시킨다. 승객이 가장 많은 추수감사절 시즌에는 CEO도 직접 수하물 처리에 참여한다. 그리고 비행기 착륙 후 이륙까지 걸리는 시간을 단축하기 위해 전 임직원이 직종을 넘어 총 동원되는 시스템을 갖추고 있다. 이러한 가족적 업무환경은 타사에 비해 생산성이 높게 나타나고 있다.

2.4.3 월마트(Wal-Mart)

불황 중에도 잘 되는 기업이 있다 그 중 하나가 샘 월튼(Sam Walton)이 설립한 월마트이다. 월마트는 '구두쇠' 운영으로 불황에 쉽게 적응하는 기업문화를 갖고 있다는 평가를 받는다. 경영진 사무실은 4평 남짓하고 작고 검소한 사무실을 사용하고 있다. 경영진들은 모두 직접 커피를 타서 마시며, 현장에 자주 방문하여 구성원들을 독려한다. 화려함보다는 검소와 절약을 실천하고 있다.

월마트가 지향하는 핵심적인 가치는 '고객 제일주의'이다. 고객이 항상 옳다는 믿음을 가지는 것이다. 월마트는 자신을 '고객의 구매대리인'이라고 생각한다. 그리고 이 대리인의 판단기준은 '어느 쪽이 고객에게 도움이 될까'이다. 고객이 원하는 상품을 원하는 시점에 합리적인 가격으로 제공한다는 원칙인 'Every Day Low Price' 정책을 지속적으로 추진하고 있다. 또한 고객의 쇼핑카트에 계산기를 부착하여 고객의 편의를 돕고, 고객이 10피트 내에 있을 경우에는 먼저 눈을 맞추고 도와줄 것이 없는지를 확인하는 것이 하나의 행동규범으로 되고 있다. 이러한 고객 제일주의라는 공동의 가치관은 경쟁사보다 5% 가량의 원가우위를 가질 수 있게 한 원동력이 되었다.

월마트의 또 하나의 핵심가치는 동료주의다. 동료주의는 오우치가 제시한 Z조직문화의 특성이다. 월마트의 경영진들은 직원을 '동료(Associate)'라고 칭했으며, 직원 간의 벽을 허물고 서로 간의 신뢰감을 형성하기 위해 회장을 비롯한 모든 종업원이 같은 심벌마크가 새겨진 모자를 쓰고 일한다. 월마트의 이익분배 과정에서도 동료주의의 정신이 나타난다. 월마트는 종업원 지주제를 통해 일정 자격 이상이 되면 시가보다 15% 할인된 가격으로 회사 주식을 구입할 수 있게 한다. 또한 '손실량 감축제도'를 통해 손실량을 줄이는 데서 얻은 이익을 동료들과 공유함으로써 직원 모두 이익을 나눌 수 있게 한다. 이러한 동료주의에는 시간제 직원들도 예외가 아니다. 매장의 수익목표가 달성되면 시간제 직원들에게도 이익을 분배한다.

2.4.4 도요타(Toyota)

JIT(Just In Time) 생산시스템, 간판시스템, 5S(일본식 발음의 영문 헤드글자: Seri-정리, Seidon-정돈, Seiso-청소, Seigets-청결, Shitsuke-습관화)운동 등 많은 혁신활동의 개념이나 관리 용어 등이 도요타로부터 출발하여 보급되었다.

많은 혁신의 기반은 바로 도요타의 '가이젠 문화'이다. 가이젠이란 지속적인 개선이라는 뜻이다. 도요타는 1950년대 경쟁력 확보를 위해 '7대 낭비'라는 장애요인을 정의하고 이 낭비들을 제거하기 위해 노력해 왔다. 그리고 낭비의 근본적인 원인이 무엇인지 고민하다가 5S활동이라는 것을 추진하게 되었다. 도요타에서는 현재 드러난 문제를 해결하는 데 머물러 있지 않고 더 높은 목표 수준을 암묵적으로 정해놓고 현재의 수준을 문제삼는 '미래지향적 문제의식'을 강조한다.

도요타에서 정의하는 일의 개념은 '작업+개선'이다. 미숙한 작업자는 작업하는 데 온 시간을 쏟아 붓겠지만, 숙련된 작업자는 작업을 하면서도 정신적인 여유를 가질 수 있다. 그래서 그런 정신적 여유를 작업조건이나 작업의 낭비요소를 찾는 데 부분적으로 사용한다는 것이다. 작업자는 작업 종료 후에 작은 빈 쪽지에 간단하게 현상과 개선 아이디어를 적는다. 매일 기록하는 것은 어렵지만 1년에 10건 정도는 기록한다. 7만 명의 사원의 개선안을 합치면 70만 건이 된다. 티끌 모아 태산된다는 속담이 있듯이 작은 개선의 노력이 혁신을 이루게 되는 것이다.

도요타에서는 5WHY 추구법을 정착시켰다. 문제가 발생하면 Why를 물어서 1차적 원인을 밝힌다. 그리고 나서 '1차 원인이 발생한 이유는 무엇일까?'하고 또 한번 Why를 묻는다. 이런 식으로 5번 Why를 물으면 근본적인 원인이 밝혀질 수 있다는 것이다. 근본적인 원인을 밝히다 보면 다른 부서의 문제로 드러나기도 한다. 그러나 그런 원인을 근본적으로 치료하는 문화가 잘 조성되어 있어서 근본적인 개선이 이루어질 수 있는 것이다.

2.5 글로벌 기업을 위한 기업문화 개발

2.5.1 문화의 충돌과 이해

(1) 개인과 집단

파슨즈(Parsons)와 실즈(Shils)는 개인주의를 '자기 자신에 우선을 두는 것'라고 설명하고, 집단주의를 '공통의 목적과 목표에 우선을 두는 것'으로 설명했다.

나라마다 차이는 있겠지만 개인주의와 집단주의의 두 성향은 모든 나라에서 나타난다. 그러나 나라마다 어떤 성향이 더 강한지 비교할 수 있다.

<그림 2-7>은 1만 5천 명의 관리자에게 다음과 같은 질문을 한 결과 A를 선택한 비율을 나라별로 보여주고 있다.

▸ 두 사람(A와 B)이 개인의 생활의 질을 개선할 수 있는 방법을 토론하고 있다.

A: 개인이 되도록이면 많은 자유와 최대한의 자기계발 기회를 가진다면 결국 생활의 질이 개선될 것이다.

B: 개인적 자유와 발전을 저해하는 부분이 있을지라도 개인이 인류 전체에게 끊임없이 관심을 기울인다면 모든 사람의 생활의 질이 개선될 것이다.

이 두 가지 논법 중에서 당신은 어느 쪽이 최선이라고 생각하는가?

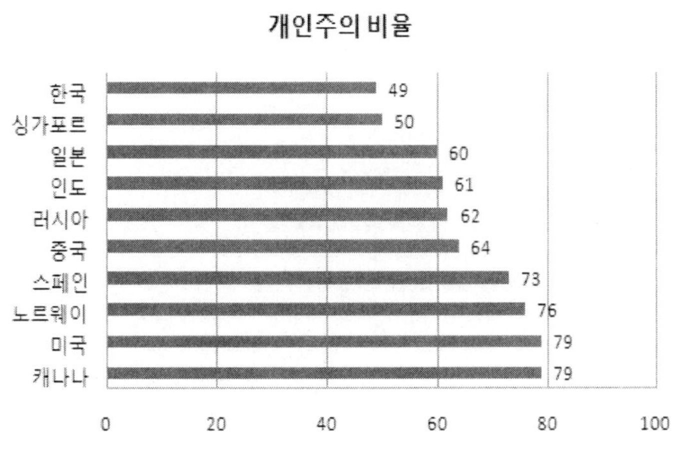

[출처: 폰스 트롬페나스 저, 이현우 역(1997), 문화와 세계경영, 21세기북스, p.88]

그림 2-7 개인의 자유를 우선(A지지)으로 선택한 비율

<그림 2-7>은 북미 및 유럽의 나라들은 개인주의적 성향이 강하고 한국은 공동체 의식이 강함을 보여주고 있다. 한국은 농경사회를 기반으로 서로의 도움을 필요로 하는 문화를 형성해 온 결과라고 볼 수 있다.

이러한 차이는 비즈니스 환경에도 영향을 미친다.

개인주의적 문화에서는 나(I)라는 말을 자주 사용하며 대표가 즉석에서 결정한다. 직원은 일을 혼자 잘 처리하는 능력으로 존경 받기 원하며, 개인적인 책임을 진다.

집단주의적 문화에서는 우리(we)라는 말을 자주 사용하며 조직의 의견을 대표가 말한다. 집단으로 일을 처리하며 책임은 함께 진다.

글로벌 기업환경에서 개인주의와 집단주의의 통합적인 사고의 필요성이 점점 커가고 있음을 인식해야 한다.

(2) 규정과 관계

보편적인 제도를 따를 것인가? 개인적인 친밀함을 더 중요하게 여길 것인가? 이를 알아보기 위해 다음과 같은 설문조사가 있었다.

▸ 당신이 친한 친구와 차를 타고 있었다. 그런데 친구가 제한속도 20마일 구간에서 35마일로 달리다가 보행자를 치게 되었다. 변호사는 친구가 20마일로 달리고 있었다고 증언해주면 친구를 심각한 상황에서 구할 수 있을 거라고 했다. 당신은 증인으로서 선서해야 할 의무와 친구에 대한 의무 사이에서 어떻게 행동하겠는가?

<그림 2-8>은 친구를 위해 위증하지 않겠다고 답한 비율이다.

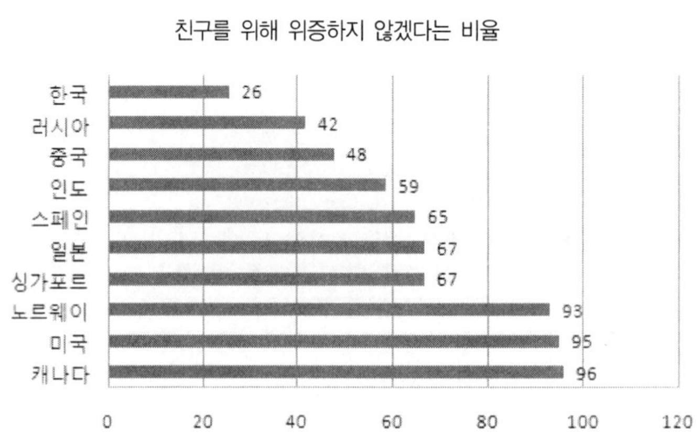

[출처: 폰스 트롬페나스 저, 이현우 역(1997), 문화와 세계경영, 21세기북스, p.69]

그림 2-8 보편적인 제도를 선호하는 비율

북미와 북유럽의 경우는 규범대로 하는 경향이 강하고 한국과 중국은 규칙대로 하기보다 관계를 더 중요하게 생각한다는 결과를 보여주고 있다.

이러한 차이는 비즈니스 환경에도 영향을 미친다.

규정중심의 문화에서는 법적계약을 작성하는 것을 당연하게 여기며, 계약을 존중하는 것이 신용 있는 모습이다. 거래는 거래일 뿐 사적인 관계를 개입시키지 않는다.

관계중심의 문화에서는 계약이란 쉽게 변경될 수 있으며, 폭넓은 인간관계가 보다 중요하다. 거래에 친분관계를 포함시킨다.

그러나 관계중심의 문화 속에서도 공동체 의식이 강한 경우에는 공동체를 위해 규정중심의 의사결정을 할 수도 있음을 알아야한다.

(3) 성취와 지위

각기 다른 문화에서 성취지향성이 어느 정도인지 측정하기 위해 다음과 같은 명제로 찬성과 반대의 정도를 점수화하여 설문조사를 실시하였다.

▸ 인생에서 가장 중요한 것은 성취하지 못하더라도 현재 자신에게 알맞은 방식으로 생각하고 행동하는 것이다.

<그림 2-9>는 위 명제에 동의하지 않는 사람들의 비율이다. 즉 성취하려는 경향이 강한 사람들의 비율이다.

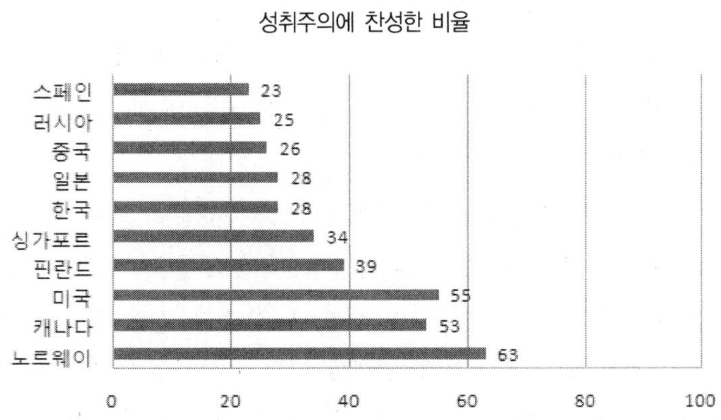

[출처: 폰스 트롬페나스 저, 이현우 역(1997), 문화와 세계경영, 21세기북스, p.157]

그림 2-9 성취주의에 찬성한 비율

미국, 캐나다 그리고 노르웨이 3개국만이 성취에 대한 강한 욕구를 나타내었다. 대부분의 나라들은 성취욕구보다 실리는 없지만 지위에 더 가치를 부여한다. 한국은 역사적으로 가난해도 공부하는 선비들이 돈을 버는 상인보다 더 존경을 받았다.

이러한 차이는 비즈니스 환경에도 영향을 미친다.

성취지향의 문화에서는 직함을 사용하되 업무에 꼭 필요한 경우에만 사용한다. 상사에 대한 존경은 직무에 대한 전문지식과 직무처리 능력 때문이다. 성과급이 효과적인 도구가 될 수 있다.

지위중심의 문화에서는 직함을 널리 사용하며, 위계질서를 따라 상사를 존경한다. 높은 권한을 가진 자만이 결정에 이의를 제기할 수 있다.

따라서 성취지향이냐 지위중심이냐에 따라 직원들을 동기부여하거나 의견을 수렴하는 방식이 달라질 수 있음을 알아 두어야한다.

2.5.2 CEO의 역할

CEO와 기업문화는 어떤 관계가 있는가? CEO는 기업문화를 만들고 계속해서 변화시켜 나가는 사람이다.

잭 웰치는 수직적이고 의사소통이 막혀 있는 GE의 기업문화를 바꾸기까지 10년의 세월이 걸렸다고 고백했다. 변화와 혁신에 대한 그의 강한 의지는 GE가 세계의 정상기업으로 발돋움하는 데 절대적인 역할을 했다.

한국 기업문화에 '관행'이라는 말이 있다. 관행은 효율성이나 효과를 고려해보지 않고 과거에 해왔던 그대로 따라하는 답습인 경우가 많다. 그리고 그러한 관행을 기업의 효율을 위해 바꾸려 한다면 큰 장벽을 느끼게 된다. 변화에 대한 두려움, 꺼리는 마음은 기업구성원 누구에게나 있기 때문이다. 그러기에 기업문화가 바뀌려면 CEO의 강한 의지와 인내가 필요하다.

CEO는 좋은 기업문화를 만들어내기 위해 더 넓은 포용력을 필요로 한다. 왜냐하면 기업환경이 갈수록 글로벌화되기 때문이다. 공동 학습과정을 통해 습득한 기업의 문화가 기존의 환경에서는 맞을 수 있으나 제3세계에 진출할 경우에 오히려 장애가 될 수 있다. 개인주의와 집단주의, 규정중심과 관계중심 그리고 성취지향과 지위중심은 상충되어 보이는 문화적 특징이지만 조화를 이루는 노력이 필요할 것이다.

2.6 기업윤리

2.6.1 기업윤리의 의미

국어사전에는 윤리(倫理)란 '사람으로서 마땅히 행하거나 지켜야 할 도리'라고 정의되어 있다. 즉 윤리란 부모와 자녀, 스승과 제자, 친구, 연인 등 사람들 사이에서 행하여도 되는 것과 행하면 안 되는 것을 구분 짓는 판단기준이나 가치체계를 의미한다.

윤리란 '남을 위한 철학이다'라는 말이 있다. 자신의 이익만을 주장하고 다른 이에 대한 배려가 없다면, 사회질서는 무너질 것이고 인간이 함께 공존하여 살아가는 것은 불가능하게 될 것이다.

기업윤리라고 말할 때 일반적인 윤리의 개념과 별반 다르지 않다. 기업은 국가라는 큰 사회 안에 있는 구성원이기 때문에 사회의 윤리를 그대로 반영할 수 있는 것이다. 그러므로 기업은 사회의 법을 지키고 지역사회가 존속하고 발전하는 데 기여할 책임이 있다.

법을 어기는 기업, 지역사회 발전에 도움이 되지 않는 기업은 고객들의 외면을 당하게 된다. 반면 윤리적이고 사회적 책임을 다하는 기업은 존경받는 기업이 되며, 장기적으로 존속하게 될 것이다.

기업이 기업윤리를 지킨다는 것은 단순히 법적으로 문제없이 행했다는 것 그 이상을 의미한다. 중간상인이 농산물을 몽땅 사들이고 공급을 조정해서 고수익을 얻는다고 한다면 상인 입장에서는 아주 합리적 결정이기는 하나 사회의 공공선에 비춰보면 이기적인 결정이며 비윤리적인 행동이라고 볼 수 있다.

기업과 관련된 이웃은 매우 많다. 주주를 비롯해서 협력업체, 고객, 지역사회, 임직원, 더 나아가서 미래 후손도 기업과 연관된 이웃일 것이다. 이러한 기업의 이웃들을 이해관계자라고 부른다. 기업이 이러한 이해관계자들에게 마땅히 행하여야 할 도리를 기업윤리라고 말할 수 있다.

요약하면, 기업윤리(企業倫理; business ethics)란 기업이 사회구성원으로서 마땅히 지켜야 할 도리이며, 기업의 이해관계자들과의 관계에서 발생하는 모든 의사결정의 옳고 그름을 판단하는 기준이다.

2.6.2 기업 윤리의 중요성

(1) 등장배경

맥킨지가 세계 4천여 명의 CEO를 대상으로 조사해본 결과, CEO의 84%가 “이윤과 공익을 균형있게 추구해야 한다.”고 말했다. 기업윤리를 지키는 것은 대부분의 CEO가 인정하는 기업경영의 기본이다.

기업윤리가 경영의 기본임에도 불구하고 기업경영의 큰 이슈로 등장하는 이유는 무엇일까?

그것은 기본을 소홀히 함으로써 생긴 기업의 위기가 도산이라는 형태로 가시화되어 나타났기 때문이다. 2001년 엔론(에너지 판매 및 중개회사), 2002년 월드컴(장거리 전화회사)의 파산, 2008년 리먼브라더스(투자은행)의 파산 등은 탐욕에 눈이 멀어서 도산한 사례이다. 거대 기업의 파산은 미국경제뿐 아니라 세계 경제를 불황으로 몰아넣었다. 그러나 위기(危機)는 위험과 기회를 다 포함하고 있는 단어다. 지금의 위험이 기본으로 돌아갈 수 있는 기회가 될 수 있다.

(2) 중요성

기업윤리가 중요한 첫 번째 이유는 그것이 기업생존의 근간이 되기 때문이다.

천직이라는 개념이 있다. 직업은 하늘이 내게 준 소명이라는 것이다. 자신에게 주어진 직업에 종사하면서 자아를 계발하며 자아실현의 기쁨을 누린다. 또한 자신의 직업에 충실함을 통해 다른 사회구성원에게 봉사를 하는 것이다. 물론 직업을 통해 가정을 부양하고 생계를 유지한다. 직업에 대한 소명의식이 바로 기업윤리이며 기업유지의 기반이 된다.

직업에 대한 소명의식을 잊어버림으로 인해서 망한 기업도 있고, 소명을 다함으로써 더 흥하는 기업도 있다. <그림 2-10>은 직업의 소명의식을 잃어버리고 눈앞에 있는 이익

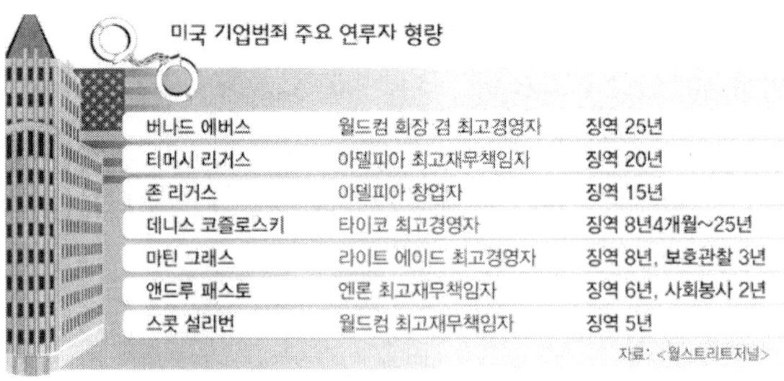

[출처: 한겨레(http://www.hani.co.kr)신문, 2006년 10월 24일]

그림 2-10 기업범죄 형벌의 예

만을 추구하다가 결국 기업범죄에 연루된 이유로 형사판결을 받은 사례를 보여주고 있다.

둘째, 기업윤리는 경영실적에 영향을 미치기 때문이다.

<그림 2-11>은 분식회계 사건과 관련되어 미국 증시가 추락하는 모습을 보여주고 있다. 비윤리적인 방법으로 이익을 추구할 때 단기적으로는 도움이 되는 것 같지만 장기적으로는 손해가 된다.

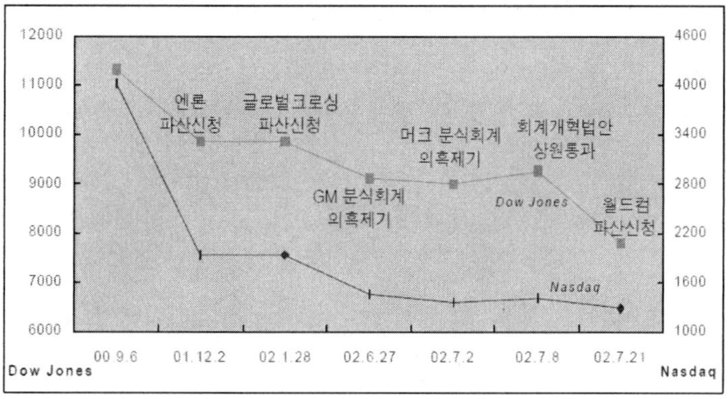

자료: Reuter

[출처: 문지원(2002), "분식회계와 미국식경영의 동요", CEO Informaton, 제359호]

그림 2-11 분식회계 관련 사건과 미국 증시의 추이

전국경제인연합회에서는 2003년 <기업윤리와 기업가치 및 성과 간의 관계 분석>이라는 보고서를 통해 기업윤리헌장제정 및 윤리전담부서를 실천한 기업들의 영업이익이 윤리헌장 미제정 기업보다 훨씬 높다는 결과를 제시했다. <표 2-4>는 윤리경영과 영업이익률의 상관관계를 보여주고 있다.

표 2-4 윤리경영과 영업이익률

구분	1998	1999	2000	2001	평균
윤리헌장 제정 및 전담부서 설치기업	11.3%	8.5%	12.3%	9.1%	10.3%
윤리헌장 제정기업	6.3%	7.5%	7.5%	7.9%	7.3%
윤리헌정 미제정기업	8.1%	7.0%	6.0%	8.0%	7.3%

출처: 전국경제인연합회, 기업윤리와 기업가치 및 성과간의 관계 분석, CEO Memo 2003-2

셋째, 고객의 윤리의식 수준이 높아지면서, 기업윤리에 대한 소비자단체 및 NGO (non-government organization)의 요구가 커지고 있기 때문이다.

1970년대 1980년대에 경기도에 화학섬유를 제조하던 공장이 있었다. 밤에 몰래 유독가스를 내뿜는 장면이 매스컴을 통해 여러 번 방영되었으나 그 기업은 건재했었다. 많은 지역주민들이 그 기업에서 일을 하고 있었기 때문에 지역주민들에게 환경문제는 중요한 문제가 되지 않았다. 주민들은 일을 할 수 있다는 혜택에 만족해했다.

그러나 그 기업은 더 이상 존재하지 않는다. 주민들의 생계문제가 해결되고 환경의 중요성에 대한 인식이 생기면서 그 기업에 대한 평판은 나빠졌다. 또한 해로운 작업환경으로 인해 많은 직원들이 직업병을 갖게 되었고 기업은 이에 대한 엄청난 보상을 해야만 했다.

<그림 2-12> 한국 소비자연맹 자료를 보면 매년 소비자의 고발 건수가 증가함을 보여주고 있다. 기업들이 고객을 위한 경영의 중요성을 더 인식해가고 있음에도 불구하고 고발 건수가 증가하는 이유는 무엇일까? 그것은 과거에는 고객들이 기업에 대한 불만을 마음속에만 담아 두었다면 지금은 공식적으로 불만을 표현하는 고객들이 많아진 것을 의미한다고 볼 수 있다.

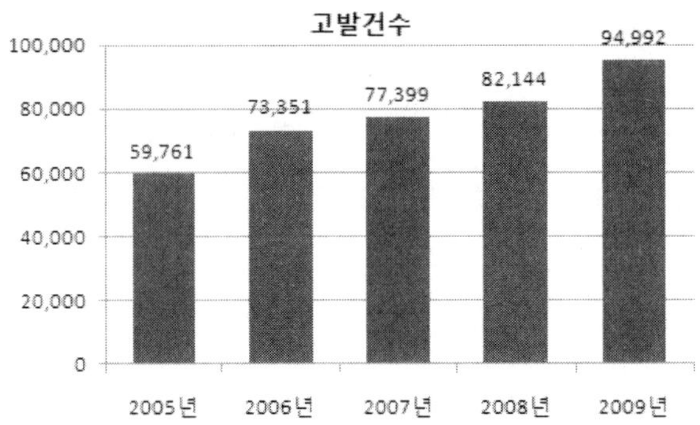

그림 2-12 한국 소비자연맹 고발통계

넷째, 윤리경영이 기업의 이미지 상승과 연관이 있기 때문이다.

<그림 2-13>은 글로벌 기업에게 가장 큰 위협이 되는 리스크의 순위를 보여주고 있다. 1위가 평판리스크(reputational risk)이다. 회사에 대한 좋은 평판은 고객들에게 좋은 이미지를 주고, 고객들이 구매의욕을 높이게 된다. 곧 회사의 가치를 높이게 된다. KiRi Weekly(2010년 3월)보고서에 의하면 평판리스크의 평가기준은 윤리경영지표와 많은 부분에서 일치한다고 한다. 그래서 평판리스크 관리를 위해서는 윤리경영을 실천해야 한다고 주장하고 있다.

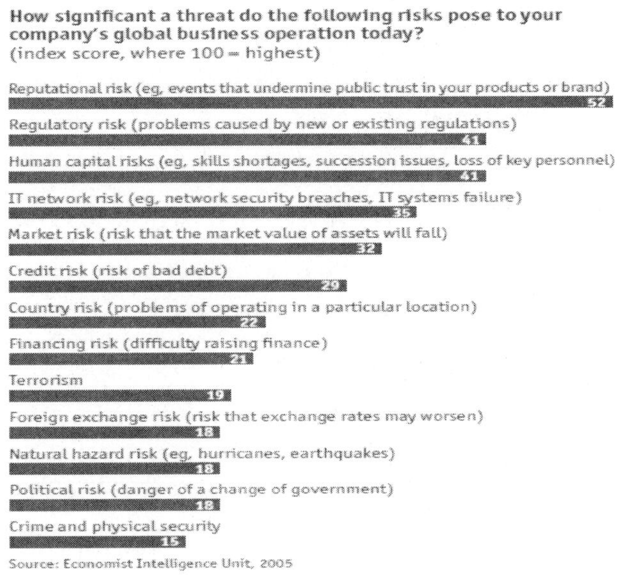

[출처: Alasdari Ross, "Reputation: Risk of risks", The Economist Intelligence Unit 2005]

그림 2-13 글로벌 기업의 리스크 순위

2.6.3 기업윤리의 실천

(1) 기업윤리강령

기업윤리강령(code of business ethics)이란 기업의 경영행위 기준이 되는 일반적인 가치 체계, 이해관계자 집단에 대한 책임과 의무 그리고 회사가 적용하고자 윤리원칙을 문서화한 것이다.

기업윤리강령의 제정은 기업윤리가 단지 선언적 수준을 넘어서서 전체 직원이 일정한 수준의 기업윤리를 실천할 수 있도록 하는 데에 목적을 갖고 있다. 윤리강령을 통해 구성원의 사람됨이나 인간의 본성을 변화시키는 것은 어렵지만, 칭찬과 보상을 통해 윤리적인 행동을 강화시켜 나가자는 것이다. 예를 들어 친절의 순수성과 진실성이 담겨져 있으면 좋겠지만 그것이 부족하더라도 상냥한 미소와 인사를 강조하며 반복해서 훈련하면 친절하게 행동하게 되며 태도에도 영향을 줄 수 있다는 것이다.

기업윤리강령의 구성과 주요 내용은 <표 2-5>와 같다.

표 2-5 기업윤리강령의 구성과 주요 내용

구성	기본적인 주요 내용
전문	강령제정의 이유, 준수 임무
1. 기본 정신	선한 기업, 사회적 가치창조, 기업시민
2. 고객	고객은 기업이 존재하는 이유, 성실, 신의, 만족
3. 종업원	종업원은 자산, 종업원의 권리, 의무
4. 주주	정당한 투자수익 보호, 공평, 평등
5. 지역사회	지역사회와 공생, 선량한 기업시민
6. 경쟁자	공정경쟁, 공평한 대우
7. 임원	임직원은 회사의 명예, 개인보다 회사이익 우선
8. 정부	법규준수, 책무수행, 성실보고
9. 정치	조직으로서 정치 불간여, 투명한 관계유지
10. 지구환경	환경친화, 공생관계
11. 국제거래	국제적 기업시민, 평등하고 공평한 대우
12. 처벌	윤리성 판단기준, 고발의무, 개인의 책임, 처벌

출처: 윤대혁(2007), 글로벌 시대의 윤리경영, 무역경영사, p.216

<그림 2-14>는 기업윤리강령의 예로서 이랜드사의 윤리규범의 일부분을 발췌한 것이다. 고객에 대한 책임, 협력업체와의 관계, 임직원 간의 관계, 환경보호 대한 책임 그리고 국가사회에 대한 책임 등을 포함하고 있음을 볼 수 있다.

(2) 종업원 행동지침

종업원 행동지침(Guidelines for Business Conduct)이란 기업윤리강령을 실천하기 위해 종업원 및 임원들의 구체적인 행동지침을 말한다. 이해를 돕기 위해 삽화나 만화 등을 사용하기도 하며, 간결하고 호소력 있는 문장을 사용한다. 그리고 명함 크기의 포켓용 소책자를 만들어 배포하여 늘 소지하도록 한다. 윤리척도 자기진단의 질문을 활용하기도 한다.

예를 들어, 텍사스 인스트루먼트의 윤리적 의사결정 매뉴얼의 내용 중에는 '신문에 보도되어도 괜찮은 것인가?', '잘못된 것임을 안다면 당장 중지하라', '확신할 수 없다면 다른 사람에게 물어보라', '해답을 얻을 때까지 계속 물어보라' 등이 있다.

이랜드의 윤리규범

제 1 조 [목 적]

본 윤리규범은 회사의 경영이념 및 스피릿을 바탕으로『기업의 사회적 책임』을 완수하고자 건전한 거래질서와 기업윤리를 확립하고 올바른 가치판단의 기준 및 이와 관련된 내용을 정함을 목적으로 한다

제 2 조 [적용 범위]

본 윤리규범은 ㈜이랜드 및 계열사와 임직원에 대하여 적용한다.

제 3 조 [용어의 정의]

(1) 금품: 금품이라 함은 현금, 유가증권, 물품(상품, 샘플, 사은품) 및 기타 경제적 수혜를 말한다.

(2) 향응, 접대: 식사, 주류, 스포츠(골프 등),오락, 향락 등의 수혜를 말한다.

(3) 편의 제공: 금품, 향응, 접대 이외에 숙박, 교통 및 교통수단의 제공, 관광안내, 각종 행사지원, 국내외 견학 등의 수취인이 편의를 누리기 위해 상대방에게 경제적 손실을 발생하게 하는 모든 경우를 말한다.

제 4 조 [고객 존중]

(1) 고객의 유익을 먼저 생각하여 고객의 요구는 항상 옳다는 것을 모든 판단 및 행동의 최우선 기준으로 삼는다.

(2) 모든 경영 및 영업활동에서 고객의 안전을 위해 노력하며 상품 및 서비스의 결함이나 부적절한 공지로 인하여 고객의 생명, 신체, 재산상 손해가 발생하지 않도록 모든 조치를 강구한다.

제 5 조 [고객 만족]-가치의 제공

(1) 고객에게 제공하는 상품 및 서비스는 시장가격이 아닌 고객의 소득수준에 맞는 가격정책을 확대해 나간다.

(2) 고객에게 제공하는 상품 및 서비스의 가격을 낮추기 위해 모든 노력을 기울일 것이며 궁극적으로 고객의 소득수준을 높여드린다.

제 6 조 [고객 감동]-가치의 창조

(1) 만족한 소비자가 최선의 광고임을 알고 고객에게 감동을 주는 상품과 서비스를 제공한다.

(2) 고객의 감동이 곧 우리의 기쁨임을 인식하고 고객이 필요로 하는 것을 찾아 끊임없이 가치를 창조한다.

제 7 조 [공정한 거래]

(1) 자격을 구비한 협력사에 대하여 공평한 기회를 보장하며 객관적이고 공정한 심사기준으로 합리적 절차에 따라 선정한다.

(2) 신규 거래시, 당사와의 거래에 대한 기본 지침과 윤리경영 실천 및 신고제도에 대한 설명을 한다.

제 8 조 [비윤리적 행위 금지]

(1) 협력사에 대하여 우월적 지위를 남용하거나 부당행위를 강요해서는 안된다.

(2) 협력사에 부당하게 비용을 전가시키는 행위를 금한다.

제 9 조 [상호 발전]

(1) 깨끗하고 투명한 거래풍토를 조성하고 공정한 거래질서를 유지하기 위해 상호 협력한다.

(2) 협력사가 경쟁력을 갖추어 성장할 수 있도록 적극 지원한다.

제 10 조 [신의 성실]

(1) 임직원은 회사의 경영이념 및 윤리규범에 따라 각자에게 부여된 사명 및 직무를 공정하고 충실하게 수행해야 하고 회사의 기업문화에 적극 호응하고 동참한다.

(2) 임직원은 직무를 수행함에 있어서 부당하게 개인적인 이익등을 우선하여서는 안되며, 의사결정시 윤리 진단 질문을 생활화 하여야 한다.

제 11 조 [법규 · 규정 준수]

(1) 임직원은 모든 업무를 공정하고 정당한 방법으로 수행하며 관련 법규, 회사의 사규 및 규정을 숙지하여 이를 준수하여야 한다.

(2) 직원은 근무시간 중 정당한 사유나 소속 상사의 승인없이 직장을 이탈해서는 안되며 회사의 취업규칙 및 복무규율을 준수하여야 한다.

제 12 조 [회사와 이해상충 회피]

(1) 타업 종사 및 사적 지분참여 금지
- 회사외 타사업체에 근무 또는 직위를 갖거나 이해관계가 있는 타사업체지분, 주식을 보유, 타사업체로부터 이익을 얻을 지위에 있어서는 안된다. 단 회사의 계열사 지분을 소유하는 것은 가능하다.

(2) 내부자 거래 및 불공정 거래 금지
- 사적 이해관계가 있는 업체와 거래해서는 안된다.

제 13 조 [직장내 성희롱 방지]

(1) 회사는 직장 내 성희롱을 철저히 방지하며, 이를 위한 교육을 의무적으로 실시하고 임직원은 예방교육을 반드시 이수해야 한다.

(2) 직원 상호간에는 서로의 인격을 존중하며, 성적 유혹이나 성적 수치심을 유발시키는 언행, 고의적이거나 불필요한 신체접촉을 통한 불쾌감을 주어서는 안된다.

제 14 조 [상호 존중]

(1) 개개인이 인간으로서 가치있고 존엄한 존재임을 인식하여 서로 존중하고,즐거운 직장생활을 위하여 최선을 다한다.

(2) 상하급자 및 동료간에 불손한 언동이나 비하하는 발언, 부정적 편견, 위협적이거나 적대적인 언어를 사용하지 않는다. 단, 업무수행관련 건설적인 비판 및 감독, 언행은 해당되지 않는다.

제 15 조 [신고제도]

법규, 윤리규범, 사규, 방침, 업무절차 등의 위반 또는 업무오류로 회사가 피해를 보거나 위험에 빠지는 것을 방지하기 위하여 이를 책임자 및 윤리경영실에 신고하는 제도이며 세부사항은 별도의 규정으로 정할 수 있다.

(1) 타인의 위반행위뿐 아니라 본인의 위반행위, 상사의 부당한 지시, 신고에 따른 불이익 또는 보복행위 등에 대하여 신고해야 한다.

(2) 수행하는 업무나 목표가 사회이익에 반하거나 사회에 피해를 입히는 경우 즉시 신고해야 한다.

제 16 조 [공정한 대우]

모든 임직원을 독립된 인격체로 존중한다.

(1) 임직원의 능력과 자질에 따라 평등한 기회를 부여한다.

(2) 임직원의 능력과 성과를 공정한 기준에 따라 평가하고 정당하게 보상한다.

제 17 조 [인재 육성]

직장은 정치, 경제, 사회, 교육, 예술, 언론 등 각 분야에 바르게 선한 영향을 끼칠 수 있도록 지도자를 배출해 내는 인생의 학교이다.

(1) 임직원을 도전적이고 창의적인 인재로 육성할 수 있도록 필요한 제도를 갖추고 적극 지원하며 장기적 관점에서 인재를 육성한다.

(2) 상사는 부하를 인격적으로 또 지식자본가로써 부족함이 없는 인재로 육성하겠다는 의지를 갖고 부하의 적성과 소질을 고려하여 필요한 충고와 지도를 아끼지 않는다.

제 18 조 [신고자 보호제도]

(1) 윤리규범에 반하는 모든 행위에 대한 신고는 철저한 보안과 안전이 보장되도록 가능한 모든 조치를 취하며 세부사항은 별도의 규정으로 정할 수 있다.

(2) 본인이 원할 시에는 회사 경영진에게도 신고자 신분에 대한 비밀이 보장된다.

제 19 조 [건전한 기업 활동]
(1) 돌아가더라도 바른 길을 가는 것이 지름길임을 알고 부정한 방법으로 부당한 이익을 취하지 않는다.
(2) 투명하며 효율적인 경영을 통하여 건전한 이익을 실현함으로 주주의 투자수익을 성실하게 보호한다.

제 20 조 [국가 사회 발전에 공헌]
(1) 회사는 올바르고 합리적인 기업활동을 저해하는 모든 행위를 배제하고 정직한 과정과 투명한 경영으로 이익을 내며 조세의 성실한 신고 · 납부로 국가발전에 기여한다.
(2) 인종, 국적, 학벌, 성별, 종교, 출신지역, 연령, 장애, 결혼여부 등에 대한 차별없이 누구나 능력과 적성에 따라 균등한 고용의 기회를 부여하며 일자리 마련으로 고용을 창출한다.

제 21 조 [환경 보호]
(1) 자연을 보호하고 깨끗한 환경의 보전을 위해 최선의 노력을 경주하며 환경보호 관련 법규를 준수한다.
(2) 공해 및 오염방지를 위한 폐기물관리, 에너지 절감, 상품품질 개선으로 고객이 믿고 신뢰하는 환경친화 기업이 되도록 노력한다.

제 22 조 [안전관리와 사고예방]
(1) 제반 안전관리 규정을 확립하고 각종 시설물에 대한 정기점검을 철저히 하여 화재예방, 가스누출, 정정 등 안전관리에 만전을 기한다.
(2) 교육과 훈련을 통하여 각종 안전사고 및 재해에 대처할 수 있는 능력을 배양한다.

출처: 이랜드 윤리경영 사이트(http://www.elandethic.com/index.asp)

그림 2-14 기업윤리강령의 예

(3) 제도적 장치

기업의 구성원은 평가시스템이나 보상시스템에 크게 영향을 받는다. 따라서 윤리경영이 효과를 발휘하기 위해서는 윤리적 측면이 평가 및 보상시스템에 반영되어야한다. 그러나 문제는 윤리적 행동을 어떻게 평가하고 보상하느냐이다. 경제적 성과에 대한 평가는 숫자의 형태로 가시적으로 나타나기 때문에 그에 따라 보상을 하거나 연봉을 삭감하는 조치를 취할 수 있다. 그러나 윤리적인 행동은 당연시하는 행동이기에 보상을 기대하지도 않는다. 따라서 비윤리적인 행동에 대해 제재를 가하는 형태로 이루어지는 것이 실제적이다. 정기적, 비정기적으로 사내 및 사외감사 등을 강화하여 비윤리적 행동자를 적발하여 징계와 해고와 같은 처벌을 통해 본보기로 삼거나, 윤리교육과 같은 소극적인 벌을 줌으로써 평가에 대한 피드백을 제공할 수도 있다. 그리고 이런 일을 전문적으로 담당할 윤리경영 전담부서의 설치가 필요하다.

기업윤리 교육프로그램을 만들어 의무적으로 교육을 이수할 수 있도록 하고 인사고과에 반영하는 방안도 고려해 볼 수 있다.

토의문제

1. 한 기업의 문화를 7S모델로 분석해보시오.
2. 한국 기업문화의 특징에 대해 조사해보시오.
3. 윤리경영의 실천사례를 찾아보시오.

참고문헌

1. 김경환, 이종욱(2010), "평판리스크와 윤리경영의 역할", KiRi(보험연구원) Weekly
2. 김은환, 진현, 예지은, 이상우(2007), "좋은 기업 문화 만들기", CEO Information 제 603호, 삼성경제연구소
3. 문지원(2002), "분식회계와 미국식경영의 동요", CEO Informaton, 제359호, 삼성경제연구소
4. 박기찬, 이윤철, 이동현(2005), 경영의 교양을 읽는다(고전편)
5. 서병인, 정동섭(2000), 현대조직행동, 삼영사
6. 신재준, 고지석(2005), 성공기업의 기업문화 만들기, 새로운 제안
7. 애드거 H. 샤인 저, 딜로이트 컨설팅 코리아 역(2005), 기업문화 혁신전략, 일빛
8. 윤대혁(2007), 글로벌 시대의 윤리경영, 무역경영사
9. 이관춘(2009), 기업의 위기극복을 위한 윤리경영전략, 학지사
10. 이학종(2008), 기업문화와 기업경쟁력, 박영사
11. 정일구(2009), 도요타 초일류를 만드는 조직문화, 시대의창
12. 폰스 트롬페나스 저, 이현우 역(1997), 문화와 세계경영, 21세기북스
13. 한국능률협회 컨설팅(2004), 테크노 경영학, 한양대학교 출판부
14. Alasdari Ross(2005), "Reputation: Risk of risks", The Economist Intelligence Unit 2005

Techno Management

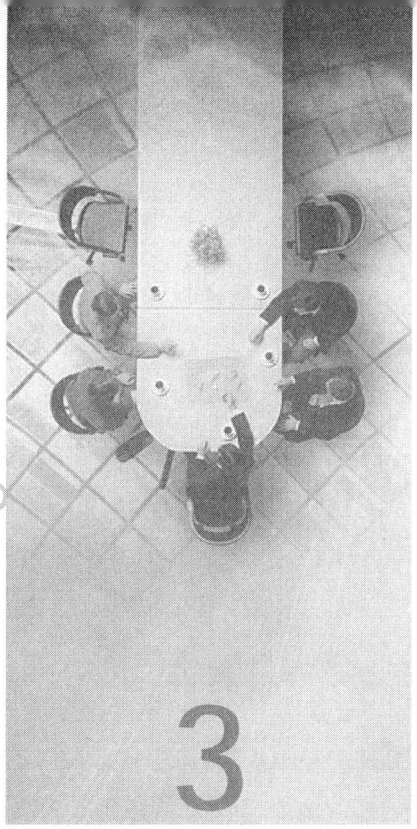

3 인적자원관리

21세기를 '한 명의 인재가 천 명을 먹여 살리는 시대'라고 부르기도 한다. '인재전쟁'이라는 말이 있듯이 기업에서 사람의 역할은 매우 중요하다. 아무리 좋은 시스템이 있어도 그것을 작동하고 움직이는 것은 바로 사람이기 때문이다. 그래서 좋은 인재를 뽑는 것이 무엇보다 중요하다. 그러나 좋은 인재를 뽑았다고 해도 그가 기능을 발휘할 수 있는 여건을 만들어주지 않는다면 무용지물이 되고 만다. 기업은 인재를 개발시켜주고 조직에 기여할 수 있도록 적절한 배치와 관리를 할 책임이 있다. 기업에서 인적자원을 관리하는 것은 기업의 미래를 위한 가장 확실한 투자라고 말할 수 있다.

3.1 인적자원관리의 의미

3.1.1. 인적자원관리의 개념

전통적으로 사람을 관리하는 것을 인사관리라고 불렀다. 인사관리란 조직의 목표를 달성하기 위해 인력의 확보부터 이직까지의 과정을 계획, 조직, 조정, 통제하는 관리과정이다. 그러나 전통적 인사관리는 조직과 직원과의 관계에서 단순히 직무책임을 이행하고 평가와 보상을 받는 정도의 수준에 그쳤다.

그러나 사람은 어떤 물적자원과는 대체할 수 없는 가치 있는 무형자원이다. 단순히 기업의 경제적 효율성을 위해 투자되는 원가의 개념으로 볼 수 없다. 사람은 저마다 개성과 욕구를 가지고 있으며 매우 능동적으로 움직이고 반응하는 존엄한 존재이다.

따라서 사람을 관리한다는 것은 사람의 동기와 만족감을 살펴야하고, 성장과 성숙을 위한 개발을 포함해야 한다. 또한 사람을 소모품과 같은 자원으로 보지 않고 함께 가는 파트너로서의 인식이 담겨져 있어야 한다.

따라서 인적자원관리란 조직의 목표달성의 핵심요소인 인력자원을 확보하고 활용하는 것뿐 아니라 인력의 능력개발 및 유지관리를 포함하는 총체적인 관리시스템이다.

3.1.2 인적자원관리의 목적 및 구성요소

기업은 가치를 창출해 내는 생산조직이다. 따라서 기업의 생산중심의 관점에서 바라본다면 인적자원관리는 직원의 작업효율을 극대화하여 기업의 생산성을 극대화하기 위한 것이다.

그러나 직원의 관점에서 바라본다면 인적자원관리는 자신의 개성과 인격이 존중되며 능력개발과 성취를 통해 자아실현의 욕구를 채우기 위한 것이다.

이 두 가지의 다른 관점은 모두 인적자원관리의 목적이 될 수 있다. 즉 생산성과 인간, 성과와 만족의 목표가 동시에 그리고 조화롭게 추구되도록 하는 것이 인적자원관리의 목적이다. <표 3-1>은 조화를 이뤄야 할 두 관점의 인적자원관리 목적을 보여주고 있다.

표 3-1 인적자원관리의 목적

조직의 관점	직원의 관점
• 비용절감 • 생산성 향상 • 고용 유연성 확보 • 유능한 인력확보 • 조직몰입과 충성심 개발	• 성취와 자아실현의 욕구충족 • 기쁨과 성취감의 느낌 • 직무만족 • 공정성의 유지 • 경력개발

출처: 박성수 외 3명(2009), 디지로그시대의 인적자원관리, 박영사, p.14

인적자원관리의 구성요소는 크게 인적자원의 확보, 인적자원의 개발, 평가와 보상 그리고 유지관리로 나눌 수 있다. 그리고 이러한 구성요소들은 상호 밀접한 관계를 맺으며 목표달성을 위해 유기적으로 움직인다. <그림 3-1>은 인적자원관리의 구성요소를 보여주고 있다.

그림 3-1 인적자원관리의 구성요소

3.2 인적자원의 확보

3.2.1 직무분석 및 직무설계

직무분석은 인적자원관리의 출발점이다. 기업의 업종이 무엇인지에 따라 수행해야 할 업무와 요구되는 인력의 특성이 달라질 것이다. 따라서 인적자원의 선발에 앞서서 정확한 직무의 내용이 정해져야 한다.

직무분석은 모집과 선발의 기준을 제시할 뿐만 아니라 권한과 책임의 범위를 정해준다. 또한 인사평가 및 임금체계의 기본 자료를 제공해준다. <표 3-2>는 직무분석과 인적자원의 기능과의 관계를 설명해주고 있다.

표 3-2 직무분석의 활용

모집	직무분석을 통해 규명된 직무조건과 합당한 종업원을 모집 및 충원할 수 있다.
선발	직무분석은 모집과정을 통해 지원한 인력 가운데 누가 해당직무를 가장 잘 수행할 수 있는지를 판가름할 수 있는 선발기준의 척도가 된다.
배치이동	직무분석을 통해 직무의 표준작업량과 이에 필요한 인력의 양과 수를 적절히 고려하여 배치할 수 있다.
성과평가 및 보상	직무분석은 직무와 관련된 성과에 대한 평가 기준을 제시함으로써 승진, 보상, 훈련 혹은 해고 등의 객관적인 척도를 제공하게 된다.

출처: 한국능률협회 컨설팅(2004), 테크노 경영학, 한양대학교 출판부, p.97

직무분석을 통해 직무기술서와 직무명세서를 작성할 수 있다.

직무기술서는 과업중심의 직무분석 결과를 정리한 것으로서 직무 자체의 의무와 책임 및 작업환경 등을 상세히 기재한 것이다. 그리고 직무명세서는 인간 지향적 중심의 직무분석 결과를 정리한 것으로서, 직무를 수행하기 위해 꼭 필요한 종업원의 자격요건을 정리해 놓은 것이다. 최근에는 이 양자를 하나로 결합하여 직무기술서를 작성하는 것이 보편화되어 있다. <그림 3-2>는 직무명세서가 포함된 직무기술서의 예를 보여주고 있다.

직무기술서

직무번호		직 무 명	전산기획	소 속	전 산 실
직 군	경영관리	직 종	전 산	등 급	1,2,3 등급
직무개요	회사의 경영 방침에 입각한 중.장기 경영 전략과 부합하는 총괄적인 전산 정보 시스템을 기획하고 총괄적인 방향을 설정하는 업무를 수행				

수행 요건

일반요건	남녀별적성	남	최적연령범위	33세 - 38세 정도
	기초학력	대졸 정도	특수자격	
	전공계열	상공 계열	전공학과	경영학, 경영정보학, 산업공학
	필요 숙련기간		전환 가능부서/직무	
	기 타			

소요능력	지 식	종 류	세 부 내 용 및 소 요 정 도
	학술적지식	경영 정보학	▶ 경영정보시스템 (MIS) - MIS의 개념 및 구조, 기술적 환경, 전략 및 계획 개발 및 운영유지, 평가 및 통제이론
		컴퓨터 공학	▶ 전산시 공학 개론
	실무적지식	컴퓨터 언어	▶ 경영학의 계량화와 과학화에 이용 가능할정도의 컴퓨터 언어에 관련된 SoftWare 운영 지식 ▶ 회사 전반에 걸친 업무 Flow 이해
		업무 지식	▶ 전산 프로그램 운영 지식 - DB, NETWORK, COBEL, 4GL, UNIX

수행 업무

직무내용	직무 절차 및 방법
전산개발 계획 수 립	▶ 업무 전산화의 타당성의 검토 및 조사한다 - 정보시스템 관련 외부 환경 및 기업의 지원 역량을 조사한다 - 경영 기획실에 의뢰해서 사업 연도별 계획서를 협조 받아 경영전략 시스템 (영업,재무, 마케팅등)을 검토한다 ▶ 정보시스템의 기능 요건을 조사한다 - 실행하고자 하는 시스템의 전체적 개발 계획을 입안한다 - 정보시스템의 경영체계별, 기능별로 필요 요건을 검토한다
전산화 업무평가 및 효과 분석	▶ 구체적 추진체계를 확립, 입안한다 - 최고 경영자에 의한 전략 목표와 투자 효과를 평가 받는다 ▶ 개발된 정보시스템에 의한 업무의 효율성을 평가하고 개선한다

그림 3-2 직무기술서의 예

인적자원관리의 목적 중의 하나는 인간의 만족이다. 그러기에 직무에 일을 맞추기보다는 사람에게 맞는 직무를 설계하는 것이 중요하다. 직무는 사람의 욕구와 능력에 맞춰 개선, 변경될 필요가 있으며 기술의 발전 경영환경의 변화에 맞게 새롭게 재설계될 필요가 있다.

직무설계에는 다음과 같은 여러 가지 방법이 있다.

- 직무순환(Job rotation)

직원이 한 직무를 수행하다가 일정한 기간이 지난 후에 다른 직무로 이동하여 직무를 수행하도록 하는 것이다. 같은 일을 반복하다보면 숙련도가 계속 증가하다가 매너리즘에 빠지게 되고 단순함과 지루함으로 능률이 떨어질 수 있다. 이러한 단점을 극복하기 위해 직무를 순환시키는 것이다. 여러 직무를 경험함을 통해 제너럴리스트로 개발되고 시스템적 사고를 갖는 리더로서 발전할 가능성이 있다. 그러나 직무가 바뀌는 것이 아니기 때문에 단기 해결책이라는 지적을 받기도 한다.

- 직무확대(Job enlargement)

전문화된 단일 과업을 수평적으로 확대하는 것으로서 과업의 수와 다양성을 증가시키는 방법이다. 작업자는 기계의 일부가 아닌 창의적인 작업을 수행함으로써 만족감을 느끼며 작업의욕이 향상되는 장점이 있다. 그러나 지나친 과업의 수로 인해 갈등과 좌절을 겪을 수도 있다. 따라서 과업의 수와 다양성 결정이 중요하다.

- 직무충실화(Job enrichment)

직원의 직무를 수직적으로 확대하는 것으로서 작업자의 기본 작업에 추가하여 계획, 조직, 통제, 평가 등 관리기능을 추가하여 수행하도록 하는 것이다. 자신의 일에서 스스로 선택하고 시간을 관리하며 자신의 방법대로 수행하고 평가하며 개선책을 찾아보도록 하는 것은 작업자의 만족도에 큰 영향을 미치게 된다. 그리고 높은 만족도는 직무의 생산성 향상을 이끌어내는 역할을 하게 된다.

- 통합적 작업팀(Integrated work teams)

직무확대가 팀의 수준으로 확대된 것으로서 한 팀에 다수의 과업이 할당되고 이후 세부적인 과업이 각 개인에게 할당되는 형태이다. 협동이 중요한 직무에 적합한 방법이다.

- 자율 출퇴근제(Flexible working time)

출퇴근 시간을 조절할 수 있도록 허용하는 제도이다. 자율성과 책임감을 증대시키는 장점이 있다. 그러나 타인이나 부문 작업에 영향을 미쳐서 전체적인 생산성을 떨어뜨릴 위험도 있다.

3.2.2 인력계획

인력계획은 기업이 필요한 하는 인력의 양적, 질적인 측면을 고려하여 인력이 모자라거나 남지 않도록 적정 수준을 확보하는 것이다.

(1) 인력수요 예측

인력계획의 첫 단계로서 인적자원의 수요를 예측할 필요가 있다. 다음은 인력수요의 양적 예측기법들이다.

- 상향적 접근방법(Bottom approach)

각 부서나 작업단위에서 필요인력을 예측하고 인사부서가 이를 종합하고 조정함으로써 최종 소요인력을 예측하는 방법이다. 이 방법은 현장관리자가 가장 인식하고 있다는 것을 가정하고 있다.

- 델파이법(Delphi technique)

델파이기법은 전문가의 의견 평가법으로서 서로 격리된 전문가들에게 인적자원 예측에 관한 설문지를 보내 독립된 의견을 모아 종합 분석하는 방법이다. 처음에 모아진 결과를 전문가들에게 피드백함으로써 조정된 의견을 다시 수집하여 수렴하는 의견을 모으는 것이다.

- 시계열 분석(Time-series analysis)

과거 인력변화에 영향을 주었던 요소들을 찾아내고 이러한 시간에 따른 요소들의 변화에 따른 인력변화의 정도를 예측하여 인적자원의 수요를 예측하는 것이다. 가장 많이 사용되는 추세분석은 과거 일정기간의 고용추세가 미래에도 계속된다는 가정하에 과거 고용상황 자료의 추세선을 그려 미래 인적자원 규모를 예측한다. 그리고 물동량이 계절에 달라지는 유통업 등에서는 계절에 따른 필요인력을 계절적 변동분석을 통해 예측할 수 있다.

- 회귀분석

인력규모에 영향을 미칠 것 같은 변수 가운데 상관관계 분석을 통해 주요 변수를 선정한 후 이 변수를 독립변수로 하고 인력수요량을 종속변수로 하여 수요를 예측하는 방법이다.

필요한 인력의 질적 예측은 직무기술서와 직무명세서를 기반으로 자격요건을 고려해 수 있다. 그리고 미래의 새로운 변화를 예상하여 시나리오를 작성하여 자격 요건을 예측해 볼 수 있다.

(2) 인력공급 예측

인력계획의 두 번째 단계는 인력의 공급예측이다. 인력자원의 공급예측과 관련된 기법들로서 다음과 같은 것들이 있다.

- 기능목록의 활용

기능목록(skill inventory)이란 직원의 직무관련 능력을 조사하여 목록으로 만들어 둔 것이다. 직원의 교육수준, 특별한 능력, 직무경험 및 기술 등에 대한 내용 등을 정리해 둔다. 갑작스럽게 유능한 직원이 이직을 하게 되었을 때 신속하게 그 자리를 대체한다는 것은 쉬운 일이 아니다. 따라서 미리 후보명단을 보유하고 있다가 바로 다음날 빈 자리를 메꿀 수 있도록 준비해두는 방법이다.

- 마코브 분석(Markov analysis)

마코브 분석이란 수년간의 직급별 승진 및 퇴사율을 정리해 둠으로써 미래 인적자원 공급에 대한 예측을 하는 방법이다. 이 방법은 각각 직위에 50명 이상이 있어야 이동확률이 안정화되어 예측력의 신뢰성을 보장할 수 있다는 단점이 있다.

- 외부 노동시장 분석

외부 노동시장 분석에 앞서서 내부 고용패턴을 분석해서 각 직무의 인력 유입상황을 파악해두는 것이 필요하다. 외부 노동시장 분석이란 노동부 및 고용관련관의 각종 통계자료를 분석하여 거시적 정보를 얻거나 인력양성 및 교육기관, 지방정부 등을 통해 업종 및 지역 내에서의 미시적 정보를 동시에 활용하는 것이다.

(3) 수요와 공급의 조정

인적자원의 수요 및 공급 예측 과정을 마치면 수요와 공급의 균형을 조정하는 단계가 필요하다. 수요가 공급보다 많을 때는 추가고용, 재훈련, 정년연장, 퇴직자 고용, 계약직 사원의 고용 등을 대안을 고려해 볼 수 있다. 반대로 공급이 수요보다 많을 때는 조기퇴직, 작업분담, 직무신설 등의 대안을 고려해 볼 수 있다.

3.2.3 모집과 선발

모집이란 선발을 하려는 목적으로 지원자를 발굴하여 조직으로 유인하는 과정이다. 따라서 모집할 때는 임금, 근로시간, 근로조건 등과 같은 고용조건을 결정해야 하고 정규직으로 채용할 것인지 비정규직으로 채용할 것인지 정해야 한다. 그리고 사내모집을 할지 외부채용을 할지도 고려해야한다. <표 3-3>은 사내모집과 외부채용의 장단점을 보여주고 있다.

표 3-3 내부모집과 외부채용의 장단점

	내부모집	외부채용
장점	직원의 사기 제고 모집비용 절감 조직 적응기간의 단축	새로운 자극과 활력 넓은 모집 선택의 범위 새로운 사고와 지식 제공
단점	모집범위 제한 재교육 비용 필요 안일한 분위기	내부인력의 사기저하 높은 인원조달 비용 긴 조직문화 적응기간

인재확보를 위해서 다음과 같은 다양한 선발방법들이 사용되고 있다.

- 대학 리쿠르팅

기업이 대학의 인재를 확보하기 위해 기업설명회, 채용정보 등을 제공하거나 현장면접의 기회를 주는 방식으로 선발하는 방법이다.

- 사원추천제도

사원추천제도는 사내추천제도라고 부르기도 한다. 이 제도는 직원이 신입사원을 추천하는 방식으로 전 사원을 인재확보에 참여시키는 방식이다. 직원은 동아리, 동문회,

협회 등 다양한 인맥을 통해 검증된 인재를 추천하려고 노력하게 되고 기업에서도 활용하는 사례가 많아지고 있다. LG전자, 대웅제약, 한국HP, 안철수 연구소 등에서 실시하고 있다. 대체로 이 제도를 채택하고 있는 기업들은 전체 채용의 20~30%를 사내추천으로 뽑고 있다.

- 인턴십과 계약사원제도

회사에 관심있는 대학생들에게 업무경험을 기회를 주는 것이다. 학생들에게는 사회생활을 경험하고 직장을 구하기 위한 유익한 수단이 되고 있다. 기업 입장에서는 젊은 이들의 신선한 아이디어를 얻을 수 있고 회사의 경비를 절감하는 효과도 있다. 인턴제를 통해 기업과 지원자 쌍방간에 조건없이 서로를 파악할 수 있는 장점이 있다.

계약사원제도는 한정된 특정 분야에서 능력있는 사람을 단기 고용하는 제도이다. 보통 1년을 조건으로 모집한다.

- 상시채용

경기변동을 고려하여 인력채용에 탄력성을 두는 것으로서 연중 수시로 필요에 따라 채용을 하는 것이다. 인재풀(pool) 제도 등을 활용하여 회사의 모집계획과 지원자의 입사희망시기, 부서, 적성 등을 자료화하여 언제라도 입사의 기회를 주는 제도이다. 특히 인터넷이나 PC통신을 활용하여 전 세계의 인재를 대상으로 선발하는 기회를 삼기도 한다.

- 교육 훈련기관

다수의 종업원을 채용하기 위해 학교 교육기관이나 훈련기관을 통하여 추천을 받는 방법이다. 대기업의 일반 사무직 및 기술직 모집에 널리 사용되고 있다.

- 고용알선 기관

구인 전문 회사를 통해 채용하는 방법이다. 비전문기술 인력에서부터 전문경영인에게 이르기까지 다양한 인력을 소개받는다. 헤드헌터라고 해서 전문인만을 대상으로 고액의 수수료를 받고 소개해주는 곳도 있다.

- 내부공개채용제도

사내 충원의 방법으로서 사내에 모집공고를 붙이고 직원은 누구나 지원할 수 있도록

한 제도이다. 지원자는 심사를 거쳐 부서이동을 하게 된다.

- 열린채용

열린채용이란 학력에 관계없이 능력과 자질만 갖추면 누구에게나 문이 열려있는 채용을 말한다. 인재의 전문성을 고려하여 실무능력과 적성, 창의적 능력을 중점으로 평가한다.

3.3 인적자원의 개발

3.3.1 교육훈련

(1) 교육훈련의 의미

경영환경이 급변하는 상황에서 기업이 생존하고 발전하기 위해서 직원의 능력 향상은 매우 중요한 요소이다. 조직의 성취는 각 개인의 성과의 합이라고 말할 수 있기 때문이다. 따라서 직원의 직무수행능력 향상을 위한 교육훈련에 대한 체계적인 관리가 필요하다. 뿐만 아니라 교육훈련은 개인의 직무 만족도를 향상시켜 기업의 공헌의욕을 높이는 역할을 하기도 한다.

좁은 의미에서 교육훈련이란 직원들이 자신의 직무에 유용한 지식, 기술을 습득하도록 하는 과정이라고 정의할 수 있다. 그러나 교육훈련은 단순히 업무관련 지식을 습득하는 것 이상의 의미를 가지고 있다. 예를 들어 기업의 비전과 공감대를 형성하도록 돕는 것은 중요한 교육훈련이다. 또한 의사소통의 부재로 인한 신뢰부족 등의 문제를 해결하여 활력 있는 조직으로 만들어 가는 과정 또한 교육훈련이다.

따라서 교육훈련이란 기업의 목적을 달성하는 데 도움이 되는 유용한 태도와 의식, 지식과 기술을 획득하는 과정이라고 정의할 수 있다.

오늘날 교육훈련에 들어가는 비용은 단순한 지불비용이 아니라 투자비용이라는 인식이 커가고 있다. 기업들이 직원들의 학습조직 활성화를 지원해주기도 한다. 교육훈련은 미래에 닥쳐올 위험에 대처할 수 있는 능력을 미리 준비시키는 전략적 도구인 것이다.

(2) 교육훈련 방법

- 오리엔테이션

신입사원을 대상으로 이뤄지는 교육이다. 조직이 기대하는 가치기준, 태도, 행동유형 등에 대한 정보를 제공함으로써 조직문화에 빨리 적응할 수 있도록 도와주는 교육이다. 과다한 정보를 제공하기보다는 입사 후 일주일 내에 꼭 필요한 정보에 한정하여 체계적으로 간소하게 제공하는 것이 효과적이다. 대기업의 경우에는 신입사원 입문 교육을 한 달여 간 진행하며 가치를 공유하여 자긍심과 공동체 의식을 함양시키기도 한다.

- OJT(On the Job Training)

OJT란 관리자나 감독자 또는 동료에 의해 이뤄지는 방법으로서 직무를 잘 수행하도록 원리를 설명해주고, 본을 보여주고, 수행하도록 도와주고, 점검과 평가를 해주면서 팔로우업을 해주는 방법이다. 실제 직무를 수행하는 현장에서 배운다는 특징이 있다. 직원과 직접적인 관련성이 있는 업무이므로 기대효과가 높은 편으로 기업에서 많이 사용하고 있다.

- 멘토링 제도

신입사원의 현장 적응도를 높이기 위해 선임사원을 멘토로 연결시켜주는 방법이다. 멘토와 멘티는 월 1회 각각 멘토링 보고서를 작성하며 과제를 부여하기도 한다. 때로 시상제도를 함께 운영하기도 한다.

- 시뮬레이션

시뮬레이션(simulation)은 훈련상황을 실제 작업상황과 유사하게 구성하여 훈련시키는 방법이다. 시뮬레이션 훈련장에서 업무스트레스를 받지 않으면서 현실과 같은 작업을 학습하게 된다. 예를 들면 항공회사에서 조종사 양성을 위한 가상 조종공간의 시설을 활용하여 훈련하는 것이다. 그러나 실제 일어난 사례를 중심으로 토의를 실시하는 방법도 시뮬레이션 방법이라고 말할 수 있다.

- 컴퓨터 지원 교육

컴퓨터를 활용한 교육으로서 지역을 막론하고 원격교육이 가능하다는 장점이 있다. 직원들의 직무상황에 따라 시간을 조절할 수 있는 자기주도학습의 형태이다.

- 행동경험훈련

행동경험훈련은 직원의 태도, 감정관리 등 대인관계에 초점을 둔 교육이다. 직원들이 직접 연기를 해봄으로써 행동의 특징을 피드백 받고 적합한 행동을 하도록 학습하는 역할연기법(role playing)이 이에 해당한다.

교육훈련 후에는 항상 평가를 하는 단계가 필요하다. 더 효과적인 교육훈련법을 설계해 나가는 데 참고자료가 될 수 있다.

3.3.2 경력개발

(1) 경력개발의 의미

경력이란 시간에 따른 직업관련 경험의 정도를 나타내는 말이다. 급속하게 변하는 경영환경에서 기업은 기업전략에 비추어 종업원의 경력개발을 유도한다.

기업차원에서 경력개발이란 기업이 미래의 전략을 실행하는 데 필요한 직원의 경력을 파악하고 이를 갖출 수 있도록 훈련하는 것이라고 정의할 수 있다.

그러나 개인의 차원에서 경력개발은 승진 혹은 이직을 위한 새로운 경력을 쌓기 위한 계획 및 실행을 의미한다. 특히 한국에서 IMF 금융위기 이후 평생직장의 개념은 평생직업의 개념으로 변화되었고 회사에 대한 충성심보다는 자신의 경력개발에 관심을 더 크게 갖게 되었다.

<표 3-4>은 기업과 개인차원의 경력계획의 절차를 보여주고 있다. 직원의 경력계획과 기업의 경력계획이 일치될 때 경력발전에 큰 진보가 있게 되고 기업의 궁극적인 목표를 이루는 원동력이 될 것이다.

표 3-4 기업차원과 개인차원의 경력계획

기업차원의 경력계획	개인차원의 경력계획
1. 미래 기업환경에 필요한 인력구조 파악	1. 개인의 삶의 목표, 능력, 흥미 확인
2. 경력 사다리 계획	2. 직업의 선택과 경로목표 수립
3. 개인의 능력 평가	3. 조직 내외의 대안 경로 평가와 경력경로 계획수립
4. 조직 차원의 경력개발 필요성 확인	4. 인생 주기에 따른 흥미와 목표변화 고려
5. 면담통한 맞춤형 경력경로 수립	

출처: 박성수 외 3명(2009), 디지로그시대의 인적자원관리, 박영사, p.311

(2) 경력개발 프로그램

경력개발 프로그램(Career Development Program; CDP)은 현재와 미래의 직무에 필요한 능력을 개발하며 직원 개인의 능력과 희망에 일치하는 경력을 개발하고 관리할 수 있도록 지원하는 활동을 의미한다.

<표 3-5>는 경력경로의 유형을 보여주고 있다. 유형의 기호에서 수평선은 다양한 경험의 기회를 의미하고 수직선은 전문성을 의미한다. 그리고 기호의 저, 중, 고 위치에 따라 각각 하위직급과 중간지급 그리고 상위직급을 의미한다.

표 3-5 경력경로 설정 유형

유 형	내 용
T형 (▽형)	하위직급에서는 Rotation 없이 전문화하고 상위직급에서 폭넓은 Rotation을 통해 넓은 시야를 갖게 함
⊥형 (△형)	하위직급에서의 폭넓은 Rotation을 통해 많은 직무를 경험하게 하고 상위직급에서 전문화함
工형 (모래시계형)	상, 하위직급에서의 어느 정도 Rotation을 실시하고 중간직급에서 전문화함
↑형	입사 이래로 전문분야만 종사하고 Rotation은 없음

출처: 대한상공회의소(2005), 경력개발제도의 운영사례와 시사점, 대한상공회의소

<그림 3-3>은 L전자회사의 경력개발 프로그램을 보여주고 있다. L전자회사의 경력경로설정 유형은 '⊥ 형'과 '工 형'의 결합형을 선택하였다. 즉 하위직급에서는 폭넓은 직무경험을 통해 자신에게 맞는 전문성을 찾도록 도와준다. 그리고 중간직급에서는 전문성을 깊이 개발하도록 한다. 그리고 마지막으로 상위직급에 오르게 되는 경우에는 다시 다양한 경력경로를 거치게 하는 것이다.

프로그램	내 용
경력설계	• 직무정보를 탐색하고 개인의 적성과 관심에 맞는 개인별 경력목표를 설정 • 장기 Career Path 설계 및 중단기 경력개발 계획을 수립하며 이를 기준으로 경력 개발 진척 상황을 관리함.
경력상담	• 개인별 경력개발 계획은 년2회 직속상사와의 면담을 거쳐 상호 합의 공유 • 직속상사는 팀원의 경력 니즈를 확인하고 필요한 역량을 개발할 수 있도록 경력개발의 코치, 지원자로서의 역할 수행
Self Career Trading	• 자신의 직무경력/장점/희망 직무 등에 관한 정보를 수시로 고지할 수 있는 통로 • 경력목표 달성에 필요한 직무 역량이나 경험을 확대할 수 있는 기회 제공
Entry Cruising	• 채용 후 현업 배치 전 경력목표와 관련 있는 3개 내외의 직무들을 경험 • 현업 배치 시 본인의 희망 직무를 최대한 반영
Job Posting	• Job Open 시, 또는 신규 부서 신설 시 필요인원을 1차적으로 사내 공모 • 희망 사원에게 지원 우선권을 부여함으로써 경력개발의 기회 제공
Job Rotation	• 본인의 경력계획을 기준으로 3년마다 직무 순환 • 업무 Mannerism을 타파하고 조직을 활성화하며 개인의 Marketability를 제고
학점 이수제	• 각 직급별 일정 수준 이상 학습과정을 이수하게 하고 이를 인사상의 처우에 반영 • 각 개인의 전문성을 향상시키고 조직의 인적자산가치 증대
자가 발전 연구 휴가제	• 전문성을 인정받은 사람에게 1~3개월 간의 교육 또는 연구기간 제공함 • 전문성의 심화 기회 부여, 그 결과를 조직 내에 공유
자가 발전 동아리 제도	• 유사한 관심사와 과제를 가진 사람들의 자발적인 학습활동 모임 • 개인의 역량을 강화하고 조직의 인적자원가치를 향상
Master's Club	• 특정 분야 전문가를 대상으로 Pool을 구성하여 전문성 심화 및 육성을 유도 • 전문지식이나 Skill을 조직 내에 공유 유도, 그에 상응한 보상

[출처: 대한상공회의소(2005), 경력개발제도의 운영사례와 시사점, 대한상공회의소]

그림 3-3 L전자 경력개발 프로그램 예시

3.4 평가 및 보상

3.4.1 인사평가

(1) 인사평가의 개념 및 목적

인사평가는 직원의 성과, 능력, 태도와 성격 등을 측정하는 활동이다. 기업이 무엇을 평가하느냐에 따라 직원의 행동에 큰 영향을 미치게 되며 더 나아가서 기업문화에 영향을 주기도 한다.

인사평가의 결과들은 기본적으로 보상에 대한 기초 자료가 되며, 승진이나 이동배치의 자료가 된다. 그러나 단순히 보상 차원에서가 아니라 평가의 결과들은 교육훈련 및 경력개발 프로그램을 설계하는 데 유용한 자료가 된다.

<표 3-6>은 인사평가의 목적을 세 가지 차원에서 보여주고 있다.

표 3-6 인사평가의 목적

전략적 목적	관리적 목적	개발적 목적
종업원의 행동 수정 조직의 성과 향상 기업문화의 정착 및 유지	공정한 보상 합리적 승진 징계 및 해고	강점 확인 개발분야 발견 교육훈련 및 개발 프로그램 계획

인사평가의 프로세스는 크게 3단계로 나눌 수 있다.

1단계는 조직전략 및 목표에 관련해서 무엇을 측정할 것인가를 정하는 것이다. 즉 평가의 대상을 결정하는 것이다.

그리고 2단계는 평가를 어떻게 할 것인가를 결정하는 것이다. 서열법, 도표척도법, 체크리스트법, 자유기술법, 목표관리법 등 다양한 평가기법이 있다.

마지막으로 3단계는 측정결과를 어떻게 관리하고 활용할 것인가를 정하는 것이다. 피드백을 통해 직원들을 동기부여하거나 방향을 제시해 줄 수 있다.

세 가지 단계 중에서 평가의 대상을 결정하는 것은 매우 중요한 의미가 있다. 평가의 대상은 곧 인사제도의 성격을 결정하기 때문이다. 예를 들어 입사 연차, 학력, 연령 등 연공을 기준으로 평가한다면 이는 연공주의 인사제도라고 부른다.

<그림 3-4>는 인사제도의 형태에 따른 평가제도, 등급제도, 보수제도를 보여주고 있다.

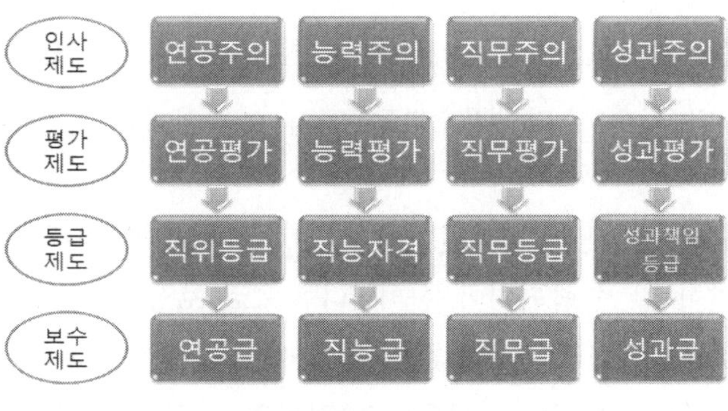

[출처: 인사시스템연구회(2007), 인사관리, 새로운 제안, p.51]

그림 3-4 인사제도와 인사평가의 관계

(2) 평가기법들

- 특성평가

직무태도 혹은 리더십 등 특성항목을 정해서 특성항목에 1~5점 사이에 점수를 부여한다. 이를 정기적으로 실시해서 점수를 시간에 따라 도표에 그려서 선을 이어보면 시간에 따른 특성의 변화를 파악할 수 있다.

- 행동평가

관리자들이 직원이 업무성과와 관련된 표준행동을 항목으로 정하고 '예' 또는 '아니오'로 평가한다. 예를 들어 '고객에게 친절한 언행을 하는가?'에 대해서 '예' 또는 '아니오'로 평가할 수 있다. 어떤 경우는 구체적인 관찰을 통해 발견된 표준행동의 실행횟수를 합산해서 기준치와 비교하여 평가하기도 한다. 관찰된 바람직한 행동이 많으면 최우수, 평균이상 등의 평가를 하게 된다.

- 목표관리(Management By Objectives; MBO)

상사와 종업원이 성과목표를 협의하여 업무목표를 정하고 평가기간에 함께 결과를 평가하는 방법으로서 목표는 구체적으로 표현할 수 있어야 한다. 예를 들어 영업사원의 경우, '올해 내가 책임진 매장의 매출액 목표는 20억이다.'라는 구체적인 목표를 설정해야 한다. 목표설정을 위한 활동계획 수립 그리고 스스로 달성도를 점검해가면서 동기부여를 해 나간다.

3.4.2 성과보상

(1) 성과보상의 관리

성과보상은 직원들의 직무태도에 긍정적인 영향을 준다. 만족한 직원은 본인의 직무에 더욱 몰입하게 될 것이고 결과적으로 기업의 조직성과에 긍정적인 영향을 미치게 될 것이다.

보상관리의 원칙으로서 보상의 적절성이 있다. 즉 정부의 정책 및 규정을 만족시켜야하고 노사의 의견이 잘 수렴되어야 한다. 다음으로 보상의 공정성이다. 보상의 수준이나 배분의 절차 등이 공정해야 직원들의 화합과 동기부여에 좋은 영향을 끼칠 수 있다. 그리고 보상은 경제성이 있어야한다. 즉 기업의 경제적 상황을 고려해야 한다.

보상관리를 함에 있어 결정해야 할 사항들이 몇 가지가 있다. 첫째, 정기적인 형태로 보상할 것인지 필요에 따라 제공할 것인지 결정해야한다. 둘째, 개별보상의 형태가 좋을지 조직의 멤버십 향상을 위해 조직보상을 할 것이지 결정해야 한다. 셋째, 보상의 평가기준은 무엇인지, 즉 연공인지 직무성격인지 성과인지 등을 정해야 한다. 넷째, 금전적 보상을 실시할지 비금전적 보상을 실시할 것인지 판단해야 한다. 사람은 물질적 보상을 통해 동기부여 받기도 하지만 심리적 만족 및 사회적 가치에 대한 만족감이 훨씬 클 수도 있기 때문이다. 마지막으로 보상의 수준과 결정을 공개할 것인지 비공개를 원칙으로 할지 정해야 한다. 보상의 개방은 갈등과 적대감을 일으킬 수도 있고 비공개는 공정성에 대한 의심을 불러일으킬 수도 있다.

(2) 임금관리

임금이란 기업이 근로자에게 근로의 대가로 임금, 봉급 그 밖의 어떠한 명칭이든지 지급하는 일체의 금품을 말한다.

임금이 어떤 기준에 의해서 종업원에게 배분될 것인지를 보여주는 것이 임금체계이다. 회사마다 다른 유형을 갖고 있지만, 기본적으로 기본임금과 상여금으로 나누어 볼 수 있다. <그림 3-5>는 일반적인 임금체계를 보여주고 있다.

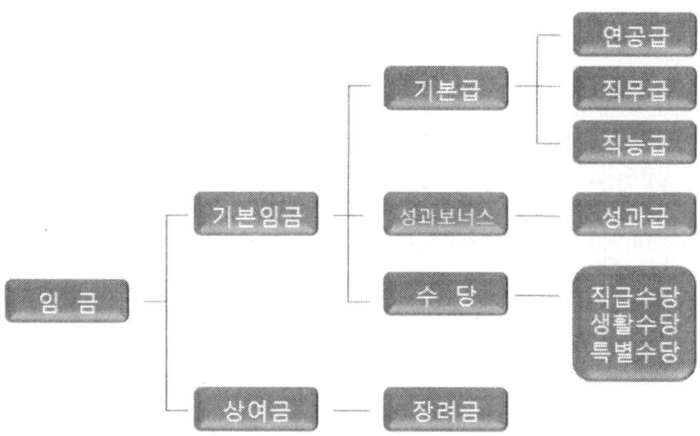

[출처: 이진규(2002), 전략적 윤리적 인사관리, 박영사, p.411]

그림 3-5 임금체계

임금체계 중에서 기본급은 직원 간의 임금격차에 큰 영향을 주기 때문에 가장 중요한 요소이다. 상여금은 본래 일정 생산액 이상의 능률을 올린 자에게 지급되는 임금부분이었으나 저임금을 보충하기 위한 생계비 보조적 의미로 지급되기도 한다. 직무 관련 보너스나 명절 특별보너스 등도 포함될 수 있다. 상여금은 복합적이어서 단순하게 설명하기 곤란하다. 그러나 최근에는 기본급 수당 등 세부항목 구분 없이 종업원의 능력 성과 및 공헌도를 평가하여 연간 금액을 정하여 일괄 지불하는 연봉제가 많이 도입되었다.

임금의 기본급에 대한 설명은 다음과 같다.

- 연공급(seniority-based pay)

연공(年功)이란 연령, 입사 연차, 근속연수, 학력, 경험 등을 말한다. 연공급은 기본적으로 근속연수에 비례해 임금이 증가하는 급여형태이다. 연공급은 근속연수가 많아짐에 따라 숙련의 수준이 높아진다는 것을 전제로 하고 있으며 경력, 학력의 차이도 영향을 준다. 안정적인 경영환경에서 적합한 제도이다. 직원의 고용안정보장을 가능케 하는 제도이다. 극단적인 경우 일을 열심히 하는 사람이나 하지 않는 사람이나 나이가 같으면 보수액이 같아지는 결과평등에 빠지기 쉬운 단점이 있다. 그리고 연공급은 개인개발에 동기부여가 되지 못하므로 조직변화가 많은 환경에서 적합하지 못하다.

- 직무급(job-based pay)

직무급은 직무의 중요성과 난이도를 평가하여 임금을 정하는 방법이다. 직무는 직종(기능제조직, 기술직, 영업직, 개발직, 총무직, 인사직, 경리직 등)과 직위(주임직, 계장직, 과장직, 차장직, 부장직 등)의 2가지 요소로 구성되는데, 이때 직위 중 하나인 과장을 제조과장, 기술과장, 영업과장, 개발과장, 총무과장, 인사과장, 경리과장 등으로 구분한 것이 바로 '직무'이다. 이들 직무에는 각각 직무가치가 있는데, 예를 들어 영업과장과 인사과장의 직무가치가 다르다면 기본급도 달라지게 된다. 직무급은 직무의 가치를 평가할 때 주관성을 배제하기가 어려운 단점이 있다. 그리고 환경변화로 인해 직무의 내용이 계속 변경되어야 하므로 그 때마다 새롭게 직무가치를 평가하는 것이 쉬운 일은 아니다.

- 직능급(skill-based pay)

직능급은 직무를 수행하는 삶의 능력에 따라 차별적으로 임금을 지급하는 방식이다. 직원은 동일한 임금수준으로 출발하지만 자신이 습득한 업무기술과 지식의 정도에 따라 능력을 인정받아 임금이 상승한다. 직원을 하여금 꾸준한 배움과 개발 의욕을 자극하는 장점이 있다. 공공조직보다는 벤처조직과 같은 소규모이면서 기술지향적 조직에서 유연하게 사용할 수 있다.

성과보너스는 일종의 인센티브 제도이다. 고정급여제는 작업의 양과 질에 관계없이 임금이 지불되므로 작업능률이 오르지 않을 수 있다. 따라서 적절한 인센티브 제도를 통해 동기부여를 할 수 있다.

성과급(performance-based pay)은 종업원이 달성한 업무성과를 기초로 임금수준을 결정하는 방식이다. 성과급은 생산성 향상 및 원가절감 등의 효과를 기대할 수 있으나 경쟁에 대한 심리적 부담감이 클 수 있다. 성과급은 개인에 따라 차별적으로 지급하는 개인성과급제와 집단별 성과를 평가하여 부가적인 급여를 지급하는 조직성과급제가 있다. 최근에는 팀조직이 활성화되면서 조직성과급의 중요성이 더욱 가중되고 있다

(3) 임금관리의 이슈

한국에서 IMF 외환위기 이후 경영체질 개선을 위한 많은 노력이 있었고 임금관리 면에서도 변화가 있었다. 그 중 대표적으로 성과를 강조하는 연봉제의 도입이 큰 흐름이다. 그러나 연봉제의 도입은 조기퇴직, 고용불안의 문제가 발생하므로 이를 해결하기 위해 임금피크제 등을 도입하고 있다.

연봉제란 연간봉급을 줄여서 부르는 말로 기본적으로 직원이 1년간 받을 수 있는 총 임금 제도이다. 매년 전년도 근무성과를 기초로 새해 연봉을 정해서 지급하는 방식이 보편적이다. 연봉제는 근로자의 근로의욕을 자극하고 회사에 기여도를 높여 기업의 성과를 제고하기 위한 제도이다. <그림 3-6>은 연봉제와 기존 임금체계의 차이를 보여주고 있다.

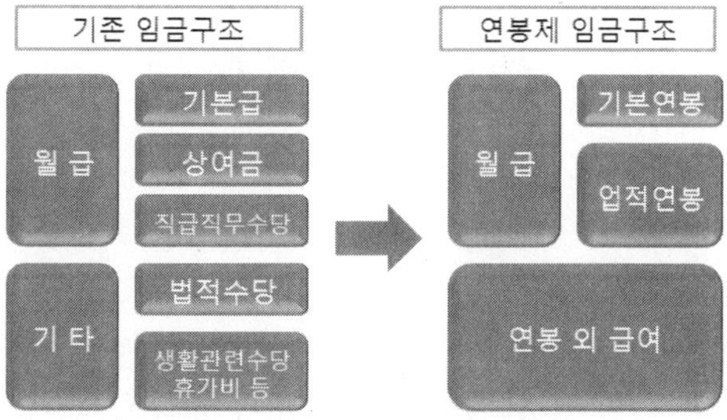

[출처: 이진규(2002), 전략적 윤리적 인사관리, 박영사, p.436]

그림 3-6 기존 임금제도와 연봉제의 비교

연봉제는 성과주의 인사제도의 대표적인 임금제도이다. 연봉제는 인건비 관리가 용이하고 인재확보 및 목표추구에 도움이 되지만 조직구성원 간의 연대감 상실, 실패에

대한 두려움을 가져오는 단점이 있다.

연공주의 인사제도를 유지해 온 한국에서는 성과주의 인사제도를 도입하면서 성과 향상에 큰 발전이 있었다. 그러나 시장의 유연화로 인해 정년이 짧아지고 고용이 불안정한 상황이 발생했다. 임금피크제는 고용안정을 위한 대책으로 등장하였다.

임금피크제(salary peak)는 일정 연령 이후 업무능력이 떨어지는 장기근속 직원에게 임금을 줄이는 대신 정년을 보장해주거나 고용을 연장해주는 일종의 능력급제이다.

선진기업에서 보상을 통해 최고 경영자를 동기부여하고 조직성과를 극대화하기 위해 성과와 연동하여 보상을 하는 데 대표적인 것이 스톡옵션(stock option) 제도이다. 스톡옵션은 고용계약상 규정된 기간 동안 정해진 주식을 저렴한 가격에 구입할 수 있는 기회를 주고 적절한 시점에 팔아 차액을 남기는 것이다. 스톡옵션 제도는 인재의 확보와 유지를 위해 우수인재를 대상으로 적용하기도 한다.

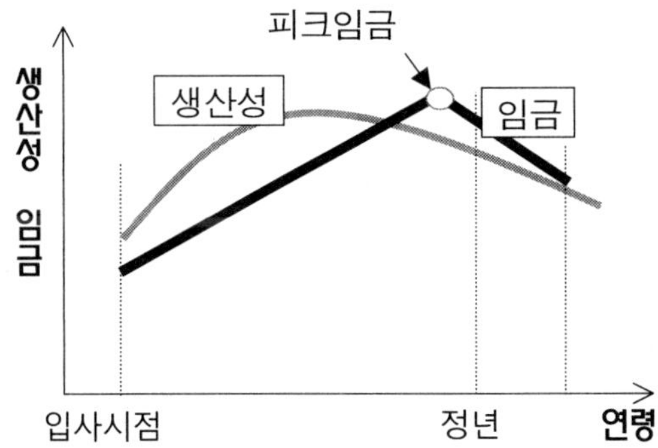

[출처: 한국능률협회 컨설팅(2004), 테크노 경영학, 한양대학교 출판부, p.111]

그림 3-7 임금피크제 운영개념

3.4.3 승진관리

(1) 기본 개념

승진이란 종업원이 상위 직무로 수직 이동하는 것으로서 권한 보상 책임이 달라진다. 승진이라고 하면 승급, 승격, 직책승진, 그리고 발탁승진을 모두 포함하고 있다.

승급(昇級)이란 등급이 한 단계씩 올라가는 것이다. 이 제도를 운용하려면 등급기준서 또는 등급요건서가 필요하다. 승격(昇格)이란 주사, 부참사, 참사식으로 직능자격이 한 단계씩 올라가는 것이다. 승진(昇進)이란 과장에서 차장, 차장에서 부장식으로 직위가 한 단계식 올라가는 것이다. 이런 개념들은 회사의 등급체계에 따라 조금씩 달라질 수 있다. 예를 들어 직무등급제도에서는 승급이 곧 승진이다.

승진관리라고 하며 승급이나 승진의 심사제도를 운용하는 것을 말한다. 심사절차는 크게 세 가지 가치를 묻는다. 첫째는 직원의 과거가치를 묻는 것으로서 지금까지 무엇을 해왔으며 이루었는가를 평가한다. 둘째는 현재가치를 묻는 것으로 필기시험이나 실기시험을 통해 지금 무엇을 할 수 있는가를 테스트한다. 마지막으로 미래가치를 묻는 것으로서 면접을 통해 경력계획을 프리젠테이션 할 수 있는 기회를 준다.

(2) 승진제도의 유형

- 연공승진제도

연공승진이란 직원의 경력, 근속연수, 연령, 학력 등 개인적인 연공과 신분에 따라 상위 직급으로 승진시키는 제도이다. 장유유서의 문화를 갖고 있는 한국이나 일본의 기업문화에 적합한 방법이었다.

- 직계승진제도

직계승진은 직무중심적 능력주의에 입각한 것으로서 직무분석을 통해 직무적격자를 선정하여 승진시키는 방법이다. 직위관리체계가 잘 정비되어있고 업무내용이 안정되고 변화가 더딘 환경에서 적합하다. 그러나 승진 적체 현상의 문제가 발생할 수 있다.

- 자격승진제도

자격승진제도는 연공주의의 장점을 살리면서 능력주의의 합리성을 결합한 절충적 승진제도이다. 즉 담당직위와 관계없이 개인의 자격요건을 인정하고 상위급의 대우를 하는 것이다.

- 발탁승진제도

발탁승진제도란 승급, 승격기준과는 관계없이 개인역량이 인정되는 개인에 대해 업무성과 우수자로 임원의 추천을 받아 인사위원회에서 결정하는 제도이다. 이로써 과장이 차장을 거치지 않고 바로 부장으로 발탁될 수 있다.

3.4.4 복리후생

복리후생(employee benefits and service programs)이란 직원과 그 가족들의 생활수준 향상을 위해 시행되는 간접보상이다.

(1) 법정 복리후생제도

국가는 직원을 보호하고 사회복지의 보조수단으로 기업으로 하여금 법정 복리후생제도를 의무적으로 시행하도록 하였다. 4대 보험이 대표적인 법정 복리후생제도이다. 4대 보험이란 건강보험, 국민연금, 산업재해보상보험, 고용보험을 의미한다.

퇴직금 제도란 근로자의 안정적인 노후생활을 지원하기 위해 근무 1년에 대하여 30일분 이상의 평균임금을 퇴직근로자에게 지급하도록 보장한 제도이다.

유급휴가제도도 법정 복리후생제도 중 하나이다. 예를 들어, 1년간 80% 이상 출근한 근로자에게 15일의 유급휴가를 주어야 하고, 가산휴가를 포함하여 25일을 한도로 한다. 또 임신 중이거나 출산한 여성에게 60일의 유급휴가를 주어야 한다.

(2) 법정 외 복리후생제도

법정 외 복리후생제도로 먼저 생활지원시설이 있다. 주택시설, 급식시설, 통근시설을 예로 들 수 있다. 둘째로 금융지원이다. 직원이 겪는 재해를 극복하도록 융자제도를 운영하거나 사내예금제도를 실시한다. 다음으로 보건위생시설이다. 질병의 치료와 예방 또는 건강의 유지와 관련된 시설과 제도를 말한다. 마지막으로 문화, 체육, 오락시설 등이다. 사내도서관 운영, 사내체육관 운영, 사내체육대회 등을 예로 들 수 있다.

3.5 인적자원의 유지

3.5.1 이직관리

이직에는 직원 스스로가 회사를 떠나는 자발적 이직이 있고 기업의 입장에서 강제로 해고하는 비자발적 이직이 있다. 이 중에서 관심을 가져야 할 부분은 자발적 이직이다.

일반적으로 낮은 능력과 성과를 나타내는 직원보다 높은 능력과 성과를 나타내는 직원들이 이직하는 경우가 많다. 그들은 임금이나 승진과 같은 보상에 대해서 불만족하거나 상사와의 불화 또는 자신의 성장 발전의 기회가 없다고 느껴서 이직을 한다.

<그림 3-8>은 기업인사담당자 254명을 대상으로 설문조사(2010년 11월)한 결과이다. 핵심인재의 이직은 회사에 큰 손해를 입히는 것을 볼 수 있다.

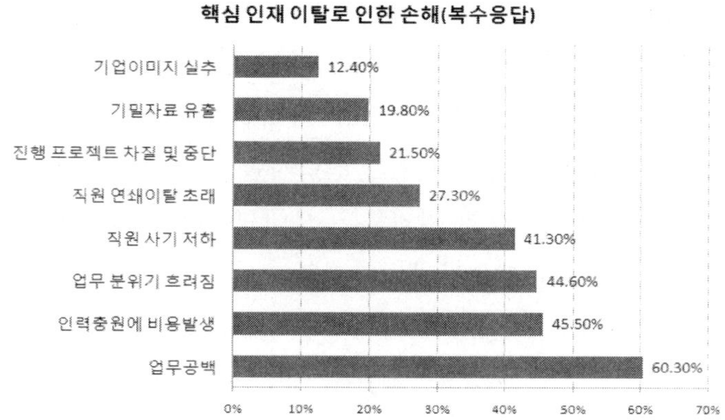

[출처: 온라인 취업포털 '사람인']

그림 3-8 핵심인재 이탈로 인한 손해

<그림 3-9>는 핵심인력의 유출이 일어나는 시기를 보여주고 있다. 창업기 말에 일어나는 이직은 주로 기술 인력층으로 창업시기의 지연 및 상사와의 갈등 때문으로 나타났다. 가장 많은 인재유출이 일어나는 성장기 말에서 성숙기 초에는 보상문제, 발전의 기회부족으로 인한 불만이 원인인 것으로 나타났다. 마지막으로 쇠퇴기의 이직은 장래에 대한 불안이 원인이었다.

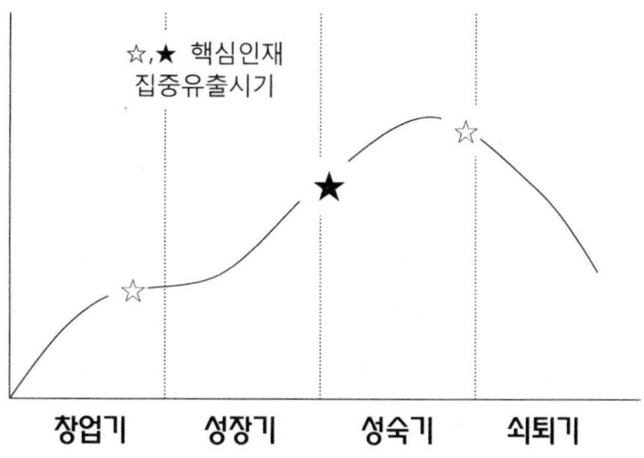

[출처: 이정일(2001), "기업 핵심인력의 유출과 대책", CEO Information 제295호, 삼성경제연구소]

그림 3-9 기업 성장주기별 핵심인력의 유출

자발적 이직의 원인을 밝혀내고 이를 개선해 나가는 노력은 이직관리에서 매우 중요하다. 이직의사를 밝힌 직원을 대상으로 퇴직자 면접을 실시하여 체계적인 정보수집과 대책을 마련해야 한다. 그리고 평소 직원들의 만족도 및 태도 조사를 실시하여 이직을 예방하는 노력이 필요하다.

미국계 헤드헌팅기업 '에이퀀트'는 7개국에서 직원 이직률이 10% 미만인 기업 3629개사를 대상으로 '직원의 이직을 막는 전략'(복수응답)을 조사(2008년 10월) 했다. 그 결과로, 한국기업들의 직원유지 전략은 1위가 사내교육(47%), 2위는 경력개발 프로그램(37%)이었다. 중국 기업들도 마찬가지로 경력개발 프로그램(67%)과 사내교육(67%)을 가장 많이 사용하고 있었다. 일본 기업들은 사내교육(38%)의 비중이 가장 높았으며, 근무자 편의중심의 근무 환경(33%)이 두 번째였다.

이러한 결과를 통해 금전적 보상보다 자아실현욕구가 잘 채워지는 것이 중요함을 볼 수 있다.

3.5.2 고용관계

(1) 고용관계 갈등

기업과 직원은 경제적 교환이라는 것을 통해 관계를 맺는다. 직원의 지식과 노동력을 기업에 제공하고 기업은 임금이라는 형태로 보상을 한다. 문제는 적절한 보상이 이뤄지지 않는다고 느껴질 때 갈등하게 된다.

직원은 또한 사회적, 심리적 계약관계로 기업과 관계를 맺는다. 직원은 금전적 보상 외에 복리후생이라든지 인간적인 처우 등을 기대하며 제시된 의무근로 이상을 하기도 한다. 기업도 직원을 가족처럼 대우해준다. 그러나 불결한 작업환경 또는 비인간적인 대우 및 노동착취 등으로 심리적 사회적 불일치가 생길 때 파업, 태업 등 갈등이 발생하게 된다.

역사적으로 고용갈등, 즉 노사갈등의 원인은 첫째, 산업혁명으로 인해 노동력보다는 자본력에 의한 기계공업화로 수공업자들의 임금 교섭력이 떨어지고 고용주와 갈등하게 되었다. 둘째 대기업의 출현으로 사회적 인간이기보다는 기계적 인간으로 대우받는다는 것으로 인해 소외감을 느끼고 갈등을 초래했다. 셋째, 노동수요가 공급보다 많아서 실업 및 임금구조의 불균형이 발생하게 된 것이다. 이를 해결하기 위해 노조를 결성하게 된 것이다.

(2) 고용관계의 개선

갈등의 발생된 후에 해결하는 것보다 미연에 방지하는 것이 최선이다. 조직사회는 의사소통의 연속이라고 해도 과언이 아니다. 의사소통이 막힘으로 인해서 고용관계 갈등은 시작되는 것이다. 기업에서 적용할 수 있는 의사소통 방법으로 다음과 같은 것을 고려해 볼 수 있다.

• **종업원 피드백 프로그램**

종업원 피드백 프로그램은 종업원들의 직무와 관련된 의견과 불만사항을 받아들이는 프로그램이다. 상사와 개방적인 면담을 통해 성과평가나 임금에 대한 불만족스러운 부분을 듣는 방법이 있고 종업원 태도 조사를 통해 직무에 대한 좋은 점과 싫은 점을 파악하여 개선방안을 명시하고 공유하는 방법들이 있다.

• **종업원 후원 프로그램**

종업원 후원 프로그램은 종업원의 사적인 문제들에 대해 기업과 의사소통하는 것이다. 사적인 문제는 결국 직무수행에 부정적 영향을 주기 마련이다. 전문상담가를 통해 도움을 받도록 하는 방법이 있다. 이를 통해 공동체 의식에 도움이 된다.

3.6 인적자원관리의 방향

3.6.1 전문인 아웃소싱

종래의 아웃소싱(Outsourcing)은 정형적인 업무를 중심으로 외부 기업에 위탁해서 비용절감이나 업무 효율화를 목적으로 하였다. 실제로 '사람'이라는 경영자원의 일부를 고정자산에서 유동자산화함으로써 경영효율을 향상시키는 기업도 많이 있었다.

그러나 현재는 전략적인 아웃소싱의 전개가 이루어지고 있다. 현재 기업은 변화에 발 빠르게 대응하기 위해 조직을 수평화하고, 업무 자체를 프로젝트 중심으로 진행시키는 경우가 많아졌다. 필요에 따라 고도의 전문화된 인력을 수시채용하여 직무를 수행하고 계약만기 이후에 고용관계가 끝난다. 직원 또한 부담 없이 직장을 선택하여 옮겨 다닌다. 즉 외부노동시장을 근간으로 하는 인적자원관리 시스템이 늘어가고 있다.

그러나 외부노동시장 중심의 인적자원관리는 많은 비정규직 직원을 양산함으로써 고용불안의 결과를 가져오기도 하였다. 또한 평생직장의 개념이 깨지면서 애사심 및 소속감이 약화되는 문제를 일으키기도 하였다.

3.6.2 성과주의 인사관리

우리나라 기업들은 학력, 근속연수에 따른 연공주의가 핵심이었다. 그러나 이제 조직의 규모가 커지고, 직무의 내용이 다양해지며, 기술이 발달하면서 연공이 반드시 성과와 비례하지 않는 현상이 나타났다. 연공주의는 생산성 향상을 위한 동기부여를 하는데 적합하지 않았으므로 IMF 이후 한국은 성과주의 인사제도를 도입하기 시작하였다.

성과주의주의 도입의 결과로 임직원의 동기부여 및 재무적 성과향상에 큰 효과가 있었다. 그러나 단기성과에 집착하여 장기적인 경쟁력 상실과 부서 간 협력의 장애요소가 되기도 하였다.

<그림 3-10>과 <그림 3-11>은 국내 성과주의의 도입에 대한 긍정적, 부정적 효과를 보여주고 있다.

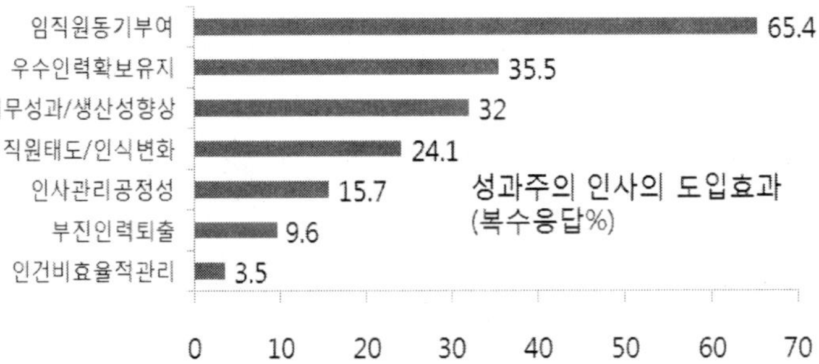

[출처: 고현철 외 2명(2008), "성과주의 인사의 진화방향", CEO Information 제654호, 삼성경제연구소]

그림 3-10 국내 성과주의 도입효과

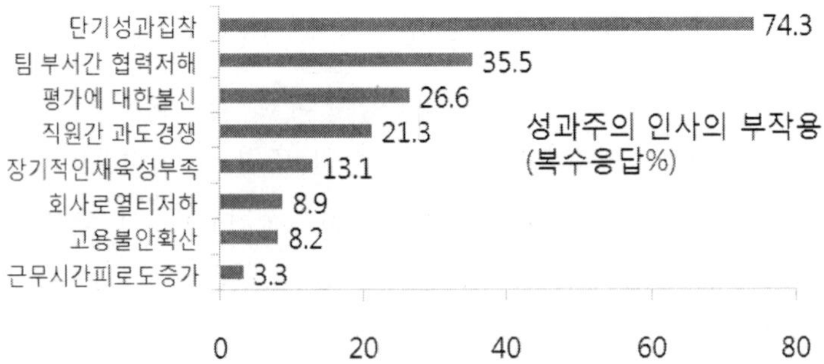

[출처: 고현철 외 2명(2008), "성과주의 인사의 진화방향", CEO Information 제654호, 삼성경제연구소]

그림 3-11 국내 성과주의 도입의 부작용

3.6.3 다양한 평가기준

(1) 균형성과표

성과주의 인사관리는 생산성 향상에 큰 도움이 되었으나 과정을 무시하고 결과만을 중시하는 평가한다는 단점이 있다. 균형성과표(Balanced ScoreCard; BSC)는 이를 보완하기 위해서 제안된 평가방식이다. 기존에 주로 재무적 결과만을 중시하였다면 이제는 종업원의 역량이 얼마나 발전했는지도 고려하였다. 또한 고객의 입장에서 얼마나 만족하고 있으며 내부 프로세스 자체적으로 업무가 얼마나 개선되었는지 과정까지 평가할 수 있도록 만든 평가지표이다.

균형성과표의 각 평가영역에서 주요 지표를 잘 만들어내는 것이 관리에 있어 중요하다. 정량화할 수 있는 주요수행지표(Key Performance Indicator(or Index); KPI)를 개발하여 활용하면 효과적으로 관리할 수 있기 때문이다. <표 3-7>은 균형성과표의 항목과 주요수행지표를 보여주고 있다.

표 3-7 균형성과표(Balanced Scorecard)

구분	주요지표
재무	당기매출액, 영업이익률
고객	고객만족지수, 고객 클레임 수
프로세스	lead time, cost
학습/성장	종업원 만족도, 교육투자

(2) 다면평가제

공정성은 평가의 가장 기본적인 원칙이다. 그러나 부득이하게 평가자의 주관적인 판단이 개입되기 마련이다. 이를 보완하여 공정성을 보완하고 결과에 대한 수용성을 높이기 위해 다면평가를 도입하고 있다.

다면평가는 평가자와 상사, 동료, 부하, 내·외부 고객 등 자주 접하게 되는 사람들로부터 평가받는 방식으로 능력, 지식, 행동유형에 대한 평가를 받고 피드백을 받아서 스스로 발전할 수 있는 계획을 세울 수 있도록 하는 '360도 피드백제도'이다.

다면평가는 능력있는 사람보다 인간관계가 좋은 사람이 점수를 더 많이 받을 수 있고 익명성이 보장되지 않는 경우 솔직한 평가가 어려워진다. 때로 사전에 담합을 하는 폐단이 있기도 하다. 그러나 어떤 평가보다도 구성원에게 미치는 영향이 크므로 객관적인 평가가 이뤄진다면 효용성이 크다.

3.6.4 현장중심 인사관리

팀제, 소사장제 등 조직이 수평화되어가고 있다. 수직적 조직구조에서는 중앙에 권한이 몰려있었으나 조직수평화와 함께 권력이 이양되고 소그룹의 자율권이 강화되었다. 이런 변화에 따라 인사관리의 의사결정 또한 현장관리자의 중심으로 바뀌어 갈 수밖에 없다. 인사부서나 인사전문가는 조정과 조언의 역할을 하고 현장관리자를 지원해주는 역할을 하게 되었다. 채용뿐만 아니라 경력개발, 평가 또한 현장부서가 주도적인 역할을 할 수 있어야 한다. 그리고 현장관리자의 권한이 커지긴 하지만 단독적 결정보다 인사전문가의 긴밀한 협력이 인적자원의 경쟁력 향상에 중요한 영향을 주게 됨을 잊지 말아야 한다.

토의문제

1. 인재의 의미와 중요성을 적어보고 기업의 인재확보 사례를 조사해보시오.
2. 자신의 경력계획 로드맵을 작성해보시오.
3. 기업들의 인적자원관리 프로그램을 찾아보고 비교해보시오

참고문헌

1. 고현철, 배노조, 이상우(2008), “성과주의 인사의 진화방향”, CEO Information 제654호, 삼성경제연구소
2. 대한상공회의소(2005), “경력개발제도의 운영사례와 시사점”, 대한상공회의소
3. 박성수 황호영, 김공수, 이경근(2009), 디지로그시대의 인적자원관리, 박영사
4. 이정일(2001), “기업 핵심인력의 유출과 대책”, CEO Information 제295호, 삼성경제연구소
5. 이진규(2002), 전략적 윤리적 인사관리, 박영사
6. 인사시스템연구회(2007), 인사관리, 새로운 제안
7. 한국노동연구원(2000), 21세기형 인적자원관리, 명경사
8. 한국능률협회 컨설팅(2004), 테크노 경영학, 한양대학교 출판부

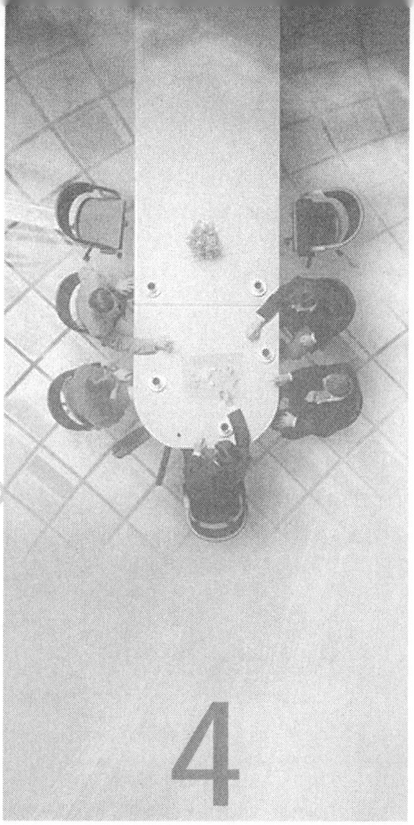

Techno Management

4

마케팅과 CRM

CRM은 기업경영의 필수 기법으로 자리매김하고 있다. 그러나 여러 가지 이유에 의하여 CRM이 성공적으로 구현되지 못하고 있다. 올바른 CRM을 구현하기 위해서는 모든 임직원이 중장기적 전략에 입각하여 고객을 자산으로 살펴보는 자세가 필요하다. 고객은 더 이상 수익의 대상만이 아니고 상품개발의 협력자이고 기업의 자산이다. 그러므로 고객을 대하는 자세에서부터 새롭게 하여야 할 것이다.

4.1 CRM의 개념

4.1.1 CRM 정의와 목적

CRM(Customer Relationship Management, 고객관계관리)은 다양한 학문적 그룹과 컨설팅 기업에 따라 여러 가지로 정의되고 있다. 가트너(Gartner)그룹은 '신규고객의 획득, 기존고객 유지 및 고객 수익성을 증대시키기 위한 지속적인 커뮤니케이션을 통하여 고객행동을 이해하고 영향을 주기위한 광범위한 접근'으로 정의하는데 고객과의 관계형성을 강화하여 중장기적 수익확보의 차원에서 정의하고 있다고 할 수 있다. 메타그룹(Meta Group)은 '고객에 대한 지식을 지속적으로 듣고 추출하고 대응하는 일련의 프로세스로서 CRM은 기업이 고객의 니즈(needs), 기대치 및 행동을 더 잘 이해하고 이를 통해 기민하게 사업기회나 변화에 대처할 수 있게 하는 것'으로 정의한다. 결국 어떠한 정의에 의해서든 CRM은 고객정보를 과학적인 방법으로 수집, 저장, 분석하여 마케팅 지식을 생성하고 이를 이용하여 고객관계 구축을 위한 전략 및 마케팅 프로그램을 수립하여 실행함으로써 고객과의 관계를 개선하며 고객의 평생가치를 향상시켜 고객의 만족도를 제고하고 기업의 수익성을 증대시키는 경영기법이라고 할 수 있다.

기업이 CRM을 구현하려는 목적은 지속적인 고객과의 거래를 유지하여 기업은 장기적인 이윤을 극대화하고, 고객은 원하는 서비스를 적기(right time)에 받을 수 있게 하기 위함이다. 그리하여 신규고객을 보다 저비용으로 확보하고 이들을 지속적으로 유지시키며(retention), 나아가 평생고객으로 확대시키기 위함인 것이다.

이러한 정의와 목적에서 살펴볼 때, CRM이라는 경영기법의 특성은 다음과 같이 설명될 수 있다. CRM은 고객지향적인 행동기법이다. 고객의 다양한 변화와 요구사항, 미래행동의 예측 등에서부터 시작된다는 의미이다. 또한 고객 생애(life-time) 전체에 걸친 관계구축을 지향하여 중장기적인 이윤을 추구한다. CRM은 기업으로부터 고객으로의 일방적인 관계가 아니라 쌍방향 커뮤니케이션을 통한 관계 구축을 요구한다. 이는 지속적인 커뮤니케이션을 가능하게 하며 고객의 만족도 제고로 이어질 수 있다. 또한, 기업의 마케팅, 영업, 서비스 등의 모든 내부 프로세스의 통합을 요구하게 되며, 고객과의 거래정보(transaction data)를 과학적인 방법으로 분석하여 고객의 행동 및 심리상태를 분석하여 활용하게 된다.

4.1.2 CRM의 탄생배경

CRM의 기본개념은 경영환경에 있어서 고객과 시장의 변화, 마케팅 패러다임의 변화, 마케팅 커뮤니케이션의 발전, 정보기술의 발전 등에 따라 탄생되게 되었다.

그림 4-1 CRM의 탄생배경

(1) 고객과 시장의 변화

사회, 경제의 성숙에 따른 경제환경의 변화에 따라 고객 가치기준이 변화되었으며 이에 따른 새로운 소비자 계층이 지속적으로 만들어지고 있다. 이러한 변화는 고객의 다양성을 이끌어 내며 상품의 다양화에 따른 수익률의 저하로 기업성장의 한계로 연결되게 되었다. <표 4-1>은 이러한 다양한 변화내용을 보여주고 있다.

표 4-1 고객의 변화

과거	미래
생산자 중심	고객중심
1회성 고객	평생고객
10인 1색	1인 10색
시장 적응	시장 창조
매스 마케팅 만족	원투원 마케팅 요구

시장 측면에서는 제품을 만들어 시장에 내어놓던(push marketing) 시절에서 고객이 원하는 제품을 만들어(pull marketing) 가야 하는 환경으로 변화되었다는 의미이다. 대중화에 따라 남들과 동일한 것을 취하려던 고객의 취향이 이제는 남들과 달라 보이고 싶고 튀어 보이고 싶어 하는 취향으로 변해간다. 이는 한 명의 고객이 10가지의 색깔을 보인다는 의미이다. 또한 과거에는 고객이 항상 기업에 의하여 만들어진 시장에 적응하려고 노력하였으나, 이제는 하나하나의 고객이 바로 시장이 되어가는 시기가 온 것이다.

이러한 변화에 기업으로서는 고객관리라는 해법으로 대응하게 된 것이다. 고객관리의 중요성은 감성적으로 표현하지 않아도 될 만큼 많은 조사분석 결과로 보고되어 있다. 이러한 일반화된 결과를 살펴보면 다음과 같다. 신규고객 1명을 확보하기 위한 비용은 기존고객 5명의 유지비용과 같다고 한다. 이는 많은 수익을 주는 기존고객을 잘 유지하는 편이 새로운 시장 확보보다 더욱 중요하다는 것을 보여준다. 또한 상위 20%의 고객이 만드는 매출 또는 수익이 전체 매출 또는 수익의 80%를 차지한다는 파레토 법칙도 있다. 이는 우량고객을 잘 유지하는 것이 기업의 수익률에 큰 연향을 미친다는 의미이다. 다른 정보를 살펴보면 만족하는 고객 1명에 대한 기대효과는 3명 이상의 신규고객의 기대효과와 같다고 하며 불만족 고객 1명은 8명의 고객 이탈 비용과 같다고 한다. 이는 고객만족의 중요성을 의미하고 있는데, 흔히 '구전효과'라는 말로 만족과 불만족에 대한 입소문을 통한 신규고객과 이탈고객에 미치는 영향을 일컫는다.

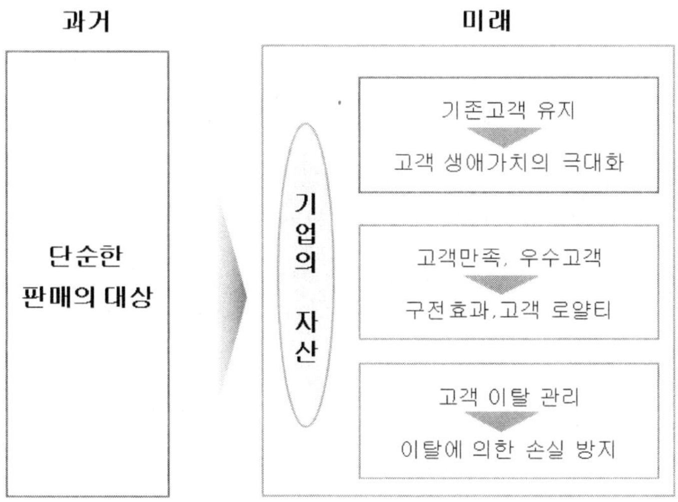

그림 4-2 고객을 보는 시각의 변화

이러한 변화는 고객을 단순 구매자로 취급하기 보다는 기업의 자산이며 어떤 의미에서는 경영주체로 대우해야 한다는 것이다. 일례로 자동차 판매원은 개인적인 고객정보를 수집하고 관리에 많은 노력을 기울이고 있다. 그들이 가지고 있는 고객의 정보(예를 들면, 기존 보유차량의 종류, 연식, 가족상황, 고객의 직업과 수입 등)는 그들에게는 엄청난 자산이며 그들이 다른 기업으로 이직할 때에는 고객도 같이 움직인다고 볼 수 있다. 유사한 예는 보험산업에서도 볼 수 있다. 보험설계사(판매원)이 보유한 고객정보는 그들의 사업자산이며, 우리 모두가 주변에 보험설계사인 가까운 지인(친인척)을 알고 있다. 그들이 다른 기업으로 이직을 하게 되어 보험 가입을 부탁하게 되는 경우를 많이 볼 수 있고, 실제로 매출이 새롭게 일어나는 경우도 허다하다.

(2) 마케팅 패러다임(paradigm) 변화

먼저 제품을 보는 시각의 변화를 들 수 있다. 과거에는 기업 내에서 나름대로의 시장조사와 연구개발을 통하여 제품을 개발하여 시장에 공급하였으나 이제는 고객과 함께 제품개발을 하게 되고, 고객과 함께 구매요청서(offer)를 만들게 된다. 세계적인 생활용품 제조와 유통기업인 P&G(Protor&Gamble)사는 제품에 대한 아이디어 개발과 설계에 자사의 연구원보다 훨씬 많은 고객들을 참여시켜 훌륭한 제품을 개발하여 시장확보에 크게 성공하여 개방형 혁신의 대표적인 성공사례로 꼽히고 있다. 은행, 보험, 증권 등 금융사는 고객 개개인의 수입과 지출 등 자산환경에 맞는 상품을 제안하는 마케팅 방법을 도입하고 있다(예: private banking center). '프로슈머'(prosumer = product + consumer)라는 용어로 이러한 현상을 대변한다.

또한 고객은 상품의 구매 시에 이전에 구매한 상품을 바탕으로 한 지식을 가지고 개인에 맞는 제품을 요구하고 기대하는 형태로 변화되었다. 가전제품, 휴대폰, 개인용 컴퓨터 등의 구매에는 이러한 고객의 이전 구매지식과 경험이 큰 영향을 미치고 있는 실정이다. 나아가, 상품만을 구매하는 것이 아니라 사후서비스의 결합도 요구하고 있다. 자동차, 금융상품 등이 대표적인 사후서비스를 연계한 상품 구매 요청의 대표적인 사례이다. 이들은 상품의 구매와 구매 이후의 모든 기업과의 상호작용을 한꺼번에 고려한 구매행동인 것이다.

결국 이러한 구매패턴의 변화에 따라 제품 그 자체의 마케팅에서 제안과 경험을 동시에 고려한 마케팅으로의 패러다임의 전환이 필수적이라 할 수 있다. 이러한 변화는 가격(price)중심의 상품평가에서 가치(value)중심의 평가로 상품을 평가하는 잣대를 변화시키게 되었다. 실제로 우리는 어떤 상품을 구매할 때 상품 그 자체의 가격이 다소

비싸더라도 구매를 통하여 보다 더 특별한 대우(애프터서비스, 프리빌리지 서비스 등)를 받는다면 실제로 구매를 하는 경우가 자주 있다. 또한 개인화되고 맞춤화된 메시지를 통한 호소력과 영향력 제고를 위한 노력이 필요한 시점이 도래한 것이다.

다음으로 고려해 볼 것은 상품의 거래장소에 관한 변화이다. 과거에는 물리적으로 결정된 시장(가게, 영업점, 서비스센터 등)에서만 고객과의 접촉이 일어나 구매가 발생하였으나, 오늘날에는 고객 그룹별로 다양한 채널(channel)이 요구되고 있다. 채널은 상품과 고객을 연결하는 매개체로서 영업점, 인터넷 홈페이지, 콜센터, 무인점포(kiosk), 영업사원, 이메일 등 가능한 모든 매체를 이용한 고객과의 접촉 방식을 말한다. 결국 고객과의 관계가 발생하는 곳이 물리적인 장소(place)에서 고객으로 퍼져가고 스며드는(pervasive) 마케팅이 필요하게 된 것이다.

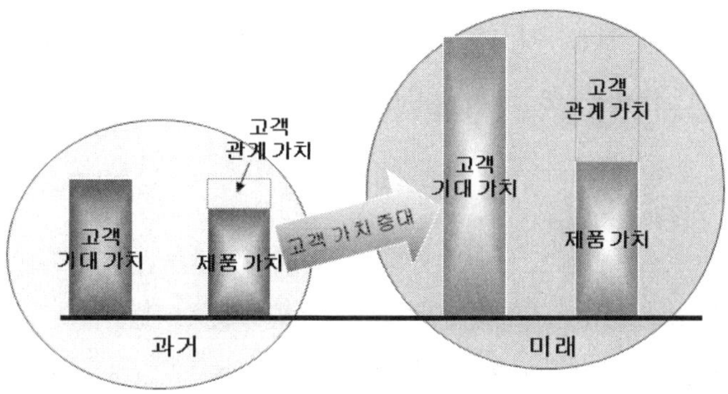

그림 4-3 고객 기대가치의 변화

(3) 커뮤니케이션 변화

먼저 마케팅 커뮤니케이션의 효율성을 살펴보자. 이제까지는 불특정 다수를 대상으로 하는 매스미디어(mass media) 상의 광고를 중심으로 고객에게 상품의 정보를 전달하는 형태가 대부분이었다. 그러나 고객이 다양화됨에 따라 고객의 이질성이 심화되어 과거의 커뮤니케이션 기법의 효율성에 대한 의구심이 높아지게 되었다. 즉 이질적인 고객에 대하여 동일한 마케팅 커뮤니케이션이 적절하지 않다는 의미이다. 따라서 고객을 특성별로 그룹화하는 고객세분화가 필요하게 되었으며, 각각의 세분화된 고객에게 차별화된 메시지를 전달하는 기법이 필요하게 된 것이다.

또한 커뮤니케이션 도구가 다양하게 되어 고객 접점의 채널구성도 다양하게 되었다. 이러한 변화는 과거의 매스미디어를 통한 광고에서부터 채널을 전략적으로 활용하는 마케팅 커뮤니케이션 전략을 펼칠 수 있게 된 것이다. 예를 들어, 단순 건강보험 판매는 TV를 이용한 광고와 콜센터를 이용한 계약으로 판매가 충분하지만, 복잡한 투자와 연계된 보험상품은 전문 상담사와의 면담을 통해서 계약이 이루어질 수 있다.

(4) 정보기술의 발전

또 하나의 CRM의 탄생배경으로 중요하게 작용된 것이 정보기술이다. 현재의 컴퓨터의 성능과 기능은 상상하기 어려울 정도를 많은 발전을 거듭해 왔다. 이러한 컴퓨팅 환경의 발전과 활용기술의 확산으로 고객과 시장에 관련된 정보의 수집과 관리가 용이하게 되었으며, 각종 소프트웨어(분석도구, 알고리즘 등)를 이용하여 고객 관련 데이터로부터 마케팅 정보를 추출하여 마케팅 전략 수립이 가능하게 되었다. 앞 절에서 언급한 바와 같이 이러한 정보기술은 고객과의 접점을 다양하게 만들어 고객의 편의에 맞게 또는 최적 비용으로 고객과의 관계를 형성할 수 있게 되었으며, 기업 내부적으로는 고객과 상품에 관련된 모든 정보를 서로 공유할 수 있어 경영전략에서부터 영업활동 전술에 이르기까지 일관된 정보를 이용할 수 있게 되었다.

4.1.3 CRM의 기능과 활용

(1) CRM의 기능

CRM의 일반적인 기능은 고객과 시장정보 그리고 상품정보가 필요한 모든 업무에 해당된다고 볼 수 있다. 대표적 기능을 나열하면 마케팅 부분, 영업 부분, 서비스 부분, 상품개발 부분, 그리고 기타 부분으로 구분이 가능하다.

<표 4-2>는 일반적인 기능을 나타내고 있으며, CRM 솔루션(공급업체)과 컨설팅 기업에 따라 그 기능은 다양하게 제안되고 있으며, 기능의 분류 또한 상이하게 분류하고 있다. 또한 CRM을 도입하는 기업의 업무구성과 조직구성에 따라 그 기능을 다르게 적용하고 있다.

마케팅 부분은 마케팅 전략을 수립하기 위한 제반 기능으로 구성되어 있으며, 마케팅 전략을 구현하는 캠페인까지 연계하여 구성된다. 영업 부분은 영업 기획에서부터 각 채널이 고객 접점에서 대고객활동(고객관계활동)을 하는 모든 업무를 지원하는 기능을 갖추고 있다. 서비스 부분은 고객 접촉이 일어난 이후 또는 거래가 발생한 이후에 고객이 요청하는 각종 서비스 업무(영업부서에서 직접 수행해야 할 업무도 접수, 처리, 처리내용 확인 등)를 지원하고 있으며, 상품개발을 위해서 필요한 고객 관련 정보를 분석하는 기능도 포함하고 있다. 물론 상품개발은 CRM 외의 산업, 경제, 정치, 사회 등의

정보를 필요로 하기에 CRM에서 그 기능을 지원해주는 경우도 있지만, 대부분 상품개발부서에서 별도로 연구개발(R&D) 관련 정보과 업무관리 시스템을 보유하기도 한다.

표 4-2 CRM의 일반적 기능

분야		주요기능
마케팅 부분	고객 데이터 관리	인구통계 분석, 시장 세분화, 구매이력관리, 고객가치 산출, 고객관계이력 관리
	상품관리	제품구조관리, 제품카테고리 관리, 가격관리, 제품검색 관리
	채널관리	채널별 고객관리, 채널성과 관리, 보안관리, 신용 및 수수료 관리, 주문관리
	마케팅 전략	마케팅기획, 예산관리, 효과관리, 할인내역 관리, 마케팅 대상제품관리
영업부분	영업지원	주문관리, 견적관리, 계정관리, 제품선정, 예측, 담당자 관리, 활동관리, 일정관리, 경쟁사정보 관리, 계약관리
	캠페인 관리	캠페인 정의, 목표고객 리스트관리, DM, TM, e-mail, 응답관리 및 분석
서비스 부분	서비스 관리	서비스 요청관리, 서비스 요청배정 및 상태관리, 불만처리
상품개발 부분	상품개발	신규 상품개발 아이디어 도출, 기존 상품 변화관리
기타	업무운영	직원관리, 업무배정 관리, 업무흐름 관리, 메시지 방송, 게시판 관리, 자료관리, 보고서 작성

(2) CRM의 활용

CRM의 활용은 두 가지로 구분된다. 먼저 서술한 CRM 기능에 따른 부서 또는 조직의 활용이다. 이는 <표 4-2>에 따라 각각의 업무에 적용하게 된다. 또 하나는 고객과의 관계에 따른 전략적 활용이다. 이는 CRM이 일상적인 업무를 지원하는 경영방법 이외의 중요한 역할을 의미한다.

- **잠재고객의 발굴**: 잠재고객이란 아직 거래가 이루어지지 않은 고객으로 향후에 거래가 가능하다고 판단되는 고객이며 가망고객이라고도 일컫는다. 잠재고객과 관련된 정보 그 자체는 CRM시스템에서 확보하기는 어렵다. 그러나 기존고객과의 거래 정보를 이용하여 매출 또는 수익률을 고객 그룹별로 분석하면 가장 수익률이 높은 고객부터 가장 낮은 고객 그룹까지 원하는 그룹별로 분석이 가능하다. 따라서 확보해야 할 가망고객군을 추정하게 되고, 이 정보를 이용하여 마케팅 활동을 전개하여

가망고객그룹에 해당하는 고객정보를 확보하여 각 채널을 통하여 영업활동을 하게 된다. 나와 전혀 연관되지 않은 곳(금융기관, 레스토랑, 아파트 분양회사 등)으로부터 이메일, 전화 등의 연락을 받게 되는 것도 이러한 기업활동의 결과에 의한 것이라고 보면 된다. 잠재고객의 발굴은 이러한 하나의 예에만 국한되지 않고 학교 동창회, 출신 지역 모임, 출신 업종 모임 등 각종 일반 단체들의 정보를 통해서도 이루어진다.

- 고객충성도(Customer loyalty) 제고: 고객의 충성도는 고객이 기업에 대한 일종의 선호도를 나타내는 지표인데, 예를 들어 가전제품을 구매하려 할 때 기능과 수명 및 고장률 등을 고려하지 않고 일단 대상 회사를 결정한 후 그 회사 제품 중에서 본인의 니즈에 맞는 제품을 선택하는 행위, 또는 백화점에서 옷을 구매하려 할 때 일단 특정 백화점을 결정한 후 그 백화점을 방문하여 진열된 제품을 선택하는 경우이다. 이러한 경우를 충성도가 높다고 한다. 전자제품, 백화점 외에도 휴대폰 또는 통신회사, 보험회사, 자동차 등은 경우에는 충성도에 많이 의존하는 제품이라고 할 수 있다. 반면에 영화관이나 몇몇 생활용품 들은 그렇지 않다. 고객의 충성도를 높이기 위해서는 구매고객이 된 이후에 제공되는 각종 서비스가 매우 중요하다. 고객의 생일이나 라이프 사이클에 따른 이벤트(입학, 졸업, 취업, 결혼 등) 관리 및 상품 수명주기에 따른 서비스 제공 등이 대표적이다. 이를 위해서는 고객과의 거래이력, 요구사항, 불만접수 내용 등의 관계정보의 수집과 관리 및 주기적 분석이 필요하다. 이러한 충성도 제고 노력은 우수고객의 유지(retention)와도 밀접한 관계가 있다.

- 마케팅 전략 추진: 대표적인 마케팅 전략은 교차판매(cross selling), 상승판매(up selling), 이탈관리, 역마케팅(de-marketing) 등이 있다. 이러한 마케팅 전략은 다음 절에서 구체적으로 설명하기로 한다. 고객과의 거래에서 발생하는 모든 데이터(transaction data)를 데이터웨어하우스나 또는 데이터마트 같은 저장소에 특정 목적별로 분류해두고 이를 이용한 다양한 분석(예: 데이터마이닝)을 통하여 마케팅 전략을 구현한다. 영국 BARCLAYS은행은 경제의 심각한 침체로 인한 신용불량으로 300년만에 처음으로 금융손실을 기록하였는데, 대부(loan)사업에서의 수익성에 대해 충분히 세부적으로 이해하지 못하는 상황이었다. 이에 모든 대출거래에 대해 위험도를 정확하게 예측하고 경제적인 변동의 효과를 줄이기 위해 다양한 자산의 포트폴리오 필요성을 인식하게 되었다. 그 해결방안으로 데이터웨어하우스의 구축을 통해

개별 고객의 경제적 행동을 예측하여 각 고객에 적절한 이율 부가가 가능하게 하였으며, 고객의 과거 정보의 추세를 파악하여 미래의 수요를 예측 가능하게 되어 어려움을 극복하였다.

4.1.4 CRM의 구현

CRM을 구현하기 위해서는 단순히 관련 정보시스템만 도입해서는 불가능하다. 먼저 사업의 목표 및 전략에 맞게 CRM전략(또는 전사 마케팅 전략, 여기서는 CRM 내부에서의 구체적인 마케팅 전략보다는 상위 수준의 전략을 의미함)을 확인하여야 한다.

그림 4-4 CRM 구성요소

또한 마케팅, 영업, 서비스 등의 핵심 프로세스 부분의 비즈니스 프로세스를 확인하여야 한다. 이러한 핵심 프로세스는 CRM의 핵심기능이기 때문에 CRM 도입과 관련 프로세스의 정립은 병행하여 이루어져야만 올바른 CRM 구현이 가능하다. 나아가, 관련 조직들의 역량을 분석하여 CRM 구현을 위한 역량을 갖추어야만 실제 운영이 가능하다. 선진 경영기법과 비싼 정보시스템만 도입하고 제대로 활용하지 못하여 무용지물이 되는 경우도 허다하다. 필요한 역량으로는 고객데이터 수집관리 능력, 데이터 분석능력, 고객관리 능력, 채널 간의 이해관계 조정 능력, 정보 활용능력 등이다.

<그림 4-5>는 CRM의 프로세스를 각 기능별 가치사슬 측면에서 도식화하여 보여준다. CRM의 기본은 고객정보에서 출발한다. 사전에 충분한 정보를 갖추고 있을 필요는 없지만, CRM 운영을 위해서는 고객정보를 어디로부터 어떤 정보를, 어떠한 절차로 어떻게 수집할 것인지를 전략적으로 고려하여 결정하여야 한다. 오히려 과도한 정보수집

캠페인으로 인하여 사회적 물의를 일으킨 경우도 제법 있다. 과거의 어느 금융회사에서는 고객정보의 수집을 위하여 영업사원에게 수집된 고객정보의 수에 따라 인센티브를 지급하는 전략을 구현하였다. 그 결과 약 2개월에 걸쳐서 2,000만 명이라는 고객정보가 수집되었는데, 그 내용을 분석해보니 실제 사용가능한 정보(정확한 정보)가 10%에 미달한 경우가 있었다. 또 다른 예를 살펴보자. 우리나라는 가전제품 판매회사가 대부분 대기업군에 속하며 할부금융을 지원해주는 금융관계사를 보유하고 있다. 가전제품을 할부로 구매하는 경우에 가전제품 판매 대리점은 제품의 판매가 가장 큰 목적이고, 할부는 판매를 위한 목적에 지나지 않기 때문에 할부구매 시 작성하는 할부약정서(실제로는 많은 정보를 기입하게 되어 있음)에 핵심적인 내용인 이름, 주소, 주민번호 정도의 정보만 기입하여도 물건을 판매한다. 할부금융을 지원해준 금융사는 이렇게 확보된 고객에게 다른 금융상품을 판매하기 위하여 정보 분석을 하려하지만 정보가 턱없이 부족하거나 오류가 많아 효용 없는 정보가 되는 경우가 많다. 이렇듯 고객정보는 많을수록 좋겠지만 활용가능성 높은 정보라야만 이용가치가 높고 CRM 구현이 가능하다.

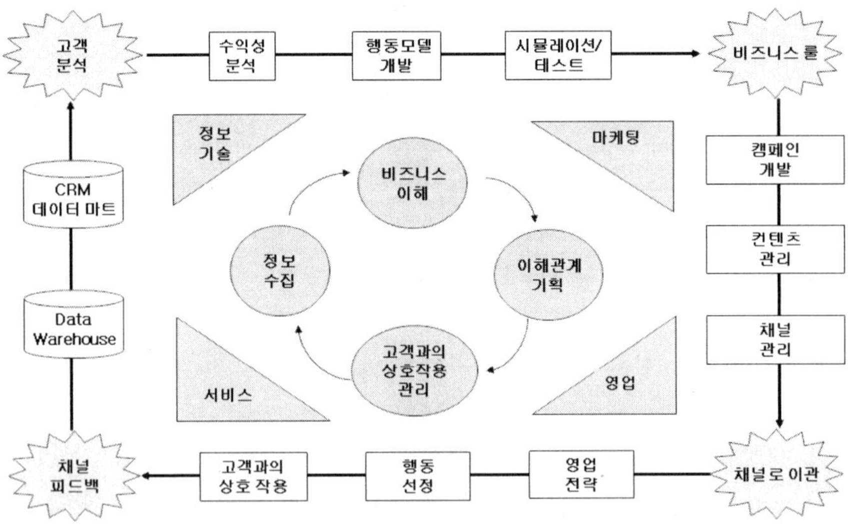

[출처: 가트너보고서 인용, 수정, 변환]

그림 4-5 CRM 프로세스(가치사슬 측면)

또 하나의 CRM 구성요소는 정보시스템과 응용시스템 등을 포함한 정보기술이다. 지금은 대부분 고객과의 거래관계에 컴퓨터를 이용하고 있기 때문에 거래정보의 수집 도구는 어느 정도 확보되어 있는 상황이다. 이렇게 수집된 고객정보를 어떤 전략으로 관리할 것인가는 좀 더 어려운 문제이다. 데이터의 양과 분석 내용과 활용 범위에 따라 전사적 데이터웨어하우스를 이용하는 방법도 있고, 마케팅 부서의 고유 업무를 위한 데이터 마크를 구축할 수도 있다. 대부분의 대기업들은 두 가지를 다 활용하고 있다. 또한 앞서 논의하였듯이 고객이 원하는 서비스의 제공을 위해서는 다양한 채널을 운영하여야 한다. 이러한 채널의 운영은 모두 정보기술로 구현되며, 콜센터의 경우에도 근무자가 고객정보를 적기에 조회하고 상품정보를 적절히 제공할 수 있는 여러 시스템이 필수적이다. 분석 시스템의 경우에는 주로 소프트웨어가 그 역할을 담당한다. 데이터분석을 위한 데이터마이닝 도구(tool)는 기본이고, 각종 보고서를 자동으로 생성해주는 소프트웨어도 필요하며, 채널 간 커뮤니케이션을 위한 기술과 인적자원관리, 프로세스지원시스템 등도 필수적이라 할 수 있다. 결국 CRM은 그 바탕을 정보시스템에 두고 있다고 해도 과언이 아니다. 정보시스템의 활용 극대화가 CRM의 성공과 직결된다고 할 수 있다.

4.2 고객관리

4.2.1 고객관리의 단계

고객관리의 중요성은 이미 앞 절에서 설명하였다. 여기에서는 고객의 종류를 구분하여 각각의 고객에 대하여 특성별로 관리 단계를 알아본다.

고객은 가망고객, 신규고객, 우량고객, 이탈고객 등으로 구분한다. 때로는 불량고객, 재고객, 일반고객 등으로 많은 구분을 하는 경우도 있지만 큰 의미는 가지지 않는다. 기업과 고객은 최초의 관계를 맺기까지의 사전활동(가망고객, 신규고객 관리), 거래가 발생한 이후 우수한 고객으로 유도하기 위한 관계유지, 관계끊기 등의 행위가 지속된다. 고객관리는 이러한 개념을 총 망라한 것으로 고객관의 관계를 기업에게 바람직한(수익성) 방향으로 변화시키기 위한 전략적 프로그램이 필요하다. <그림 4-6>은 이러한 필요성을 도형으로 보여주고 있다. 고객은 시간이 흐르면 자극을 가하지 않더라도 행동패턴은 달라질 수 있다. 다양한 고객관리 활동을 통하여 기업에 보다 우호적인 고객으로 변화시키는 것이 고객관리의 목적이며 개념이다.

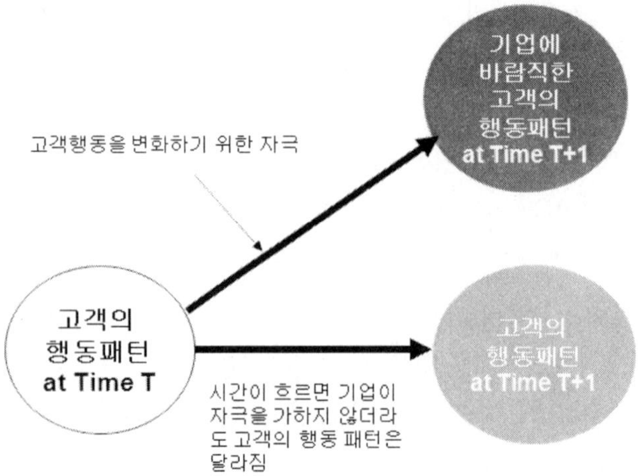

그림 4-6 고객관계관리의 개념

고객관리의 단계는 고객획득, 고객유지, 다음으로 전략적 고객관리의 단계로 구분되어 진다.

(1) 고객획득

고객의 획득은 가망고객의 획득부터 신규 구매가 일어난 신규고객까지의 단계를 의미한다. '고객중심'이라는 용어가 사회에 허다하게 퍼져 있지만, 기업의 입장에서는 단순 고객이 아니라 가치 있는 고객, 수익력을 보장하는 고객만을 주요 획득대상으로 삼는다. 따라서 가망고객의 획득에 필요한 정보는 유사한 고객군이 얼마나 많은 수익을 제공하고 있느냐에 많이 의존한다. 고객이 보장하는 수익력을 고객가치라고도 한다. 신규고객의 경우, 미래의 수익력은 미약하나 일단 거래가 발생한 경우에는 가장 효율적인 방법으로 고객과의 관계 형성을 시도한다. 즉 거래비용이 가장 적게 발생하는 무인점포, 인터넷, 이메일 등을 통한 관계형성을 주로 하게 된다. 가망고객 획득에 가장 큰 비용을 차지하는 부분은 정보수집이다. 사전에 데이터 분석을 통하여 수익력이 높은 고객군을 확인한 후에, 해당 고객군 확보를 위하여 마케팅 전략을 전개한다. 각종 모임과 단체, 행사 등을 이용하거나, 구전효과를 노린 마케팅 전략도 사용한다.

(2) 고객유지

고객유지는 일단 거래가 발생한 시점부터 적용되는 고객관리 단계이다. 고객은 수익력, 즉 고객가치로 구분된다. 고객유지 전략 또한 수익력에 근거하여 적절한 채널을 활용함으로써 효율적인 관리를 추진한다. 고객분석을 통하여 특정 고객으로부터의 미래

수익이 충분히 보장된다면 고객관계를 강화하기 위한 관계관리에 집중하는데, 여기에는 적정한 투자가 소요될 것이다. 예를 들어 인터넷이나 이메일보다는 영업점 또는 영업사원 등을 이용한 보다 친밀한 관계형성을 통하여 우량고객으로의 전환이 가능하도록 교차판매 상승판매 등의 전략을 시도한다. 그러나 우량고객이 아니더라도 불량고객으로 변질되지 않기 위해서는 최적의 비용을 투자하여 고객유지를 시도하면서 향후의 고객 행동변화를 주시한다. 고객유지의 실패는 우량고객이든 불량고객이든 간에 기업에 큰 손실을 미치게 된다. 이들을 통한 구전효과는 기업의 사회적 이미지에 큰 영향을 미치게 되고 이는 기업의 손익과도 직접적으로 연계된다.

(3) 전략적 고객관리

고객 중에도 장기적인 관점에서 고객가치가 충분히 있는 경우에는 전략적인 관리의 대상이 된다. 고객에게 필요한 서비스는 요청이 없더라도 적절한 시점에 제공되어야 하고, 다른 고객과는 차별화된 서비스를 제공함으로써 중장기적으로 우량고객으로의 전환을 유도한다. <그림 4-7>은 전략적 고객관리의 개념을 보여주는데, 기업의 수익성 증대를 위한 전략과 관계기간을 증대시키는 전략이 있다.

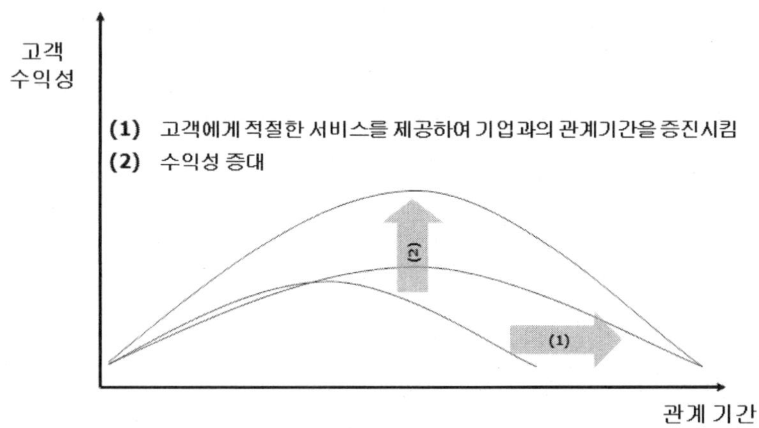

그림 4-7 전략적 고객관리의 의미

4.2.2 고객관리 프로그램

효율적인 고객관리를 위해서는 적절한 고객관리 프로그램을 개발하여 관련 임직원들이 목표에 맞게 대고객활동을 전개하여야 한다. 다음의 내용은 고객관리를 위한 각종 업무 또는 프로그램을 간략히 설명하고 있다.

- **고객정보관리:** 고객정보의 수집 및 활용, 최신 고객정보로의 접근성 확보, 고객정보 저장 및 관리, 고객정보의 완전성 및 정확도 확보, 고객세분화 기준 설정, 외부고객 정보 활용방안 모색

- **고객가치 평가:** 고객세분화 전략 수립, 고객군(고객군은 고객세분화의 결과) 활용 및 갱신, 고객가치 분석, 고객가치를 이용한 유지전략과 이탈방지 등 마케팅 전략 수립

- **고객기대치 측정:** 고객만족도 측정, 고객 요구사항과 기대사항 및 우선순위의 이해, 서비스에 대한 고객기대 관리, 채널 전략 및 관리, 고객접점에서의 기대측정 관리, 고객이탈 원인분석, 서비스 모니터링

- **사업전략과의 연계:** 고객군별 조직구성, CRM활동 프로세스, 고객접점 관리, 차별화/개인화된 오퍼 제공, 고객군별 서비스 차별화, 로열티 프로그램, 교차/상승판매, 캠페인 관리, 적정채널 선정 및 활용, 고객중심 성과측정

- **조직업무 간 통합:** 고객관련 업무시스템 자동화 및 통합, 고객접점시스템 및 프로세스 통합, 고객 관련 부서 간 활동의 관리, 전사적 협력을 위한 조직구조와 문화구축

- **고객경험 관리:** 고객생애가치 최대화, 고객접촉과 CRM 프로세스에 대한 시스템 지원, 고객군별 적정 채널의 선정, 고객 니즈에 맞는 오퍼 제공, 고객의 셀프서비스에 대한 지원, 개인화된 오퍼 제공, 개인화된 고객 지원 서비스, 일관성 있는 서비스 제공, 고객 불만/이슈처리

4.2.3 고객정보 관리

(1) 고객정보의 종류

CRM에 활용되는 고객정보의 종류는 정보의 형태에 따라 서술적 정보, 관계적 정보, 그리고 문맥상의 정보로 구분된다. 각 정보의 구체적 내용은 <표 4-3>에 설명되어 있다.

표 4-3 성격에 따른 고객정보의 종류

	서술적 정보	관계적 정보	문맥상의 정보
목적	고객 이해	고객행동 이해	고객관계에 영향을 미치는 외부 상황에 대한 반응 이해
사례	이름, 주소, 나이, 취미 등	구매내용, 문의/불만, 프로모션 이력 등	경쟁 상황, 시장 변동상황, 법/제도 등의 변경 등
데이터 원천	처리계 시스템, 외부기관	분석 소프트웨어, 마케팅 DB	뉴스, 임직원의 정보수집
강점	취득 및 활용 용이	기업에 특화된 정보	대고객활동의 유연성 확보 가능
약점	차별화 저하	데이터가 많아짐, 시스템 복잡도 증가	시스템으로 이용 어려움
성공요소	정확도	완전성	창조성

이외에도 고객정보를 구분하는 방법은 다양하게 있다. <그림 4-8>은 또 다른 형태의 고객정보 분류를 나타내고 있다. 인구통계적(demographic) 정보, 상품 관련 정보, 행동(behavior) 또는 순서로 나열되는(longitudinal) 정보, 심리(psychograph)정보, 파생(derived) 정보 등으로 구분하고 있다.

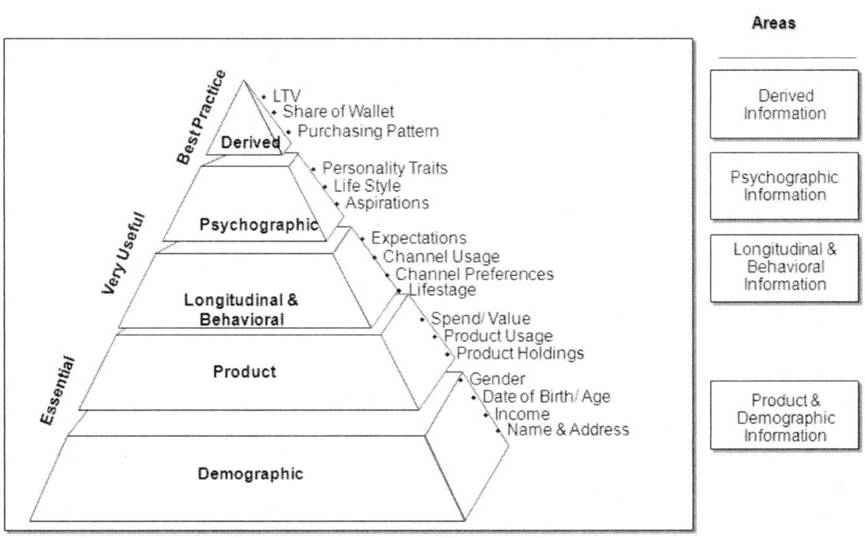

[출처: 가트너그룹]

그림 4-8 활용상에 의한 정보의 종류

정보의 종류에 따라 아래쪽으로 갈수록 필수적인 정보이며 맨 위쪽 정보는 우수사례에 해당할 정도의 정보활용이 된다. 이러한 정보구분은 고객가치분석을 통한 고객세분화 전략에 활용이 가능하다.

(2) 고객정보관리 모델

고객정보관리는 체계적이고 시스템적으로 수행되어야 정보의 가치를 보존하고 활용성을 제고시킬 수 있다.

- **계획 단계**: 고객정보 및 데이터 관리상 일련의 프로세스에 대한 상세 방법을 제시하고, 해결방안 개발과 평가에 대한 기준을 제공하는 단계
  - 고객 접점의 애플리케이션에 대한 계획, 고객과 접촉이 일어나는 모든 고객접점에서 고객정보 및 데이터에 대한 적합한 접근, 분석, 유지, 배포를 지원하기 위한 타 부서들의 요구조건들에 대한 계획 등을 포함
  - 비즈니스 비전 및 전략 정의, 영업적 목적의 정의 및 개발
  - 데이터에 대한 원천, 추출, 정제, 로딩, 갱신 등의 계획 수립
  - 재해 복구, 고객정보의 분석, 배포 및 접근, 활용 계획의 수립

- **획득 단계**: 고객 행동 및 회사와 고객과의 관계를 완전히 이해하기 위해 고객정보 및 데이터를 획득하는 단계
  - 고객 신상정보뿐만 아니라, 각 접점에서 각 고객군별 판매, 교차/추가 판매를 수행하는 방법과 서비스를 제공할 수 있는 정보를 획득
  - 필요한 정보의 유형, 상세 정도
  - 내부 거래시스템, 분석시스템 등으로부터 데이터 추출
  - 데이터 정제 및 변환 수행

- **저장 및 유지 단계**: 현재 그리고 미래의 CRM을 위하여 사용되는 것을 고려하여, 고객정보 및 데이터를 일정한 형식으로 편집, 저장, 유지하는 단계
  - 접점에서의 고객경향 분석 등을 지원하고, 고객접점 요구사항의 변화를 유연하게 수용하기 위하여 저장
  - 가장 자주 요구되는 고객정보 및 데이터는 가능한 한 자주 갱신/보완
  - 자주/보통/드물게 이용되는 정보들에 대한 차별적 접근 지원

- 고의적/부지불식간 오용, 손실 등으로부터의 보호
- 데이터 변화 이력을 분석

* **분석 단계**: 고객 대응에 필요한 가치 있는 정보를 제공하기 위해 고객정보 및 데이터를 분석하는 단계
  - 채널별 타깃고객 선정을 위한 지원
  - 접점에서의 서비스 지원
  - 분석은 어디에서 수행되어야 하는지, 분석결과는 어떻게 접점에서 이용될 것인지 결정
  - 현재/미래 수익성, LTV 분석 및 예측 등을 통한 고객세분화
  - 이탈 위험, 구매행태 분석 및 모델링

* **접근 및 배포 단계**: CRM의 효율적 운용을 위하여 적절한 형태의 정보를 적절한 시간에 최신 정보로 갱신하여 업무 프로세스에 걸쳐 접근 및 배포시키는 단계
  - 데이터 보안 및 통합, 정보의 오용가능성, 네트워크 자원, 사용자의 지식 및 능력, 정보 필요의 시급성 등을 고려한 지원
  - 고객정보 및 데이터가 갱신되고 수정될 수 있도록 피드백

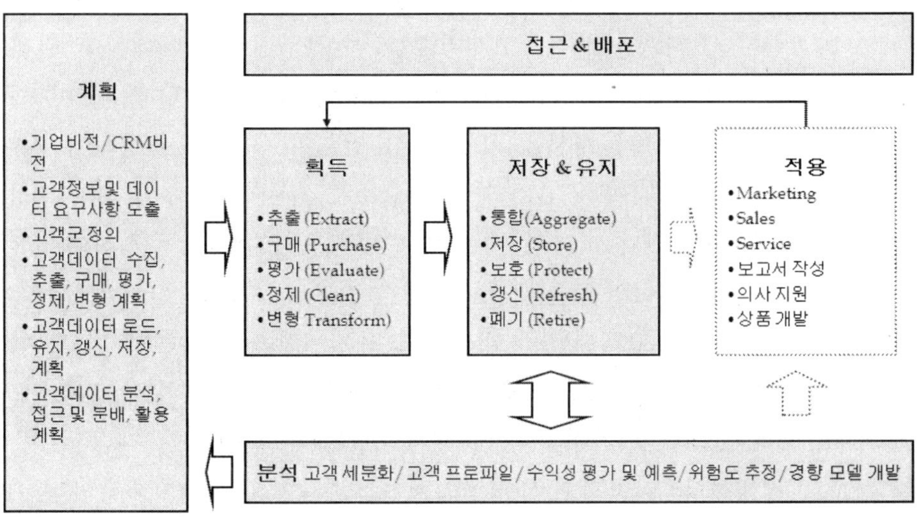

그림 4-9 고객정보관리 모델

4.3 고객가치와 마케팅

4.3.1 고객가치의 평가

고객가치는 고객과의 지속적인 관계로부터 발생하는 기업의 가치로서 일정기간 지속된 현금흐름을 일컫는다. 이는 고객과의 거래에 따른 이익과 고객획득, 고객시장 개발 및 유지비용의 차이로써 표현한다. 고객의 가치는 결국 고객이 기업에 공헌하는 경제적 이익으로 직접적인 금전적 기여와 간접적인 효과(구전효과 등) 등으로 구성되며 고객 유지기간이 길어질수록 증가하며 시간이 지날수록 복합적 상승작용이 발생한다.

고객가치의 산출을 위해서는 고객과의 거래관계에서 발생한 수익과 고객과의 관계 설정과 유지를 위한 제반비용의 두 가지 요소가 필요하다. 수익은 구매상품의 수익률에 따른 이익이고, 우호적 구전효과에 의한 비정량적 이익도 고려되어야 한다. 비용에는 마케팅, 광고, 영업비용 등과 고객관계를 유지하기 위한 마케팅 비용, 이탈방지 프로그램 운영비용 및 기타 비용 등으로 구성된다.

고객가치 평가방법은 고객평생가치 평가와 RFM 등이 대표적이다. 이외에도 회계적 기법이 제안되었으나 실제적 활용성이 많은 두 가지에 대해서 설명한다.

고객평생가치(Life Time Value; LTV)는 고객을 수명을 가진 기업의 자산으로 생각하여 그 가치를 평가하는데 고객이 한 기업과 거래하면서 창출되는 현재와 미래이익의 현재가치를 의미한다. 고객평생가치는 고객가치를 높이는 전략을 채택하여 미래이익을 제고함으로써 장기적 관점에서 이익을 증대하고, 고객관리와 마케팅 등의 비용을 효율적으로 배분하여 투자수익률의 개선을 가져올 수 있으며, 고객을 측정하여 의미 있는 자산으로 관리하려고 하는 것이다. LTV의 계산요소는 유치비용, 수익, 유지비용, 타인추천에 의한 수익 등의 이익과 고객의 예상 존속기간(유지기간)을 추정하여 고객의 라이프 사이클을 고려한 미래이익을 현재가치로 환산(Present Value Analysis; PVA)한다. 이때 유지기간은 전체적인 고객이탈을 계산하여 유지기간을 추정하게 되고, 미래이익은 자본비용, 할인율 또는 목표수익률에 의하여 할인한다. 예상수익은 고객으로부터의 현금유입과 이 금액에 대한 이자수입 등의 전체 수입에서 관리비용, 세금 등의 현금유출을 뺀 값으로 결정한다. 일반적으로 평생가치가 커지는 요인은 고객수의 증가, 일인당 구매금액의 증가, 고객의 수명증가 및 제반비용의 감소 등이다.

<그림 4-10>은 LTV 계산식을 표현하고 있다. 이 모형의 장점은 기업이 보유하고 있는 무형자산인 고객의 평균가치를 이해할 수 있으며 이로 인하여 고객별 기업의 전체 가치에 미치는 기여도를 평가할 수 있다. 또한 개별고객의 가치에 따라 고객을 차별화하고 가장 가치 있는 고객을 집중관리, 유지하기 위한 마케팅 시간과 노력을 전략적으로 활용할 수도 있으며, 유지해야 할 고객에 대하여 이탈방지를 위하여 투입할 최대의 투자를 미리 산정하여 안정적인 재무운영도 가능하다.

$$LTV = \sum_{n=1}^{N} \frac{R_n}{(1+I)^n}$$

R_n: n년도 예상 순수익
I : 목표수익률
N : 고객의 수명

그림 4-10 LTV 계산식

그러나 단점으로는 전체고객에 소요되는 비용을 추정하더라도 이를 개별 고객별로 할당하기에는 어려움이 있으며, 고객별로 일일이 가치를 계산하게 되는 번거로움이 존재하고, 또한 고객별 유지율을 정확히 추정하기가 어려운 점이 있다.

RFM(Recency, Frequency, Monetary)분석은 명칭 그대로 고객의 구매정보를 이용하여 최근성(최근 구매는 언제인가?), 구매빈도(얼마나 자주 구매하는가?), 구매금액(한 번의 구매금액은 얼마인가?) 등을 평가하여 종합적인 점수로 고객의 가치를 평가하는 방법이다. <그림 4-11>은 RFM법을 도식화한 것이다. RFM법의 장점은 사용이 용이하고

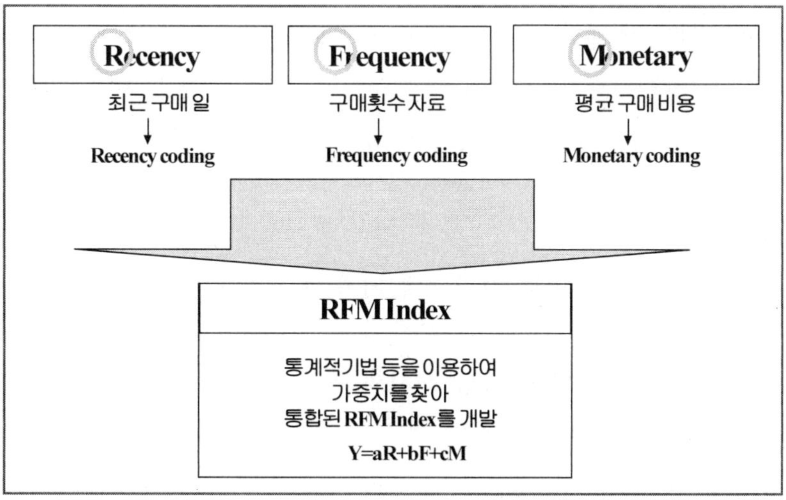

그림 4-11 RFM 분석기법

고객의 행동에 대한 예측에 사용가능하다는 점이다. 실제로 백화점, 홈쇼핑 등의 데이터에 적용하면 상당히 정확한 마케팅 정보를 추출할 수가 있다. 그러나 최종점수 산정을 위해서는 적정한 상수값을 찾아야 하는데 업종의 특성을 반영하고 기존의 충분한 데이터를 이용하여 이러한 상수값을 찾아야 한다.

4.3.2 고객충성도

일반적으로 고객은 완전하게 만족하지 않은 경우 쉽게 경쟁업체로 전환되지만, 완전히 만족한 고객은 충성고객으로 지속적으로 이익을 창출한다. 이러한 개념에서 볼 때, 고객충성도란 기업의 우월한 가치전달로 고객이 장기간에 걸쳐 상품을 재구매하고 또 나아가 타인에게 추천하고자 하는 행태의 지수라고 할 수 있다. 고객충성도가 기업에 주는 효과는 여러 가지가 있다. 고객의 충성도가 높을수록 고객은 계속적으로 장기간 구매할 가능성이 높으므로 충성고객의 누적가치는 매우 높다. 또한 진실된 충성도는 유지비용을 적절히 조정 가능하므로 미래 거래의 비용절감 효과를 가져오고, 우호적인 구전효과로 인한 추가적인 수익을 예상할 수 있으며 안정적인 미래 현금흐름을 예측 가능하게 한다. 고객충성도를 향상시키기 위한 많은 전략이 제안되었다. 다음에는 대표적인 전략을 소개한다.

- Privilege Awards
  - 거래 시 고객이 받을 수 있는 최상, 최우선적 특권 서비스 제공
  - 장기적 관계 형성, 심리적 충성심 형성
  - 고비용, 타 집단고객에게 반감을 형성할 우려 있음
  - 수익성 높고, 장기적으로 기업에 호의적인 고객에게 적용 시 Loyalty 강화
  - 항공사 프레스티지 전용 라운지 이용 등

- Bonus Point
  - 구매나 행위에 따라 Point를 적립하게 되고 적립된 Point는 상품이나 서비스 구매에 사용될 수 있음
  - 유연성, 개인화된 제안가능, 다른 회사와 상품, 서비스 구매를 연계할 수 있음
  - 관리비용 과다, 복잡 적립에 따른 혜택이 장기화되는 경우 가시적 효과 없음
  - 장기적 제안
  - OK 캐시백, 주유 포인트 등

- Rebate Program
  - 구매에 대해 일정금액을 되돌려 주는 프로그램
  - 단기성, 사용하기 쉽고 가시적 효과가 큼
  - 금전 측면만 강조, 차별적 요소 없음, 가격조건에 민감한 고객에게만 효과 있을 수 있음
  - 단기적 제안, 고객 가입유치 시에 활용가능
  - 백화점의 일정금액 구매 시 상품권 증정

- Partnership Program
  - 제휴를 통해 공동 프로그램 제공
  - 제휴사의 고객정보를 이용하여 추가적 서비스 제공 가능
  - 관리범위 확대, 제휴사의 이미지로 인한 피해 가능
  - 신규고객, 추가구매 유도 시
  - 각종 제휴서비스

- Affinity Program
  - 특별한 보상 제공 없이 고객의 생애상에서의 가치증대를 목표로 함
  - 고객과의 Relationship 형성
  - 효과측정 어려움
  - 가족고객으로 확대, 초기 심리적 인지 높일 때
  - 햄버거 회사의 어린이 클럽, 프로 야구단의 어린이 클럽 등

4.3.3 고객세분화(segmentation)와 마케팅

고객세분화란 고객 또는 가망고객의 그룹을 인지하여 적정한 특성을 가진 소그룹으로 분류하는 것을 말한다. 세분화에서의 고객그룹은 같은 그룹에서는 유사한 고객을 포함하고 아주 다른 종류의 고객은 다른 그룹에 속하도록 하는 분류전략이다.

<그림 4-12>는 고객세분화의 한 사례이다. 이 경우 고객가치와 구매동기라는 정보를 이용하여 고객을 세분화한 경우이고, 잘 분리된 고객군 5개가 만들어졌다. 고객의 모든 정보는 세분화에 이용될 수 있으나, 대표적으로 마케팅 전략에 사용되는 세분화는 고객가치, 구매동기, 고객의 행동, 고객의 특성 등을 이용한다. 이것을 1개 또는 여러 개를 동시에 다차원적으로 사용할 수도 있다. 고객가치는 고객군별로 추정한 고객

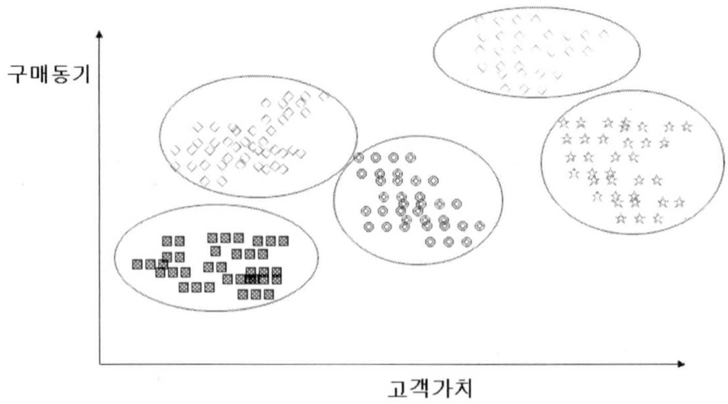

그림 4-12 고객세분화 사례

가치에 따라 고객을 분류하는데, 어떤 종류의 고객이 과거, 현재 또는 미래가치가 높은 것인가를 분석하는 데 이용한다. 구매동기는 고객이 진정으로 원하는 것이 무엇인가에 따라 고객을 분류하는데, 어떠한 경로를 통하여 고객과의 관계가 형성되었는가를 분석한다. 고객의 행동은 고객의 문의사항, 불만, 요구사항 등에 따라 고객을 분류하는데, 고객과의 거래 이후에 발생하는 고객의 모든 행동에 따라 분류한다. 예를 들어, 신용카드 사용패턴, 대출이자 상환, 제품서비스 이용현황, 반품/변경 등의 요구 등이다. 고객의 특성은 고객의 기본정보(나이, 거주지, 수입, 가족사항, 직업군 등)를 이용한 고객분류이다.

<그림 4-13>은 고객세분화를 이용한 마케팅 전략 사례를 보여주고 있다. 최선의 마케팅 전략은 세분화군의 고객특성에 의하여 유도되는 것이 마케팅 이론의 정설로 알려져 있으며, 유효한 고객세분화는 군별로 서로 다른 마케팅 전략을 구현할 수 있다는 것이다. 그림에서도 두 가지의 다른 전략을 각각 다른 고객군에 적용하는 것을 보여준다.

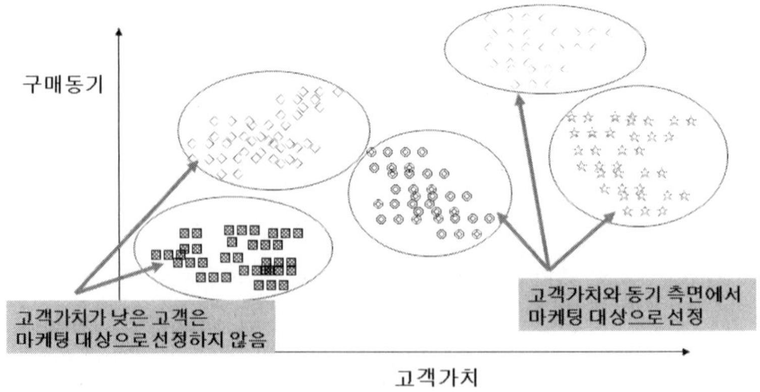

그림 4-13 고객세분화를 이용한 마케팅 전략

<그림 4-14>는 개별고객을 고객군에 할당하는 전략을 보여주고 있다. 그림에서 그룹 1과 그룹 5에 있는 고객들은 다른 고객군에 전혀 포함되지 않는 확실한 고객군에 포함되어 있다. 그러나 그룹 2, 3, 4에 해당되는 고객들은 두 개 이상의 고객군에 포함되므로 마케팅 전략 구현이 어려워진다. 이 경우 해당 고객그룹(그룹 2, 3, 4)과 세분화군을 다시 세분화하여 적절한 세분화군을 찾아주어야 한다. 기업이 기존의 고객정보를 이용하여 고객세분화를 구현한 이후에, 새로운 가망고객 정보를 수집하여 이들이 기존의 세분화군 중에 어디에 해당되는지 분석하려고 할 때 발생하는 현상이다.

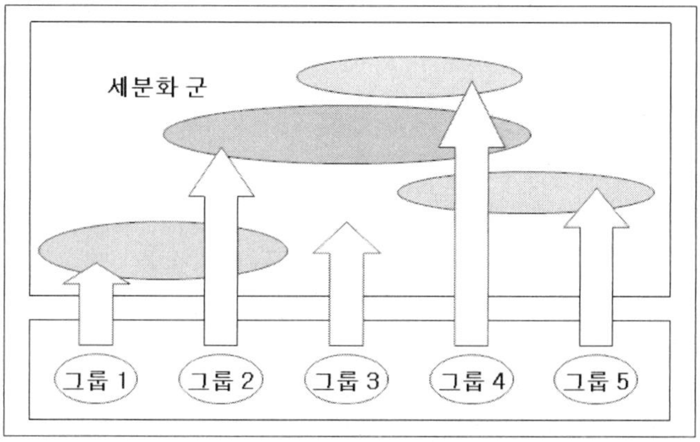

그림 4-14 개별고객의 세분화군에 할당

이번에는 고객가치(중장기적)와 고객의 수익성(현재)을 이용한 세분화와 마케팅 전략의 사례를 살펴보자. <그림 4-15>는 4개의 세분화군을 형성하였다. A군의 경우 수익성

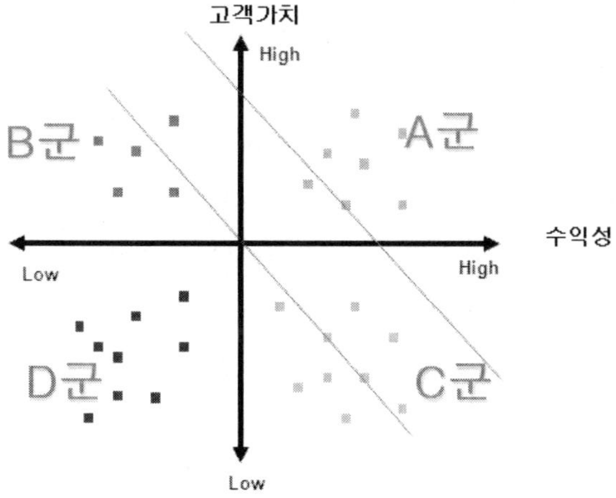

그림 4-15 고객가치와 수익성을 이용한 고객세분화

도 높고 고객가치도 높으므로 장기적인 관계로 고개가치 증진을 위한 프로그램 구현 대상이다. B군의 경우는 수익성 증가가 요구되는 고객군으로 운영비용을 최소화하면서 중단기 측면에서 고객가치를 증진하는 전략을 구현하여야 한다. C군은 현재의 사업구조하에서는 성장 잠재력이 가장 높은 고객군으로 충성도 증진을 위한 프로그램을 추진하여야 하며 장기적인 관계구축을 위한 노력도 기울여야 한다.

D군의 경우는 특별관리가 필요한 고객군이다. 최소한의 기본적인 서비스를 제공하면서 고객유지가 필요한지를 결정하여야 한다. 성장잠재성이 높은 고객이 있는 경우에는 A군으로 이동시킬 수 있는 전략을 추진하여야 한다.

토의문제

1. CRM의 성공적인 추진을 위하여 임직원들의 자세에 대하여 논의해보시오.
2. 임의의 데이터로 고객세분화군을 형성한 후에 각각의 군에 대한 마케팅 전략을 논의해보시오.
3. 새로운 서비스기업을 창업하였다고 가정하고 고객정보의 취득전략에 대하여 논의해보시오.

참고문헌

1. 로버트 E. 웨일랜드, 폴 M. 콜(1998), 관계가치 경영, 세종서적
2. 사와노보리 히데아키(2000), 그림으로 쉽게 이해하는 e-CRM 마케팅, 국일증권경제연구소
3. 송현수(1998), 신용카드 마케팅 전략, 도서출판 진리탐구
4. 송현수(2000), CRM 경영혁명, 새로운 제안
5. 스탠리 브라운 외(2001), 세계 최고 기업들의 CRM전략, 21세기북스
6. 최정환, 최종학(2001), CRM을 위한 데이터베이스 마케팅, 다산출판
7. 한동철(2001), 고객관계관리 CRM, 우용출판사

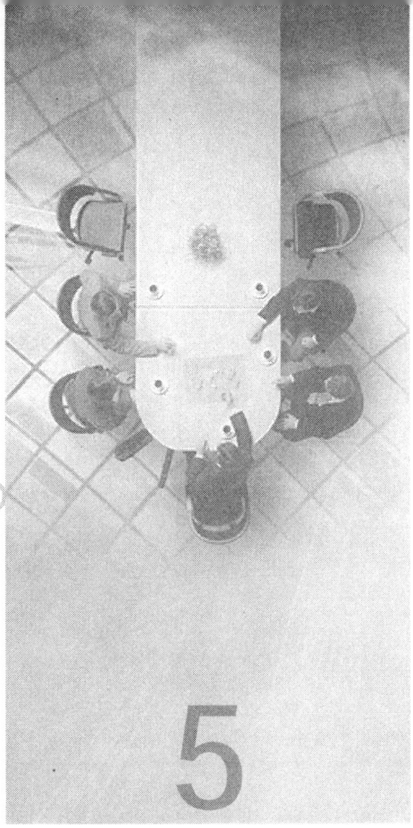

Techno Management

5 생산관리

기업의 경영활동 중 생산은 재화나 서비스를 창출하는 핵심기능으로 한 나라 경제의 근본이 된다. 특히 수출중심으로 성장하고 있는 우리나라의 경우 전통적으로 기업의 생산기능이 매우 중요하였고 이에 따라 생산관리 또한 그에 걸맞게 발전해왔다. 생산관리란 제조 및 서비스 시스템의 투입-변환-산출 전 과정을 효과적이며 효율적으로 관리하는 분야로 운용관리라고도 한다. 본 장에서는 생산시스템 개요를 소개한 후 세부주제로 생산전략, 제품 및 공정설계, 설비계획 및 입지, 생산 및 일정계획, 재고관리 등에 대하여 기초내용을 소개한다.

5.1 기초

5.1.1 생산 및 생산시스템 개념

우리의 일상생활에서 공장에서 생산되는 제품이 없이는 하루도 살아갈 수 없음은 주지의 사실이다. 예를 들어, 추위를 피하기 위한 방한복과 비누나 칫솔 등의 생필품은 물론 출퇴근 시 이용하는 지하철이나 버스와 같은 수많은 제품들은 우리의 일상생활과 밀접한 관련이 있다. 이러한 측면에서 우리 인류의 역사는 제품들의 생산과 관련된 생산성 향상의 역사로 볼 수 있으며, 이러한 생산성[1]의 향상의 효과로 인류의 삶의 질이 높아지게 되어 오늘날과 같은 풍요를 누릴 수 있게 되었다.

일반적으로 생산(production)이란 원자재, 인력, 장비 등 투입물을 재화나 서비스와 같은 산출물로 변환하여 가치를 증진시키는 것을 의미한다. 여기서 재화의 생산을 주로 하는 것을 제조업이라고 하며, 서비스의 생산을 주로 하는 것을 서비스업이라고 한다. 제조업과 서비스업은 기본적으로 변환과정을 총칭한다는 점에서 공통적이나 다음의 <표 5-1>에 정리한 것과 같은 차이점이 있다.

표 5-1 제조업과 서비스업의 비교

	제조업	서비스업
제품	유형	무형
재고	유지 가능	유지 불가
생산능력	사장되지 않음	사장됨
품질	객관적	주관적
지리적 여건	집중적	분산적
생산 및 마케팅	개별적	결합

앞에서 설명한 생산이라는 활동이 이루어지는 곳이 바로 생산시스템으로 투입물을 원하는 산출물로 변환시키는 기능을 수행하는 일련의 구성인자의 총체로 볼 수 있다. 예를 들어 제조공장의 경우 투입은 장비, 설비, 노동력, 에너지, 원자재이며 산출은 제품이 되고, 병원의 경우 투입물은 의사, 간호사, 직원, 의료장비, 설비, 에너지가 있으며 산출은 의료서비스 및 완쾌된 환자로 볼 수 있다.

---

1) 생산성이란 생산요소의 투입과 그 생산요소를 사용하여 생산활동을 한 결과로 나타난 산출물의 비율로 간단히 정의할 수 있다.

생산시스템에 대해서는 다양한 표현이 있을 수 있으나 그 중 가장 일반적인 형태인 투입-산출 모형은 아래의 <그림 5-1>과 같이 나타낼 수 있다. 아래 그림에서 보면 생산시스템은 일종의 변환과정(transformation process)으로 볼 수 있으며, 이 변환과정에는 제조업의 물리적 변환, 운송업의 장소적 변환, 유통업의 교환적 변환, 창고업의 보관적 변환, 의료업의 생리학적 변환 등과 같은 다양한 형태가 있다.

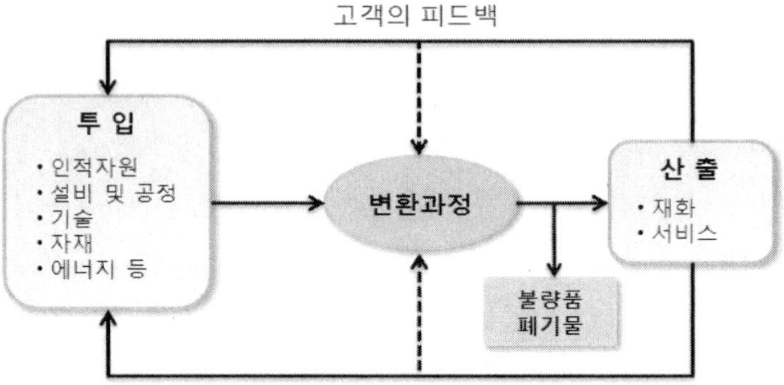

그림 5-1 생산시스템의 개념

이상의 정의를 기반으로 일반적으로 아래와 같은 두 가지 기준으로 생산시스템의 유형을 분류할 수 있다.

- **집약형 생산과 전개형 생산**: 자동차 생산과 같이 부품의 조립으로 최종 제품을 만드는 것을 집약형이라고 하며, 석유화학제품과 같이 원유라는 단일 재료가 다양한 형태의 제품으로 분해되는 것을 전개형이라고 한다.
- **계획생산과 주문생산**: 시장의 수요를 감안하여 생산계획을 수립한 후 제품을 사전에 생산하는 방식을 계획생산이라고 하며, 고객의 주문을 받은 후 제품을 생산하는 방식을 주문생산이라고 한다.

5.1.2 생산관리 개요

생산관리란 제조시스템의 투입-변환-산출 전 과정을 효과적이며 효율적으로 관리하는 분야로 정의되며 근래에는 서비스 개념을 포함하여 생산 및 운영관리(production and operations management)라고도 한다. 예를 들어, 어느 공장에서 다음 달의 주 별 생산량을 결정하거나 작업자별 작업량을 결정하는 일은 공장에서 일상적으로 발생하는 일이며, 이러한 생산시스템에 관련된 의사결정들을 기업의 목표에 맞게 합리적으로 수행하는 생산관리업무는 작게는 공장의 효율을 높이고 크게는 기업의 생존에 기여하게 된다.

생산관리의 목표는 기본적으로 고객만족에 있다. 즉, 기업이 경쟁에서 살아남기 위한 가장 기본적인 요소로 고객이 원하는 제품을 만들어서 제공해야 한다는 점을 들 수 있다. 하지만 고객만족이란 개념은 생산관리 측면에서는 매우 추상적인 개념으로 이를 좀 더 구체화하면 좋은 제품을 저렴하게 정해진 납기일 안에 제공하는 것으로 간단히 설명할 수 있다. 이상의 세부목표들은 아래와 같이 정리할 수 있으며, 이를 간단히 QCD라고 말한다.

- **품질**(quality): 고객의 요구에 기초하며 제품설계 부문에서 규정한 품질수준을 맞추어 불량 없이 생산하여 고객에게 제공하는 것을 의미한다.
- **원가**(cost): 기능과 품질이 동일한 제품을 저렴한 가격에 생산하여 고객에게 제공하는 것을 의미한다.
- **납품**(delivery): 고객이 원하는 제품을 주어진 납기에 맞추어 제공하는 것을 의미한다.

이상의 기본적인 생산관리의 세부목표들 외에 소비자에게 다양한 제품을 제공하고자 하는 유연성(flexibility)도 추가적인 목표가 되며, 미래에는 지구온난화와 같은 환경(environment)요소 또한 주요한 목표로 부상할 것으로 예상된다.

앞에서 설명한 바와 같이 생산관리는 생산 및 서비스 시스템에 대한 다양한 의사결정을 다루는 분야로 정의할 수 있는데, 본 교재에서 구체적으로 다루는 세부분야를 간단히 정리하면 다음과 같다.

- **생산전략**: 기업의 경영전략 및 생산전략을 소개
- **제품설계**: 신제품 도입전략 및 제품설계 과정에 대하여 설명
- **공정설계**: 공정선택, 기술선택 및 설비배치에 관한 내용을 소개
- **설비계획 및 입지**: 기업의 생산능력에 관한 장기의 의사결정으로 설비계획의 의미 및 절차를 설명하고 입지의사결정을 소개
- **생산 및 일정계획**: 제품의 수요를 만족시키기 위한 자원의 사용에 관한 계획으로 수요예측, 총괄계획, 기준생산계획, 자재계획 및 일정계획에 대하여 소개
- **재고관리**: 재고에 대한 기초내용과 다양한 재고관리 기법 소개

5.2 생산전략

5.2.1 기업의 경영전략

전략(strategy)이란 간단히 말해서 경쟁에서 이기는 방법을 의미한다. 이에 따라 기업의 경영전략이란 기업이 지속적으로 살아남기 위한 근본적인 뼈대이며, 동시에 지속적인 경쟁우위의 확보를 위하여 변화하는 환경에의 적응을 관리하는 것으로 정의할 수 있다. 좀 더 구체적으로 설명하면 목표를 성취하기 위한 활동 혹은 활동의 패턴으로 통일성(unity), 방향(direction), 목적(purpose) 및 외부 환경의 변화에 대한 대응방안(responses to external changes)을 포괄하며, 기업의 자원획득과 배분에 관한 상위의 의사결정을 의미한다.

기업의 경영전략은 크게 계층구조에 따라 크게 기업전략, 사업전략 및 기능전략으로 구성되며, 아래의 <그림 5-2>와 같이 표현할 수 있다.

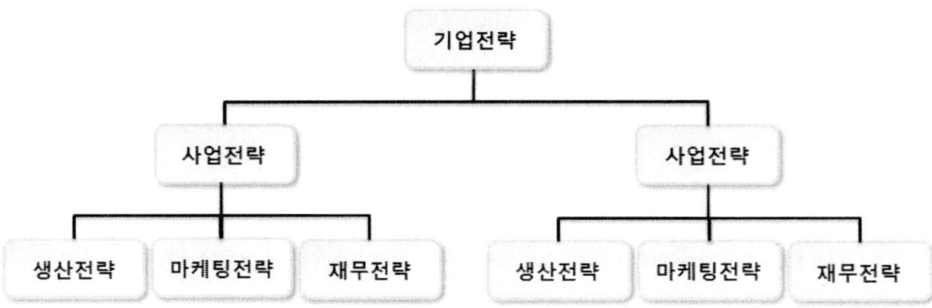

그림 5-2 경영전략의 계층적 구조

- 기업전략(corporate strategy): 사업의 선택, 자원의 획득과 배분 등 기업전체 수준에서 기업의 목적과 목표의 설정하는 전략을 의미한다.
- 사업전략(business strategy): 기업전략의 하위 전략으로 사업부 수준에서 사업영역의 정의, 목표설정, 경쟁우위 성취방안 등을 다루며 대표적으로 저원가 전략, 차별화 전략, 집중화 전략[2] 등이 있다.
- 기능전략(functional strategy): 생산, 마케팅, 재무 등 사업부 내 각 기능부분 수준에서 목표의 설정과 경쟁력 제고 방안에 관한 전략을 의미한다.

---

2) 집중화 전략이란 특정 집단, 특정 구매자집단 등에 집중하는 전략을 의미한다.

5.2.2 생산전략 개념 및 모형

생산전략(manufacturing strategy)에 관해서는 다양한 모형이 있으나, 본 교재에서는 아래의 <그림 5-3>과 같이 Schroeder, Anderson and Cleveland(1986)의 모형을 소개한다.

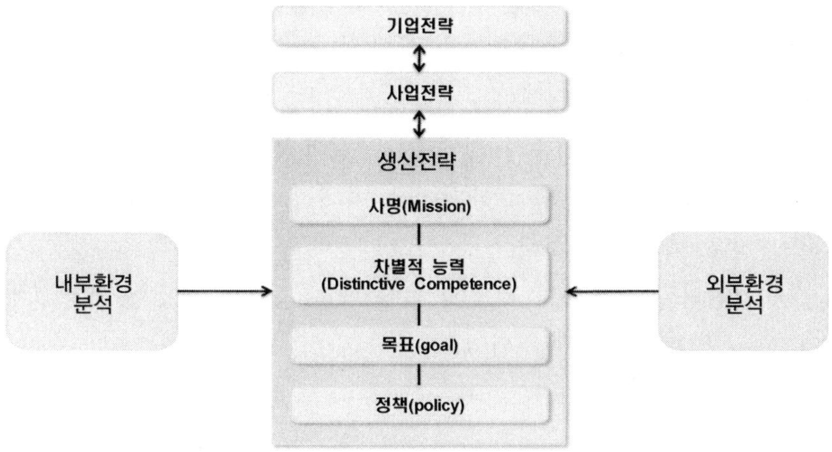

그림 5-3 Schroeder, Anderson and Cleveland(1986)의 생산전략 모형

위의 그림에서 설명한 Schroeder, Anderson and Cleveland(1986)의 모형은 크게 사명, 차별적 능력, 목표 및 정책으로 구성되며, 각각의 요소는 기업 내 생산기능이 달성해야 할 목표와 이 목표를 달성하는 방안에 관하여 정의한다. 각 요소에 대하여 자세히 설명하면 다음과 같다.

- **사명**(mission): 사업 및 기업전략에 관련하여 생산기능의 목적을 정의하며 생산관리의 목표인 원가, 품질, 납품 및 유연성 간의 상대적 우선순위를 명시한다.
- **차별적 능력**(distinctive competence): 생산에 있어 경쟁자에 비해 특색이 있는 능력을 의미하며 생산의 사명과 부합되어야 한다. 예를 들어, 생산의 사명에서 낮은 원가를 강조하면 생산부문도 이에 맞는 원가절감 능력을 개발해야 한다.
- **목표**(goal): 생산부문이 단기적 및 장기적으로 달성해야 할 결과로 원가, 품질, 납기, 유연성 등에 대해 계량적이며 측정이 가능한 용어로 표현한다. 예를 들어, 품질의 경우 불량률을 1% 이하로 낮추는 것이 목표가 될 수 있다.
- **정책**(policy): 생산목표의 달성방법에 관한 의사결정으로 제품설계, 공정설계(생산능력, 입지, 설비배치 등), 생산계획 및 일정계획, 재고관리, 품질 등에 생산의사결정에 관계된 내용을 포함한다.

5.3 제품설계

5.3.1 개요

신제품을 도입하고 설계하는 것은 급변하는 경영환경에서 기업이 살아남기 위해 필수적인 요소이다. 생산이라는 기능은 신제품의 도입에 막대한 영향을 받는 요소이며, 반대로 신제품의 도입과 설계에 영향을 주기도 한다. 즉 생산은 신제품 개발과정의 최종단계로 볼 수 있으며 특히 제품의 설계 시 생산과정을 고려해야 신제품 개발시간을 단축할 수 있다. 따라서 신제품의 설계과정을 이해하고 이 과정에서 생산과의 상호작용을 이해하는 것은 매우 중요하다.

본 절에서는 기업의 경쟁우위의 획득에 있어 매우 중요한 요소인 제품설계에 관하여 신제품 도입전략 및 제품설계 과정에 대하여 간단히 소개한다.

5.3.2 신제품 도입전략

기업은 다양한 기업 및 사업전략 하에 시장에 출시할 신제품을 기획하고 도입한다. 일반적으로 신제품 도입전략에는 시장지향 전략, 기술지향 전략 및 기능간협력 전략을 들 수 있는데, 각각에 대하여 간단히 소개하면 다음과 같다.

- 시장지향 전략(market-pull strategy): 신제품의 도입이 시장조사나 고객의 피드백을 통하여 결정되며, 판매 가능한 제품을 만드는 전략을 의미한다. 이 경우 신제품을 도입하는 주요한 동기로 고객의 요구를 들 수 있으며 이를 VOC(Voice Of Customer)라고 한다.
- 기술지향 전략(technology-push): 신제품의 도입이 시장보다 설계 및 생산기술로부터 결정되며, 만들 수 있는 제품을 판매한다는 전략을 의미한다. 이 전략의 경우 적극적인 연구개발을 통하여 시장을 선도해야 한다.
- 기능간협력 전략(inter-functional strategy): 신제품의 도입이 시장이나 기술에 의해서만 결정되는 것이 아니라 마케팅, 생산, 엔지니어링, 재무 등 기업 내 여러 기능간 조정된 노력에 의해 결정하는 전략을 의미한다. 따라서 최신기술을 최대한 활용하면서 동시에 시장의 요구를 수용하는 방향으로 신제품을 개발하며 부서 간 협력을 증진시키기 위한 TFT(Task Force Team)를 구성하기도 한다.

5.3.3 신제품 개발과정

본 절에서는 신제품 도입전략에 따라 신제품을 개발하는 일반적인 과정에 대하여 설명한다. 신제품을 개발하는 일반적인 과정은 크게 아이디어 산출, 제품선택, 예비제품 설계, 원형제작, 시험 및 최종설계로 구성되며, 각각에 대하여 설명하면 다음과 같다.

(1) 아이디어 산출

제품에 대한 기본적인 개념을 산출하는 단계로 신제품에 대한 아이디어는 시장의 VOC나 현존 혹은 신기술로부터 유도될 수 있다. 예를 들어, 연비를 향상시키고 친환경적인 하이브리드 자동차에 대한 요구를 들 수 있다.

(2) 제품선택

도출된 제품개념들 중 시장잠재력, 재무적 타당성 및 생산적합성 측면에서 적절한 제품을 선택하는 단계를 의미한다. 제품선택 방법의 예로 아이디어의 우선순위를 결정하는데, 여러 제품 특성들에 점수를 매기고 이에 가중치를 곱한 총 가중점수를 이용하여 제품 간 순위를 정하는 체크리스트 점수법이 있으며 재무적 분석으로는 투자수익률을 계산할 수 있다.

(3) 예비제품 설계

비용, 품질 및 성능 간 상충관계를 고려하여 제품선택 단계에서 선택된 제품에 대한 1차 설계를 하는 것을 말한다. 이 단계에서는 시간단축, 비용절감 등을 위하여 컴퓨터를 이용하는 것이 일반적이며 제품의 사양을 명확하게 규명해야 한다. 이 단계에서 사용될 수 있는 대표적인 기법으로는 다음과 같은 것들이 있다.

- **품질기능전개(Quality Function Deployment; QFD)**: 고객의 요구를 제품의 설계명세에 반영하는 체계적인 방법으로 품질의 집(House Of Quality; HOQ)이라는 도구를 이용한다. 여기서 HOQ는 고객의 요구사항을 일련의 설계특성으로 변환하고 설계특성을 생산특성으로 체계적으로 변화할 수 있는 체계적인 기법이다.
- **컴퓨터지원 설계(Computer Aided Design; CAD)**: 신제품 개발비용 및 시간 단축을 위하여 제품의 표현, 수정 및 분석과정에서 컴퓨터를 이용하는 기법을 말한다.
- **가치공학(Value Engineering; VE)**: 제품의 성능 요건과 고객의 요구를 최소의 비용으로 충족시키기 위하여 비용만 발생시키며 제품이나 서비스의 가치나 기능에 공헌

하지 못하는 것을 제거하는 체계적인 기법을 말한다.

- **친환경 설계**(environmentally conscious design): 제품의 설계과정에 환경성을 고려하는 기법으로 최근 환경문제의 중요성이 부각되면서 기업들이 많은 관심을 가지는 분야이다.

(4) 원형제작

예비설계 후 세밀한 검사 및 분석을 위하여 원형(prototype)을 제작하는 단계를 의미한다. 원형이란 최종제품과 거의 흡사한 형태의 제품으로 대부분 수작업에 의해 만드는 경우가 많다. 예를 들어, 자동차 산업에서 새로운 디자인 개념을 반영한 클레이 모형(clay model) 같은 것이 있다.

(5) 시험

기능 및 판매상의 제품성능을 확인하기 위하여 원형을 시험하는 단계로 제품의 시장잠재력 측면에서 성공가능성을 알아보기 위하여 시험시장에 내놓기도 한다. 그리고 시험한 결과는 제품설계에 반영되어 설계변경이 발생할 수도 있다.

(6) 최종설계

원형제작 및 시험 단계를 거쳐 요구되는 설계변경 내용들을 반영한 최종제품의 설계도와 명세서를 개발하는 단계이다. 이 단계에서 주요한 설계변경이 발생한 경우 앞의 시험단계를 다시 거칠 수도 있다.

이상의 신제품 개발과정은 여러 단계가 결쳐 반복적으로 수행될 수 있으며 현실에서는 모든 과정을 순차적으로 수행하지 않을 수도 있다. 또한 신제품 개발과정은 생산공정과도 밀접한 관련이 있으며 생산공정 설계와 동시에 수행하는 경우도 많다. 이와 관련된 기법으로는 동시공학(concurrent engineering)이 있는데 이는 제품의 설계 단계에서 생산, 사용, 폐기 및 재활용까지 제품수명주기(product life cycle)의 다양한 사항을 체계적으로 고려하는 기법을 말한다. 이를 위하여 관련 부서 간의 원활한 의사소통이 필요하면 관련 정보 또한 체계적으로 관리되어야 한다. 기업에서는 이러한 다양한 개념을 사용하여 신제품의 개발 기간을 단축하고 시장에서의 경쟁우위를 점하려는 노력을 지속적으로 수행하고 있다.

5.4 공정설계

5.4.1 개요

본 절에서는 생산 및 서비스 시스템에서 제품을 생산하거나 서비스를 제공하는 물리적인 공정의 설계와 관련된 의사결정 문제들을 다룬다. 구체적으로 공정의 유형을 결정하는 공정선택, 생산 기술의 유형을 결정하는 기술선택 및 선택된 공정 내에 설비의 배열을 결정하는 설비배치 문제에 대하여 소개한다. 여기서 공정선택과 기술선택은 거시적인 의미에서의 공정설계에 해당하며 설비배치는 미시적인 의미에서의 공정설계에 해당한다.

5.4.2 공정선택

공정선택(process selection)이란 사용할 생산공정의 유형과 적절한 범주를 결정하는 것으로 크게 생산공정의 유형을 선택하는 것과 생산공정의 소유범위를 결정한다. 생산공정의 소유범위란 생산을 중심으로 기업의 소유영역을 유통 쪽이나 원자재 공급원 쪽으로 확장하여 다양한 효과를 얻는 수직적 통합(vertical integration)을 의미한다. 본 절에서는 생산공정의 범주에 대한 자세한 내용은 생략하고 주로 생산공정의 유형 및 선택에 대하여 자세히 설명한다.

먼저 생산공정의 유형을 제품흐름 및 고객주문 대응에 따라 분류하면 다음과 같다.

(1) 제품흐름 형태에 따른 분류

생산공정을 제품흐름에 따라 분류하면 크게 라인공정, 단속공정 및 프로젝트 공정으로 분류할 수 있는데 각각에 대하여 설명하면 다음과 같다.

- 라인공정(line process): 흐름공정(flow shop)이라고도 하며 조립라인과 같이 제품의 흐름이 직선적이며 소수의 표준화된 제품을 대량생산하는 형태로 아래의 <그림 5-4>와 같다. 라인공정의 특징으로는 생산성은 높으나 유연하지 못하며, 다양한 종류의 제품을 생산하기 어렵다는 단점이 있다.

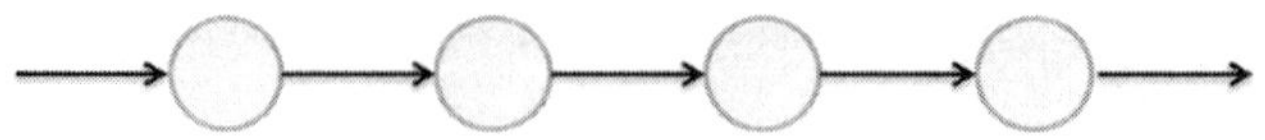

그림 5-4 라인공정

- **단속공정**(intermittent process): 개별공정(job shop)이라고도 하며 각종 수리 및 정비 공정과 같이 다양한 제품을 소규모로 배치 혹은 로트(lot) 단위로 생산하는 형태로 아래의 <그림 5-5>와 같다. 단속공정의 특징으로는 매우 유연하나 생산효율이 낮다는 단점이 있다.

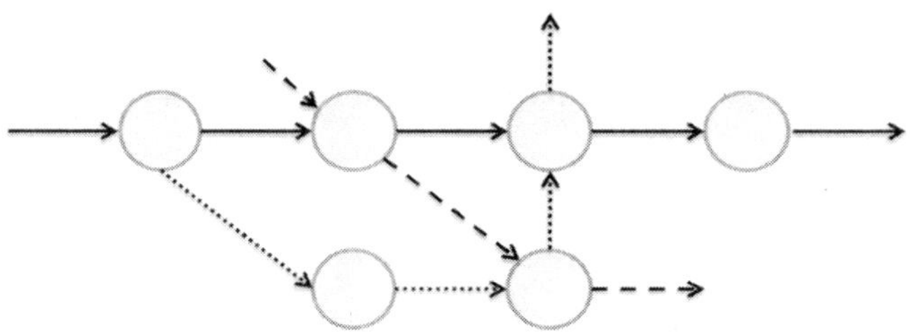

그림 5-5 단속공정

- **프로젝트 공정**(project process): 댐 건설, 선박제조 등 주요 산출물 한 단위를 상당한 기간에 걸쳐 생산하는 형태로 제품이 아닌 장비가 이동하는 형태의 공정을 의미한다. 프로젝트 공정의 경우 다른 두 공정과는 달리 프로젝트 관리라는 분야에서 프로젝트 계획, 일정계획 및 통제 분야로 나누어 접근하고 있으며, 특히 프로젝트 일정관리를 위한 PERT/CPM기법이 있다.

(2) 고객주문 대응 형태에 따른 분류

생산공정을 고객주문에 대응하는 형태에 따라 재고생산 공정과 주문생산 공정으로 분류할 수 있는데 각각에 대하여 설명하면 다음과 같다.

- **재고생산 공정**(make-to-stock process): 불특정 다수의 고객을 대상으로 기업이 자체적으로 정한 제품규격과 생산수량에 따라 생산을 수행하는 형태로, 고객의 수요는 재고로부터 충당된다. 재고생산 공정의 경우 제품의 표준화가 매우 중요하며 고객의 서비스 수준은 수요가 재고로부터 충족되는 비율로 측정하며, 수요예측, 재고관리, 생산 및 일정계획 등이 매우 중요하다.

- **주문생산 공정(make-to-order process)**: 공정활동이 고객의 개별주문에 따라 이루어지며, 전형적으로 고객의 주문이 들어오면 생산자가 가격과 납기를 결정하고 제품 제작 후 고객에게 인도하는 과정을 따른다. 주문생산 공정의 경우 고객에 대한 서비스 수준은 납기 준수율로 측정되며 납기의 통제 및 관리가 매우 중요한 관리 변수가 된다.

이상의 공정 분류에 따라 기본적인 6가지 공정형태 및 사례를 정리하면 아래의 <표 5-2>와 같다. 즉 기업에서는 기본적으로 아래의 6가지 기본 공정형태 중 한 형태에 의해 제품을 생산하나, 실제적으로 다양한 공정형태들이 혼재하는 경우가 많다.

표 5-2 기본적인 공정형태 및 사례

	재고생산 공정	주문생산 공정
라인공정	석유정제 가전제품 조립라인 Cafeteria 등	자동차조립라인 전화회사 전력회사 등
단속공정	기계제작소 Fast food 가구 등	기계제작소 식당 병원 등
프로젝트 공정	아파트건설 상업미술품 등	빌딩건설 영화제작 선박건조 등

출처: 이상범, 류춘호(2008), 현대 생산 및 운영관리, 명경사, p.81

공정선택이란 이들 중 주어진 생산전략하에 해당 생산시스템에 가장 적합한 공정을 선택하는 것을 의미하며, 적절한 공정을 선택하는 데 영향을 주는 대표적인 요인을 정리하면 다음과 같다.

- **시장여건**: 고객이 원하는 것이 무엇인지 수요는 충분한지에 관련된 요인으로, 일반적으로 라인공정은 저가품 대량시장에 적합하고, 단속공정은 고가품 소량시장에 적합하다.
- **소요자본**: 장비 및 설비에 소요되는 자본을 의미하며, 라인공정이 단속공정과 프로젝트 공정에 비해 일반적으로 큰 자본이 소요된다.
- **노동력**: 적절한 비용의 노동력이 충당 가능한지를 의미하며, 일반적으로 단속공정과 프로젝트 공정에서 고임금의 숙련 노동력이 필요하다.

- **관리기술**: 공정에 필요한 관리기술을 습득하고 유지할 수 있는 능력을 말하며, 일반적으로 단속공정이나 프로젝트 공정이 라인공정에 비해 고수준의 관리기술이 필요하다.
- **원자재**: 원자재가 충분히 공급될 수 있는지를 말한다.

5.4.3 기술선택

기술(technology)이란 넓은 의미로는 인간의 문제를 해결하기 위한 지식의 적용을 말하며 좁게는 업무를 수행하기 위한 하나의 수단으로서 자원을 제품 또는 서비스로 변화시키는 데 필요한 모든 것을 말한다. 관찰을 통하여 자연에 숨겨진 보편적 진리를 찾아내는 자연과학(science)과는 달리 기술은 제품 및 공정설계에 적용될 수 있는 과학 및 공학적 지식의 본체를 말한다.

기술선택이란 해당 기업의 상황에 맞는 기술을 선택하고 도입하는 것을 의미한다. 일반적으로 경영자, 특히 생산관리 담당자는 기술의 성능특성에 관한 지식을 갖추어야 하며 경제적 효과뿐만 아니라 환경 및 사회에 미치는 영향을 고려하여 선택해야 한다. 그리고 기술선택은 기업전략, 직무설계, 생산성, 제품의 품질, 공정, 설비 및 절차 등 생산의 모든 측면에 영향을 미치므로 경쟁에서 살아남기 위해서는 지속적인 기술혁신과 기술투자가 필요하다.

일반적으로 생산 측면에서의 기술로는 제품기술, 공정기술 및 정보기술 등이 있는데 이들에 관하여 간단히 설명하면 다음과 같다.

- **제품기술**: 제품의 성능이나 특성에 관련된 기술을 의미하며 대표적으로 컴퓨터를 이용하며 공학적 설계를 자동으로 생성하는 컴퓨터 지원 설계(Computer Aided Design; CAD) 및 제품설계 단계에서 제조, 유통, 사용, 폐기 및 재활용 등을 고려하는 동시공학 등이 있다.
- **공정기술**: 제품이나 서비스의 생산에 관련되는 공정, 도구, 방법, 절차, 장비 등에 관련되는 기술로 대표적으로 생산공정을 설계하고 제어하는 데 컴퓨터를 이용하는 컴퓨터 지원 제조(Computer Aided Manufacturing; CAM), 부품의 유사성을 이용하고 분류하고 생산과 제품설계에 응용하는 집단생산(Group Technology; GT), 생산 및 일정계획과 같은 관리기술, 수치제어, 자동운송과 보관, 유연제조시스템(Flexible Manufacturing System; FMS) 등과 같은 자동화 기술이 있다.
- **정보기술**: 판매, 마케팅, 재무, 인사, 구매, 생산관리, 자재관리, 품질, 제품설계, 공정

설계, 엔지니어링, 유통 등에 이르는 모든 업무와 조직의 유기적 연결을 위한 정보의 획득, 처리 및 전달에 관련된 기술을 의미하며 대표적인 기업정보시스템으로 ERP(Enterprise Resource Planning), SCM(Supply Chain Management), PLM(Product Life cycle Management), CRM(Customer Relationship Management) 등이 있다.

5.4.4 설비배치

공정선택과 기술선택에 따라 공정 및 기술의 형태가 결정되면 다음으로 설비배치 의사결정을 한다. 일반적으로 설비배치(facility layout)란 공장이나 서비스 시설 내 부서들의 위치와 설비의 배열을 결정하는 것을 의미하며, 본 절에서는 설비배치의 유형과 유형별 관련 문제에 대하여 간략히 소개한다.

설비배치에 대한 기본적인 유형에는 공정별 배치, 제품별 배치 및 고정위치 배치가 있으며 현실적으로는 이들을 혼재된 혼합형 배치가 많다. 기본적인 공정별 배치, 제품별 배치 및 고정위치 배치에 대하여 설명하면 다음과 같다.

- **공정별 배치(process layout)**: 유사한 기계설비나 기능을 한 곳에 모아 배치하여 다양한 제품을 소량으로 생산할 수 있도록 하는 배치형태이다. 공정별 배치는 일반적으로 단속(개별)공정에 대응하는 배치형태로 기계의 주문제작, 병원 등을 들 수 있으며 아래의 <그림 5-6>은 제조공장에서 흔히 볼 수 있는 공정별 배치의 예이다.

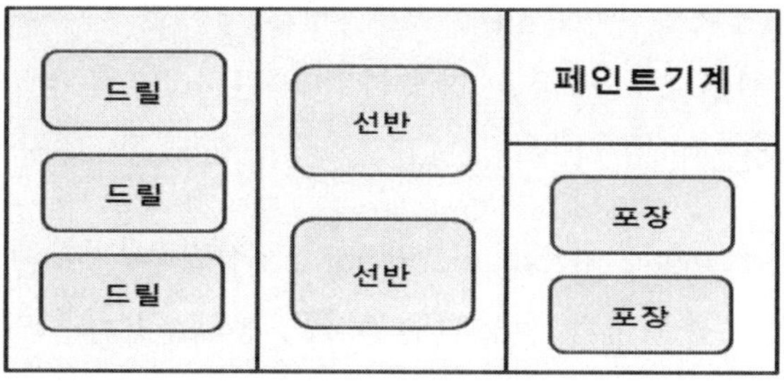

그림 5-6 공정별 배치

- **제품별 배치(product layout)**: 제품별로 제품이 만들어지는 순서에 따라 기계설비나 작업장을 배치하는 형태로, 하나 또는 소수의 표준화된 제품을 대량으로 반복 생산하는 경우에 적합하며 라인(흐름)공정에 대응한다. 제품별 배치의 예로는 자동차 조립라인, 카페테리아 등이 있으며 앞 <그림 5-4>와 같은 직선형 외에 U자형, L자형 등 다양한 형태가 있을 수 있다.

- 고정위치 배치(fixed position layout): 제품이 한 장소에 고정되어 있고 자재, 공구, 장비 및 작업자가 이동하는 형태로 제품의 크기나 무게 및 기타 특성으로 제품이동이 곤란한 경우에 적합하며 프로젝트 공정에 대응한다.

이상 세 가지 기본적인 배치형태들은 각각 생산성과 유연성 측면에서 장단점을 가지고 있으며 이를 비교하면 아래의 <표 5-3>과 같다.

표 5-3 배치형태별 장단점

	장 점	단 점
공정별 배치	• 기계설비나 인력의 유연성이 높음 • 기계설비 투자가 적음(기계대수가 적고 범용기계)	• 작업흐름이 복잡(자재취급비용이 높음) • 생산의 효율성이 낮음 • 단위당 생산시간이 김 • 생산계획 및 통제가 복잡
제품별 배치	• 작업흐름이 원활 • 자재취급비용이 낮음(적은 재공품 재고) • 생산계획 및 통제가 단순	• 한 기계의 고장으로 인한 전체 작업 중지 • 유연성이 낮음 • 병목공정 • 설비투자비가 높음
고정위치 배치	• 제품 손상이 적으며 제품 이동비용 없음	• 고기술 작업자(높은 임금) • 인력 및 장비 이동비용 • 장비 이용률이 낮음

마지막으로 각 배치형태별 배치기법을 간단히 소개하면 다음과 같으며 자세한 내용은 생산 및 운용관리 관련 전문서적을 참고하기 바란다. 먼저 공정별 배치에 대한 기법들로는 다음과 같은 것들이 있다.

- 체계적 배치계획(systematic layout planning): 공정별 배치를 위한 기본적인 절차를 정리한 것으로 자재흐름분석과 활동관련분석을 통해 각 부서의 인접 중요성을 표현하고 각 부서의 크기를 결정한 후 대안들을 도출한 후 그 중 적절한 대안을 최종으로 선택한다.
- 기타 기법: 그 밖의 기법들로는 하나의 배치안을 생성하는 ALDEP나 CORELAP 같은 것들이 있으며 주어진 배치안을 개선하는 기법으로 CRAFT가 있다.

다음으로 제품별 배치의 경우 물리적인 작업장의 배치보다 제품의 생산에 필요한 선행관계가 존재하는 과업(task)을 작업장(workstation)에 적절하게 할당하는 것이 중요한 문제가 되며 이를 '조립라인 균형문제(assembly line balancing problem)'라고 한다. 조립라인 균형문제의 경우 그 적용분야에 따라 주어진 주기시간(cycle time)하에 작업장 수를 최소화하는 문제 및 주어진 작업장하에 주기시간을 최소화하는 문제로 나누어지며 조립라인의 설계에 있어 핵심적인 의사결정 문제이다.

5.5 설비계획 및 입지

5.5.1 개요

설비계획(facility planning)이란 장기적인 수요변화에 대처하기 위한 건물, 장비 및 시설 등의 획득과 처분 등 생산능력에 관한 장기의 의사결정을 의미한다. 여기서 생산능력(production capacity)이란 생산시스템이 일정한 기간 동안 제공할 수 있는 최대의 산출량으로 정의되며, 산출물 단위나 노동시간 등 투입물의 양으로 표시한다. 예를 들어, 자동차 공장의 경우 연간 생산대수, 철강공장의 경우 연간 생산 톤수 등이 있다. 일반적으로 설비계획에 대해서는 장기적 생산능력의 크기, 생산능력의 필요시점 및 생산능력의 입지를 결정하며, 이들은 현실적으로 상호연관성이 높으며 장기 의사결정이므로 복잡도가 매우 높은 분야이다.

5.5.2 설비계획의 절차

본 절에서는 설비계획에 대한 구체적인 이해를 돕기 위하여 설비계획 절차를 설명한다. 일반적으로 설비계획은 수요예측, 생산능력의 추가소요량 결정, 생산능력 갱신대안 수립, 대안평가 및 의사결정 단계를 따르며 각각에 대한 설명은 다음과 같다.

(1) 수요예측

생산능력의 크기를 결정하기 위하여 제품수요에 관한 장기의 수요예측을 하는 단계이다. 일반적으로 생산능력의 크기는 수요 예측치에 많은 영향을 받을 수밖에 없으므로 효과적인 설비계획을 위해서는 정확한 수요예측이 필요하다. (수요예측에 대한 자세한 내용은 5.6절을 참조하기 바란다.)

(2) 생산능력의 추가소요량 결정

수요 예측치에 입각한 소요생산능력과 현재의 가용생산능력의 차이인 생산능력의 추가소요량을 결정하는 단계이다.

(3) 생산능력의 갱신대안 수립

추가생산능력의 시기, 수량, 입지의 조합에 대한 대안을 개발하는 단계이다. 예를 들어, 자동차 공장에서 연산 10만 대 규모의 공장을 내년에 A시에 건설할 것인지 혹은 연산 15만 대 규모의 공장을 B시에 올해 건설할 것인지가 생산능력의 갱신대안이 될 수 있다.

(4) 대안평가 및 의사결정

수익, 비용 등 평가기준을 선택하고 선택된 평가기준하의 대안들을 평가하고 최선의 대안을 선택하는 단계이다. 이 단계에서는 다양한 최적화 기법이 적용될 수 있으며, 재무적인 측면에서는 다양한 경제성 평가기법도 사용된다.

5.5.3 입지

본 절에서는 앞에서 설명한 다양한 설비계획 의사결정 문제들 중 입지문제에 관하여 좀 더 자세히 설명한다. 일반적으로 입지문제(location problem)란 제조나 서비스 설비의 입지에 관련된 의사결정으로 정의되며, 한 기업의 입지는 유통체인 상의 모든 구성요소와 상호관계를 파악하여 전체적으로 최적이 되도록 결정해야 한다.

입지의 형태에는 크게 자재지향적 입지와 시장지향적 입지가 있는데, 각각에 대하여 설명하면 다음과 같다.

- **자재지향적 입지**: 기업이 원자재의 공급원 근처에 입지하는 경우로, 예를 들어 제지공장이 삼림지역에 위치하는 경우가 있다.
- **시장지향적 입지**: 기업이 고객 근처에 입지하는 경우로 생산제품이 상하기 쉽거나 무게나 부피가 큰 제조업이나 소매업, 완제품 창고업, 대부분의 서비스업이 이 경우에 해당한다.

다음으로 입지관련 의사결정 수행 시 고려해야 할 사항들로는 다음과 같은 것들이 있으며 자세한 입지결정 기법은 생산 및 운영관리 서적을 참고하기 바란다.

- 시장관련요인: 시장의 근접성, 수요지 및 경쟁업체의 위치 등
- 비용관련요인: 수송비용, 노동력 및 노무비, 에너지 비용, 용수비용, 토지 및 건축비용, 세금 등
- 기타 무형의 요인: 지역적, 법적 규제(예: 공해방지 법규), 지역사회의 태도, 확장 잠재력, 종업원의 생활여건 등

5.6 생산 및 일정계획

5.6.1 개요

생산 및 일정계획(production planning and scheduling)이란 주어진 설비계획 및 공정설계(공정선택, 기술선택, 설비배치)하에 계획기간 동안 제품의 수요를 만족시키기 위하여 필요한 설비, 인력 등 자원의 사용에 관한 계획을 의미한다. 일반적으로 생산 및 일정계획에 관련된 활동들을 계획기간에 따라 분류하면 아래의 <그림 5-7>과 같이 수요예측, 총괄계획, 기준생산계획, 자재계획 및 일정계획으로 분류할 수 있으며, 본 절에서는 각각에 대하여 간단히 소개한다.

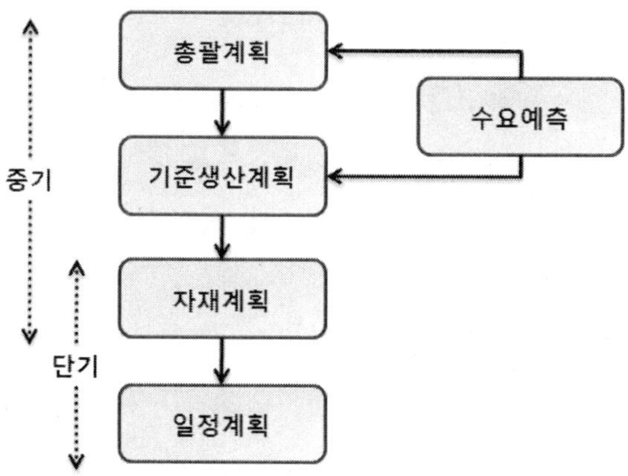

그림 5-7 생산 및 일정계획 개요

5.6.2 수요예측

수요예측(demand forecasting)이란 설비계획, 생산 및 일정계획, 재고관리 등 다양한 생산의사결정에 있어 가장 기초적인 자료로 제품 혹은 서비스에 대한 미래 수요를 예

측하는 것을 말한다. 수요예측은 기본적으로 재고생산 공정에서 매우 중요하며, 주문생산 공정의 경우도 장기의 설비계획 및 공정설계를 위해 필요하다. 즉 수요예측이 없이는 기업의 경영전략, 장기의 생산능력, 원자재 확보, 생산 및 일정계획 등과 같은 다양한 의사결정을 추진해 나가기가 어렵다.

먼저 수요예측을 예측기간에 따라 분류하면 장기, 중기 및 단기로 분류할 수 있는데, 일정한 기준은 없으나 2년 이상의 기간을 가지는 예측을 장기, 6개월에서 2년 사이의 기간을 중기, 6개월 이내 월별, 주별, 일별 예측을 단기로 분류한다.

다음으로 수요예측을 위한 가장 기본적인 요소로 수요에 영향을 미치는 요인들을 간단히 정리하면 다음과 같다.

- **경기변동**: 회복, 호황, 후퇴 및 불황 중 현재의 경제가 있는 국면을 의미한다.
- **제품수명주기**: 제품의 도입기, 성장기, 성숙기, 쇠퇴기 중 제품이 위치한 단계를 의미한다. 즉 제품의 도입기와 성장기에는 수요가 적거나 성장해 나가게 되며, 성숙기에는 수요가 안정되고, 쇠퇴기에는 수요가 줄어들 것이다.
- **기타**: 그 밖에 광고, 판촉활동, 품질, 경쟁업체 등

수요예측 기법은 크게 정성적 기법과 정량적 기법으로 분류할 수 있으며 정성적 기법은 주로 중장기의 수요예측에, 정량적 기법은 중단기의 수요예측에 주로 사용된다. 각 기법에 대하여 간단히 설명하면 다음과 같다(수요예측에 대한 자세한 방법은 생략하며 생산 및 운용관리 교재를 참조하기 바란다).

- **정성적 방법**: 전문가의 판단이나 여러 사람의 의견에 기초하여 예측하는 것으로 주로 장기 혹은 중기의 수요예측에 적용되며, 다음과 같은 기법들이 있다.
  - **델파이법**: 예측하고자 하는 대상의 전문가그룹 선정 후 각 전문가에게 질문지를 돌려 수요를 예측하는 방법
  - **시장조사법**: 실제 시장에 대한 조사(설문지, 인터뷰, 전화 등)를 하여 수요를 예측하는 방법

- **정량적 방법**: 수학이나 통계학 등 수학적인 방법에 의해 수요를 예측하는 기법으로 다음과 같은 기법들이 있다.
  - **인과형 모형**: 수요와 수요에 관련된 변수들 간의 함수관계를 추정하여 예측하는 기법으로 장기 혹은 중기의 수요예측에 적용되며 주로 통계학의 회귀분석기법을 이용

- **시계열 분석법**: 추세, 계절변동, 불규칙 변동 등으로 구성되는 과거의 수요 자료를 기반으로 미래의 수요를 예측하는 것으로 주로 중단기의 수요예측에 적용(대표적인 시계열 기법으로는 이동평균법(moving average), 지수평활법(exponential smoothing) 등이 있고 자세한 내용은 생략한다.)

수요예측에는 항상 예측오차가 있으며 이를 측정하고 통제하는 방법이 있어야 한다. 예측오차를 측정하는 방법으로 평균 절대편차(Mean Absolute Deviation; MAD)가 있으며 이는 각 시점의 실제수요와 예측치의 절대차이를 평균한 값을 의미한다. 그리고 예측오차에 대한 기본적인 통제방법으로 예측오차를 측정하여 일정한 범위를 벗어날 경우 현재 예측기법의 파라미터를 조정하거나 예측기법을 변경하는 방법을 이용할 수 있다.

5.6.3 총괄계획

총괄계획(aggregate planning)이란 1년 정도의 계획기간 내 변화하는 수요를 가장 경제적으로 만족시키기 위한 월별 혹은 주별 생산수준, 고용수준, 잔업수준, 하청수준, 재고수준 등을 결정하는 것으로 중기의 생산 및 인력계획으로 볼 수 있다. 총괄계획은 개별 제품별로 수립되는 것이 아니라 여러 제품을 총괄하는 총괄단위로 수립되는데 총괄단위란 석유업의 배럴, 철강업의 톤 등 기업이 생산하는 여러 제품을 총괄할 수 있는 공통의 산출단위를 의미한다. 여기서 총괄 생산단위를 사용하는 이유는 수요예측이 용이하고 정확하다는 것과 많은 품목을 동시에 고려해야 하는 복잡성을 낮추어 계획수립 과정을 단순화한다는 장점이 있기 때문이다.

앞에서 설명한 바와 같이 총괄계획은 변화하는 수요에 가장 경제적으로 대처해야 하는데 이에 관련 비용을 정리하면 다음과 같다.

- **채용 및 해고비용**: 인력의 채용이나 해고 등 고용수준의 변동으로 수요에 대응하는 데 필요한 비용을 말한다.
- **재고유지 및 추후납품 비용**: 재고나 추후납품 이용하여 수요에 대응하는 데 필요한 비용을 말한다.
- **기타**: 잔업비용, 하청비용 등

일반적으로 총괄계획은 설비계획에 의해 주어진 설비의 생산능력 범위 내에서 다양한 기업의 전략에 부합하고 앞에서 설명한 다양한 비용요소의 합이 최소가 되도록 수립되어야 한다. 특히 중장기 생산계획인 총괄계획은 기업 내 재무, 마케팅, 인력 등과 같은 다른 기능과 밀접한 연관이 있다. 총괄계획 기법으로는 도표를 이용하여 여러 가지 대안을 개발하고 각 대안의 총비용을 계산 후 비교하여 최선의 대안을 선택하는 시행착오적 방법이 있으나 수학적인 기법으로 선형계획법(Linear Programming; LP)과 같은 수리계획 모형을 이용할 수도 있다.

5.6.4 기준생산계획

기준생산계획(master production schedule)이란 중기 혹은 단기의 계획기간 내에 예측된 수요 혹은 고객은 주문을 만족시키기 위한 생산계획으로 총괄계획의 총괄단위 생산계획을 제품별 생산계획으로 분해한 형태로 볼 수 있다. 즉 총괄계획의 경우 중장기의 생산계획으로 인력, 하청, 재고 등 기업 자원의 전반적인 사용계획과 관련이 있다면, 기준생산계획은 생산시스템을 운영하기 위한 구체적인 계획으로 이를 기준으로 단기적으로 자원이 활용되어 제품이 생산된다.

기준생산계획의 계획항목으로는 제품명, 납기 및 수량으로 다음의 <표 5-4>와 같은 형태를 가진다. 이 표에서 제품은 최종 완제품을 의미하며, 납기는 제품이 완성되어야 할 시점을 의미한다.

표 5-4 기준생산계획의 예

총괄계획

제품군	1월	2월
A	150	200

기준생산계획

품명	1주	2주	3주	4주	5주	6주	7주
A1		30	40	10			20
A2	20		30		20	10	
A3	10	10					

5.6.5 자재계획

자재계획(material planning)이란 완제품의 생산수량에 맞추어 원자재나 부품의 소요량 및 소요시점을 결정하는 것으로 일종의 원자재나 부품에 관한 재고를 관리하는 분야로 볼 수 있다. 자재계획의 대표적인 기법으로는 생산관리 기법을 전산화하여 현장에 최초로 적용한 자재소요계획(Material Requirement Planning; MRP)이 있다.

자재소요계획의 작성을 위해 필요한 입력자료로는 자재명세서, 기준생산계획, 재고기록이 있으며 이를 이용하여 자재소요계획을 수립할 경우 그 출력자료로는 기본적으로 각 부품별로 미래에 발령될 계획주문이 있으며 그 밖에 재계획에 의한 주문의 납기 변경, 이미 발령된 주문의 취소나 연기, 재고상태 등이 있다.

5.6.6 일정계획

일정계획(scheduling)이란 장비, 인력 등 자원을 시간에 따라 주문, 작업 혹은 고객에 할당하는 단기의 계획으로 무엇이, 언제, 누구에 의해, 어떤 장비를 사용하여 이루어지는가를 결정하는 것을 의미한다. 즉 일정계획이 없으면 생산 담당자가 임의로 작업을 수행하게 되므로 생산시스템의 성능이 떨어질 수밖에 없다. 특히 필요할 때 필요한 장소에 필요한 만큼 생산을 하는 적시생산(just in time production)의 경우 적절한 일정계획이 매우 중요한 요소가 될 수 있다.

일정계획 문제는 일반적으로 생산공정의 유형에 따라 단일기계, 병렬기계, 흐름공정 및 개별공정 일정계획 문제로 분류할 수 있으며 이들보다 더 복잡한 형태의 일정계획 문제가 다양한 생산시스템에는 존재한다.

- **단일기계 일정계획**(single machine scheduling): 기계 혹은 장비가 하나인 경우 주어진 평가기준을 최적화하도록 작업들의 작업순서를 결정하는 문제를 의미한다. 이 경우 n개의 작업이 있을 경우 기본적으로 n!개수의 작업순서가 존재하여 특별한 경우를 제외하고는 최적의 작업순서를 찾는 것이 매우 어렵다.
- **병렬기계 일정계획**(parallel machine scheduling): 기계 혹은 장비가 병렬로 존재할 경우 주어진 평가기준을 최적화하도록 작업들을 기계에 할당하고 할당된 작업들의 작업순서를 결정하는 문제를 의미한다. 이 문제의 경우 작업할당이라는 추가의 결정변수가 존재하여 단일기계 문제보다 복잡도가 높다.
- **흐름공정 일정계획**(flow shop scheduling): 소품종 대량생산에 적합한 라인공정에서 주어진 평가기준을 최적화하도록 각 공정별 작업들의 작업순서를 결정하는 문제로 각 기계별로 작업순서를 결정하므로 복잡도가 단일기계보다 매우 높다.
- **개별공정 일정계획**(job shop scheduling): 다품종 소량생산에 적합하며 작업의 흐름이 다양한 단속공정에서 주어진 평가기준을 최적화하도록 각 공정별 작업들의 작업순서를 결정하는 문제로 정의되며 작업의 흐름이 매우 복잡하다는 측면에서 흐름공정 문제보다 문제의 복잡도가 더 높다.

일정계획 문제에 대한 접근방법으로는 크게 이론적 측면에서 다양한 최적화 기법을 적용하는 것과 현실적 측면에서 다양한 우선순위 규칙을 적용한 실시간 일정계획 방법론 적용하는 것이 있다. 이 중 현실적인 측면에서 우선순위 규칙을 적용한 실시간 일정계획 방법론이 많이 적용되고 있으며 다양한 관련 기법들이 개발되고 있다.

5.7 재고관리

5.7.1 개요

재고(inventory)란 생산시스템에서 생산을 위해 혹은 고객의 수요를 충족시키기 위해 보유하고 있는 물품이나 자원을 의미하며, 어쩔 수 없이 발생한다는 측면에서 재고는 필요악이라고 말할 수 있다. 기본적으로 재고는 생산수량을 크게 하는 로트효과, 수요예측 오차의 보완, 부하조정 등 생산시스템에 있어 기본적인 완충(buffer) 효과를 주는 기능이 있다. 그 밖에 재고를 유지하는 목적으로 수요의 불확실성에 대처, 경제적 생산과 구매 등이 있으며, 효과적인 재고관리를 통하여 기업의 생산성 향상에 기여할 수 있다. 하지만 도요타 생산시스템으로 불리는 적시생산시스템의 경우 재고를 최소한으로 보유하여 낭비요소를 제거하고 시스템을 개선하려는 노력도 있다. 즉 재고관리 분야는 기업의 생산, 마케팅, 재무 등 다른 기능들과 밀접한 관련이 있는 핵심 분야로 생산관리의 전통적인 분야 중의 하나이다.

본 절에서는 먼저 재고를 분류하여 재고에 대한 이해도를 높인 후 다양한 재고관리 기법의 기본개념을 소개한다.

5.7.2 재고의 분류

재고는 기본적으로 흐름 및 수요형태에 따라 분류할 수 있다. 먼저 흐름에 따라 재고는 원자재 재고, 재공 재고 및 완제품 재고로 분류할 수 있는데 각각에 대하여 설명하면 다음과 같다.

- **원자재 재고(Raw Material Inventory; RMI)**: 공급처로부터 구매한 원자재 재고로 주로 공급처의 불확실성에 대비하기 위하여 보유하는 재고를 의미한다.
- **재공 재고(Work-In-Process inventory; WIP)**: 제품의 생산을 위해 시스템에 투입한

후 가공 중이거나 대기 중인 반제품을 의미한다.

- 완제품 재고(Finished Goods Inventory; FGI): 생산을 완료한 후 고객에 인도되기 전까지 보유하는 완제품으로 주로 재고생산 공정에서 고객수요의 불확실성에 대비하기 위하여 보유한다.

또한 재고는 수요형태에 따라 독립수요와 종속수요로 분류할 수 있는데 특히 종속수요의 경우 앞에서 설명한 자재소요계획의 대상이 된다. 각각에 대하여 설명하면 다음과 같다.

- 독립수요(independent inventory): 고객에 인도되는 완제품이나 예비부품과 같이 수요가 다른 품목의 수요에 의존하지 않고 기업외부의 시장조건에 의해 결정되는 수요로 정의되며, 일반적인 재고관리 기법이 적용된다. 독립수요의 경우는 빠져나간 수요를 채운다는 의미에서 보충(replenishment)의 개념이 적용된다.
- 종속수요(dependent inventory): 최종제품의 생산에 필요한 각종 원자재 및 부품과 같이 최종제품의 수요에 종속적인 수요로 정의되며, 앞에서 설명한 자재소요계획 기법이 적용된다. 종속수요의 경우는 최종제품의 생산에 필요한 원자재 및 부품의 주문시점과 양을 결정하는 점에서 소요(requirement)의 개념이 적용된다.

5.7.3 재고관리 모형

재고관리(inventory management)란 재고와 관련된 비용을 최소화하도록 주문시기와 주문량을 결정하는 것으로 다양한 형태의 재고관리 모형이 있다. 먼저 재고관리와 관련된 비용으로는 다음과 같은 것들이 있다.

- 구매비용(purchase cost): 주문품의 구매가격이나 제품을 생산할 경우 생산비용(production cost)을 의미한다.
- 주문비용(ordering cost): 구매의 경우 수송비, 통신비, 인수비 등 외부 공급자에게 제품을 주문할 때 드는 비용이 되며 생산의 경우 생산될 제품이 바뀜에 따라 새로운 원자재 준비와 설비교체에 소요되는 시간 손실에 따른 비용을 의미한다.
- 재고유지비용(inventory holding cost): 보관비, 보험료, 세금, 창고운영비, 재고투자액의 이자 등 재고를 보관하고 유지하는 데 드는 비용으로 단위당 재고유지비는 주로 제품가격의 백분율로 정의하며 총 재고유지비는 보유재고량과 보유기간에 의해 결정된다.

- **품절비용**(shortage cost): 재고부족 시 판매기회 및 고객 상실, 명예의 실추 등에 따른 기회비용을 의미한다.

재고관리 모형을 설명을 하기 전에 먼저 ABC 재고관리 기법에 대하여 소개한다. ABC 재고관리 기법이란 재고 품목을 중요도에 따라 아래의 <그림 5-8>과 같이 A, B, C 세 등급으로 나누어 재고통제를 달리하는 방법을 말한다. 아래의 그림에서 보면 A 등급의 경우 품목 수는 적으나 연간사용금액은 커서 엄격한 재고관리를 하며, C등급의 경우 그 반대로 느슨한 재고관리를 한다.

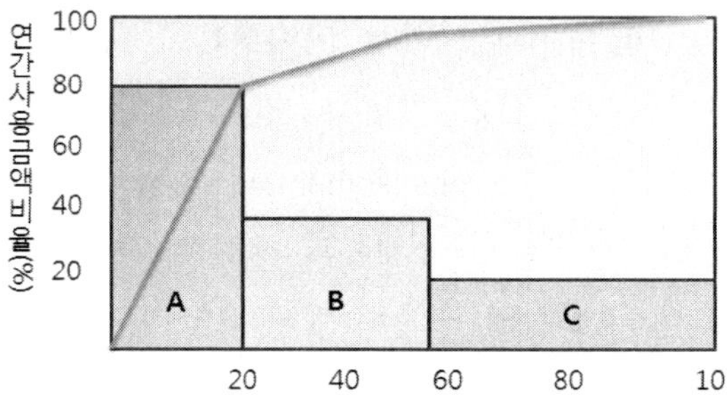

그림 5-8 ABC 재고관리

재고관리 모형은 기본적으로 수요 및 인도기간(lead time)이 확정적인지 확률적인지에 따라 확정적 모형과 확률적 모형으로 구분되며 주문시기와 주문량의 결정방법에 따라 고정주문량 모형과 정기주문 모형으로 분류된다. 이 중 고정주문량 모형과 정기주문 모형에 대하여 자세히 설명하면 아래와 같다.

- **고정주문량 모형**(fixed order quantity model): 아래의 <그림 5-9>와 같이 재고수준이 미리 정해진 재주문점 R에 도달했을 때 일정한 양 Q를 주문하는 방식으로 주문량

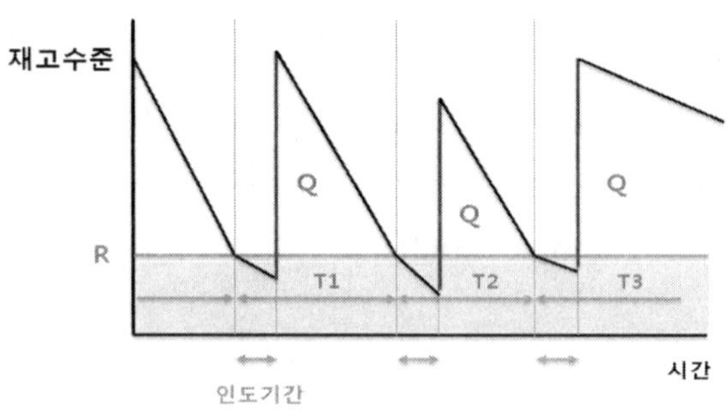

그림 5-9 고정주문량 모형

은 일정하나 재주문점에 도달하는 시기가 수요에 따라 달라지므로 주문시점이 일정하지 않다. 고정주문량 모형의 경우 재고수준을 지속적으로 관찰해야 한다는 점에서 연속재고검토 시스템(continuous review system)으로 불린다.

- **정기주문 모형**(fixed order interval model): 아래의 <그림 5-10>과 같이 미리 정해진 일정한 시간간격 T마다 주문을 하며 주문량은 주문시점의 재고수준과 미리 정해진 목표재고수준 M과의 차이만큼 주문하는 방식으로 주문시기는 일정하나 주문시점의 재고수준이 수요에 따라 달라지므로 주문량이 일정하지 않다. 정기주문 모형의 경우 재고수준을 지속적으로 관찰할 필요가 없다는 점에서 정기재고검토 시스템(periodic review system)으로 불린다.

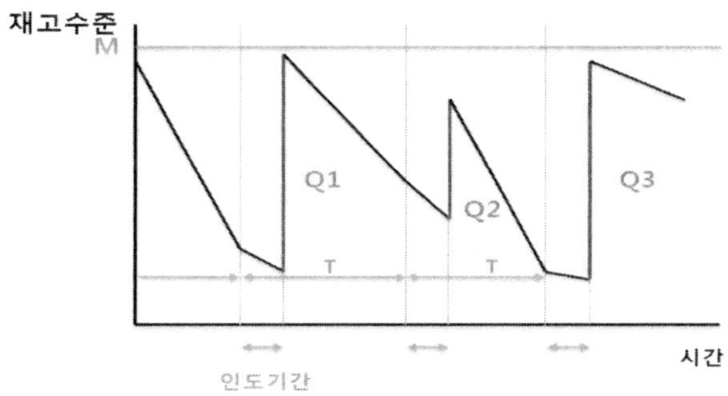

그림 5-10 정기주문 모형

현실의 재고관리에는 다양한 고정주문량 및 정기주문 모형이 사용되고 있으며 두 시스템 중 적합한 모형을 선택하는 것은 경제적인 측면과 경영관행에 의해 결정된다. 하지만 아래의 경우에는 정기주문 모형이 사용되는 것이 일반적이다.

- 주문이나 납품이 일정 기간마다 이루어지는 경우
- 동일한 공급자에게 여러 품목을 동시에 납품받는 경우
- 재고의 가치가 상대적으로 덜 중요한 C품목 등

마지막으로 재고관리 모형에는 다양한 수학적 모형이 있는데 이들에 대하여 간략히 설명하면 다음과 같다. 자세한 수학적 모형은 다른 생산 및 운영관리 교재를 참조하기 바란다.

- **확정적 기법**: 확정적 재고관리 모형에는 기본적인 경제적 주문량(Economic Order Quantity; EOQ) 모형이 있다. EOQ모형은 주문(작업준비)비용과 재고유지비용의 합

을 최소화하도록 주문량 혹은 생산량을 결정하는 모형으로 재고관리의 기초 이론이다. 또한 EOQ모형을 기반으로 생산시스템에 주로 적용되는 경제적 생산량 모형(Economic Production Quantity; EPQ), 부재고(backorder)가 허용되는 EOQ모형 등 다양한 확장모형이 있다.

- **확률적 기법**: 확률이론에 기반을 둔 확률적 재고관리 모형에는 재주문점 R과 주문량 Q를 결정하는 다양한 고정주문량 모형 및 주문주기 T와 목표재고수준 M을 결정하는 다양한 정기주문량 모형이 있다. 확률적 재고관리 모형의 경우 특히 안전재고(safety stock)라는 개념이 중요한데 이는 수요의 불확실성에 대비하여 주어진 인도기간 동안 평균수요 이상을 보유하는 재고를 의미한다.

토의문제

1. 생산관리란 무엇이며 어떠한 의사결정 문제들이 있는지 설명하시오.
2. 신제품 도입전략에서 시장지향 전략과 기술지향 전략을 사용하는 대표적인 사례에 대하여 조사해보시오.
3. 라인공정, 단속공정 및 프로젝트 공정을 사용하는 대표적인 사례를 조사해보시오.
4. 설비배치의 형태 중 제품별 배치에 대한 조립라인균형 문제를 정의하고 관련 기법을 조사해보시오.
5. 생산 및 일정계획에 대한 기본 체계를 설명하고 구체적인 사례를 조사해보시오.
6. 재고관리 기법으로 고정주문량 모형과 정기주문량 모형을 설명하고 각각 어떤 환경에 적합한지 사례를 들어 설명하시오.

참고문헌

1. 강석호(1998), 생산운영관리, 경세원
2. 강현곤, 김선민, 노형봉, 문일경 역(2000), 제조과학의 법칙, 한경사
3. 이상범, 류춘호(2008), 현대 생산 및 운영관리, 명경사
4. 한국과학기술원 생산경영연구실 역(2000), 생산관리: 전략과 분석, 석정

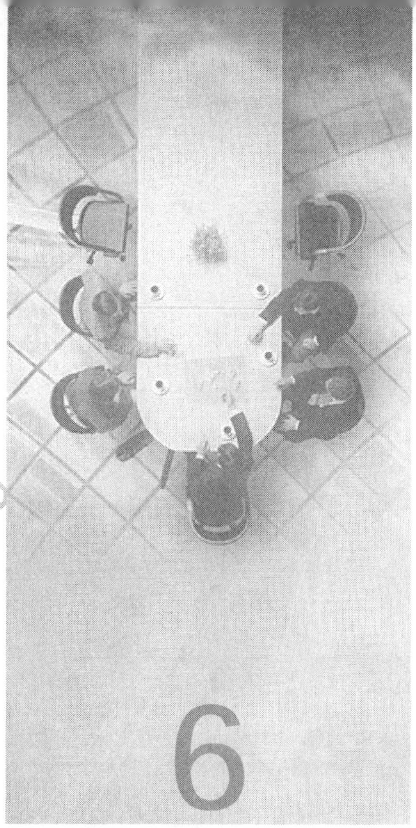

Techno Management

6 품질경영

1980년대 이후 품질에 대한 소비자의 요구도 더욱 다양화되고 개성화되었을 뿐 아니라 품질에 대한 인식이 많이 높아지게 되었다. 이제까지 품질에 대한 일반적인 인식은 사용목적이나 소비자 요구에 얼마만큼 적합한지에 관심이 국한되었다. 하지만 품질에 대한 종합적 인식의 변화는 종래의 QC활동에 대한 인식의 전환을 가져와 종합적 품질경영(TQM)으로 발전되었다. 심지어 가치혁신(Value Innovation)을 근간으로 하는 블루오션전략(Blue Ocean Strategy) 또한 고객만족 증대를 위한 품질혁신을 강조하고 있다. 본 장에서는 기본적인 품질 및 품질경영의 개념에 대해 설명하고, 품질비용 및 품질관리의 도구들에 대하여 소개한다. 또한 통계적 공정관리(Statistical Quality Control)의 주요한 요소인 샘플링 검사에 대한 소개도 곁들인다.

6.1 품질경영의 이해

6.1.1 품질(Quality)의 정의

기업은 생산의 실체로서 생산이란 인간의 욕구를 충족시켜줄 수 있는 제품이나 서비스를 창출하거나 제공하는 활동을 의미한다. 경제적인 측면에서는 부가가치를 창출하는 일련의 활동으로도 정의가 가능하다. 제품이나 서비스의 가치는 그 생산에 투입된 노동의 양 때문에 발생하는 것이 아니라 인간의 욕구를 충족시켜 줄 수 있는 능력, 즉 효용으로 인해 발생되는 것이다. 제품이나 서비스의 효용의 가장 중요한 결정요인이 바로 품질(Quality)이다.

품질이란 무엇인가? 가장 일반적인 품질의 정의는 '제품이 지니고 있는 특성'으로 표현할 수 있다. 이 품질특성은 여러 가지 측면을 내포하고 있는데 소비자의 관점에서 보면 품질은 가치(Value)를 의미하기도 한다. 주란(Juran)은 '용도에의 적합성(Fitness for Use)'으로 설명하고 있고, 데밍(Deming)은 최고경영자들에게 '고객욕구를 충족시켜야만 한다'라고 지적하고 있다. 품질 예찬론자인 크로스비(Crosby)는 '고객요구에의 합치'를 품질로 정의하고 있다. 품질은 소비자들이 기꺼이 지불하고자 하는 가격으로 제품이나 서비스가 의도하는 목적을 잘 이행하고 있는 지에 대한 가치라고 정의할 수 있다.

생산자의 입장에서 볼 때, 품질은 '규격에의 적합(Conformance to Specification)'이라고 정의할 수 있다. 사전에 정해진 제품의 품질표준에 합치되는 정도로 품질의 성과를 측정함으로써 품질수준이 결정된다. 고객의 요구에 부응하고자 하는 공급자의 품질시스템은 최초에 올바르게 하자는 것, 즉 검사가 아닌 예방을 강조하고 있다. 모두가 자신의 작업에 대한 책임감을 갖고 있다면 품질조직에서 검사자란 거의 필요없게 될 것이다. 성과의 표준이 될 수 있는 것은 무결점(Zero Defect; ZD)으로서, 크로스비는 무결점이 목표가 되어야 한다고 주장하였다. 어떠한 실패도 허용되어서는 안 되는 예로서 무사고를 추구하는 항공사나 단 한 건의 의료사고도 내지 않으려는 의사를 들 수 있다.

또한 품질의 척도는 품질비용이 될 수 있는데, 결함으로 인한 비용을 감소시킬 수 있다면, 고객과의 관계뿐만 아니라 일선현장의 성과에도 즉시 효과를 나타낸다. 크로스비는 실수를 제거하고 낭비비용을 만회할 수 있을 만큼 훈련과 다른 지원활동에 투자를 해야 함을 강조하고 있다.

사회적 관점에서의 품질을 정의할 때 일본의 품질공학 창시자인 다구치(Taguchi) 박사는 제품이 출하되어 사회에서 사용되는 과정에서 발생하는 손실을 회피하는 특성으로 품질을 보고 있다. 즉 제품이 시중에 출하된 이후 성능 특성치의 변동과 부작용 등으로 인하여 사회에 끼친 손실을 품질로 본 것이다.

종래의 전통적 품질관리와 오늘날의 현대적 품질경영의 차이점은 <표 6-1>과 같이 요약할 수 있다. 품질경영에 대한 관점의 변화 중 특히 품질과 비용의 관계는 중요하다. '품질수준을 높이면 높일수록 좋기는 하지만 필연적으로 비용을 초래한다. 따라서 품질향상에 수반되는 비용 상승을 고려한다면 품질과 비용을 어느 선에서 상호 타협하는 것이 현실적인 최선책이다'라는 보편적인 인식이 품질혁신을 가로막는 가장 큰 심리적 장벽이 되고 있다. 이것은 20세기 초에 일어난 생산혁명을 보다 가속화시킨 경영과학의 잘못된 유산이기도 하다.

표 6-1 품질관점의 비교

전통적 관심	현대적 관심
• 대응형(Reactive) • 검사중심 • AQL(Acceptance Quality Level)이 표준 • 일정 최우선 • 품질과 비용의 양자택일 • 품질의 대상은 작업 • 품질비용에 대한 대략적 짐작 • 품질은 품질부문의 문제 • 규격에 적합하면 그만 • 품질은 기술적 문제	• 선행형(Proactive) • 예방중심 • ZD(Zero Defect)가 표준 • 과정중심(Process-oriented) • 품질 최우선 • 품질과 비용의 동시추구 • 개발에서부터 서비스까지 • 품질비용에 대한 공식적 조사 • 품질은 전 부문의 문제 • 지속적 개선이 요구 • 품질은 경영의 문제

출처: 김연성 외 5인(2004), 품질경영론, 박영사

품질비용이 <그림 6-1>에서의 전통적 견해에서와 같이 상쇄관계를 갖는다면 완전무결(ZD)이란 결과는 바람직하지 못하며 어느 정도의 불량을 허용하는 경제적 품질수준이 존재한다. 오늘날 품질혁신의 많은 성공사례들은 품질이 개선되면 비용이 오히려 감소한다는 것을 보여 주고 있다. 여기에는 몇 가지 이유가 있을 수 있다.

첫째, 완전무결을 달성하는 가장 효과적인 방법은 크로스비의 지적대로 최초에 올바

르게 하는 것이다. 최초에 올바르게 하면 돈이 들어갈 이유가 없으며 그야말로 품질은 무료인 것이다.

둘째, 품질을 높이기 위해 원류관리에 치중하면 예방 및 평가비용이 증가하나 품질비용의 대부분을 차지하고 있는 실패비용을 대폭 삭감할 수 있으므로 오히려 더 경제적이다.

셋째, 업무절차를 간소화하고 작업내용을 표준화하고 사용부품이나 재료의 공용화가 이루어질 때 고품질이 실현될 수 있다. 일반적으로 간소화·표준화·공용화는 원가절감을 가져오므로 품질향상과 원가절감은 동시에 이루어질 수 있다.

<그림 6-1>의 현대적 견해는 품질수준이 높아질수록 비용은 오히려 줄어든다는 품질비용에 대한 관점을 보여주고 있다.

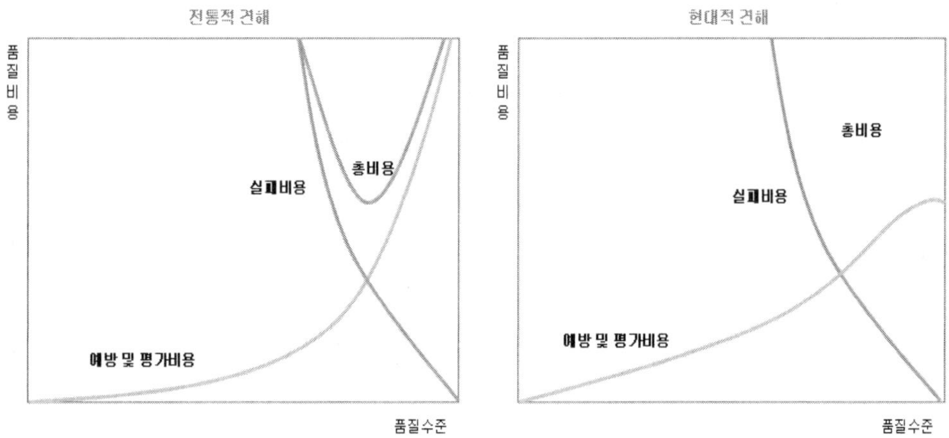

그림 6-1 품질비용에 대한 전통적 견해 및 현대적 견해의 차이점

6.1.2 품질관리의 변천과정

최초의 품질관리는 생산을 담당하고 있는 작업자가 자신의 작업 결과물에 대한 품질까지도 담당하는 작업자 품질관리 시대로부터 비롯된다. 그러나 생산성 향상의 요구에 따라 작업자는 생산만 하고 품질검사는 직장(조장, 반장)이 담당하는 직장 품질관리 시대로 넘어온다. 생산량 증대에 따라 반장이 품질검사 및 작업감독을 동시에 하기에는 벅찬 일이었다. 따라서 품질검사만을 전담하는 검사자 품질관리 시대가 도래하게 된다.

초기의 품질관리는 제품 및 서비스의 규격, 중량 등과 재료의 화학적 성분 등을 측정하고, 그것을 미리 정해 놓은 품질표준과 비교하여 적부를 판정하는 방법이 취해졌다. 이 경우 측정은 과학성이 낮으며 또 전수검사이기 때문에 비용면에서도 부담이 컸다. 이 같은 결점을 극복하고자 1920년대에 벨전화연구소의 슈하르트(Shewhart) 등이 통계학을 품질관리(QC)에 응용, 근대적 QC로서 통계적 품질관리의 성립을 보게 되었는데, 그것이 통계적 품질관리(Statistical Quality Control; SQC)이다. 제품 및 공정기술의 발전과 더불어 생산량이 더욱 증대되는 상황에서 모든 생산품에 대한 품질검사를 수행한다는 것은 거의 불가능하게 됨에 따라, 샘플링(Sampling)에 의한 통계적 품질관리 개념이 도입되었다. 통계적 품질관리는 과학적인 바탕 위에서 구매품, 공정 중의 반제품 또는 완제품의 품질을 관리하는 것을 의미한다. 통계적 품질관리는 일반적으로 표본조사에 의해 이루어지는데, 이는 소유권 인수시점에서의 구매품에 대한 인수 샘플링 검사와 공정 중의 반제품 또는 완제품의 검사를 위한 공정관리로 구분할 수 있다.

현재의 품질관리는 품질수준의 유지·향상을 도모하는 SQC만으로는 불충분하므로, 넓은 의미의 개념으로서 SQC에 비교해 종합적 혹은 전사적 품질관리(Total Quality Control; TQC)라고 한다. 품질의 개념은 매우 다양하고 모호하여 동일회사 내에서도 부서에 따라 그 개념이 다를 수 있다. 전사적 품질관리는 생산부서 내 품질담당자가 품질관리를 전담하는 기존의 형태를 벗어나, 기업전체의 입장에서 고객이 만족할 수 있는 제품과 서비스를 위하여 모든 부서의 활동을 품질향상과 연계하여 제고하고자 하는 접근방법이다.

차후 기업이 생산이념이나 제품이념을 추구해 나감에 따라 제품기준 품질로부터 사용자기준/가치기준 품질의 추구로 관점이 변화되어 오면서 종합적 품질경영(Total Quality Management; TQM)의 시대를 맞이하였다, 종합적 품질경영이란 '고객의 욕구를 충족시켜 줄 수 있는 품질의 제품을 경제적으로 생산하고 서비스할 수 있도록, 조직의 모든 부서가 협력체계를 이루어, 통계적 기법은 물론 제반 기법 및 활동을 통하여, 품질의 개발·유지 및 개선의 과업을 수행하는 경영체계'로 정의할 수 있다. 과거의 관리는 협의의 '통제'에 초점을 두어 왔지만, 이제는 '경영'에 초점을 두고 있다. 즉 품질계획, 품질설계, 그리고 품질의 운영 및 통제를 내포하는 개념으로 확장되어 온 것이다. 이에 따라 종합적 품질경영은 품질관리 기법이라기보다 하나의 새로운 경영이념으로 발전하면서, 그 영역이 더욱 확장되어 왔다[그림 6-2 참조].

품질관리의 변천과정을 그림으로 나타내면 <그림 6-3>과 같다.

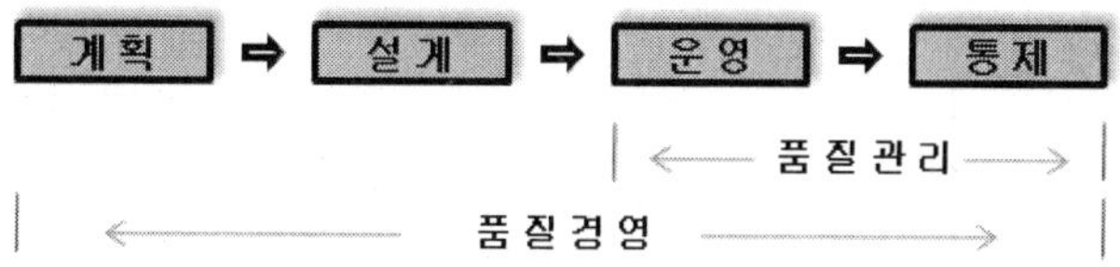

그림 6-2 품질의 경영과 관리

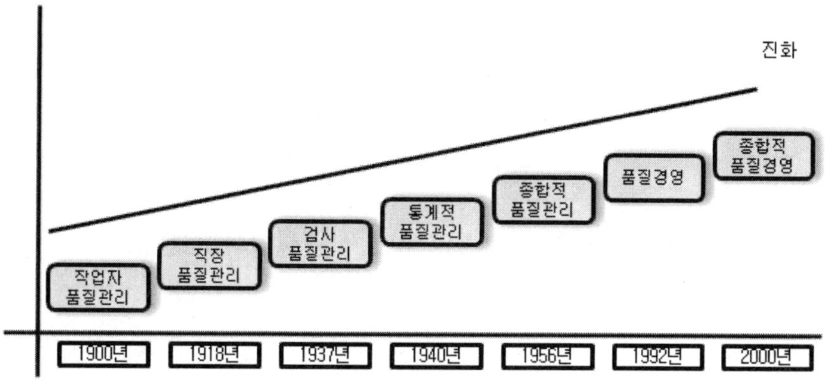

그림 6-3 품질관리의 진화과정

6.1.3 품질관리의 대상

오늘날 품질관리는 '고객의 욕구를 충족시켜 줄 수 있는 품질의 제품을 경제적으로 생산하고 서비스할 수 있도록, 조직의 모든 부서가 협력체계를 이루어, 통계적 기법뿐 아니라 제반기법 및 활동을 통하여, 품질의 개발 · 유지 및 개선 의 과업을 수행하는 경영체계'라고 정의하였다. 따라서 품질관리란 목표품질을 달성하기 위해 설계품질 및 제조품질을 계획하고 통제하여 시장품질을 확보하는 것으로 보는 것이 타당하다. 또한 원자재의 구입, 제조공정은 물론, 판매 후의 서비스까지 보증활동이 이루어져야 한다.

(1) 목표품질

목표품질은 자사의 기술수준과 공정 능력상 실현 가능하다고 인정하여 제품의 설계에 반영된 품질 특성을 실현하기 위하여 기획하고, 사양으로 정리하여 체계화한 품질 기준이다.

(2) 설계품질

설계품질은 신제품의 도입이나 제품개발 단계에서 제품설계 시 목표로 하는 품질로서 생산과정에서 제조된 제품의 품질로서 현장의 품질관리는 제조품질을 설계품질에 적합

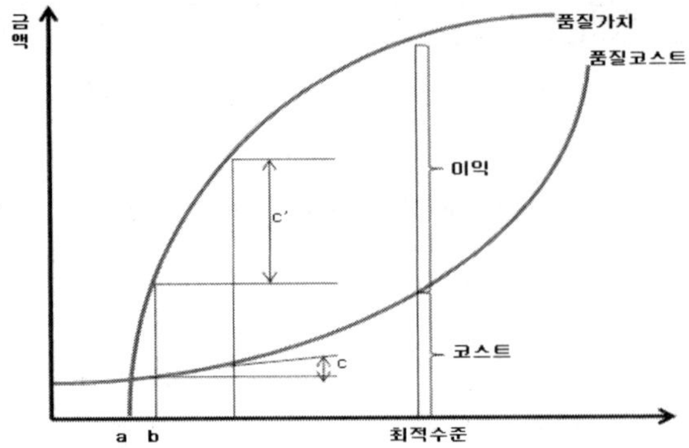

그림 6-4 코스트와 설계품질

하도록 향상시키는 노력을 뜻하며 제조품질이 설계품질의 허용오차를 벗어날 때 이를 부적합이라 한다. 설계품질은 품질을 높이면 품질코스트가 올라가고 아울러 품질가치도 올라가지만 최적수준을 지나면 가치와 코스트의 차이가 점점 작아진다. 반대로 설계품질이 최적수준 이하로 내려오면 품질코스트는 적게 들지만 품질저하로 인한 시장가치는 더 크게 하락한다[그림 6-4 참조].

(3) 제조품질

제조품질이란 설계품질에 합치된 합격품이 출하되어 소비자가 사용시 만족을 주는 품질이다. 제조품질의 총비용은 공정코스트와 품질코스트의 합계로, 공정코스트를 높여 제조품질을 향상시키면 품질코스트는 감소되나 공정코스트가 상대적으로 증가하여 총원가가 높아진다. 또한 공정코스트가 낮아지면 공정능력이 나빠지기 때문에 제조품질이 저하되어 부적합품이 많이 발생하고, 상대적으로 품질코스트는 높아져 총원가가 급상승하게 된다[그림 6-5 참조].

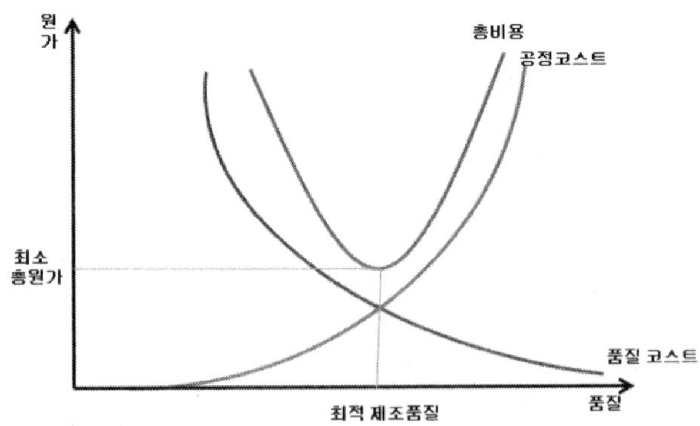

그림 6-5 코스트와 제조품질

(4) 시장품질

시장품질은 소비자에 의해 실제 사용상에서 평가되는 품질로 사용품질이라고도 하며 설계품질의 결정에 중요한 정보가 된다. 시장품질에 있어서도 설계품질과 제조품질에서와 같이 경제적인 최적수준의 품질을 고려할 수 있다. 즉 품질에 대한 소비자의 만족도를 소비자 측에서 부담하는 소비자 비용과 생산자 측에서 부담하는 서비스 비용과의 관계에서 찾을 수 있다.

<그림 6-6>에서와 같이 소비자로 하여금 만족할 수 있도록 시장품질수준을 높이려면 생산자측면에서는 많은 비용을 부담해야 하고, 반대로 소비자 비용은 감소하게 된다. 또한 시장품질 수준을 낮추면 생산자 비용은 감소하지만 소비자 비용은 증가한다. 결국 소비자 측에서 불만이 컸던 제품이나 서비스에 대해서는 재구매 의욕이 없어지게 되므로 생산자 측의 기회손실이 발생하게 된다. 따라서 시장품질은 기업의 장기적 이윤을 고려하여 적정수준에서 결정되어야 한다.

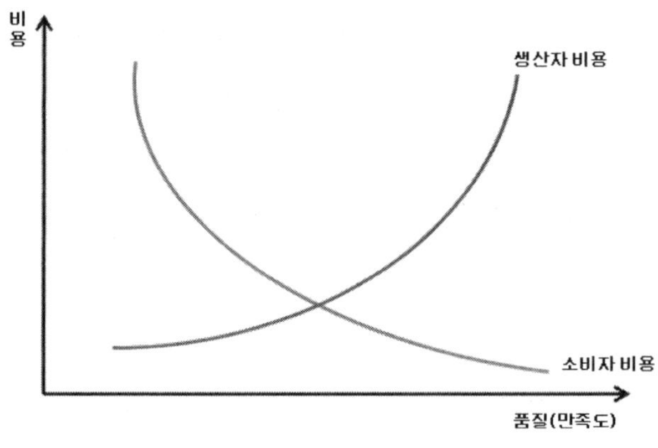

그림 6-6 코스트과 시장품질

(5) 서비스품질

일반적인 품질경영은 제품의 품질향상에만 중점을 두었으나 제품에 녹아 들어간 서비스라는 무형적인 가치를 간과하지 말아야 한다. 따라서 제품 자체뿐만 아니라 서비스를 포함한 광의의 제품을 고객들이 만족하도록 설계하고 제공하는 것이 중요하다. 이와 같이 무형의 품질을 서비스 품질이라고 하며, 서비스 프로세스를 설계하여 전달된 서비스 프로세스를 설계하여 전달된 서비스를 고객이 얼마나 만족하는가로 평가된다.

6.1.4 품질경영상

전 세계적인 기업환경의 변화로 인해 발생한 위기에 대응하기 위해 1980년 중반부터 미국기업은 저원가로 양질의 제품을 생산하는 일본의 품질관리를 도입하기 시작했다. 그리고 품질관리는 단순히 개별 기업의 문제를 넘어서 국가적인 차원에서의 품질향상 운동이 전개되어야 한다고 보았다. 미국은 일본의 데밍상(Deming's Prize)처럼 자국기업의 품질경영을 촉진하기 위해 말콤 볼드리지 품질상(Malcolm Baldrige Quality Award; MBQA)이라는 국가차원의 품질관련 시상제도를 마련하여 운영하고 있다. 이러한 노력의 결과로 1990년대 들어 주요 산업을 비롯한 전체 무역적자의 개선이 이루어지는 효과를 보기도 하였다.

(1) 말콤 볼드리지 품질상

말콤 볼드리지 품질상은 미국의회가 기업의 품질인식을 자극하기 위해 1987년 법률로 제정한 시상제도이다. 미국의 품질경쟁력을 높이기 위해 국가적 전략의 한 부분으로 품질정책을 추진했던 말콤 볼드리지 전 상무장관의 이름을 땄다. 이 상은 제조업·서비스업·중소기업 등 3개 부문으로 나눠 부문당 최대 2개 기업에게 수상된다. 일본의 데밍상과 달리 이 상은 고객만족에 최우선적인 비중을 두고 있다. 이 상의 심사기준은 강제적인 기법이 거의 없고 본질적으로 예방중심적인 성격을 지닌 것이 특징이다. 4가지 기본요소를 구성하고 있는 다음 7가지 평가항목 분야에서 빼어나야만 이 상을 수상할 자격이 부여된다.

① 리더십
② 전략기획
③ 고객과 시장중시
④ 정보와 분석
⑤ 인적 자원 중시
⑥ 프로세스 관리
⑦ 사업성과

(2) 데밍상

데밍상은 일본의 품질원칙을 채택하고 표준사용에 크게 기여한 미국인 통계학자이자 품질관리 기법의 전문가인 데밍(Deming) 박사를 기념하기 위해 일본과학기술자연맹(JUSE)이 1951년 제정한 품질 시상제도이다. 이 상은 전사적 품질관리를 모범적으로 수행하고 있는 기업이나 공공기관에 주어진다. 한 해에 수여되는 기업의 수에는 제한이 없으나 매년 주어지는 상은 아니다. 그 해에 어느 정도 품질수준을 달성한 조직이 없는 경우, 즉 수상대상이 없는 해에는 시상되지 않는다. 데밍상에는 중소기업과 개별 사업부에 수여하는 '중소기업상'과 '사업부상'도 있다. 데밍상의 평가시스템은 다음 10가지 항목에 각 10%씩 평가된다.

① 방침	② 조직
③ 정보	④ 표준화
⑤ 인재육성과 능력개발	⑥ 품질보증
⑦ 유지관리 상황	⑧ 개선활동
⑨ 효과	⑩ 장래계획

(3) 유럽품질상

유럽연합에서는 유럽품질상(European Quality Award; EQA)을 운영하고 있다. 이 상은 1992년 유럽품질경영재단(EFQM)이 제정·관리하고 있으며, 전사적 품질경영활동에서 최고의 성과를 거둔 유럽지역 내 기업에 주어진다. EFQM(European Foundation for Quality Management)은 1988년 품질향상 없이는 경쟁에서 생존할 수 없다는 생각을 가진 유럽의 대표적인 기업 14개 업체가 설립한 단체이다. 조직의 경쟁력을 확보하기 위해서 제품품질의 확보가 최우선이라는 인식하에 제정된 이 시상제도는 다음 9가지 항목에 의해 평가된다.

① 리더십	② 정책과 전략
③ 종업원 관리	④ 자원
⑤ 프로세스	⑥ 고객만족
⑦ 종업원만족	⑧ 사회적 책임
⑨ 사업결과	

(4) 한국품질경영대상

한 해 동안 기업의 품질경영활동을 총결산하는 자리로 '품질의 달'인 매년 11월에 열린다. 정부가 품질경영을 확산시키기 위해 전국품질경영대회를 통해 품질경영활동 우수업체와 유공자들을 선발, 포상하는 행사이다. 이 상은 다음 7가지 항목에 의해 평가된다.

① 리더십	② 전략기획
③ 고객과 시장중시	④ 측정, 분석 및 지식경영

⑤ 인적자원중시 ⑥ 프로세스관리
⑦ 경영성과

6.1.5 고객만족

기업이 한정된 자원으로 경쟁우위를 확보하려면 고객만족을 통해서만이 가능하다. 고객만족(Customer Satisfaction; CS)이란 고객이 '원하는 것'을 찾아내어 고객의 만족조건을 최대로 보장하고, 충족시켜 주는 것을 말한다. 여기서 만족이란 개인의 주관적인 경험, 즉 인지 또는 지각된 결과가 당초의 기대 이상이 됨을 의미한다. 고객이 만족하려면 우선 제품을 사용한 결과 만족할 만한 경험이 소비자에 의해 지각되어야 한다. 즉 품질의 인식주체인 고객이 지각한 품질(perceived quality)이 그가 기대한 품질(expected quality)과 같거나 그 이상이 되면 고객만족에 이르게 된다.

고객의 기대 ≤ 고객의 지각 → 고객만족
(기대품질) (지각품질)

고객만족도는 고객이 거래한 제품·서비스에 대해서 거래 및 이용 시의 체험을 근거로 하여 어느 정도 만족하는가를 측정하고 또한 만족하는 각 요소에 대해서 고객의 평가를 측정하는 것이다. 현재의 고객만족도 수준을 알아내고 어떠한 개선활동을 추진할 것인가를 검토하기 위해서는 고객의 가치기준에 기반을 둔 조사에 의해 도출된 고객만족도지수(Customer Satisfaction Index; CSI)를 측정할 필요가 있다. CSI를 측정하기 위해 핵심이 되는 질문항목이 무엇인지를 파악해야 하며, 설문의 대상자를 선정함에 있어서도 유의해야 한다.

CS측정의 목적은 고객만족도를 제고하기 위한 개선활동에 둔다. 실제 CSI를 산출하는 과정에서 종합적인 만족감을 상승시키는 데 크게 기여하는 요인이 무엇인지를 알아야 하며 측정결과를 기본으로 하여 직원들이 어떻게 해야 할지를 스스로 생각해 보도록 해야 한다. 이를 위해 소집단 활동 등이 효과적으로 활용될 수 있다.

고객만족을 결정하는 고객만족의 3요소로는 직접적인 요소인 상품과 간접적인 요소인 서비스와 기업이미지를 들 수 있다. 과거에는 상품의 하드웨어인 영업점 환경, 점포구조, 자동화기기 등을 중시했으나, 최근 들어 고객은 하드웨어 가치에만 만족하지 않고 상품의 소프트웨어 가치인 현장 서비스, 인간미 느끼는 서비스, 상품명, 편리성 등을 더욱 중시하고 있다. 또한 상품이 점차 동질화되어 감에 따라 고객만족의 비중이 상품에서 서비스로 옮겨가고 있다. 간접적 요소인 기업이미지 내용으로는 사회공헌활동 및 환경보호활동 등을 들 수 있다.

6.2 품질비용

6.2.1 품질비용의 정의 및 분류

품질비용의 개념은 1951년 출간된 '품질관리 핸드북'에서 주란(Juran)이 회피가능 품질비용을 "금광에 묻힌 황금"으로 묘사한 데서 비롯된다. 품질비용이란 물품이나 서비스의 품질과 관련해서 발생되는 비용으로 기회비용을 포함한 개념이다. 품질비용에는 품질을 이룩하고 이를 관리하는 데 소요되는 일치비용과 품질불량, 즉 품질이 일정수준에 미달되어 발생하는 손실인 불일치비용이 포함된다.

품질비용은 품질이나 품질문제의 중요도를 화폐가치로 나타내고 불합리한 품질개선활동을 객관적으로 나타낼 수 있어 품질경영의 목적을 구체적으로 제시하고 품질개선활동을 객관적으로 측정·평가할 수 있다. 또한 품질을 품질비용으로 제시함으로써 최고경영층이나 구성원들의 품질에 대한 관심을 불러일으키고, 불량을 손실이나 비용의 값으로 나타냄으로써 품질개선활동의 성과를 정확히 평가하고, 조치를 시급히 취해야 할 품질활동의 우선순위와 중점을 명확히 규명할 수 있다.

품질비용을 분석하기 위해서는 기본적으로 세 가지 관점에 입각하여 분석하여야 한다.

첫째는 불량품이 왜 발생하는지 그 발생원인을 분석해 보아야 한다.

둘째는 어떻게 하면 불량품의 발생을 보다 경제적으로 예방할 수 있는지에 대하여 분석하여야 한다.

셋째로는 그 성과에 대한 측정방법에 대하여 분석해야만 한다.

품질비용은 크게 품질통제비용과 품질실패비용으로 구분하지만 품질비용에 속하는 자세한 항목은 산업에 따라 다르기 때문에 일괄적으로 구분하기는 힘들다.

(1) 품질통제비용

생산의 흐름에서 불량품을 제거하는 활동과 관련된 비용으로, 경영자가 스스로 통제할 수 있는 비용이다. 품질통제비용은 품질보증비용이라고도 한다. 예방비용과 평가비용으로 구분된다.

- 예방비용

기업이 고객에게 제공하는 제품과 서비스에서 불량품이 발생하지 않도록 예방하는 일체의 비용을 말한다. 예방비용은 불량의 원인을 분석하고, 그 원인을 제거하기 위해 필요한 비용으로서, 제품을 실제로 생산하기 이전에 발생하는 비용이다. 예방비용은 대게 제품설계단계나 공정개발단계에서 발생한다. 불량품을 방지하기 위해서는 처음부터 품질이 좋은 제품과 서비스를 만들어야 한다. 그래야만 비용도 감소되고 불량률도 감소된다.

- 평가비용

기업은 생산한 제품이 불량인지 아닌지를 조사해야 하며, 또 발생한 불량품을 제거하여야 한다. 이러한 행위에 관련된 모든 비용이 평가비용이다. 즉 평가비용은 제품의 품질특성이 미리 정한 기술적인 품질규격에 적합한지를 측정 및 평가하는 비용이다. 그래서 원자재, 부품, 완제품의 품질특성이 표준규격에 적합한지를 검사하며, 표준규격에 적합한 제품을 공정에서 생산할 수 있는지를 측정하고, 검사하고, 분석하는 데 소요되는 모든 비용이 평가비용이다. 그리고 평가비용은 소비자에게 제품을 판매하기 이전에 발생하는 비용이다.

(2) 품질실패비용

품질실패비용은 제품의 품질이 표준규격에 미달되어 발생하는 비용이다. 공정 중 또는 제품이 고객에게 판매된 후에 발생하며, 대부분의 제조업체에서 품질비용 중 가장 많은 비중을 차지하고 있다. 대개는 실패비용이 품질 총비용의 70% 이상을 차지하고 있다. 그러나 실패비용이 관심을 많이 받지 못하는 이유는 실패비용을 측정하기가 쉽지 않기 때문이다. 품질실패비용은 크게 내부 실패비용과 외부 실패비용으로 구분된다.

- 내부 실패비용

내부 실패비용은 기업 내에서 발생하는 실패비용을 말한다. 즉 불량품이 고객에게 전달되기 이전에 기업 내에서 발생하는 비용으로 다음과 같은 비용을 포함하고 있다.

① 제품 또는 서비스 설계에 대한 실패비용
② 구매와 관련된 실패비용
③ 운영(생산 또는 서비스) 실패비용
④ 기타 내부 실패비용

- 외부 실패비용

외부 실패비용은 불량품이 고객에게 판매된 다음에 발생하는 비용이다. 그래서 고객서비스와 관련된 비용으로 다음과 같은 비용들을 포함한다.

① 소비자 불만조사와 고객서비스 ② 반환품
③ 리콜비용 ④ 품질보증비용
⑤ 위약금 ⑥ 벌금
⑦ 이미지 훼손 ⑧ 판매량 감소
⑨ 기타 외부 실패비용

6.2.2 품질비용의 절감

품질비용을 절감하기 위해서는 품질비용에 대한 문제원인 분석이 선행하여야 한다. 품질비용 문제원인 분석은 다음과 같은 프로세스를 통해 진행될 수 있다.

(1) 목표설정

고객의 욕구를 충족시키고도 남도록 기업의 품질우위를 추구하기 위하여 기업의 품질경영목표를 설정하고 이 목표를 달성하기 위하여 조직원 전원참여가 필요하며 설정된 목표를 달성하기 위하여 최고경영자의 강력한 의지와 리더십을 요구한다. 이와 같이 기업의 큰 목표가 결정되면 이를 달성하기 위한 하부 조직의 목표를 설정하고 추진하게 된다. 목표가 구체적으로 설정되며 설정된 목표를 달성하기 위하여 추진 주체를 선정하게 된다.

(2) 핵심 프로세스 분석

낭비원인의 모든 핵심 프로세스를 찾아내고 품질비용 항목을 도출하는 것은 불가능 하며, 또한 모든 낭비의 원인을 추적하기는 어렵다. 따라서 전략적으로 개선이 필요한 항목만을 도출하고 여기서 발생되는 낭비의 비용을 정량화하여 개선전략을 추진하는 것도 바람직한 방법이다. 다른 한편으로 분석단계에서 적용할 부서의 범위를 정한다. 일반적으로 제조기업은 생산부문과 지원부문으로 분류하는데 이들 부서 중 중점 분석대상을 선정하는 것이다. 일반적으로 품질비용은 생산관련부서에서 발생하는 항목이 크고 많으므로 우선 대상은 생산관련부서이고 추후 지원부서, 즉 간접부문을 대상으로 선정한다. 또한 분석 대상의 기준이 되는 지표를 설정하고 비교분석하는 것이 효율적이다.

(3) 품질비용 항목추적

품질비용 발생 원인을 추적하기 위하여 예방비용(P-cost), 실패비용(F-cost), 평가비용(A-cost)의 발생비용을 추적하여 분석한다.

- 예방비용

예방비용은 계획비용, 기술비용, 교육비용, 사무비용으로 분류되며 계획비용은 품질경영 계획 및 시스템을 도입하기 위한 조사, 섭외 등에 소요되는 비용으로 조사비, 계획 등이 있다. 기술비용은 평가, 입증, 기술지원 등에 소요되는 비용으로 통계사무비, 교섭비, 사무비 등이 있다, 또한 교육비용은 교육 등에 소요되는 비용으로 전사 교육비 등이 있으며, 사무비용은 사용품, 통계용 기구 등으로 사무용품비, 잡비 등이 있다.

- 실패비용

실패비용에서 폐각비용은 판매 이전에 불량으로 폐기되는 손실비용으로서 재료비, 검사비, 간접경비 등이 포함되며, 재가공비용은 판매 이전의 불량으로 사내공정에서 재작업함에 따른 손실비용으로서 검사비, 간접 경비, 재가공 직접비 등이 있다. 외주불량비용은 외주 업체에서 납품하기 이전에 검사 불량에 따른 손실비용으로서 재료비, 검사비, 조달비 등이 있으며, 설계변경비용은 설계변경에 따른 손실비용으로서 설계변경비용, 구입재료비, 치공구비용 등이 있으며, 현지서비스비용은 납품 후 발생되는 비용으로 출장비, A/S재료비, 수리비, 경비 등이 있다. 또한 대품서비스비용은 이미 판매된 제품을 제조업체의 책임으로 인하여 대체품으로 교환하여 주는 비용으로서 대체품 가격, 운임 등 경비가 있으며, 불량대책비용은 불량을 방지하기 위한 회의비, 불량조치비 등에 소요되는 비용이다.

- 평가비용

평가비용에서는 수입검사비용으로 구입제품, 부품, 원재료, 가공품 등의 검사비 등에 소요되는 비용이며, 공정검사 비용은 서브공정 및 공정검사에서 발생하는 검사비 등이며, 완성품 검사비용은 완성품의 최종검사에 소요되는 검사비 등이 있다. 그리고 시험비용은 검사 이외의 특정 프로젝트의 실시시험비용으로 시험재료비, 기능시험비, 신뢰성검사비 등이 있으며 PM비용은 시험기, 측정기 등의 수입검사, 정기검사, 조정수리, 기준기의 점검 등에 소용되는 비용이다.

6.2.3 품질비용의 낭비원인

일본의 최대 자동차 회사인 도요타(Toyota)가 지적한 품질비용의 7대 낭비원인을 분석하면 다음과 같다.

① 과잉생산의 낭비 발생원인은 과잉인원, 과잉설비, 지나치게 빠른 CAPA, 치우친 자동화 생산 등이 있으며 이에 대한 대안으로는 준비의 단일화, 인원의 최소화, 생산의 평준화, 간판의 활용 등이 있다.

② 가공의 낭비 발생원인은 공정순서의 분석미비, 작업내용의 분석미비, 불합리한 치구사용 재료의 미검토 등으로 개선대안으로는 공정설계의 적정화, 작업내용의 수정방안, 사양검토방법, 올바른 치구 사용법 등이 있다.

③ 운반의 낭비 발생원인은 비합리적인 공정배치, 무계획적 작업, 단순기능공 등에 따라 발생되며 개선대안으로는 계획적인 사고방식에. 이은 작업진행방법 등이 있다.

④ 불량의 낭비 발생원인은 공정검사미흡, 검사방법 및 기준 미비, 과잉품질, 표준작업결여 등으로 개선대안으로는 표준작업준수 방안, 공정검사의 혁신적 개선방안 등이 있다.

⑤ 대기의 낭비 발생원인은 공정이상발생, 비효율적인 설비배치, 전 공정 문제발생, 능력불공평, 대량 LOT생산 등으로 개선대안으로는 낭비, 실수의 방지, 자동화방안, 공정 내 준비작업의 평준화 등이 있다.

⑥ 재고의 낭비 발생원인은 설비배치의 불합리, 공정이상 발생, 선행생산, 대량LOT 생산 등으로 개선대안으로는 생산흐름의 원활화 방안, 후 공정과의 업무조율 방안 등이 있다.

⑦ 동작의 낭비 발생원인은 자기 자신만의 사고방식, 작업자 근성부족, 불합리한 공정배치 등으로 개선대안으로는 생산흐름에 대한 혁신적 구조개선 방안논의, 동작개선 원칙의 준수방안 등이 있다.

송재근(2006)은 품질비용항목 도출방법으로 다음의 표와 같은 8가지 방법을 제시하였다.

표 6-2 품질비용항목 도출방법

방법	목적	비용화 과정
부서의 조직도 및 개인별 업무분장표	품질비용 발생과 관련한 해당 업무수행 내용 및 인원수 파악	해당 업무수행 인원의 확인으로 인건비 산정
부서업무와 관련한 표준표	품질비용 발생과 관련한 프로세스의 확인과 실제로 비용을 발생시킨 원인부서의 명확한 파악	각종 LOSS의 도출에 의한 비용 산정과 원인부서에 할당
사업계획 성과지표 및 실적	간편하게 품질비용과 관련한 일부항목 및 금액(비용)까지도 파악	금액으로 표시되는 성과는 해당 품질비용항목에 그대로 반영, 정성적인 실적은 비용화하여 산출
각종 실적의 기록문서 자료	품질비용의 항목으로 선정할 수 있는지 없는지의 검증자료로 활용	정량적인 근거자료에 의한 실적은 품질비용항목에 그대로 반영, 정성적인 실적은 비용화하여 산출
예산(비용) 계정 자료	부서별 업무수행을 위해 사용되는 비용을 계정별로 배분해 놓은 자료로서 품질비용과 관계가 있는 계정과목을 발굴하거나 집계한 일부의 품질비용의 검증	계정과목의 실제적인 집행용도를 세부적으로 분석하여 품질비용에 해당되는 계정을 찾아내어 품질비용화하여 산출
프로세스맵핑 (PM 또는 SIPOC)	현재의 업무절차를 세부적으로 분석하여 내재되어 있는 문제점을 찾아내거나 프로세스의 성과를 좀 더 향상시킬 수 있는 방법을 찾아내는 것	세부적인 프로세스의 분석을 통한 잠재되어 있는 문제점이나 LOSS를 찾아내고 품질비용화하여 산출
가치흐름매핑 (VSM)	협력사에서 기업으로의 자재흐름 및 기업 내에서 자재를 이용하여 완제품을 만드는 과정과 이와 관련한 정보의 흐름을 분석하여 주로 생산현장의 비부가가치를 찾아내는 데 활용	리드타임을 많이 차지하는 요소와 낭비되고 있는 요소를 찾아 품질비용화하여 산출
Detailed Description of Quality Cost Elements (ASQ 제시)	부서의 기능별로 해당되는 공통적인 항목을 도출하고자 할 때와 부서별로 도출된 항목의 적합성을 검토할 때의 두 가지 측면에서 활용	기능별로 제시한 내용 중에서 기업에서 동일한 기능의 업무가 발생되고 이로 인해 발생되는 품질비용항목을 찾아서 산출

출처: 송재근(2006), Q-COST & COPQ 관리시스템 구축 매뉴얼, 한국표준협회컨설팅

6.3 품질개선 기본도구

6.3.1 품질의 지속적 개선

지속적 개선의 대상은 장비와 작업방법, 재료 그리고 사람 등이 될 수 있다. '망가지지 않았다면 수선하지 마라'라는 옛 격언이 '망가지지 않았다고 해서 더 개선될 수 없다는 의미는 아니다'라는 격언으로 바뀌게 된 것도 지속적 개선의 개념 때문이다. 성공적인 지속적 개선활동시스템을 위해서는 경영층뿐 아니라 전 계층의 관심과 지원이 반드시 필요하다. 왜냐하면 지속적 개선활동은 개선을 향한 장기적인 노력을 유지하기 위해서 조직문화의 변화가 요구되기 때문이다. 여기에서 조직의 주요 변화를 파악하고 권장하는 것은 경영자의 책임이 된다.

지속적 개선을 위해 무엇보다도 표준화가 필요한데, 표준화는 어떤 작업을 수행하는 최상의 방법을 문서화하는 과정이다. 표준화는 두 가지 방법으로 적용될 수 있는데 첫째는 공정개선을 위한 시도가 이루어지기 전에 적용된다. 이것은 현재의 작업수행방법 중에 가장 효율적인 방법을 결정하는 것도 포함하며, 내부공정에만 해당되는 것이 아니라 새로 생겨나는 여러 개선들의 비교의 기준이 된다. 둘째로 표준화의 적용은 공정이 개선된 후에 발생하는 것이다. 작업의 새로운 표준이 될 수 있는 새 방법을 문서화해야 한다. 그것을 작업의 새로운 기준으로 삼는 것이다. 이것은 작업자 훈련이나 관련 공정에 대한 참고기준이 된다.

지속적 개선활도의 개념적인 기초로서 PDCA사이클이 제시되었는데 슈하르트 사이클 또는 데밍 휠로 불린다[그림 6-7 참조]. 이 사이클은 네 가지 기본적인 부분으로 나누어지며 이 사이클은 과정을 원으로 나타내어 계속되는 성질을 강조하고 있다.

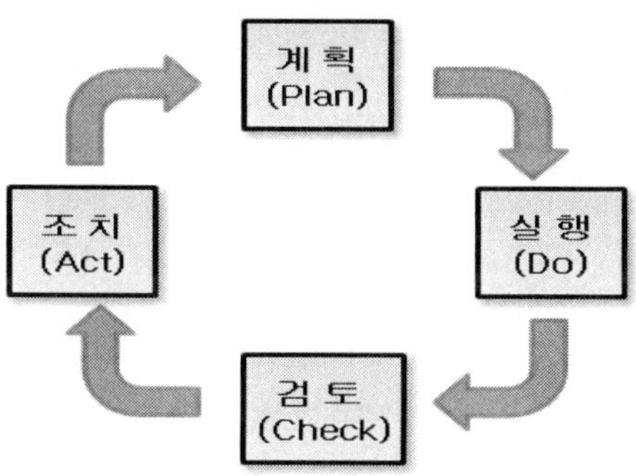

그림 6-7 PDCA사이클

① **계획(Plan)**

계획은 현재공정에 대한 연구로 시작된다, 공정을 표준화시키고 문제인식을 위한 자료를 수집한다. 다음으로 자료를 분석하고 개선을 위한 계획을 개발한다. 계획을 평가하기 위한 척도를 상세히 한다.

② **실행(Do)**

계획을 이행한다. 가능하면 규모를 적게 하여 실시하며 이 단계에서 어떤 변화가 있었는지 문서화한다. 평가를 위해 자료를 체계적으로 수집한다.

③ **검토(Check)**

실행단계에서 모아진 자료들을 평가한다. 계획단계에서 설정된 원래 목표와 결과가 얼마나 밀접히 부합되었나를 확인한다.

④ **조치(Act)**

만일 결과가 성공적이었다면 새로운 방법을 표준화하고 공정에 관련된 모든 사람들에게 새로운 방법을 전달하며 새로운 방법을 위한 훈련을 실시한다. 만일 결과가 성공적이지 않았다면 계획을 수정하고 공정을 되풀이하거나 계획을 중단한다.

6.3.2 품질관리 7가지 도구

(1) 체크시트

체크시트는 공정으로부터 필요한 자료를 수집하는 데 가장 흔하게 사용하는 도구이다. 즉 불량개수, 결점수 등 셀 수 있는 데이터를 기입할 수 있게 작성된 용지로서 이

요일, 시간	결점의 형태					합계
	꼬리표 미부착	균형이 안맞음	염색상태가 희미함	헐렁함	기타	
월 8~9	IV	II				6
9~10		III				3
10~11	I	III	I			5
11~12		I		I	I	3
1~2		I				1
2~3		II	III	I		6
3~4		II	IV			6
합 계	5	14	8	2	1	30

그림 6-8 체크시트의 예

체크시트를 사용하면 자료를 쉽고 체계적으로 수집할 수 있을 뿐만 아니라 자료를 유용한 정보로 쉽게 변형시킬 수 있다. 수집된 자료는 히스토그램, 파레토도, 관리도 등을 작성하는 데 사용된다.

(2) 히스토그램

히스토그램은 어떤 조건하에서 취해진 데이터가 존재하는 범위를 몇 개의 구간으로 나누어 각 구간에 포함되는 데이터의 발생도수를 세어서 도수표를 작성한 다음 이를 도형화한 것으로 막대그래프 또는 도수분포도라고도 한다[그림 6-9 참조].

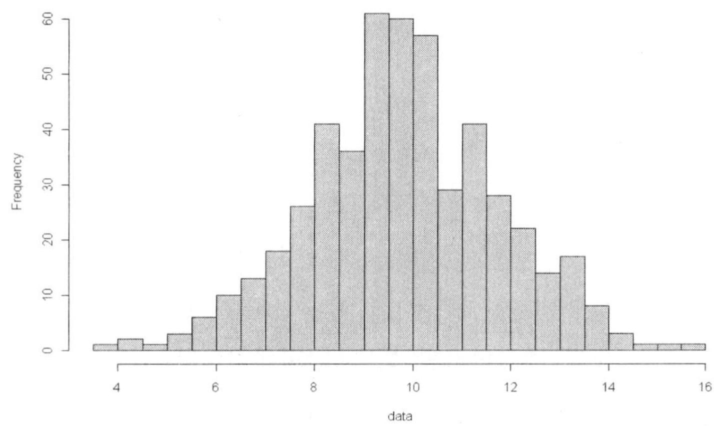

그림 6-9 히스토그램의 예

공정으로부터 수집한 개별 자료들은 비록 일정한 표준 내에서 생산되도록 설계되어 있지만 실제로는 모두 차이가 있기 때문에 단순히 일들을 보기만 해서는 공정특성의 분포를 알 수 없다. 히스토그램은 이러한 정보를 정리하여 공정상태에 관해 결론을 내릴 수 있는 양식으로 표현한 것이다. 따라서 히스토그램의 용도는 다음과 같다.

① 데이터의 분포모습 및 산포상태의 파악
② 평균치와 표준편차의 산출
③ 실제 데이터와 규격과의 비교

(3) 파레토도

파레토도는 현장에서 문제가 되고 있는 불량품, 결점, 클레임, 사고 등과 같은 현상이나 그러한 현상에 대한 원인별로 데이터를 분류하여 불량개수 및 손실금액 등이 많은 순서로 정리하여 그 크기를 막대그래프로 나타낸 것이다[그림 6-10 참조].

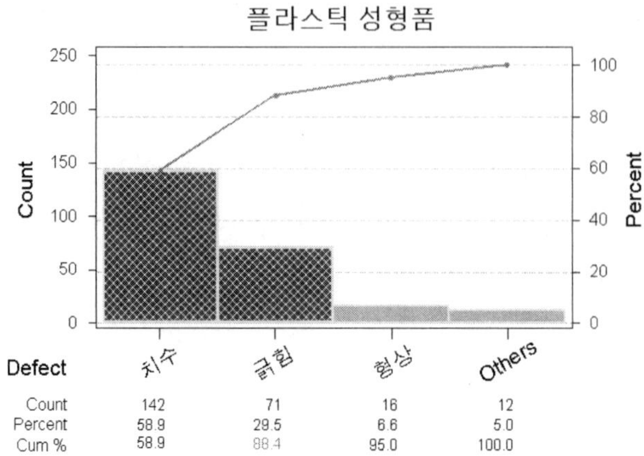

그림 6-10 파레토도의 예

파레토도는 19세기 이탈리아 경제학자 빌프레도 파레토(Vilfredo Pareto)의 이름을 따서 만들어진 것으로 일반적으로 총 발생률에 대해서 높은 비율을 발생시키는 비교적 적은 요소를 추출하기 위한 것이다. 즉 이 분석의 목적은 발생사례를 중요 정도에 따라 분류해서 가장 중요한 것을 해결하고자 하는 취지에서 개발되었다. 이 분석은 대부분 80%의 문제는 20%의 항목에서 발생한다고 해서 80-20법칙, 혹은 사소한 다수와 중요한 소수(trivial many, vital few)라고 한다. 예를 들어 80%의 기계고장은 20%의 기계고장을 유발하는 요소에서 비롯되며 80%의 제품결점들은 20%의 결점을 일으키는 요인들에서 기인된다는 것이다.

(4) 특성요인도

자료의 분석과 문제해결에 사용되는 도구들 중에서 특성요인도 혹은 원인결과도표는 문제해결에 구조적인 접근을 가능하게 한다. 이것은 생긴 모양 때문에 생선뼈도표(Fishbone Diagram)라고도 불리며 1943년에 이 기법을 개발한 일본교수 이시카와의 이름을 따서 이시카와도표라고도 한다[그림 6-11 참조].

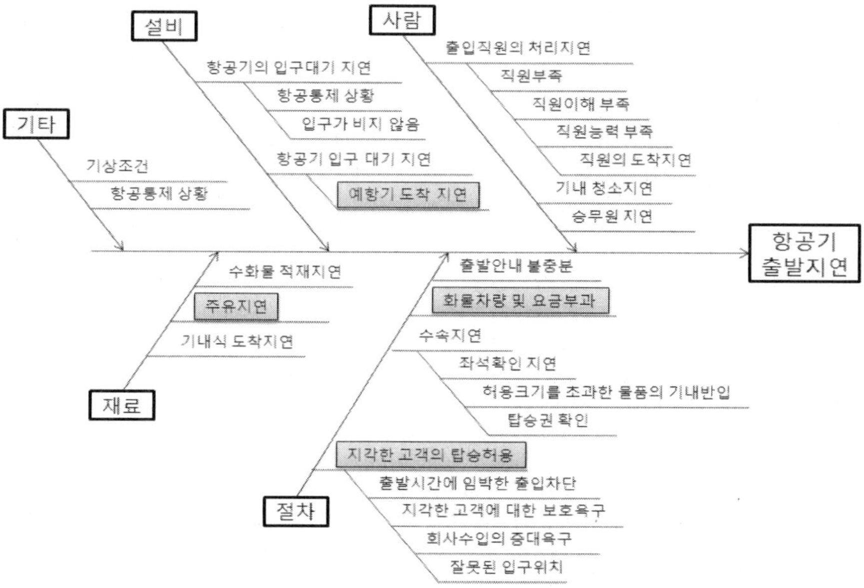

그림 6-11 특성요인도의 예

(5) 산점도

산점도란 두 종류의 데이터의 관계를 그림으로 나타낸 것이다. 앞에서 설명한 특성요인도는 결과에 영향을 미치는 여러 가지의 원인을 밝힘으로써 단순히 결과와 원인의 관계만을 고려할 뿐 상관관계의 정도는 고려하지 않으므로 결과와 원인 사이의 관계가 어느 정도인지를 파악하기 위해서 산점도가 필요한 것이다.

따라서 품질문제를 해결하기 위해서는 특성요인도와 산점도를 함께 작성해야 한다. 품질문제에 영향을 미치는 가능한 요인을 완전히 분석하기 위해서는 특성요인도가 필요하고 품질문제와 이에 직접적으로 영향을 미치는 요인과의 사이에 존재하는 상관관계의 정도를 분석하여 시정조치를 취할 수 있도록 하기 위해서는 산점도가 필요하다.

(6) 층별

층별이란 데이터를 몇 개의 범주에 의하여 구분함으로써 문제의 원인을 파악하려는 기법이다. 데이터를 층별화하는 절차는 다음과 같다.

① 조사대상 변수를 선정한다.
② 층별화할 범주를 설정한다.
③ 범주별로 데이터의 개수를 센다.
④ 막대그래프의 형태로 층별화한 결과를 나타내고 분석한다.

(7) 흐름도

현재의 공정이나 의사결정과정을 문장으로 표현할 수도 있지만 기사화된 형태의 공정이나 도표를 이용한 설명은 매우 유용하다. 흐름도는 공정에서의 주요단계를 가시화된 설명으로 나타낸 것으로 흐름도에 의하여 사람이나 자재가 흐르는 과정을 추적할 수 있다. 흐름도는 생산조업에서의 물질적인 공정일 수도 있고 어떤 행위를 결정하는 의사결정과정일 수도 있다.

6.3.3 관리도(Control Chart)

(1) 관리도의 기본 개념

관리도는 1924년 미국 벨통신연구소의 슈하르트(W. A. Shewhart)에 의하여 처음 도입된 이후, 통계적 품질관리의 핵심적인 개념으로 발전되어 왔다. 관리도란 시간의 경과에 대한 공정의 품질특성 변화를 도식적으로 기록한 그래프를 말하며, 공정을 안정상태로 유지하기 위한 공정관리 수단으로 뿐만 아니라 공정상태를 평가하기 위한 목적으로 효율적으로 활용되고 있다.

공정의 이상 유무를 판단하여 정상상태를 유지하기 위한 공정관리는 기본적으로 두 가지의 가정을 전제로 한다.

① 품질변동은 어떠한 제조공정에서도 발생하기 마련이다. 아무리 완벽하게 공정이 설계되었다 하더라도 그 공정으로부터 생산되는 모든 제품들의 특성이 동일한 것은 아니다. 동일한 작업자, 동일한 설비를 이용하여, 동일한 공정에서 표준화된 제조방법으로부터 생산된 제품이라 하더라도 완전히 동일한 품질의 제품을 생산한다는 것은 실질적으로 거의 불가능하며, 제조된 제품의 품질에는 어느 정도의 변동(편차)이 생기기 마련이다.

② 이러한 품질변동은 사람, 설비, 원자재, 공정방법, 측정방법, 환경 등 각 요소의 영향으로 인해 발생된 것이다. 이와 같은 품질의 변동원인으로는 피할 수 없는 우연변동과 피할 수 있는 이상변동으로 구분할 수 있다. 이러한 변동을 구분하고 이상원인을 제거하여 안정된 상태에 있도록 하여야 한다. 공정상 우연변동만 존재하면 이 공정은 통계적으로 안정상태에 있다고 할 수 있으며, 그렇지 않으면 이 공정은 불안정하다고 할 수 있다. 따라서 품질관리의 목적은 공정변동이 어떠한 원인에 의하여 발생하는지 밝히고, 제거할 수 있는 이상변동이 존재하면 시정조치를 하여 공정이 언제나 안정상태에 있도록 유지하는 것이다.

관리도에서 모든 점들이 관리한계 내에 들어오게 되면, 이는 우연변동들로서 그 공정은 안정상태라고 판단한다. 하나 이상의 점이 관리한계선을 벗어나면, 이 변동은 이상원인에 의해 나타난 이상변동이라 보고 그 공정은 불안정상태에 있다고 판단하여, 공정을 중단시키고 이상원인을 제거하기 위한 조치가 강구되어야 한다. 이러한 절차를 걸쳐 공정은 결국 안정상태를 유지하고 공정의 제품 속에는 우연변동만이 존재하게 된다.

관리도는 공정에서 생산되는 제품 품질특성의 평균을 나타내는 중심선(Center Line; CL)과 우연원인에 의한 우연변동으로 인정하는 변동허용범위의 한계인 관리상한선(Upper Control Limit; UCL)과 관리하한선(Lower Control Limit; LCL)으로 구성된다.

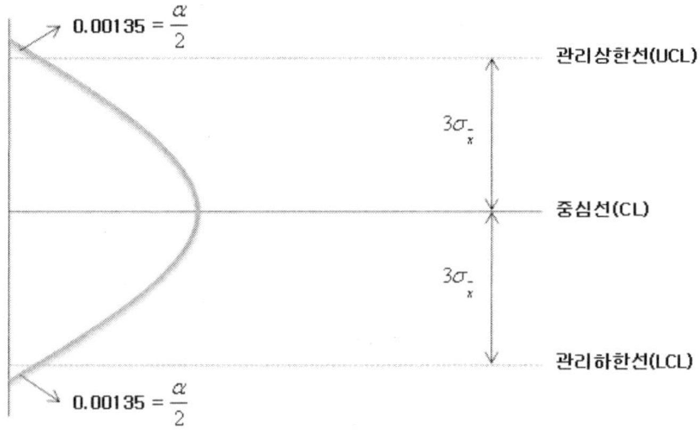

그림 6-12 관리도의 중심선 및 관리한계선

보통 중심선과 관리한계선의 거리는 앞에서 설명된 우연원인에 의한 변동의 허용오차 범위인 ±3σ로 설정된다. 이때 σ는 표준편차를 의미하며, 품질변동의 크기가 중심선으로부터 ±3σ 범위 이내에 있으면, 그 변동은 우연원인에 의한 우연변동으로 인식하자는 것이다. 그리고 ±3σ 범위를 벗어나는 품질변동은 우연변동으로 보기 어렵고 이상변동으로 보자는 것이다. 만일 품질특성치가 관리한계선 밖으로 벗어나면 제조공정에 이상원인이 존재하는 것으로 해석할 수 있다.

과거에는 우연원인과 이상원인으로 인해 발생한 품질변동에 대해 일반적으로 직접 경험에 의해 판정하고 구분하였지만, 현재는 관리도를 이용하여 객관적이고 과학적으로 품질변동을 판정하고 관리할 수 있다. 여기에 이용되는 객관적인 기준은 바로 관리도의 관리한계선이다. 따라서 관리도의 핵심문제는 바로 합리적이고 또 경제적인 관리한계선을 모색하는 것이라도 할 수 있다.

관리도의 주기능은 품질특성치의 변동이 우연원인에 의한 것인지, 또는 이상원인에 의한 것인지를 구별하는 것이다. 즉 공정으로부터 추출된 표본의 품질특성치가 평균치로부터 ±3σ 범위 내에 존재하면 품질의 변동은 우연원인에 의한 산포로 해석할 수 있고, 반면 이 범위 밖으로 나가는 경우에는 이상원인으로부터 본질적인 품질변동이 일어난 것으로 볼 수 있으며, 원인을 규명하여 해결책을 수립해야 한다.

(2) 관리도의 종류

관리도는 계량치를 위한 관리도와 계수치를 위한 관리도로 구분할 수 있다. 계량치(변수)는 두께, 길이, 무게처럼 연속변속의 성격을 가진 품질특성을 대상으로 하며 일반적으로 정규분포를 이루는 것으로 본다. 한편 계수치(속성)는 불량개수, 결점 수 등과 같이 이산변수의 성격을 가진 품질특성을 대상으로 하고 이항분포나 포아송분포 등을 따르는 것으로 본다. <그림 6-13>은 여러 가지 관리도의 종류 및 각각의 관리한계선을 명시하였는데 관리한계선의 각각의 값들에 대한 자세한 설명은 일반적인 품질관리 교재를 참고하기를 권하며 여기에서는 생략하기로 한다.

구분	관리도	관리한계선		식
계량형 관리도	$\bar{x}$ 관리도	관리상한선(UCL)	=	$\overline{\overline{X}} + A_2\overline{R}$
		중심선(CL)	=	$\overline{\overline{X}} = \Sigma\overline{X} / k$
		관리하한선(LCL)	=	$\overline{\overline{X}} - A_2\overline{R}$
	R 관리도	관리상한선(UCL)	=	$D_4\overline{R}$
		중심선(CL)	=	$\overline{\overline{R}} = \Sigma\overline{R} / k$
		관리하한선(LCL)	=	$D_3\overline{R}$
계수형 관리도	P 관리도	관리상·하한선	=	$\overline{p} \pm 3\sqrt{\overline{p}(1-\overline{p}) / n}$
	Pn 관리도	관리상·하한선	=	$\overline{pn} \pm 3\sqrt{n\overline{p}(1-\overline{p})}$
	C 관리도	관리상·하한선	=	$\overline{c} \pm 3\sqrt{\overline{c}}$
	U 관리도	관리상·하한선	=	$\overline{u} \pm 3\sqrt{\overline{u} / n}$

그림 6-13 관리도의 종류

6.3.3 샘플링 검사

(1) 샘플링 검사의 의의

검사는 개개의 제품을 대상으로 그 전수를 검사하는 전수검사와 일부만을 표본으로 추출하여 검사하고 그 결과를 토대로 전체 로트의 합격 여부를 결정하는 샘플링 검사가 있다. 제품보증의 의미로 본다면 전수검사를 실시하여 개개 제품의 품질을 완전히 보증하는 것이 바람직하지만, 많은 시간과 비용이 따르기 때문에 전수검사가 바람직하지 못하거나 파괴검사의 경우처럼 전수검사가 전혀 불가능한 경우, 동일 로트별로 시료를 선별하여 검사를 실시할 수밖에 없다.

검사에 의해서 제품이 파괴되는 경우와 같이 검사가 실제적으로 불가능한 경우에 샘플링 검사는 필수적이며, 또한 비파괴검사의 경우에도 검사비용의 절약 등 경제적인 효율성 측면에서 샘플링 검사를 실시하는 경우도 있다. 검사대상이 되는 모든 제품을 검사하는 전수검사에 비하여 샘플링 검사가 갖는 장점은 다음과 같다.

① 검사대상이 많지 않으므로 많은 검사 인력이 필요치 않고 검사비용이 줄어든다.
② 전수검사의 경우 검사대상의 과다로 인한 피로와 권태가 검사의 오류를 유발할 수도 있으나 샘플링 검사의 경우에는 그러한 오류가 줄어들 수 있다.
③ 검사에서의 불합격은 제조업자에게 품질향상에 대한 자극이 된다.

이와 같은 장점이 있는 반면에 다음과 같은 단점도 있다.

① 나쁜 품질의 로트를 합격시키고 좋은 품질의 로트를 불합격시킬 위험을 배제할 수 없다.
② 효율적인 샘플링 검사를 계획하는 데 많은 시간과 노력이 든다.

샘플링 검사는 검사단위의 품질표시방법에 따라 계수형 샘플링 검사와 계량형 샘플링 검사로 구분된다. 계수형 샘플링 검사는 로트의 합격·불합격 판정기준을 불량개수나 결점수와 같은 계수치로 할 경우의 샘플링 검사를 말하며, 계량형 샘플링 검사는 로트의 합격·불합격 판정기준을 길이, 무게, 인장강도와 같은 계량치로 할 경우의 샘플링 검사를 말한다. 샘플링 검사는 계수형 샘플링 검사와 계량형 샘플링 검사 각각에 대하여 네 가지의 형태, 즉 규준형, 선별형, 조정형, 연속생산형 샘플링 검사로 구분된다.

규준형 샘플링 검사

일반적으로 생산자는 좋은 품질의 로트가 불합격되는 것을 피하려 하고 소비자는 나쁜 품질의 로트가 합격되는 것을 피하려 함으로 양측의 요구를 동시에 만족시킬 수 있는 형태의 검사방식이 필요한데 이를 규준형 샘플링 검사라고 한다.

선별형 샘플링 검사

샘플링 검사에서 합격된 로트는 받아들이지만 불합격된 로트는 전수선별에 의해 양품만을 받아들이는 샘플링 검사방식이다. 따라서 파괴검사와 같이 전수선별이 불가능한 경우에는 적용할 수 없다.

◉ 조정형 샘플링 검사

다수의 공급자로부터 로트를 연속적으로 구입하는 경우 공급자가 공급하는 로트의 품질상태(과거의 납품성적)에 따라 샘플링 검사방식을 까다롭게 하거나 수월하게 함으로써 공급자에게 품질향상에 대한 자극을 주기위한 샘플링 검사방식이다.

◉ 연속생산형 샘플링 검사

이미 만들어진 로트를 대상으로 하는 것이 아니라 컨베이어 벨트를 이용한 생산방법에서와 같이 제품이 생산라인에서 연속적으로 생산되는 경우에 적용되는 샘플링 검사방식이다.

(2) 검사특성곡선(Operating Characteristic Curve)

샘플링 검사의 중요한 특징은 좋은 품질의 로트와 나쁜 품질의 로트를 어떻게 구별하는가 하는 것이다. 샘플링 검사의 선별능력은 검사특성곡선(OC곡선)으로 설명이 가능하다. 검사특성곡선이란 로트의 불량률과 그러한 불량률을 갖는 로트가 샘플링 검사에서 합격으로 판정될 확률과의 관계를 나타낸 곡선이다. <그림 6-14>는 검사특성곡선의 한 예로서, 가로축은 로트의 불량률을 나타내고 세로축은 로트의 합격확률을 나타낸다.

예를 들어 로트의 불량률이 3%인 로트가 샘플링 검사에서 합격할 확률은 90%가 되는 것이다. 이 그림에서 곡선이 아래로 향해 내려가는 것에 유의할 필요가 있다. 즉 로트의 품질이 나빠질수록 합격가능성은 줄어드는 것이다.

<그림 6-14>의 예에서 20% 이상의 불량률을 가지고 있는 경우에도 그 로트들이 합격판정을 받을 가능성이 존재하는 것을 볼 수 있다. 마찬가지로 3% 이하의 낮은 불량률을 가지는 로트도 불합격 판정을 받을 가능성을 지니고 있다. 이와 같이 샘플링 검사는 일부 시료를 통해 전체 로트의 품질을 판단하는 것이기 때문에 불량품이 많이 섞인 나쁜 로트가 합격되거나 또는 불량품이 적은 좋은 로트가 불합격될 가능성이 존재한다.

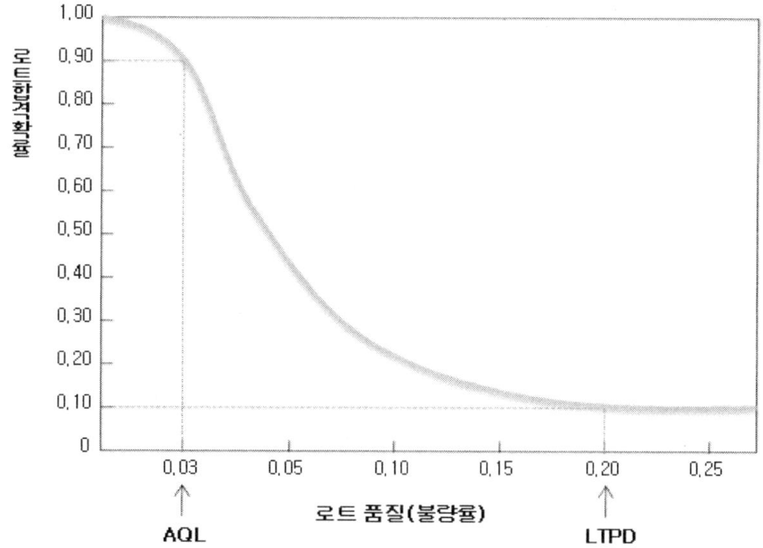

그림 6-14 검사특성곡선(OC곡선)의 예

샘플링 검사가 좋은 로트와 나쁜 로트를 선별해 내는 정도는 검사특성곡선의 기울기에 비례한다. 즉 곡선이 가파를수록 불량률이 낮은 좋은 로트의 합격확률이 높고, 불량률이 큰 나쁜 로트의 합격확률이 낮기 때문에 샘플링 검사의 선별력은 높아지는 것이다.

<그림 6-15>와 같은 이상적인 곡선이 되기 위해서는 모든 로트를 전수검사하여 모든 불량품을 제거하는 수밖에 없다. 하지만 전수검사를 수행하는데 드는 비용과 시간을 고려한다면 전수검사는 고려 대상에서 제외되는 경우가 많다. 이러한 이유 때문에 고객들은 일반적으로 불량품에 관련된 비용이 크지 않다면 적은 양의 불량품을 지니는 로트를 기꺼이 받아들인다. 흔히 이러한 불량률은 2~4%에 해당하며 이것을 합격품질수준(Acceptable Quality Level; AQL)이라 한다.

무작위 표본추출로 인해 특정 불량률 이상을 포함하는 나쁜 로트를 선별하지 못할 수 있기 때문에 예상보다 불량품이 더 많이 포함된 로트들이 합격판정을 받을 수도 있다. 이때 당연히 불합격 처리되어야 한다고 여겨지는 불량률의 하한선을 불합격품질수준(Lot Tolerance Percent Defective; LTPD)이라 한다.

일반적으로 고객은 품질이 합격품질수준 이상이기를 원한다. 그리고 불합격품질수준(LTPD)을 초과하는 불량률을 지닌 로트는 전혀 받아들이고 싶어 하지 않는다. 규준형 샘플링 검사에서 불합격품질수준의 나쁜 로트가 합격될 확률을 소비자위험 베타(β)라고 하고, 합격품질수준(AQL)의 좋은 로트가 불합격될 확률을 생산자위험 알파(α)라고 한다. 일반적으로 샘플링 검사에서는 생산자 위험 5%와 소비자 위험 10%를 감수하도록 한다. 물론 판정의 정확도를 높이기 위해 생산자 위험과 소비자 위험을 더 줄일 수는 있지만 이 경우 필요한 시료의 수가 많이 늘어나야 한다.

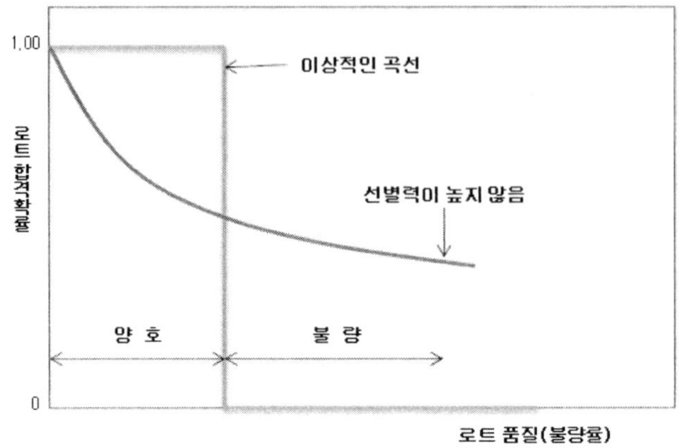

그림 6-15 검사특성곡선의 형태와 로트 품질 판별능력

토의문제

1. 각 품질관리의 전문가마다 품질관리에 대하여 유사하지만 조금씩 다르게 정의하고 있다. 데밍, 주란, 파이겐바움(Feigenbaum) 및 KS A 3001(한국공업규격)에서 어떻게 품질관리를 정의하고 있는지 조사해보시오.
2. 품질비용을 구분하고, 각 품질비용에 대하여 간략하게 설명해보시오.
3. 품질관리(QC)의 신 7가지 도구에 어떠한 것이 있는지 조사하고 간략히 설명해보시오.
4. <그림 6-13>의 관리도에서의 각 관리도들의 목적 및 특성에 대해 비교·설명하고 각 관리도의 계수들이 무엇을 의미하는지 조사하시오.
5. 샘플링 검사의 검사형태에 따라 분류해 보고 장단점을 논해보시오.

참고문헌

1. 김병태, 박정민, 양종곤, 장성기(2010), 품질경영: TQM의 실체, 도서출판 대경
2. 김연성, 박상찬, 박영택, 서영호, 유한주, 이동규(2004), 품질경영론, 박영사
3. 김태종, 박해근, 고용해, 김방훈(2001), 최신 품질경영론, 한올출판사
4. 송재근(2006), Q-COST & COPQ 관리시스템 구축 매뉴얼, 한국표준협회컨설팅

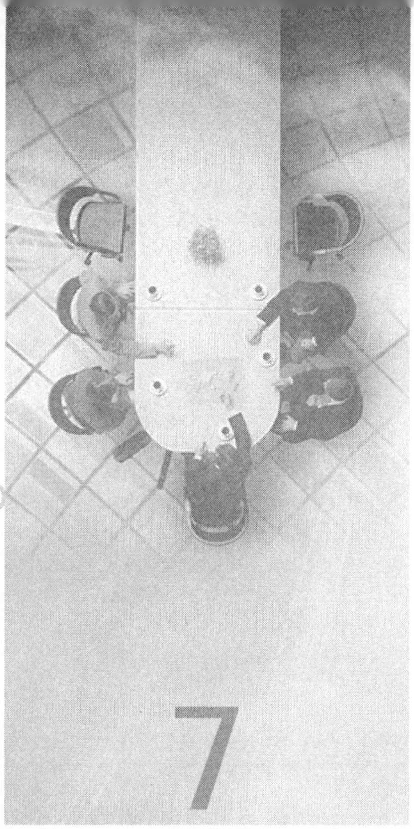

Techno Management

7 경영정보시스템

정보화 사회에서의 현대기업들은 국제적 개방화에 따른 경쟁의 심화와 생산성 증대, 다양한 고객요구의 수용 등 복잡하고 어려운 문제들을 해결해야 하는 과제를 안고 있다. 급격히 변화하고 있는 경영환경 속에서 각 기업들은 경쟁적 우위와 경영목표의 성취를 위하여 기술개발, 원가절감, 인재양성 등에 많은 투자를 아끼지 않고 있으나, 정보화에 따른 기업경영 환경의 변화와 경쟁력의 핵심적 내용은 기업경영의 전략적 계획과 정보기술의 활용이 얼마나 잘 연계되어 있느냐에 달려있다고 할 수 있다.

7.1 기초

7.1.1 비즈니스 환경변화

최근 수십 년간 우리는 인류 역사상 가장 다양하고 많은 변화를 목격해 왔다. 산업혁명 이후 기술의 발전은 가속화되어 왔고, 그 중의 가장 대표적인 것이 정보기술이라 할 수 있다. 정보기술은 우리가 일하고, 공부하고, 즐기는 등의 삶의 방식을 바꾸어 놓았을 뿐 아니라 미래의 삶의 방식에도 많은 변화의 요인이 될 것이다. 이러한 변화를 가장 민감하게 받아들이는 곳이 바로 기업들이며 정보기술이 기업경영에 미치는 영향은 아주 크고 광범위하다.

각 기업의 비즈니스 활동에 영향을 미치는 사회적, 기술적, 법적, 경제적, 물리적, 정치적 환경은 생산, 마케팅, 재무관리, 회계, 인사와 같은 경영의 일반적인 기능뿐만이 아니라 정보를 얼마나 올바르게 다루고 있느냐에 따라 경쟁력을 확보하게 되었다. 정보의 요구가 증대되는 측면에는 불확실성의 시대로 요약되는 정보화 사회의 특성과 급격하게 전개되고 있는 경영환경의 변화에서 그 이유를 찾아 볼 수 있다. 비즈니스의 환경은 다양한 분야로부터의 압력에 의하여 변화된다. 이러한 비즈니스 환경변화 중 글로벌 경영환경과 고객 및 시장의 변화에 대하여 자세히 설명하면 다음과 같다.

(1) 글로벌 경영환경의 도래

전 세계가 하나의 열린 시장으로 전환됨에 따라 국제적인 경쟁이 더욱 가속화되었다. 즉 종래까지 존재하던 경제 블록의 해체와 더불어 세계적인 교역자유화의 확대를 통하여 보호무역주의 추세가 완화되고, 원자재, 시장의 위치, 각종 규제 및 세금 등의 측면에서 글로벌화가 경제활동의 표준이 되고 있다. 이에 따라 기업들은 값싼 원자재의 도입, 노동력의 확보 및 각종 규제에 대응하기 위하여 시장 현지 공장, 영업점 등을 구축하여 시장 접근에 적극적으로 대응하여야 한다. 예를 들어, 유럽연합(EU)의 경우는 국가 간 공동 전략으로 글로벌 시장환경에 대응하고 있다.

(2) 고객 및 시장의 변화

오늘날 소비자들은 과거의 가격과 품질 위주의 구매성향을 벗어나 서비스의 만족도, 이미지, 소유가치, 환경 등에도 관심을 갖는 등 소비자들의 요구와 취향이 몹시 까다로워지고 다양화되고 있다. 매스미디어의 발전 및 정보기술의 발전에 따라 글로벌 환경에서의 정보격차는 갈수록 좁아지고, 이러한 현상은 고객의 입장에서 보면 다양한 상품의 정보를 다양한 루트를 통해서 접할 수 있게 되었다. 이러한 많은 정보들을 접한 고객들의 학습효과에 의해 다양한 요구사항이 나타나고 있으며, 이러한 고객의 요구는 다양화되어 1인 10색의 현상을 띤다고 하겠다. 특히 최근 제품개발 시 소비자가 직접 또는 간접적으로 참여하는 생산자와 소비자의 합성어인 프로슈머(prosumer) 개념의 등장은 고객의 다양화 현상을 첨예하게 보여주고 있다.

이에 따라 생산방식 또한 다품종 소량생산 혹은 다품종 대량생산 등의 형태로 변화하고 있다. 또한 국가 간 FTA 체결로 수출입에 대한 자유도가 높아짐에 따라 기업으로써는 해외 시장의 진출 기회일 수도 있지만, 다른 한편으로는 시장의 압박이 가중되는 양면의 현상도 나타나고 있는 실정이다.

7.1.2 기업의 대응

경영자는 기업을 유지시키고 경쟁력을 갖춘 조직으로 발전 및 유지시키기 위해서 이러한 환경변화에 신속하고 정확하게 대응하여야 하며, 기회요소로 활용할 필요도 있다. 특히, 이 기회요소를 잘 활용하여 기업의 발전 전략을 구현하고 다른 기업과의 차별성을 유지하여야 하며, 이를 신속하게 추진하여 전략적 우위를 달성할 수 있어야 한다. 다시 말해, 기업들은 새로운 기업환경을 야기한 위협과 기회에 대해 신속하게 대응할 필요가 있다.

이상 환경변화에 신속하고 정확하게 대응하기 위한 기업은 다양한 형태로 대응하고 있으며 그 중 주요한 핵심 대응활동들을 정리하면 다음과 같다.

- **경쟁우위를 위한 전략적 체계구축**: 조직의 시장점유율을 증가시키고, 공급자와 더 나은 협상을 하며, 경쟁업체의 시장 진입을 막을 수 있는 전략적 우위를 조직에게 제공한다.
- **지속적인 개선 노력**: 많은 기업들은 생산성과 품질을 개선하기 위한 프로그램을 지속적으로 실행하고 있다. 이러한 지속적 개선 노력의 예로는 적시생산시스템, 전사적 품질관리, 지식관리, 전사적 데이터관리, 변화관리, 고객서비스의 개선 및 혁신과 창조성을 향상시키고자 하는 노력 등이 있다.

- **BPR(Business Process Reengineering)**: 조직의 구조와 비즈니스 프로세스의 혁신을 추구하는 데 정보기술을 활용한 것이 바로 BPR(Business Process Reengineering)[3]이다. 정보기술이 BPR을 지원하는 분야는 업무의 자동화·프로세스의 정보화, 각 업무 기능별·조직별 정보의 통합, 기업의 유연성 확보를 통한 변화 대응력 강화, 데이터베이스·고객관리시스템 등을 이용한 고객중심 경영, 다양한 경영정보를 이용한 의사결정의 신속성·정확성 확보 등이 있다.
- **비즈니스 제휴**: 기업외부 측면에서 자원의 공유, 협력적 조달, 영속적인 공급자 관계 형성, 공동연구 등을 통해 협력기업들 혹은 경쟁사와의 제휴가 매우 이익이 될 수 있는 형태도 존재한다. 또한, 기업들이 제한시간 내에 특정 임무를 달성할 목적으로 특수한 회사를 형성하기 위해 일시적인 조인트 벤처를 이루기도 한다.
- **거래형태의 변화**: e-Business의 활성화로 인한 비즈니스 형태가 변화되는데, 구매, 판매 등의 기업 외부 조직과의 거래에 있어 정보기술을 이용한 정확하고, 용이한 거래가 가능하게 되었고, 기업과 고객 간의 거래(B2C)뿐 아니라 기업과 기업 간의 거래(B2B)에서도 정보기술의 이용이 활발하게 나타나고 있다.

7.1.3 본 장의 구성

이러한 비즈니스 환경변화에 따른 기업의 대응활동의 효과를 최대화하기 위해서는 다양한 경영정보의 활용이 요구되며, 경영정보의 효율적 관리 및 활용을 위해 경영정보시스템의 도입이 요구된다.

이에 본 장에서는 경영정보시스템에 대한 기초내용을 소개한다. 구체적으로, 다음 절에서는 경영정보시스템의 기본개념을 소개하고 정보기술의 탄생과 진화에 따라 많은 발전을 거듭해 오고 있는 경영정보시스템의 발전과정을 정리한다. 다음으로 경영정보시스템의 구현과 운영에 관련된 내용을 설명한다. 특히 활용가치가 높고 성공적인 경영정보시스템을 구현하기 위해서는 정보공학에 입각한 정보전략 계획수립과 개발방법론에 따른 시스템 구축이 필수적이며 이러한 방법론을 설명한다.

---

3) BPR은 1990년대 초 미국에서 제창한 개념으로서, 사업활동을 영위하는 조직의 측면에 있어 작업을 개선하고 자원의 사용을 보다 효율적으로 만들기 위하여 목적을 위한 모든 과정의 변화를 추구하는 것을 의미한다. BPR은 업무 프로세스를 시작에서 끝까지 다시 고려하여, 원가, 서비스 품질, 직원들의 능력 등과 같은 중대한 지표들 또는 그 모두를 강화하기 위한 업무활동의 재설계로 이어진다. 일반적으로 BPR의 개념에는 데이터를 조직화하고, 방향을 설정하기 위하여 컴퓨터나 정보기술을 사용하는 것이 포함된다.

7.2 기본개념 및 발전과정

7.2.1 정보시스템 개요

(1) 정보시스템

정보시스템(Information System; IS)이란 특정한 목적을 위해서 정보를 수집, 처리, 저장, 분석 및 유포하는 도구로 정의된다. 다른 시스템과 마찬가지로 정보시스템은 입력과 출력을 포함하며 입력을 처리하여 출력물을 산출하고 이를 사용자나 다른 시스템에 보내며 운영을 통제하는 피드백 과정을 포함하기도 한다. 이상의 정보시스템의 개념을 그림을 표현하면 다음의 <그림 7-1>과 같다.

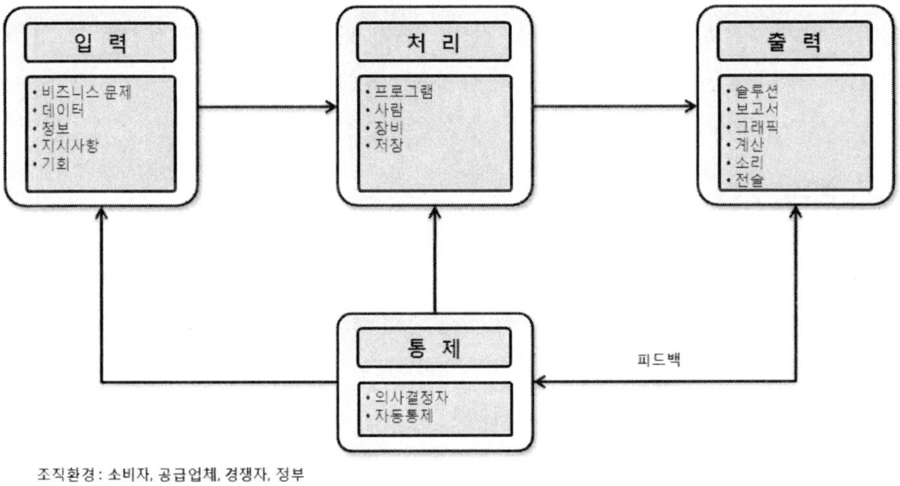

[출처: 임규건, 김광용, 김민용, 서우종 안병석 공역(2003), e-Business 시대를 위한 경영정보시스템, 사이텍미디어]

그림 7-1 정보시스템의 개념

일반적으로 정보시스템은 정형적 정보시스템과 비정형적 정보시스템으로 분류할 수 있다. 정형적 정보시스템이란 합의된 절차, 표준 입출력 및 고정된 정의사항을 포함한 시스템을 말하며, 비정형적 정보시스템은 정형화되지 않은 다양한 형태의 정보시스템을 의미한다. 예를 들어, 기업의 회계정보시스템은 재무적 처리를 담당하는 정형적 시스템이며 사무실의 인트라넷을 통한 이메일 정보의 교환이나 정보 탐색을 위한 포털 시스템 이용은 비정형적 시스템으로 볼 수 있다.

이상의 정보시스템이 기업경영에 효과적으로 적용되어 성공적인 비즈니스 수행에 도움이 되려면 아래와 같은 기본역량을 갖추어야 한다(임규건 외, 2003).

- 고속, 고용량, 수리적 계산의 수행
- 조직내부 및 조직상호간 신속, 정확하고 저렴한 의사소통 제공
- 작은 공간이지만 접근하기 쉬운 거대한 정보의 저장
- 전 세계적으로 대용량 정보에 대한 신속하고 저렴한 접근 허용
- 한 곳 또는 여러 지역에서 작업하는 종업원의 효과성과 효율성 증가
- 인간의 사고에 도전하는 정보를 명확하게 표현
- 수동의 비즈니스 프로세스를 자동화
- 신속한 입력과 편집
- 적은 비용으로 작업 수행 등

(2) 컴퓨터 기반 정보시스템

컴퓨터 기반 정보시스템(Computer-Based Information System; CBIS)이란 조직의 업무를 처리하기 위해 컴퓨터 기술을 사용하는 정보시스템을 말한다. 일반적으로 컴퓨터 기반 정보시스템의 구성요소는 크게 하드웨어, 소프트웨어, 데이터베이스, 네트워크, 절차와 사람이 있으며 각각에 대하여 자세히 설명하면 다음과 같다. 이 중 하드웨어, 소프트웨어, 데이터베이스와 네트워크는 지속적으로 신제품이 나오고 있고 기술이 발전함에 따라 새로운 제품도 개발되고 있으며 절차나 사람의 경우 새로운 방법론과 교육에 의한 능력향상 등을 도모하고 있다.

- **하드웨어**: 프로세서, 모니터, 키보드, 프린터와 같은 장치들의 집합이며 데이터와 정보를 받아서 처리하고 그 결과를 보여준다.
- **소프트웨어**: 하드웨어가 데이터를 처리하도록 하는 프로그램의 집합을 의미한다.
- **데이터베이스**: 연관된 파일, 테이블, 관계(relations) 등의 집합체인데, 데이터베이스에는 데이터와 이들 간의 연관성을 저장하기도 한다.
- **네트워크**: 상이한 컴퓨터 또는 원격의 컴퓨터 간에 자원을 공유하기 위한 연결 시스템을 말하며 조직 내부 및 조직 상호 간 신속, 정확, 저렴한 의사소통 제공한다.
- **절차**: 정보를 처리하고 요구된 출력을 생성하기 위해 이상의 구성요소들을 결합하는 방법에 대한 명령의 집합을 말한다.
- **사람**: 시스템을 이용하여 작업을 하거나 시스템의 산출물을 사용하는 개인들이다.

(3) 정보기술

일반적으로 정보기술(Information Technology; IT)이란 조직이 사용할 수 있는 컴퓨터 시스템의 집합체로 볼 수 있다. 정보기술은 다양한 제조 및 서비스업의 조직 설계 및 운영에 사용되고 있으며 실제 오늘날의 대부분의 비즈니스 활동의 주요한 촉진제로서 주요한 역할을 한다.

앞에서 설명한 바와 같이 정보기술의 발전은 기업전략과 업무방식의 급격한 변화를 가져왔으며, 컴퓨터 기반 정보시스템의 주요 구성요소별 발전 추세를 하드웨어와 소프트웨어를 중심으로 간략히 설명하면 다음과 같다.

- **하드웨어 기술의 발전**: 컴퓨터의 처리속도 및 처리 용량이 급속도로 발전하고 있으며 아울러 정보통신 기기 및 통신 네트워크 기술의 발전은 현대의 모든 삶의 방식을 획기적으로 바꾸고 있다.
- **소프트웨어 기술의 발전**: 하드웨어와 더불어 다양하고 사용하기 쉬운 소프트웨어 들이 개발되고 있으며 특히 인공지능 및 멀티미디어 기술의 발전은 소프트웨어 발전에 획기적인 공헌을 하고 있다. 여기서 인공지능(Artificial Intelligence; AI) 기술은 컴퓨터가 자체적으로 판단하고 학습할 수 있는 기능으로 전통적인 컴퓨터 능력의 한계를 극복할 수 있는 주요한 발전방향으로 볼 수 있다. 특히 데이터, 문자, 화상, 음향, 영상 등 정보를 디지털화하고 전송하는 네트워크 기술은 소프트웨어 발전의 또 다른 한 축을 담당하고 있다.

7.2.2 경영정보시스템 기본개념

(1) 정의

경영정보시스템(Management Information System; MIS)이란 조직의 전반적인 운영·관리 및 의사결정을 지원하기 위한 정보를 적절한 시기에 적절한 형태로 조직구성원에게 전달함으로써 조직의 목표를 보다 효율적·효과적으로 달성할 수 있도록 조직화된 통합적 인간-기계시스템으로 정의할 수 있다.

일반적으로 경영정보시스템의 기본적인 특징으로는 다음과 같은 것들이 있다.

첫째, 경영정보시스템은 근본적으로 인간-기계시스템이다. 즉 인간과 기계의 분업의 형태로 존재하는데, 특히 사용자 중심의 정보시스템이라는 측면에서 인간의 역할이 보다 중요하다.

둘째, 경영정보시스템은 통합시스템이다. 즉 기업의 세부 활동에 대응하는 다양한 하위 정보시스템 간 통합(integration)에 의해 구성되며 이를 통하여 다양한 경영정보의 질을 제고한다.

셋째, 경영정보시스템의 목표는 궁극적으로 전체 조직목표와 일치해야 하며 경영정보시스템을 위한 경영정보시스템은 의미가 없다.

넷째, 정보는 그 유용성에 존재 가치가 있다고 하겠다. 다시 말하면 적절한 시점에 적절한 형태로 적절한 구성원에게 제공되어야 한다. 그렇지 못할 경우 정보는 단순한 자료수준에 머물며 의사결정에 사용되기 어렵게 된다.

다섯째, 경영정보시스템은 조직의 계획·운영·통제 등 경영과정 전반에 걸친 활동 및 의사결정을 포괄한다.

(2) 정보자원 활용으로서 경영정보시스템

정보는 데이터에 기반을 두고 있으며 이용자의 의도에 맞게 프로세스를 통하여 의미, 목적, 유용한 형태로 전환되어 가치가 부여된 형태를 의미한다. 즉 데이터에 목적 적합성이 부가된 것을 부가가치 정보라고 정의한다.

경영정보시스템의 정보자원은 프로세스에 따라 데이터, 정보, 지식으로 분류되며 각각에 대하여 간략히 정의하면 다음과 같다.

- 데이터(data): 기업 경영활동 과정에서 기록되고, 분류되고, 저장되며, 어떤 특수 의미를 전달하기 위해서 조직화되지 않은 사물, 사건, 활동, 거래의 묘사를 의미한다.
- 정보(information): 기업경영의 사용자에게 의미나 가치를 부여하기 위해서 구성된 가공된 데이터를 의미한다.
- 지식(knowledge): 당면한 경영문제나 활동에 적용될 때, 이해, 경험, 축적된 학습, 전문지식을 전달하기 위해 체계적인 규칙을 가지고 구성되며 처리된 데이터나 정보로 구성된다.

이상의 내용을 종합하면 경영정보시스템을 활용하여 데이터를 수집하고 정보로 처리한 뒤 그 정보를 경영의 의사결정을 위한 지식으로 전환하는 것으로 볼 수 있다. 데이터 수집, 정보 처리 및 의사결정을 위한 지식으로의 전환체계를 그림으로 표현하면 <그림 7-2>와 같다.

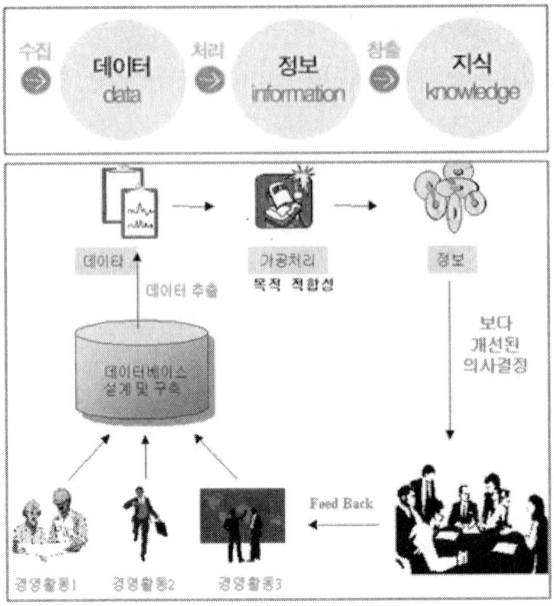

그림 7-2 정보시스템의 개념

다음으로 경영정보시스템에 관리하고 제공하는 기업의 업무별 대표적인 경영정보를 정리하면 다음과 같다.

- **영업/판매 부문**: 고객정보, 고객접촉 정보, 제품정보, 판매채널 정보, 주문정보, 주문처리 정보, 판매 후 서비스 관련 정보, 고객요구사항, 불만정보 등
- **제조/생산 부문**: 수요계획정보, 재고 및 생산계획정보, 생산설비 정보, 생산인력 정보, 작업일정 관리정보 등
- **마케팅 부문**: 시장, 경쟁사 정보, 고객요구사항 정보, 신제품 정보, 광고와 홍보 정보, 캠페인 이력정보, 고객만족도 정보 등
- **구매 부문**: 구매계획정보, 시장 및 공급자정보, 구매 관련 비용정보, 원자재 공급 정확도 정보, 원자재 재고정보 등
- **재무 부문**: 금융자산 정보, 투자관리 정보, 금융기관 연관 정보, 법/제도 관련 정보, 주식시장 정보 등
- **인사 부문**: 종업원 임금, 보수, 급여 정보, 장기 노동조건 정보, 입/퇴사 및 휴직 관련 정보, 종업원들의 기술정보, 종업원들에 교육 정보 등
- **회계 부문**: 지급금/지불금 정보, 각종 영수증/전표 정보, 비용정보, 자산 및 장비의 감가상각, 운영 및 관리비용 정보 등

(3) 정보자원의 질적 조건

경영정보시스템에서의 정보자원 활용을 위해 정보는 그 품질이 유지되지 않으면 유용성을 잃게 되므로 항상 품질이 유지되어야 한다. 정보의 품질을 유지하기 위해서는 적합성, 적시성, 정확성, 증거성 및 형태성을 갖추어야 하는데, 각각에 대하여 자세히 설명하면 다음과 같다.

- **적합성(relevance)**: 정보가 의사결정에 직, 간접적으로 관련되는 것을 의미하는 것으로 예를 들어 여행사에서 비행기 예약 시에 비행기에 남아 있는 좌석 수는 적합한 정보이지만 탑승객의 직업이나 자녀의 수는 적합한 정보가 아니다.
- **적시성(timeless)**: 정보가 시간적 가치를 가지는 것으로 예를 들어 고객으로부터 50개의 제품을 출하하도록 주문을 받은 경우 현재의 재고정보가 중요하지 일주일 전의 재고량은 가치가 없다.
- **정확성(accuracy)**: 오류가 없는 정밀한 정보를 말하는 것으로, 예를 들어 경리 부서에서는 작은 금액단위까지의 정보가 중요하지만 마케팅 부서에서는 끝자리까지의 금액정보는 필요하지 않다. (정확성은 상대적 개념으로 즉시 의사결정을 해야 하는 경우는 충분한 시간을 가지는 경우에 비해 오류의 가능성이 커진다.)
- **증거성(verifiability)**: 정보의 정확성을 확인하는 것으로 정보의 출처를 추적하거나 상세한 입력부터 요약된 정보까지 순차적으로 추적해 나가는 과정을 통해 확인이 필요하다.
- **형태성(presentability)**: 정보 사용자의 요구에 맞는 형태를 제공해야 하는 것으로 예를 들어 조직의 맨 하위계층에 있는 사람들에게는 상세한 내용을 담은 표 형태의 보고서가 필요하지만 상위계층의 관리자에게는 전체적인 흐름을 파악할 수 있는 요약된 보고서 형태로 그래프나 이미지에 의해 표현된 자료를 제공한다.

7.2.3 경영정보시스템 발전과정

경영정보시스템은 1950년대 중반 이후 단순자료처리 단계에서부터 1990년대 후반 e-business단계까지 지속적으로 발전해 왔다. 각 단계별 주요 특징을 정리하면 다음과 같다.

(1) 제1단계: 단순자료처리 중심(1950년대 중반 ~)

경영정보시스템의 초기 1단계는 1950년대 중반 이후로 볼 수 있다. 당시의 컴퓨터 하드웨어는 상상할 수 없을 만큼 비싼 장비였으며 단순계산 위주의 기능만을 지님으로써 제한된 성능을 가졌다. 이에 따라 초기 경영정보시스템은 이전까지 수작업으로 처리되었던 대량의 자료를 전산화하여 처리함으로써 인건비를 절감하는 것이 주 목표였는데, 모든 데이터를 컴퓨터 입력장치에 보내 넣으면 후속 작업에서는 컴퓨터가 종합적으로 처리하는 방식인 EDPS(Electronic Data Processing System)를 활용하여 회계처리 및 급여 계산을 수행하였고, 조직체의 운영상 기본적으로 발생하는 거래자료를 신속 정확하게 처리하는 정보시스템으로 TPS(Transaction Processing System)를 이용하여 영업활동에 사용되었다. TPS는 초기의 컴퓨터 활용 형태로 조직체의 관리자는 이 TPS의 실체에 대해 별로 아는 바가 없었으며 초기에는 이를 관리의 대상으로 여기지도 않았다. 이 시기에는 정보처리 방식에 대한 개념이 존재했었지만, 대부분의 컴퓨터 처리방식을 EDPS, TPS 혹은 EDP(Electronic Data Process) 등의 용어로 주로 사용되었다.

(2) 제 2 단계: 경영정보 제공의 중요성 부각(1960년대 중반 ~)

1950년대 이후의 단순 자료처리 중심에서 1960년대 중반 이후에는 경영정보의 활용에 대한 중요성이 부각되게 되고 이에 따라 경영정보시스템을 조직의 관리 및 의사결정을 지원하기 위한 정보를 제공하는 수단으로 활용할 수 있다는 인식이 증대되었다. 이러한 컴퓨터의 활용 배경에는 정보검색 기술의 발전 및 제3세대(IC) 컴퓨터의 등장을 들 수 있다. 과거 TPS에 의해 발생된 자료를 처리하여 경영자들 또는 관리자들의 의사결정을 지원하기 위해 미리 정해진 형태 및 내용의 정보를 제공해 주는 시스템으로 MIS(Management Information System) 또는 IRS(Information Reporting System)가 출현하였으나 기하급수적으로 늘어나는 시스템에 대한 요구를 충족시킬 수 없는 한계에 봉착하게 되었다.

(3) 제 3 단계: 의사결정 지원의 필요성 부각(1970년대 초반)

1970년대에 들어서면서 단순히 경영자들 또는 관리자들의 의사결정을 지원해주기 위한 정보제공의 차원을 벗어나 의사결정 모형의 제공을 통해 예측과 통제와 같은 보다 상위의 의사결정을 지원하는 데 중점을 둔 정보시스템인 DSS(Decision Support System)가 나타났다. DSS란 사용자들이 기업의 의사결정을 보다 쉽게 할 수 있도록 하기 위해 사업자료를 분석해주는 컴퓨터 응용프로그램을 말한다. 그러나 여기서 말하는 것은 정보를 제공하는 응용프로그램을 의미하는 것으로서, 일상적인 업무운영을 통해 데이터를 수집하는 등의 운영시스템과는 구별되는 것이다. 의사결정지원시스템을 통해 얻을 수 있는 전형적인 정보로는 주간 판매량 비교, 신제품 판매 전망에 기초한 수입예측 등이 있다. 이를 통해 기업의 최고경영자나 다른 의사결정그룹들에게 도움을 줄 수 있었다.

(4) 제 4 단계: 사무자동화 및 정보통신 기술의 보급(1980년대 ~)

특정한 그룹에 의해 관리되고 유지되었던 컴퓨터 관련 기술들에 대해 일대 변혁이 일어난 시기가 바로 1980년대부터이다. 이 시기에는 마이크로컴퓨터 또는 개인용 컴퓨터라 불리는 소형 컴퓨터들의 보급이 확대되었는데, 특히 MS-DOS라 불리는 OS가 개인용 컴퓨터에 탑재되면서 보급이 확대되기 시작하였다. 더불어 사무자동화 기술이 엄청난 속도로 발전하게 된다. 전자출판, 전자사서함, 원격화상회의 같은 사무자동화(Office Automation; OA) 시스템이 개인용 컴퓨터의 보급을 기반으로 등장하게 된 시기이기도 하다. 또한 1970년대 후반부터 인공지능(AI)의 한 분야로서 연구되어 컴퓨터에 내장된 전문적 지식을 통해 문제를 해결하는 전문가시스템(Expert System; ES)도 등장하게 되었다.

1980년대 후반에는 정보시스템의 새로운 역할에 대한 강조가 이루어지게 되면서 정보시스템이 단순한 정보제공 서비스 기능뿐만 아니라 경쟁적 무기로 사용되거나 기업에 직접 이윤을 줄 수 있는 정보 관련 제품과 서비스를 생산하는 기능이 수행될 수 있기를 원하였다. 또한 경쟁우위 확보를 추구하기 위하여 전략적 정보시스템(Strategic Information System; SIS) 구축이 이루어졌으며, 최고경영자가 사용하기 쉽고 제공되는 정보의 형태도 이미지나 그래프로 빠른 상황판단이 가능하도록 지원하는 중역정보시스템(executive information system; EIS)이 등장하여 최고경영층을 지원하게 되었다.

(5) 제 5 단계: 통합 전사적 정보시스템(1990년대 초반 ~)

1990년대에는 정보기술을 기업 업무방식을 새롭게 설계하고 변환하는 엔진으로 사용하기 시작한 시기였다. 이러한 업무방식의 변화에 기반을 두는 것은 통신 네트워크의 발전으로 이를 이용하여 업무 프로세스의 변화를 추구하게 되었다. 이에 따라 정보기술을 이용한 통합 및 전사적 정보시스템들이 등장하였고, 이들이 경영혁신의 필수적 도구로 사용될 수 있음을 인식하게 되었다. 통합 및 전사적 정보시스템의 대표적인 예로는 전사적 자원관리(Enterprise Resource Planning; ERP)시스템이 있으며 이 시기에 등장한 대표적인 경영혁신 도구로는 BPR이 있다.

(6) 제 6 단계: e-Business 시대의 개막(1990년대 후반 ~)

1970년대 EDI(Electronic Data Interchange)[4], 1980년대 CALS(Commerce at Light Speed)[5], 1990년대 ERP, SCM(supply chain management)[6] 및 CRM(customer relationship management)[7]의 발전으로 기업 내/외부 시스템의 통합 추세가 가속화되었으며, 특히 모든 정보시스템이 웹 기반으로 변화하는 시기였다. 이러한 웹 기반 정보시스템을 통해 인트라넷(intranet), 엑스트라넷(extranet), B2C, B2B, C2C 등의 다양한 형태의 전자상거래 형태가 등장하였으며, 이를 기반으로 본격적인 e-Business시대가 개막되었다. 이는 정보시스템이 경영관리 측면에서 거래처리뿐만 아니라 관리자에 대해 의사결정을 지원하고 조직화된 하나의 통합 시스템적인 프레임워크를 가져야 함을 의미한다.

7.3 경영정보시스템의 구현과 운영

7.3.1 정보시스템의 분류

정보시스템은 조직, 기능, 지원유형, 시스템 구조 등을 기준으로 분류할 수 있는데, 어떤 방식으로 분류되는가에 상관없이 시스템의 구조는 동일하다. 즉 앞에서 설명한 바와 같이 정보시스템은 하드웨어, 소프트웨어, 데이터베이스, 네트워크, 절차와 사람으로 구성된다. 정보시스템의 구체적인 형태에 대한 이해를 돕기 위하여 일반적인 정보시스템에 대한 분류방법 몇 가지를 소개하면 다음과 같다.

---

4) EDI란 기업 간의 거래데이터를 교환하기 위한 표준 포맷을 말한다. 미국의 데이터교환표준협회에 의해 처음 개발된 EDI 표준은 ANSI X12에 정의되어 있으며, 세계 표준인 EDIFACT에 밀접하게 대등하거나 또는 통합되어 가고 있다.

5) CALS란 군 관련 문서들과 정보들을 전자적으로 관리하고 보관하려는 시도에서 시작되었으며 그 후 의미상 여러 번의 변천과정을 거쳤고 시기에 따라 그 내용과 의미가 확대되었다. CALS의 궁극적인 목표는 정보시스템을 활용하여 기업 내 또는 기업 간의 업무프로세스를 철저히 합리화하고, 부가가치를 높이는데 있다.

6) Supply chain이란 최종고객에게 제품과 서비스를 제공하기 위한 서로 다른 프로세스와 활동이 상류에서 하류로 연결된 조직의 네트워크를 말하며 SCM이란 supply chain 전체의 경쟁력 향상을 목적으로 고객의 주문을 충족시키기 위해 원자재 공급, 생산 및 유통조직을 통합하고 자재, 정보, 화폐의 흐름을 통합하는 것을 의미한다.

7) 기업이 고객관계를 관리해 나가기 위해 필요한 방법론이나 소프트웨어 등을 가리키는 용어이다. 현재의 고객과 잠재고객에 대한 정보 자료를 정리, 분석해 마케팅 정보로 변환함으로써 고객의 구매 관련 행동을 지수화하고, 이를 바탕으로 마케팅 프로그램을 개발, 실현, 수정하는 고객중심의 경영기법을 의미한다.

(1) 조직구조에 의한 분류

조직에는 부서, 팀, 업무단위와 같은 다양한 구성요소가 있으며, 이러한 구성요소들은 일반적으로 하나의 부서에서 상위부서로 보고하는 계층구조를 형성한다. 이러한 조직라인에 따른 정보시스템의 분류로는 본부, 부서, 운영단위 및 직원을 위한 다양한 정보시스템으로 분류할 수 있으며, 조직구조에 기반을 둔 전형적인 정보시스템 형태로는 기능/부문별, 전사적 및 기업 간 정보시스템이 존재한다. 이러한 시스템은 기본적으로 계층적 구조로 구성되어 있어, 하나의 상위 수준의 정보시스템이 다수의 하위 시스템으로 구성되어 있으며, 각 형태에 대하여 설명하면 다음과 같다.

- **기능/부문별 정보시스템(departmental information system)**: 기업 내 고유한 기능/부서 영역별로 사용하는 다양한 정보시스템을 말하며 예를 들면 인사관리부서에서 사용하는 입사지원자 선발, 직원업무 분류 등에 사용하는 인적자원관리 정보시스템이 있다.
- **전사적 정보시스템(enterprise-wide information system)**: 기능/부문별 정보시스템이 보통 하나의 기능과 관련이 있는 반면 전사적 정보시스템은 여러 부서/기능을 지원한다. 예를 들어, 기업 전반에 걸쳐 자원 사용을 계획하고 관리하는 ERP 시스템이 대표적이다.
- **기업 간 정보시스템(inter-organizational information system)**: 기업과 기업 간을 연결하는 정보시스템으로 사업파트너 간에 흔하게 보이며 엑스트라넷을 통한 전자상거래에 광범위하게 활용된다. 예를 들어, 전 세계 항공예약시스템이 대표적 기업 간 정보시스템이다.

(2) 기능분야에 의한 분류

앞에서 설명한 바와 같이 기업은 여러 기능으로 구성되어 있으며 각 기능별 부서에는 일상적이고 반복적인 과업이 존재한다. 이러한 기업 내 기능에 따라 정보시스템을 분류할 수 있으며 대표적인 기능분야별 정보시스템으로는 회계정보시스템, 재무정보시스템, 제조정보시스템, 마케팅정보시스템, 인적자원관리시스템 등이 있다.

일반적으로 비즈니스 활동은 전략(strategic), 전술(tactical), 운영(operational) 활동으로 나누어지며, 이러한 단계에 따라 다양한 응용프로그램이 사용된다. 이상의 전략, 전술 및 운영활동에 따라 정보시스템을 분류하면 다음의 <그림 7-3>과 같다. 다음 그림에서 경영정보시스템의 구조의 제일 하부에는 운영관리의 단계로 각 업무의 처리공정시스템이 존재하며 이러한 처리공정시스템의 운영정보들이 지식관리시스템 및 사무

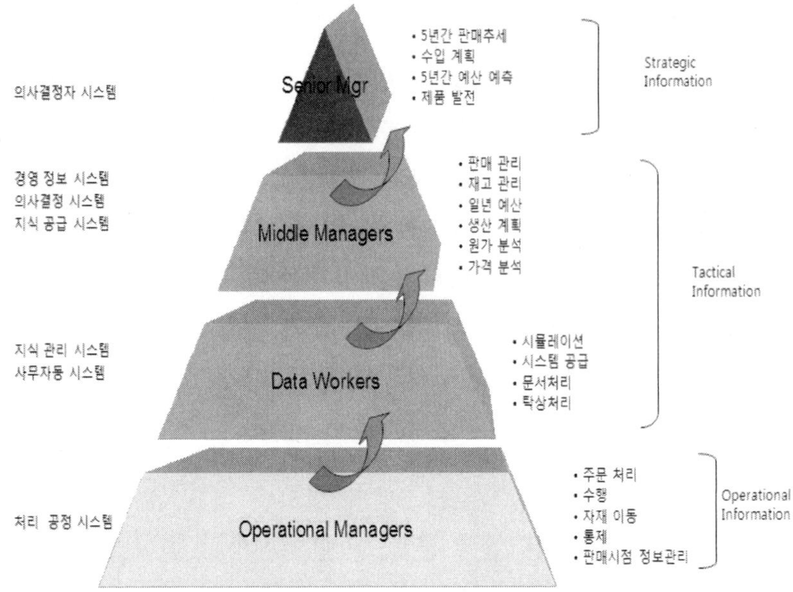

그림 7-3 전략, 전술, 운영 측면의 정보시스템 분류

자동화시스템을 통해 경영정보시스템, 의사결정시스템 및 지식공급시스템으로 전술적 정보들이 만들어지며, 이러한 전술적 정보들을 바탕으로 의사결정자시스템을 통해 전략정보화된다.

(3) 지원유형에 의한 분류

기능영역과 관계없이 정보시스템이 제공하는 지원유형에 따라 정보시스템을 분류할 수 있으며 다음과 같은 것들이 있다.

- **거래처리시스템**: 일상적인 기업의 운영에 필수적인 활동을 지원하는 정보시스템으로 주로 회계, 인사 및 재무분야에서 반복적인 대용량의 데이터를 신속하게 처리, 요약 및 구조화한다.
- **경영정보시스템**: 기업의 부서별 활동과 경영자를 지원하는 정보시스템으로 각 기능 부서의 반복적인 의사결정을 지원하기 위하여 정보의 접근, 조직화 및 요약하는 기능을 가지고 있으며 본 장의 경영정보시스템 개념보다 협의의 의미를 가진다.
- **지식경영시스템**: 회사의 공유지식을 직원에게 제공하는 정보시스템을 말한다.
- **사무자동화시스템**: 사무직원의 업무를 지원하는 정보시스템을 말한다.
- **의사결정지원시스템**: 경영자 및 실무자의 다양한 의사결정을 지원하는 정보시스템을 말한다.

7.3.2 경영정보시스템의 구현

(1) 개요

경영정보시스템을 구축하는 데 있어 기능/활용 단위에 의해 시스템이 구축되는 경우가 많으며 효율성 높은 활용을 위해서는 여러 종류의 다양한 형태의 정보시스템의 구축 및 운영이 필수적이며, 많은 투자가 필요하고 효율적 운영 및 관리가 필요하다. 특히 경영정보시스템의 성공을 위해서는 기업의 비전과 전략에 의한 분석과 이를 체계적으로 반영한 정보시스템의 구축이 필요하다.

일반적으로 경영정보시스템 구축을 위해서는 기업의 사업전략하에 중장기 정보화 전략이라 할 수 있는 정보전략 계획을 수립하고 이를 기반으로 정보기술 전략을 수립한 후 단계적으로 세부 정보시스템들을 구현하는 계층적 구조를 가진다. 여기서 사업전략이란 사업의 목표와 방향에 맞게 사업 분야를 결정하는 것을 말하며 정보전략(Information Strategy; IS)은 사업전략 및 요구에 기반을 두고 응용업무에 초점을 맞추어 수립한다. 가장 하위단계의 정보기술 전략은 경영활동에 기반을 두고 구체적인 기술에 초점을 맞추어 수립되어야 한다.

이러한 사업전략, 정보전략 및 정보기술 전략에 대한 계층적 구조는 정보계획과 기업의 사업계획을 연계하는 연결고리로서 <그림 7-4>와 같이 나타낼 수 있다.

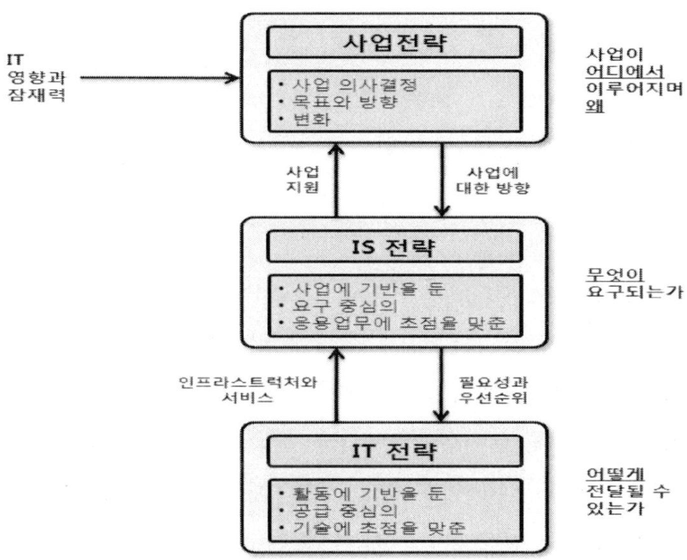

[출처: 임규건, 김광용, 김민용, 서우종 안병석 공역(2003), e-Business 시대를 위한 경영정보시스템, 사이텍미디어]

그림 7-4 사업전략, 정보시스템 전략 및 정보기술 전략 간의 관계

본 절에서는 정보공학 방법론 기반 경영정보시스템 구현 절차를 설명한 후 이에 의거한 정보전략 계획 및 시스템 개발을 위한 정보기술 전략을 소개한다.

(2) 정보공학 방법론 기반 경영정보시스템 구현 절차

본 절에서는 정보공학 방법론에 의거한 경영정보시스템 구현 절차를 설명한다. 정보공학 방법론이란 정보시스템의 계획, 분석, 설계, 구축 등을 위한 전형적인 기법들을 통합한 응용방법으로 바른 정보가 적기에 필요한 사람에게 전달될 수 있도록 자동화된 방법론이며, 전사적 모델, 데이터모델, 프로세스 모델들을 구축하여 데이터처리시스템을 생성하고 유지할 수 있게 하는 이론을 말한다.

정보공학 방법론에 의한 경영정보시스템 구현 단계를 설명하면 다음과 같으며 이 중 사업의 방향과 정보기술의 방향을 통합하기 위한 정보전략 계획과 정보기술을 활용한 정보전략의 구현 전략인 정보기술 전략에 대한 자세한 내용은 아래와 같다.

① 정보전략 계획(Information Strategy Planning; ISP): 정보전략 수립, 업무기능 모델링, 데이터 모델링, 상호작용 분석, 업무영역 도출 등을 포함하며 이후에 자세히 설명한다.

② 사업영역 분석(Business Area Analysis; BAA): 업무영역 분석, 기능모형 상세화, 데이터 모형 상세화, 상호작용 상세, 업무시스템 도출 등을 포함한다.

③ 업무시스템 설계(Business System Design; BSD): 업무설계, 시스템 구조 설계, 데이터베이스 설계, 상호분석, 업무시스템 구축 준비 등을 포함한다.

④ 업무시스템 구축(Business System Construction; BSC): 업무시스템 구현, 프로그래밍, 테스트 및 운영준비를 포함한다.

(3) 정보전략 계획

정보전략 계획(Information Strategy Planning; ISP)이란 조직의 전략방향과 업무를 총괄적으로 분석하고 정보흐름을 파악하여 조직에 맞는 정보구조를 도출하고, 이의 구현을 위한 종합적이고 전사적인 계획을 수립하는 활동으로 정의된다. 정보전략은 1997년 CIO Communication 회사에 실시한 정보기술 중역에 대한 설문조사에서 CIO가 가장 관심을 갖는 분야이며 2000년대 이후에는 정보기술, 전자상거래 등 신기술 개발과 함께 그 중요성이 증가되었다. 이는 치열한 경쟁 환경에서 정보기술과 사업의 통합이 필요하게 되었고, 특히 구매자, 생산자, 판매자 및 고객을 연결하는 웹 기반 공급사슬의 출현과 더불어 기업의 사업전략에서 정보관련 전략이 주요한 위치를 차지하게 되었다.

앞에서 설명한 비즈니스 환경의 변화 및 기업의 대응에 대한 기본도구로서 정보시스템에 대한 정보전략 계획은 기업의 경쟁우위 확보를 위한 기술활용 제고 방안의 연구에 우선순위를 부여해야 한다. 또한 정보전략 계획에서는 기업의 목표와 성공요소를 수립하고 핵심 성공요소(Critical Success Factor; CSF) 분석을 통한 목표달성을 위한 조정작업이 이루어져야 하며, 업무수행력을 향상시킬 수 있도록 필요한 정보를 결정하고 전반적인 효과 측면에서의 필요한 정보시스템들을 결정한다. 그리고 정보전략 계획에서는 BAA를 위한 개략적 모델을 업무 영역별로 분류한다. 업무영역별로 결정된 개략적 모델은 기업관점에서의 목표, 기능, 정보, 성공요소, 조직구조 측면에서 다양한 정보를 제공할 수 있도록 해야 한다.

경영정보시스템 구현을 위한 첫 번째 단계인 정보전략 계획에 대하여 목적 및 주요 활동을 정리하면 다음과 같다.

- 정보전략 계획의 수립 목적
  - 사업의 방향과 정보기술의 방향을 통합하여 기업의 경쟁력 확보
  - 기업의 사업전략을 지원하기 위한 정보시스템의 지원방향 결정
  - 기업의 사업목표에 부합하는 프로젝트를 식별하고 이에 대한 우선순위 부여
  - 장기적인 측면에서 정보시스템의 생산성 향상

- 정보전략 계획의 수립의 주요 활동: 정보전략계획 수립을 위한 주요 활동으로 우선 기업이 어떻게 운영되는지에 대한 분석이 필요하다. 이는 전략적 기회 요소, 목표, 핵심성공요소, 정보요구사항 등의 결정 및 정보기술의 활용방안 결정에 대한 분석을 포함한다. 또한 정보기술의 활용으로 더 나은 운영이 될 수 있도록 경영중심의 분석작업이 이루어져야 한다. 경영중심의 분석작업은 업무분석을 위한 개략적 기업모델 개발 및 분야별 분류를 의미한다.

(4) 정보기술 전략

정보전략 계획을 수립하고 목표를 달성하기 위해서는 다양한 기법, 기술 및 방법이 필요한데, 이 중에서 정보기술을 활용한 방안의 전략이 바로 정보기술 전략이다. 먼저, 정보기술 전략에 대한 개념은 아래의 <그림 7-5>와 같다.

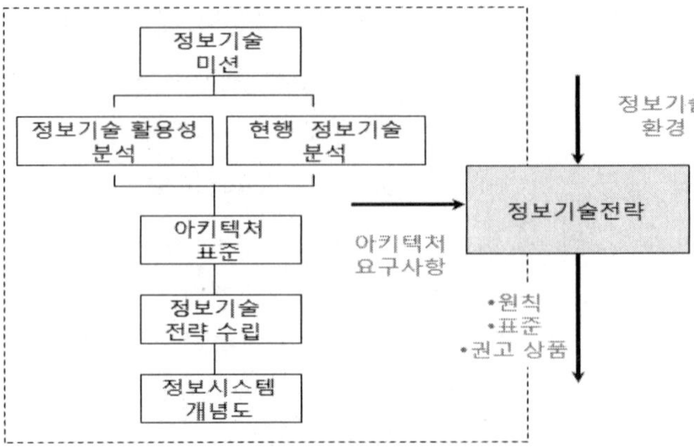

그림 7-5 정보기술 전략 개념도

정보기술 전략이란 사업전략하에 어떤 정보기술을 활용해서 경영정보시스템의 목적을 완수하느냐와 관련된 기술전략이다. 즉 위의 그림에서 경영정보시스템의 전체구조를 정의하는 정보기술 아키텍처의 내용들이 바로 정보기술 전략이 되며 전사적 경영정보시스템의 경우 다양한 경영 수준을 위한 응용프로그램과 연구개발, 마케팅, 생산, 분배와 같은 다양한 부서별 경영활동을 지원하는 응용프로그램들로 구성된다. 그리고 이러한 정보기술 전략을 통해서 원칙, 표준 및 제품에 대한 권고를 행하게 된다.

정보기술 전략의 수립을 위한 기본요건으로는 정보기술 아키텍처의 필요성, 정보기술 아키텍처의 정의, 기술중심의 사고, 전략적 사고 등이 있는데 각각에 대하여 설명하면 다음과 같다.

- **정보기술 아키텍처의 필요성**: 정보기술과 경영전략과의 조율을 확보하고 기술적 변화를 수용하며 경영변화 지원이 가능하도록 정보기술 전략이 수립되어야 한다. 또한 구축하고자 하는 경영정보시스템의 방향성에 대한 검토도 진행되어야 한다.
- **정보기술 아키텍처의 정의**: 정보기술의 도입, 시스템 구축, 활용 등에 있어서의 원칙, 가이드라인 및 각종 내부적 제도 등을 포함하여 정보기술 전략을 정의한다.
- **기술중심의 사고**: 컴퓨터, 통신 등 정보 기술의 국지적 활용 및 속도향상 등에 주안을 두며, 특히 효율성을 항상 제고해야 한다.
- **전략적 사고**: 조직의 강점과 능력에 대한 고려가 필요하며 조직의 기회 요인을 활용하도록 정보기술을 사용하여 조직 비전을 달성토록 해야 한다. 기술중심의 사고에 비해 정보기술을 이용 조직의 체질개선이 더욱 필요할 수 있고, 컴퓨터가 중요한 것이 아니라 기업이 달성하려고 하는 것을 컴퓨터가 가능하게 하는 것이 중요한 사항임을 인식해야 한다.

(5) 전략적 정보시스템의 목표

정보전략 계획, 정보기술 전략 등 전략적 정보시스템을 구축하고 운영하는 데 있어는 일반적인 목표는 성능(capability), 통제(control), 의사소통(communication), 비용(cost) 및 경쟁우위(competitive advantage) 측면의 5C로 구성되며, 이러한 목표들의 달성을 위해 전략적 정보시스템들은 지속적으로 개선되고 발전되고 있다. 각 목표에 대하여 간략히 설명하면 다음과 같다.

- Capability: 처리속도 향상, 처리량 증가 및 정보조회 속도 개선 등 정보시스템의 성능 측면에서의 목표를 의미한다.
- Control: 정확성(accuracy), 일관성(consistency), 보안성(security) 등 정보시스템을 운영에 있어 통제력 측면에서의 목표를 의미한다.
- Communication: 의사소통의 양과 질 향상, 업무 통합 등의 통합적 업무를 원활하게 수행할 수 있도록 네트워크를 통한 정보의 전달 측면에서의 목표를 의미한다.
- Cost: 비용 감시, 비용 절감 등과 같이 정보시스템 구축 및 운영에 있어 비용의 절감의 요구에 대한 목표를 의미한다.
- Competitive advantage: 경쟁우위의 확보, 즉 고객의 이탈을 방지하는 고객 lock-in, 경쟁자의 경쟁 사업에서의 이탈을 유도하는 경쟁자 lock-out, 공급자와의 관계 개선 및 신제품 개발 등을 말한다.

(6) 전략적 정보시스템의 효과

정보전략계획을 수립하고 정보기술 전략을 수립하는 등의 전략적 정보시스템을 통해 얻을 수 있는 효과는 크게 생산성 제고, 효과성 제고, 경쟁우위의 확보가 있다. 각각에 대하여 자세히 설명하면 다음과 같다.

- 생산성 제고(raising productivity): 업무자동화를 통해 효율성을 제고하며 주문 재고 파악 등과 같은 반복수행에 필요한 자원을 절약하는 것을 말한다.
- 효과성 제고(raising effectiveness): 필요한 업무를 수행하는 것, 고품질의 제품 및 서비스의 생산에 기여하고 고객만족 등의 효과를 의미한다.
- 경쟁우위 확보(securing competitive advantage): 경쟁전략 방법의 변화에 적절히 대응하고, 시장 점유율, 시장 지배력, 매출 규모 등의 지표를 통해 경쟁사 대비 경쟁우위를 확보하는 효과를 말한다.

이상 전략적 정보시스템의 효과는 단순히 위에 열거한 세 가지의 효과뿐만 아니라 더욱 다양한 효과들이 있으며, 한 가지 이상의 복합적 요소에 의한 효과가 큰 부분을 차지하고 있다.

(7) 경영정보시스템의 구축단계 및 주요 고려사항

경영정보시스템을 구축하기 위해서는 그 복잡성으로 인하여 단계적으로 접근할 필요가 있다. 이러한 단계적 접근을 통하여 구축의 성공확률을 높이고 더욱 활용성이 높은 경영정보시스템의 구축이 가능하다.

일반적으로 경영정보시스템의 구축은 프로젝트 준비, 시스템 분석 및 실현 가능성 조사, 시스템 설계, 시스템 개발 및 구현, 운영 및 유지보수와 같은 다섯 단계로 진행되며 아래의 <그림 7-6>과 같이 나타낼 수 있다. 정보시스템 구축 단계에 대해서는 각 단계별 내용과 고려되는 핵심활동에 따라 다양한 구축 방법론이 존재하고 있으며 이러한 구축 방법론들을 활용함으로 인해 더욱 완벽하고 효율화된 시스템 구축에 한발 다가갈 수 있다.

구축 단계		핵심 활동	고려사항
단계 1	프로젝트 준비 단계	▪ 프로젝트 목표 수립 ▪ 일정 및 예산 계획 수립	▪ 팀원 및 고객과의 목표 공유가 중요 ▪ 프로젝트의 위험을 감지하고 대응방안을 수립하지 않으면 프로젝트가 진행될수록 위험이 커짐
단계 2	시스템 분석 및 실현가능성 조사	▪ 현 시스템의 분석 ▪ 업무 프로세스의 분석 ▪ 기술, 경제성, 조직, 정책 측면의 실현가능성 검토	▪ 업무 프로세스 중심의 시스템 분석으로 현 시스템의 한계 파악 ▪ 구현의 장애요소 파악 / 인식
단계 3	시스템 설계	▪ 아키텍쳐 설계 ▪ 데이터베이스 설계 ▪ 화면 및 비즈니스 설계	▪ 어떠한 기능이 필요하고 이러한 기능들을 어떻게 달성할 것인가? ▪ 재사용성 및 유지보수를 고려한 설계 필요
단계 4	시스템 개발/구현	▪ 설계를 시스템으로 구현 ▪ 테스트	▪ 원하는 기능이 구현되고 있는지에 대한 고객으로부터의 피드백 ▪ 다른 시스템과의 통합은 어떻게 수행할 것이며 장애요인은 없는가?
단계 5	운영 / 유지보수	▪ 시스템 개발 후 운영 ▪ 유지보수	▪ 신속한 문제 대응 체계 구축 ▪ 고객과의 지속적인 의사소통

그림 7-6 경영정보시스템 구축단계 및 주요 고려사항

<그림 7-6>에서 표현한 경영정보시스템의 구축단계별 핵심활동과 주요 고려사항을 체계적으로 설명하면 다음과 같다.

먼저, 1단계에서 프로젝트 목표를 수립하고, 일정 및 예산 계획을 수립하는 프로젝트 계획을 수립한다. 일반적으로 프로젝트 관리(project management)8)란 프로젝트 요구사항을 충족시키기 위하여 관련 지식, 기법, 도구 및 기술 등을 프로젝트 활동에 적용하는 것으로 경영정보시스템 구축 역시 주요한 프로젝트로 볼 수 있으며, 일반적인 프로젝트 관리 절차에 따라 업무를 진행할 수 있다. 정보시스템 프로젝트 계획수립 단계에서는 팀원 및 고객과의 목표 공유가 중요하며, 구축 프로젝트의 위험을 감지하고 대응방안을 수립하지 않으면 프로젝트가 진행될수록 위험이 커지게 되는 결과를 초래한다. 따라서 프로젝트에 대한 명확한 목표를 수립하고 이 목표의 달성을 위한 제반 관리업무를 철저하게 수행할 수 있는 프로젝트 계획의 수립이 필수적이다. 이를 위하여 핵심성공요인에 대한 분석 및 이를 위한 정보요구사항 및 달성 정도를 평가할 수 있는 체계가 필요하다.

2단계에서의 주요 핵심활동으로는 현 시스템의 분석, 업무 프로세스의 분석 및 기술·경제성·조직·정책 측면의 실현가능성을 검토 등이 있다. 특히 현 시스템의 분석은 1단계에서 수립된 계획에 따라 현 조직의 의사결정과 운영을 위해 필요한 정보를 규명해야 하고 요구사항을 분석한다. 이를 위하여 기업의 하위 프로세스를 식별하고, 경영자와 프로세스를 연관지어야 한다. 또한 시스템과 업무 프로세스의 분석은 기술·경제성·조직·정책 측면에서 실현 가능성을 평가해야 하는데, 실현가능하다는 결과가 나오면 구체적인 하드웨어, 소프트웨어, 통신, 시설, 인력, 재무 등 자원할당을 위한 지침을 마련한다. 이상 시스템 분석 및 실현 가능성 조사 단계에서의 주요 고려사항은 업무 프로세스 중심의 시스템 분석으로 현 시스템의 한계를 구체적으로 파악하고 구현의 장애요소를 파악하고 있어야 한다는 점이다.

3단계인 시스템 설계 단계에서는 아키텍처 설계, 데이터베이스 설계와 화면 및 비즈니스 설계가 이루어진다. 특히 정보기술 아키텍처는 여러 형태의 하드웨어, 소프트웨어, 인력, 통신 및 수행절차와 같은 정보시스템의 구성요소를 말하며 다른 기업은 다른 형태의 정보기술 아키텍처를 가진다. 일반적인 정보기술 아키텍처의 형태로는 중앙 집중형 컴퓨팅(centralized computing), 분산컴퓨팅(distributed computing), 중앙 집중형과 분산형의 혼합(blended computing)이 있으며 해당 기업의 상황에 맞는 적절한 아키텍

8) 일반적인 프로젝트 통합관리 프로세스는 아래와 같은 5가지 단계로 구성된다.
① 프로젝트 착수(initiating) 프로세스
② 프로젝트 계획수립(planning) 프로세스
③ 프로젝트 실행(executing) 프로세스
④ 프로젝트 감시 및 통제(monitoring and controlling) 프로세스
⑤ 프로젝트 종료 및 평가(closing and assessing) 프로세스

처를 선택해야 한다. 즉 잘못된 정보기술 아키텍처는 정보의 원활한 흐름을 왜곡하며 그 결과로 효과적인 비즈니스의 방해할 수 있다는 측면에서 각 기업의 상황에 맞는 정보기술 아키텍처를 구성하는 것이 필요하다. 시스템 설계 단계에서의 주요 고려사항으로는 어떠한 기능이 필요하고 이러한 기능들을 어떻게 달성할 것인가에 대하여 명확한 상세가 개발되어야 하며 특히, 재사용성 및 유지보수를 고려한 시스템 설계가 필요하다.

4단계에서는 설계된 시스템을 개발하고 구현하며 이를 테스트하는 단계이다. 이 단계에서는 시스템 요구사항과 정보기술 아키텍처에 따라 원하는 기능이 구현되고 있는지에 대한 고객으로부터의 피드백이 중요하며, 다른 시스템과의 통합을 어떻게 수행할 것이며 장애요인은 없는지를 명확히 파악해야 한다.

마지막으로 5단계에서는 개발이 완료되고 난 이후의 시스템의 운영 및 유지보수에 관련된 업무를 수행한다. 이 단계에서는 신속한 문제 대응 체계를 구축해야 하며 고객과의 지속적인 의사소통이 유지되어야 한다.

7.3.3 경영정보시스템의 운영

(1) 정보자원 관리

현대의 조직은 여러 정보자원9)을 소유하고 있으며 이러한 정보자원은 조직의 중요한 자원으로 자리매김하고 있다. 또한 정보시스템의 구축, 운영 및 유지보수에는 상당히 많은 시간과 비용이 요구된다. 이에 따라 정보시스템을 적절히 관리해야 하며 특히, 정보자원의 관리 책임은 더욱 명확해지고 있는 것이 현 실정이다.

일반적으로 정보자원에 대한 관리는 조직의 정보시스템부서(Information System Department; ISD)와 조직의 최종 사용자가 책임을 지는 경우가 대부분이다. 이에 따른 책임의 분류는 다음과 같은 사항을 고려해야 한다.

- **정보자원관리 주체 및 역할**: 일반적으로 정보자원은 조직 전체에 산재하며 특히 자주 변경되는 특징으로 인하여 정보자원관리에 대한 책임소재를 규명하는 것이 매우 어려운 일이다. 즉 어떤 기업에서는 ISD에서 대부분의 자원을 관리하며 다른 기업에서는 ISD가 일부의 정보자원만을 관리하기도 한다. 이에 따라 ISD와 최종사용자 간의 적절한 역할분담이 필요하다.

9) 대표적인 정보자원으로는 하드웨어(컴퓨터, 서버 등), 소프트웨어(개발도구, 언어, 응용프로그램 등), 데이터베이스, 네트워크(근거리, 원거리, 인터넷, 인트라넷, 엑스트라넷 등), 업무수행 절차, 보안시설, 건물 등이 있다.

- **ISD의 역할, 구조, 그리고 조직에서의 위치**: ISD의 역할은 단순히 기술적인 부분에서 경영상의, 전략상의 부분으로 변화하였다. 그 결과 ISD가 기업에서 차지하는 위치는 단순히 위로 보고하는 위치에서 부사장, 혹은 최고경영자로 보고라인이 격상되는 경향이 나타나고 있다. ISD 부서장의 역할은 기술 관련 매니저에서 중역, 때로는 정보담당임원(Chief Information Officer; CIO)으로 변화하고 있으며, ISD의 내부구조는 새로운 역할을 반영하듯 점차 변화하고 있다. ISD는 공급업자, 영업파트너, 연구기관, 대학, 컨설턴트와 같은 외부 기관과 밀접한 관계를 맺어 경영측면의 고려와 전략적 고려뿐만 아니라 기술적 측면도 고려해야 하는 조직이다.
- **ISD와 최종사용자와의 관계**: 모든 최종사용자와 ISD를 대표하는 운영위원회는 정보기술 정책을 정하고, 우선순위를 결정하고, 정보시스템 프로젝트를 조정하여 계획수립, 예산 통제, 응용프로그램 개발 및 유지보수를 위한 ISD/최종사용자 공동 프로젝트 팀을 필요로 한다. ISD와 사용자는 컴퓨팅 책임을 정의하고, ISD에 의해 제공되는 서비스에 대한 틀을 규정하는 서비스와 관련한 협정을 맺고, ISD는 최종사용자를 위한 기술 및 관리 지원하게 된다. 뿐만 아니라 ISD는 최종사용자 불평을 신속히 처리하고 가능한 빨리 갈등을 해소하기 위한 노력이 필요하다.

(2) 경영정보시스템의 성공적인 운영

경영정보시스템의 궁극적인 목적은 기업의 모든 경영분야에서 다양한 정보기술을 활용하여 필요한 정보를 필요한 사람에게, 필요할 때, 필요한 형태로 가장 효율적, 효과적으로 제공함으로써 조직의 성과를 제고하기 위한 것이다 이러한 목적을 달성하기위하여 경영정보시스템은 아래와 같은 요소들을 고려해야 한다.

- **정보기술**: 시스템을 구축하기 위한 정보기술로서 데이터베이스, 시스템개발방법론, 네트워크 등에 대한 연구가 필요하다.
- **경영의 정보화**: 시스템의 응용대상은 경영조직이므로 인사, 조직운영, 기획, 마케팅, 생산, 회계 등 경영학의 제 분야에 대한 정보화 전략에 대한 연구가 요구된다고 하겠다.
- **경영이론**: 경영정보시스템의 성공과 실패는 기업경영의 목적에 부합해야 하므로 경영전략, 조직이론에 대한 연구가 필요하다.

이상 경영정보시스템은 다양한 학문적 제 분야를 총괄하여 정보기술의 기반기술을 활용하면서 지속적으로 진화 발전하는 개념이라고 할 수 있고 앞으로도 기업의 경영에 있어 핵심요소로서 그 역할을 수행할 것으로 판단된다.

(3) 경영정보시스템의 평가

기업의 경영정보시스템에 대한 투자가 증가하고 있는 추세에서 구축된 경영정보시스템의 성과를 측정하고 평가하는 것은 기업의 경영자와 정보시스템 관계자에 있어 매우 어려운 과제로 등장하였다. 특히 정보시스템의 역할이 단순히 사무자동화나 경비절감의 차원을 넘어 기업의 전략적인 도구로 활용됨에 따라 적절한 평가방법이 필요하며 관련 연구가 지속적으로 진행되고 있다. 이러한 연구는 대부분 계량화하기 쉬운 비용 영역만을 중심으로 진행되거나 정성적 요인에 대한 평가변수의 발굴에만 초점을 맞추어 왔으나 앞으로는 좀 더 확대된 영역을 포괄하며 실무적으로 활용될 수 있는 구체적인 평가모형의 개발 및 적용이 필요할 것으로 판단된다.

토의문제

1. 정보시스템의 기본개념을 설명하고 정형적 정보시스템과 비정형적 정보시스템의 사례를 조사해보시오.
2. 기업의 업무별 대표적 경영정보 및 필요성에 대하여 정리해보시오.
3. 정보자원의 질적 요건으로는 어떤 것들이 있는지 설명해보시오.
4. 정보시스템을 조직구조에 따라 분류해 보고 각 형태별 대표적인 예를 설명하시오.
5. 정보전략 계획을 정의하고 수립목적 및 관련 활동을 설명하시오.
6. 정보기술 전략을 정의하고 수립을 위한 기본요건을 설명하시오.
7. 경영정보시스템의 구축단계 및 주요 고려사항을 설명하고 사례를 조사해보시오.

참고문헌

1. 오재인, 안상형, 유석천(1999), 경영과 정보시스템, 박영사
2. 임규건, 김광용, 김민용, 서우종, 안병석 공역(2003), e-Business 시대를 위한 경영정보시스템, 사이텍미디어
3. 황하진(2000), e-Business 시대의 경영정보시스템, 학문사

Techno Management

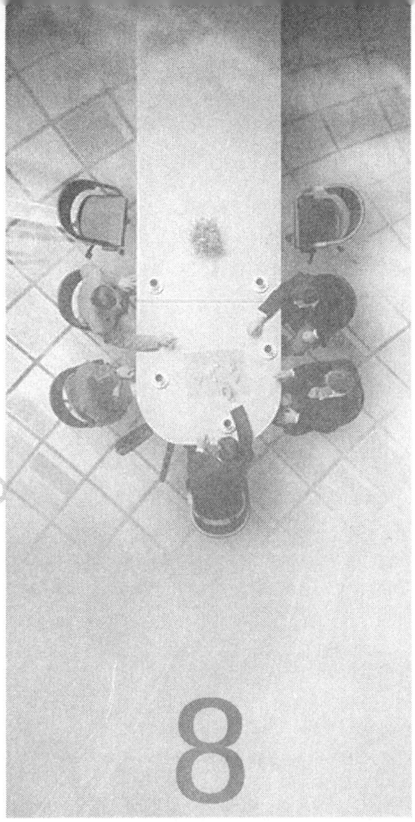

8 공급사슬경영

최근의 급변하는 시장환경 속에서는 기업 혼자만의 힘으로 경쟁력을 얻고 시장에서 살아남는 것이 불가능한 상황이다. 한 기업의 경쟁력 향상은 제품과 서비스의 가치를 향상시키기 위한 일련의 활동을 전개하는 공급사슬 상에 존재하는 모든 기업의 참여와 협력이 없이는 불가능하기 때문이다. 이 때문에 법률적으로는 서로 다른 기업이지만 공급사슬 전반의 경쟁력 향상을 위해 기업들을 통합하고 조화시키기 위한 공급사슬관리라는 새로운 경영철학이 등장하게 된 것이다.

8.1 공급사슬관리의 개념

8.1.1 공급사슬관리의 정의

아래의 <그림 8-1>은 공급자가 원자재를 제조업자에게 공급하여 완제품이 생산되고 이 완제품이 분배센터를 통해 최종고객에게 인도되는 공급사슬의 한 예를 보여주고 있다. 이 그림에서 원자재와 완제품과 같은 자재는 공급자로부터 제조업체와 분배센터를 거쳐 최종고객으로 흐른다. 그러므로 공급사슬의 상류는 자재의 흐름에 따라 공급자에 해당되고 하류는 최종고객에 해당된다. 자재흐름과 반대로 화폐나 주문량의 정보와 같은 정보의 흐름은 최종고객으로부터 공급자로 흐른다.

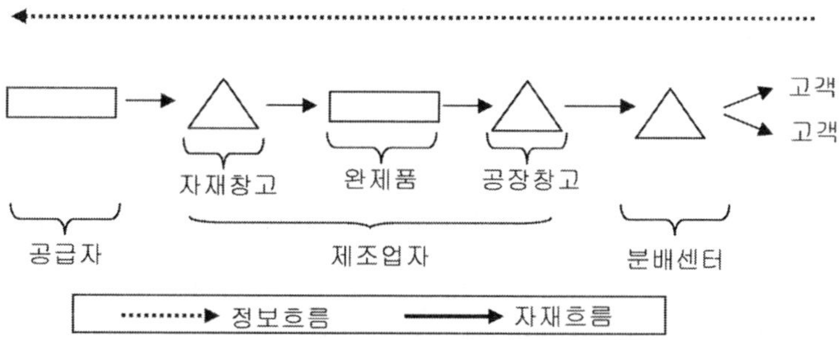

그림 8-1 공급사슬의 예

Christopher(1998)는 다음과 같이 공급사슬(Supply Chain)을 정의하였다.

> "최종고객에게 제품과 서비스를 제공하기 위한 서로 다른 프로세스와 활동이 상류에서 하류로 연결된 조직의 네트워크."

이러한 공급사슬의 경쟁력을 향상시키기 위해서는 자재, 정보, 화폐의 흐름을 코디네이션하고 공급사슬의 조직을 통합할 필요가 있는데 Stadtler(2005)는 다음과 같이 공급사슬관리(Supply Chain Management; SCM)를 정의하였다.

> "공급사슬 전체의 경쟁력 향상을 목적으로 고객의 주문을 충족시키기 위해 공급사슬 조직을 통합하고 자재, 정보, 화폐의 흐름을 코디네이션하는 작업."

그 외에도 여러가지 공급사슬관리의 정의가 있으나 중요한 정의를 살펴보면 Simchi-Levi(1991)는 "공급사슬관리는 고객서비스 수준을 유지하면서 시스템 전반의 비용을 줄이기 위해 필요한 수량을 필요한 곳에 필요한 시간에 생산하여 공급할 수 있도록 공급자, 생산자, 분배센터를 효율적으로 통합하기 위한 모든 방법론을 일컬음."이라고 하였다.

Ross(1997)는 "공급사슬관리는 기업 내의 비지니스 기능에 필요한 자원과 공급사슬에 위치한 기업외부의 협력 파트너의 능력을 통합하여 경쟁력 있고 고객만족을 추구하는 공급시스템을 만들기 위한 경영철학으로 차별화된 고객가치를 창출하기 위해 혁신적 솔루션을 개발하고 제품, 서비스, 정보의 흐름을 통합하는 데 초점을 맞춤."이라고 정의하였다.

Simchi-Levi(1991)의 정의는 공급사슬의 응용분야가 제조업인 경우에 초점을 맞추고 있고 공급사슬관리의 목적이 비용절감이라고 구체적으로 명시를 하고 있다. 반면에 Stadtler(2005)는 공급사슬의 특정한 응용분야를 언급하지 않고 일반적인 공급사슬에 적용될 수 있는 정의를 내리고 있다. 또한 공급사슬관리의 목적을 경쟁력 향상으로 정의하여 비용절감과 같은 목적을 포함할 수 있도록 보다 좀 더 폭넓은 정의를 내리고 있다. Ross(1997)의 정의에서는 공급사슬관리를 끊임없이 변화하는 기업경영 철학의 한 줄기로서 이해하고 있다. 기존의 경영철학과 차별화되는 점은 기존의 외주업체를 협력 파트너로서 이해하고 공급사슬의 경쟁력 향상을 위해 동등하게 노력하고 이익을 공유해야 할 파트너로서 인지하고 있다는 점이다. 위에서 설명한 각각의 정의들은 나름대로 공급사슬관리에 대한 관점을 보여주고 있지만 Ross(1997)의 정의는 너무 광범위하고 상위 수준의 정의이고 Simchi-Levi(1991)의 정의는 제조업 중심의 공급사슬에 국한되므로 Stadtler(2005)의 정의를 기준으로 공급사슬관리의 개념을 전개하도록 한다.

8.1.2 공급사슬관리의 내용

Stadtler(2005)의 공급사슬관리의 정의에 따르면 공급사슬관리의 최종적인 목적은 공급사슬의 경쟁력 강화이다. 공급사슬의 경쟁력은 고객서비스 만족을 통해 결정되는데 Stadtler(2005)는 아래와 같이 고객서비스를 정의하였다.

- 거래 전 고객서비스: 고객과의 계약을 맺기 전 회사가 제공하는 고객서비스를 의미한다. 예를 들면 제품과 서비스에 대한 정보를 제공하는 것이 거래 전 고객서비스에 해당한다.

- **거래 시 고객서비스:** 고객의 주문충족(Order fulfillment) 시에 발생하는 고객서비스를 의미한다. 예를 들면 고객이 주문한 제품을 납품 가능한 상태로 유지하고 고객이 원하는 시간에 납품을 하는 것이 거래 시 고객서비스에 해당된다.
- **거래 후 고객서비스:** 주문이 충족된 후 제공되는 고객서비스를 의미한다. 예를 들면 불량품 수리, 교환, 보전과 같은 활동이 거래 후 고객서비스에 해당된다.

고객이 서비스에 대해 모두 만족하고 있다는 것은 위의 세 가지 요소 모두에 대해 만족하고 있다는 것을 의미한다. 그러므로 공급사슬의 경쟁력은 주문에 대응하는 시점뿐 아니라 주문 이전과 이후에 대한 서비스에 의해서도 영향을 받음을 알 수 있다.

Stadtler(2005)는 고객서비스 만족을 구현하기 위한 중요한 방법으로 통합과 코디네이션을 들고 있다. 공급사슬의 통합은 서로 다른 기업으로 이루어진 공급사슬이 마치 하나의 가상적인 기업처럼 물리적으로 통합되어 효율적으로 움직이는 상태를 의미한다. 반면에 코디네이션은 공급사슬의 멤버들 간에 상충되는 이익을 협력과 커뮤니케이션을 통해 적절히 조정하는 것을 의미한다. 공급사슬의 통합은 물리적 통합의 의미가 강하고 코디네이션은 소프트웨어적인 통합의 의미를 가진다. 공급사슬의 물리적 통합을 이루기 위해서는 적절한 공급사슬 멤버의 선택과 리더십의 행사가 중요하다. 또한 효율적인 코디네이션을 위해서는 프로세스 정비, 공급사슬계획 시스템 등이 필요하다. 이 요소들에 대한 자세한 설명은 아래와 같다.

- **적절한 공급사슬 멤버의 선택**

공급사슬 멤버의 선택과정은 먼저 멤버를 선택하기 위한 평가기준을 선정하는 것으로부터 시작된다. 이 평가기준은 정성적, 정량적 기준을 모두 포함하는 것이어야 한다. 예를 들면 이 멤버가 얼마나 합리적인 비용으로 공급자의 역할을 할 것인가, 성장 잠재력을 가진 기업인가, 공급사슬과 비슷한 조직문화를 가졌는가, 기술과 제품에 대한 노하우를 축적하고 있는가 등이 될 수 있다. 다음은 멤버 선택 시 반드시 고려되어야 할 제약사항이 있는지 검토하고 이를 만족시키지 못하는 후보를 고려 대상에서 제외시켜야 한다. 이러한 필수 제약사항의 예로 특정 특허의 소지여부, 특정 제품 혹은 공정 기술의 확보 여부 등이 있을 수 있다. 마지막으로 각각의 후보 멤버들을 평가기준별로 평가를 실시하고 최종 선정한다.

- **리더십**

공급사슬의 멤버들은 기본적으로 의사결정의 독자성을 유지하지만 어떤 공급사슬 의사결정은 광역적이어야 할 때가 있다. 예를 들면 공급사슬 멤버의 멤버십 취소나 새로운 멤버 영입에 관련된 의사결정은 공급사슬 전반에 영향을 미치는 중요한 의사결정이므로 누군가는 리더십을 가지고 최종적인 의사결정을 내려야만 한다. 공급사슬을 지배하는 주도적 기업이 존재하는가 혹은 존재하지 않는가에 따라 공급사슬을 단심적 공급사슬(Unicentric supply chain)과 복심적 공급사슬(Polycentric supply chain)로 구분한다. 단심적 공급사슬에서 의사결정에 힘을 가지는 기업을 주도기업(Focal company)이라 하고 주도기업이 광역적 의사결정을 내리게 된다. 힘의 균형이 이뤄진 단심적 공급사슬의 경우는 각 조직들의 대표로 이루어진 위원회에서 광역적 의사결정을 내리게 된다.

- 프로세스 정비

서로 다른 기업들이 하나의 공급사슬을 구성하게 되면 기업들의 경계 부분에서 프로세스의 중첩이 발생하게 된다. 즉 두 개의 조직이 동일한 프로세스를 진행하고 동일한 의사결정을 내리는 상황이 발생하여 권한과 의무에 혼란이 생기게 된다. 이 경우 공급사슬 프로세스를 다시 디자인하고 기업들에게 재할당할 필요가 있다. 공급사슬의 멤버간의 중복되는 프로세스에 대해서는 프로세스의 책임과 역할을 명확히 구분하고 정비하여야만 공급사슬에서 정보와 의사결정이 자연스럽게 흐르게 된다. 공급사슬의 프로세스를 분석하는 툴로는 1996년 미국에서 설립된 Supply Chain Council(SCC)에 의해 개발된 SCOR(Supply Chain Operations Reference)모델이 있다.

- 공급사슬 계획시스템

공급사슬의 효율적인 운영을 위해서는 단기, 중기, 장기계획의 수립이 반드시 필요한데 공급사슬 계획시스템(Advanced Planning System; APS)이 이러한 역할을 한다. 공급사슬계획은 공급사슬멤버 간의 상충된 이익을 절충을 시키면서 공급사슬 전체의 이익을 극대화시키는 방향으로 결정되어야 한다. 이 과정에서 일방적으로 희생을 강요받는 멤버가 없어야 하고 또한 멤버의 희생의 결과로 얻어지는 공급사슬의 이익을 공정하게 분배하는 것도 중요한 이슈가 된다. 만약 공급사슬의 이익이 공정하게 분배되지 않았다고 느끼는 멤버가 있으면 곧 공급사슬에서 탈퇴하려고 할 것이고 이는 공급사슬 전체의 성능을 저하시키는 요소로 작용할 것이다. APS는 전사적 자원관리(Enterprise Resource Planning; ERP) 시스템과는 달리 단순한 정보의 제공을 목적으로 하는 것이 아니라 최적화된 의사결정을 내려준다. 예를 들어 현재 시점에서 특정 지점의 특정 제품에 대한 재고상황은 기존의 ERP시스템을 통해 알 수 있지만 ERP는 최적의 재고수준을 결정해 주지는 않는다. 현재 APS를 구축한 많은 기업들에 있어서 APS는 공급사슬계획 기능을 담당하고 ERP는 고등계획시스템의 계획수립에 필요한 자료를 공급하는 역할을 수행하고 있다.

8.1.3 공급사슬관리의 기원

공급사슬관리라는 용어는 1982년 컨설턴트인 Oliver와 Webber에 의해 처음으로 사용되었다. 그러나 역사적으로 볼 때 그 이전 시대에서부터 유사한 연구가 진행되었는데 서로 다른 기능조직 간의 통합과 코디네이션을 다룬 연구의 역사로 Forrester(1958)에 의한 생산-분배 시스템에서 채찍효과(Bullwhip effect)와 Hax와 Meal(1975)의 계층적 생산계획이 있다.

(1) 생산-분배시스템에서 채찍효과

채찍효과(Bullwhip effect)는 공급사슬관리를 말할 때 빼놓을 수 없는 중요한 개념 중의 하나로 공급사슬의 상류로 올라갈수록 주문의 변동량이 증가하는 현상을 말한다. 이러한 채찍효과에 대한 연구가 공급사슬 전반으로 확장되어 공급사슬관리로 발전되었다고 보는 견해가 있다. 공장, 공장창고, 분배센터, 소매상 그리고 최종고객으로 구성되어 있는 공급사슬을 고려하자. 각각의 멤버들은 자신의 바로 아래의 공급사슬 하류 조직으로부터 제품 주문량을 받고 이를 배송한다. 또한 자신의 바로 위 공급사슬 상류 조직에게 제품을 주문하여 창고에 저장하는 프로세스를 따른다. 단 상류조직에 주문할 수량을 결정할 때는 바로 아래의 공급사슬 하류 조직의 주문량과 자신이 가지고 있는 재고 수량에 대한 정보만을 가지고 의사결정을 내려야 한다. 주문 수량을 결정하고 실제로 주문을 하기까지 시간이 소요되고 주문한 제품이 실제로 창고에 도착하는 데에도 시간이 소요된다. 또한 공급사슬 조직은 상류로 보낼 주문수량을 결정할 때 불확실한 상황에 대처하기 위해 하류에서 발주된 주문수량보다 더 많은 수량을 발주하게 된다. 예를 들어 고객주문량이 10% 증가하게 되면 분배센터의 재고는 평상시보다 10% 감소하게 되고 이를 보충하기 위해 분배센터는 18% 증가된 주문량을 공장창고로 보낸다고 하자. 마찬가지로 공장창고의 재고는 18% 감소하게 되고 이를 보충하기 위해 공장에 30%의 증가된 주문을 낸다고 하자. 시간이 지나 창고에 이 주문량이 들어오면 재고량은 갑자기 증가하면서 다음에 발주하는 주문량은 급격히 감소하게 된다. 이러한 주문량의 증폭에 의사결정의 시간지연이 합쳐지게 되면 공급사슬의 상류로 갈수록 주문량의 변동이 극대화되게 된다. 이를 채찍효과라고 부르는데 불필요한 생산용량의 보유와 재고증가를 초래함으로써 채찍효과를 감소하기 위해 아래와 같은 방안이 제시된다.

공급사슬 멤버 간 고객수요 정보를 공유

공급사슬 상류로 보낼 주문수량을 결정할 때 최종고객의 수요를 고려하여 결정하면 채찍효과가 줄어들 수 있다. 만약 최종고객의 수요를 알 수 없어 공급사슬 하류 멤버로부터 받은 주문수량에 기반하여 주문을 내게 되면 채찍효과를 유발할 수 있다. 왜냐하면 공급사슬 하류의 멤버가 고객의 주문을 배치로 묶어 주문하거나 불확실한 상황에 대비하기 위해 필요 이상으로 많은 주문을 하려는 경향이 있기 때문이다. 만약 모든 공급사슬 멤버들이 최종고객의 수요를 안다면 이 수요를 충족시키기 충분한 수량만 주문을 하게 될 것이고 불필요한 수량은 줄어 들것이다. 그러나 공급사슬 멤버들이 공급사슬 전체의 이익을 극대화하기 위해 협력하기로 약속하였다 하더라도 이러한 고객정보를 기꺼이 공유한다고 가정하기에는 많은 문제가 있다. 공급사슬의 멤버들은 궁극적으로는 서로 다른 기업이므로 기업기밀에 대해 보안을 유지할 필요가 있다. 그러므로 부분적으로 수요정보를 공유하면서도 채찍효과를 최대한 감소시킬 수 있는 의사결정방법론을 개발하는 것이 중요한 이슈가 된다. 또한 멤버 간의 정보를 효율적으로 공유하고 교환하기 위해서는 EDI(Electronic Data Interchange)나 POS(Point On Sale)와 같은 정보통신 기술을 필요로 한다.

상류 공급사슬 멤버에 소량의 주문을 발주함

상류 공급사슬 멤버에 발주를 할 때 개별 주문을 묶어 배치로 한꺼번에 주문을 하게 되면 발주비용과 수송비용이 줄어든다. 발주비용은 일반적으로 발주횟수에 비례하고 수송비용도 수송횟수에 비례하므로 배치 주문으로 이러한 비용들을 줄일 수 있다. 그러나 이로 인해 채찍효과가 유발되므로 이를 방지하기 위해서는 제3자 물류(Third Party Logistics; 3PL)를 이용할 필요가 있다. 제3자 물류는 기업의 자재관리, 상품 유통 등의 일부 혹은 전 부분을 외부기업을 통해 수행하는 것을 말한다. 제3자 물류를 통해 기업은 자신의 핵심역량에 집중할 수 있을 뿐 아니라 제3자 물류업체가 다른 공급자와의 재고 통합에 의해 작은 배치 주문을 경제적으로 가능하게 한다.

가격 안정화

제품 가격을 할인하거나 판촉행사를 진행하게 되면 고객의 수요와는 무관하게 싼 가격에 제품을 확보하려는 소매상 혹은 도매상에 의해 불필요한 수요가 발생하게 되고 이것이 채찍효과로 이어지게 된다. 그러므로 제품의 가격을 안정적으로 유지해야 하고 만약 가격 할인이나 판촉을 해야 한다면 이러한 사실을 공급사슬 전체 멤버에게 알려서 채찍효과로 이어지지 않도록 해야 한다.

● 호황기에 발생하는 공급사슬 멤버 간의 게임을 없앰

호황기에는 생산용량의 제약으로 인해 제조업체가 하류 공급사슬 멤버가 원하는 수량을 모두 공급하기 어렵다. 이때 대부분의 경우에 있어서 하류 공급사슬 멤버의 발주수량에 비례해서 제한된 물량을 공급하게 된다. 이때 하류 공급사슬 멤버는 필요 이상으로 많은 수량을 발주하여 원하는 수량을 최대한 확보하려고 한다. 이러한 경향을 알고 있는 다른 멤버들도 같이 필요 이상의 수량을 주문하고 이는 채찍효과로 이어지게 된다. 이러한 멤버들 간의 게임문제를 해결하기 위해서는 제품공급 전략을 발주수량 비례에서 판매실적 비례로 바꿀 필요가 있다. 예를 들어 어떤 소매상 혹은 도매상이 100개의 수량을 발주했다 하더라도 과거 판매실적이 80이었다면 발주수량의 80%인 80개만 공급하는 전략을 세운다면 공급사슬 멤버들이 과장된 주문을 하지 않게 될 것이다. 또한 공급사슬 멤버들의 재고 현황에 대한 정보를 서로 공유하고 있다면 불필요한 수량을 주문하는 것인지 아닌지 판단할 수 있게 되므로 호황기 게임에 의한 채찍효과가 감소할 수 있다.

(2) 계층적 생산계획

또 다른 공급사슬관리의 역사를 보면 계층적 생산계획이 확장되어 공급사슬 전반의 계획을 계층적으로 수립하는 것으로 발전되었다는 견해가 있다. 계층적 생산계획은 일반적인 계층적 의사결정 과정에 의해 수립되는데 이는 복잡한 의사결정 문제에 대한 하나의 해법으로 사용된다. 현재 실무에서 사용되는 대부분의 공급사슬 계획시스템도 계층적 의사결정 과정을 따라서 계획을 생성한다.

계층적 생산계획의 가지고 있는 특성은 문제 분할과 계층구조, 그리고 계층적 코디네이션이다.

● 문제 분할과 계층 구조 결정

<그림 8-2>에 나타난 바와 같이 계층적 생산계획에서는 전체 생산계획 문제를 여러 가지 하부 생산계획 문제로 분할하고 이 과정을 여러 번 반복하여 여러 계층의 하부 생산계획 문제로 분할한다. 각각의 계층에서 하나의 생산계획 문제에 대해 하나의 상위 생산계획 문제가 존재하고 상위 생산계획에서 결정된 사항은 하위 생산계획의 의사결정이 취할 수 있는 범위를 결정한다. 예를 들면 상위 생산계획에서 생산수량의 총합을 100만으로 결정했다면 그 하부 생산계획문제에서는 개별 제품을 몇 개씩 생산하여 총량 100만 개를 생산할지를 결정하는 문제를 다룰 수 있다. 각각의 하부 생산계획 문

제는 서로 다른 목적과 제한조건을 가지고 있지만 상위 생산계획에서 결정된 사항을 준수하는 범위 내에서 의사결정을 내려야 한다. 전체 생산계획 문제를 얼마나 많이 분할하고 많은 계층을 가져갈지는 상황에 따라 다르지만 일반적으로 계획의 효율성과 스피드에 영향을 미친다. 문제 분할과 계층이 많아지면 개별적인 생산계획의 복잡도와 계획수립에 걸리는 시간을 줄어들지만 계층 간 커뮤니케이션의 빈도가 높아지고 시간이 많이 걸리게 된다. 반면에 문제 분할이 적어질수록 생산계획의 복잡도가 증가되어 문제를 해결하는 데 걸리는 시간이 길어지게 되는 단점이 있다. 그러므로 효율적인 문제 분할과 계층의 수를 결정하는 것은 중요한 이슈이다.

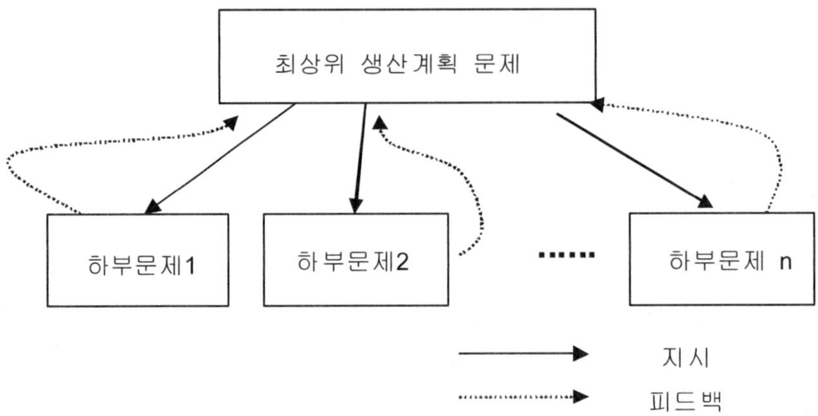

그림 8-2 계층적 생산계획

상위 생산계획 문제는 일반적으로 제품, 시간과 자원에 대해 병합(aggregation)을 한 후 문제를 모델링한다. 병합은 불확실성을 줄이고 문제의 난이도를 줄이기 위하여 제품, 시간, 자원을 그룹핑하는 것을 의미한다. 예를 들어 제품의 수요 예측을 용이하게 하기 위해 최종제품을 그룹핑하여 제품그룹 수준에서 수요를 예측하는 것도 병합의 한 예이다. 이러한 수요 예측에서의 병합은 예측의 정확도를 향상시키고 관리 포인트를 줄임으로써 예측에 드는 비용을 감소시킨다. 이러한 병합은 하부 생산계획 문제로 계층이 내려갈수록 사라지면서 원래 데이터인 최종제품, 단위 시간, 개별자원의 수준에서의 생산계획 문제로 바뀌게 된다.

- 계층적 코디네이션

계층적 생산계획의 문제점은 상위 생산계획 문제에서 결정되어 하위 생산계획 문제에 내려지게 되는 목표(이를 지시(directive)라 한다)가 하위 생산계획에서 실행하기 불가능한 목표가 될 수 있다는 점이다. 이는 상위 생산계획 수립 시 하위 생산계획에서 고려되어야 할 제약조건을 고려하지 않기 때문에 발생하는 문제이다. 예를 들면 상위 생산계획 문제에서 하위 생산계획이 지켜야 할 월별 목표생산량을 지시할 수 있다. 그러나 하위 생산계획에서는 자재 부족으로 인해 이를 만족시키는 생산계획이 존재하지 않을 수 있다. 이 경우 하위 생산계획에서는 실행 가능한 목표를 내리도록 상위 수준에게 요청(이를 피드백이라 한다)한다. 이러한 지시와 피드백의 계층적 코디네이션은 하위 생산계획이 가능한 계획을 만들어 낼 때까지 반복된다.

이러한 계층적 생산계획 문제가 공급사슬 전반의 계획 문제, 즉 수송, 분배계획, 공급계획, 수요계획 등으로 확장되면서 이에 대한 공급사슬관리가 등장했다고 보는 견해가 있다. 제조업 중심의 공급사슬에서는 많은 경우에 있어서 공급사슬관리의 핵심을 생산계획이라고 보는 이유가 여기에 있다.

8.2 공급사슬 분석

공급사슬 분석은 공급사슬 프로세스에 평가 척도를 할당하고 공급사슬 전체 혹은 개별적인 프로세스의 성능을 평가하는 작업을 말한다. 공급사슬 분석은 공급사슬 전반의 성능 향상을 위한 첫걸음으로 현재 공급사슬이 어떠한 상황에 놓여 있는지를 보여 주고 미래의 공급사슬이 어떠한 모습으로 변화해야 할 것인가에 대한 정보를 준다.

8.2.1 공급사슬 프로세스

공급사슬 프로세스를 최적화함에 있어서 중요한 점은 한 프로세스의 최적화가 공급사슬 전체의 최적화로 이어지지 않는 경우도 있다는 점이다. 예를 들면 공급자재고관리(Vendor Managed Inventory; VMI)를 실시하는 공급사슬의 경우 공급자가 생산자가 필요로 하는 자재의 재고관리를 해줌으로써 생산자 측면에서는 재고비용이 감소되는 효과를 거두지만 공급자 측면에서는 관리비용과 수송비용의 증가를 초래한다. 그러므로 공급사슬 전체로 봤을 때는 최적화된 전략이 아닐 수 있다. 또한 공급사슬의 프로세스를 분석함에 있어서 공급사슬의 성공으로부터 직접적인 이익을 얻지 못하는 프로세스에 대한 보상방안을 항상 고려해야 한다.

공급사슬은 다음과 같은 8가지 대표 프로세스로 구성되어 있다.

(1) 고객관계관리(Customer Relationship Management; CRM)

주요 고객그룹을 확인하고 고객 요구를 만족시키는 제품과 서비스를 설계하는 프로세스를 말한다. 고객관계관리 프로세스의 성능은 고객의 수익성 및 고객만족 정도를 측정함으로써 평가될 수 있다.

(2) 고객서비스 관리(Customer service management)

제품 가용량, 선적 날짜, 주문 상태등 제품과 서비스 관련 정보를 고객에게 제공하는 프로세스를 말한다. 고객서비스 관리는 얼마나 고객과 효과적으로 커뮤니케이션하는지를 측정함으로써 성능을 평가할 수 있다.

(3) 수요관리(Demand Management)

고객의 수요가 기업의 생산능력을 초과하게 되면 고객서비스 수준이 낮아지게 되고 생산능력이 수요를 초과하게 되면 생산의 비효율이 발생하게 된다. 수요관리는 고객의 수요와 기업의 생산능력이 균형을 이루도록 조절하고 수요를 예측하고 계획하는 프로세스를 말한다. 수요관리 프로세스는 예측의 정확도와 수요와 생산능력의 동기화를 측정함으로써 성능을 평가할 수 있다.

(4) 주문 충족(Order fulfillment)

최소의 비용으로 고객의 주문을 충족 시키기 위한 일련의 활동을 관리하는 프로세스이다. 주문 충족에 영향을 미치는 요소로는 공급자의 위치, 제품의 입출하에 사용되는 운송방법, 생산설비와 유통센터의 위치, 고객의 주문을 접수, 처리, 전달하고 제품을 선적, 배송하는 시스템 등이 있다. 주로 배송 관련 척도로 성능을 평가할 수 있다.

(5) 제조흐름 관리(Manufacturing flow management)

제조시스템이 수요를 만족시킬 수 있도록 유연성과 속도를 갖기 위해 필요한 사항을 결정하는 프로세스를 말한다. 재고수준, 생산 리드타임, 생산율 등의 척도로 성능을 평가할 수 있다.

(6) 공급자 관계관리(Supplier relationship management 혹은 procurement)

공급업자와 맺은 제품과 서비스 협약을 관리하고 주요 공급업자들과 긴밀한 업무협조 관계를 개발하는 프로세스를 말한다. 공급업체와의 효과적인 커뮤니케이션이 주요한 성능 평가의 척도가 된다.

(7) 제품개발 및 상품화(Product development and commercialization)

신제품을 개발하고 효율적으로 출시하는 것과 관련된 프로세스를 말한다. 제품의 시장 리드타임을 단축하도록 공급자와 고객을 프로세스에 포함시키는 것이 중요하다. 신제품개발 리드타임과 고객의 제품만족도로 성능을 평가할 수 있다.

(8) 반품 관리(Returns management)

사용된 제품 처리, 제품 리콜, 포장 요구를 관리하고 미래의 반품을 최소화하는 것을 목적으로 하는 프로세스이다. 반품 리드타임과 반품률로 성능을 평가할 수 있다.

8.2.2 공급사슬 평가척도

혁신 제품을 공급하는 공급사슬이 가지는 특징은 짧은 제품 주기, 불안정한 수요, 고수익 등이다. 이러한 공급사슬에서 중요한 것은 시장변화에 얼마나 빨리 공급사슬이 대응할 수 있는가이다. 반면에 전통적 제품을 공급하는 공급사슬이 가지는 특징은 긴 제품 주기, 안정적 수요, 저수익 등이다. 이러한 공급사슬의 경우는 비용을 얼마나 많이 절감할 수 있는가로 공급사슬을 평가하는 것이 합리적이다. 즉 공급사슬을 평가하는 척도는 공급사슬의 특성에 따라서 달라져야 한다는 것을 의미한다.

공급사슬의 평가척도는 많은 경우에 있어 주요성능지표(Key Performance Indicator; KPI)라고 불리는 정량화된 지표들로 이루어져 있다. 공급사슬의 주요성능지표를 분류하면 아래와 같다.

(1) 배송 관련 주요성능지표

배송과 관련된 주요성능지표는 고객서비스 만족과 직결되는 중요한 평가척도로 실제 배송일과 예정 배송일과의 비교를 통해 고객 주문에 잘 대응하고 있는지를 평가한다.

- 주문충족률은 창고에서 제품을 출하해야 하는 주문 중에서 주문 후 24시간 이내에 출하된 주문의 비율을 나타낸다.
- OTD(On Time Deliver)는 고객이 요청한 시점 혹은 그 이전에 배송된 주문, 즉 납기 이전에 배송된 주문의 비율을 나타낸다. 경우에 따라서는 배송지점을 본사출하, 지점출하로 세분화하여 관리하기도 한다.

(2) 공급사슬 대응력 관련 주요성능지표

공급사슬의 대응력(Responsiveness)이라 함은 변화하는 시장상황에 대응할 수 있는 공급사슬의 능력을 의미한다.

- 생산대응력(Production responsiveness)은 갑작스런 20%의 수요 증가에 대응하여 생산까지 걸린 날짜를 나타낸다.
- 계획대응력(Planning responsiveness)은 두 개의 연속적인 계획을 생성하는 데 소요되는 시간(계획사이클타임)으로 측정한다. 계획사이클타임이 길면 단기적으로 변화하는 실제 상황을 반영하기 힘들고 계획사이클타임이 짧으면 계획의 잦은 변경을 초래하여 계획에 의해 실행해야 하는 사람들의 혼란을 가져 올 수 있으므로 적절한 길이의 계획사이클타임을 결정하는 것이 중요한 이슈이다.

(3) 기타 주요성능지표

수요예측 정확도는 예측 판매수량 대비 실제 판매수량을 나타내는 지표로 고객의 미래 수요를 예측해내는 능력을 나타낸다. 수요예측 정확도가 높으면 생산과 수송계획의 변동을 줄여서 비용을 절감할 수 있다.

KPI는 공급사슬의 성능을 수치로 나타내주는 역할을 한다. 그러므로 공급사슬을 관리한다는 것은 KPI수치를 관리한다는 말과도 같은 의미를 가진다. 그러므로 먼저 공급사슬의 최종적 목표를 설정하고 이 목표에 영향을 미치는 KPI가 어떤 것들이 있는지 파악한다. 그리고 KPI가 어떻게 목표에 영향을 미치는지 분석하고 공급사슬 목표를 달성하기 위해 필요한 KPI의 목표치를 설정한다. 이후에는 KPI 목표를 달성하기 위한 개선활동을 진행한다. 단 모든 개선활동들이 KPI에 긍정적인 영향만을 미치는 것은 아니다. 예를 들어 공급사슬의 목표를 자산수익률(총수익/총자산)의 30% 향상으로 하고 이를 위해 OTD를 10% 향상하여 매출을 늘린다고 하자. 또한 재고회전율(평균 판매량/평균 재고량) 20% 향상을 통해 비용을 줄인다고 하자. 이를 실현하기 위한 개선활동으로 보유 원자재의 수량을 늘리기로 했다면 OTD는 향상이 되겠지만 원자재 재고증가로 인해 재고회전율은 나빠지게 될 것이다. 이로인해 자산수익률에 오히려 악영향을 미치게 될 수도 있다. 그러므로 개선활동-KPI-공급사슬목표의 상관관계에 대한 정확한 이해가 선행되어야 성공적인 공급사슬관리가 가능할 것이다.

공급사슬의 목표는 KPI 자체가 될 수도 있고 정성적인 것이 될 수도 있지만 가능하면 앞에서 예로든 바와 같이 재무적 성과를 목표로 삼는 것이 좋다. 이렇게 해야만 개선활동에 전사적 협력을 이끌어 낼 수 있고 기업활동에 직접적인 기여를 할 수 있게 된다.

8.2.3 공급사슬 종류

공급사슬은 공급사슬에서 발생하는 비즈니스 속성에 따라서 분류하거나 공급사슬이 가지는 물리적인 분배 구조의 속성에 따라 분류가 가능하다. 서로 다른 속성을 가지는 공급사슬은 서로 다른 의사결정 구조를 가지고 필요로 하는 계획기능도 다를 가능성이 크다. 또한 의사결정에 필요한 알고리즘이나 기법도 서로 다를 가능성이 높기 때문에 공급사슬이 어떠한 특성을 가지는지에 따라 서로 다른 공급사슬관리 시스템의 구축을 필요로 할 것이다. 그러므로 공급사슬의 속성별로 공급사슬관리 시스템의 템플릿을 구축할 수 있다면 개개의 공급사슬별로 커스터마이징(Customizing)하는 데 걸리는 시간을 단축시킬 수 있다. 본 장에서는 공급사슬의 물리적 분배 구조의 속성별로 다양한 공급사슬에 대해 설명한다.

(1) 공급사슬의 물리적 속성에 따른 분류

- **네트워크 구조**: 자재흐름이 공급사슬 상류에서 하류로 갈 때 한 곳으로 수렴하는가 혹은 발산하는 구조인가에 따라 분류할 수 있다. 즉 상류에 공급사슬 멤버가 많고 하류로 갈수록 멤버수가 줄어들면 수렴하는 네트워크이고 상류에는 멤버가 적고 하류로 갈수록 멤버가 늘어나는 구조를 발산하는 네트워크이다.

- **글로벌화의 정도**: 공급사슬이 하나의 국가에서만 존재하는가 혹은 다수의 국가에 걸쳐서 존재하는가에 따라 분류할 수 있다. 글로벌화된 공급사슬구조에서는 관세와 환율 등의 문제를 고려해야 하며 때에 따라서는 인적관리에 있어서 문화적 다양성을 고려해야 한다.

- **분리점(decoupling point)의 위치**: 분리점은 공급사슬 상에서 고객의 주문이 있을 시에만 다음 단계로 제품의 흐름이 가능한 경계가 되는 지점을 말한다. 고객의 주문이 있을시에 제품설계부터 시작하는 주문설계생산(engineer-to-order)을 하는 공급사슬에서 분리점은 설계단계이고, 고객 주문이 있을 시 바로 제품생산에 들어가는 주문생산(manufacture-to-order)인 경우는 생산단계, 고객의 주문이 있을 시 제품조립을 시

작하는 주문조립생산(assemble-to-order)인 경우는 조립단계, 고객의 주문이 있을 시 완제품을 바로 배송하는 주문배송생산(deliver-to-order)인 경우는 배송단계가 분리점이 된다. 분리점이 공급사슬의 상류에 있으면 공급사슬의 운영을 최적화하여 싼 비용에 생산을 할 수 있으나 고객은 완제받을 때까지 오래 기다려야 하므로 고객서비스 만족이 낮아진다. 반대로 분리점이 공급사슬의 하류에 있으면 고객의 주문에 대응하려면 재고를 충분히 가져가야 하고 이로 인해 공급사슬의 비용을 발생시키지만 고객의 주문에 빨리 대응하여 고객서비스는 향상된다. 그러므로 분리점을 설계하는 것이 가능한 상황이라면 이 두 가지 측면을 고려한 최적 분리점의 위치를 결정하는 것이 중요한 이슈이다(Jeong, 2011).

(2) 통합과 코디네이션에 따른 분류

- 법적 권한: 공급사슬이 조직간공급사슬(inter-organizational supply chain)인가 혹은 조직내공급사슬(intra-organizational supply chain)인가에 따라 분류할 수 있다. 조직간 공급사슬 구조에서는 공급사슬을 이루는 조직들이 모두 법적으로는 별개의 회사인 경우이고 조직내공급사슬 구조인 경우 공급사슬의 조직들은 모두 하나의 회사에 소속된 조직들로 이루어진 경우이다.

- 힘의 균형: 공급사슬을 지배하는 주도 기업이 존재하는가 혹은 존재하지 않는가에 따라 분류할 수 있다. 주도기업이 존재하는 경우 단심적 공급사슬이라 하고 모든 조직이 동등한 힘을 가지는 경우 이러한 공급사슬을 복심적 공급사슬이라 한다. 위에서 설명한 법적 권한에 따른 분류와 연관해 설명하면 조직간공급사슬의 경우는 복심적 공급사슬이 경우가 많고 조직내공급사슬인 경우 단심적 공급사슬구조일 경우가 많다.

- 코디네이션의 방향: 코디네이션의 방향이 수직적인가 혹은 수평적인가에 따라 공급사슬을 분류할 수 있다. 수직적 코디네이션의 구조를 가지는 공급사슬의 경우는 공급사슬 내 의사결정이 계층적 의사결정과정(계층적 생산계획과 같은 구조와 코디네이션을 따름)을 따르고 수평적 코디네이션인 경우 공급사슬 내 조직들 간의 협력과 커뮤니케이션에 의해 타협을 추구한다. 조직간공급사슬의 경우는 수평적으로 코디네이션을 할 확률이 높고 조직내공급사슬의 경우 주도기업에 의해 수직적 코디네이션이 가능할 것이다. 수직적 코디네이션의 경우 주도기업이 다른 멤버들에게 지시를

내리는 구조이므로 의사결정 속도가 빠르고 공급사슬의 변화에 빨리 대응할 수 있는 장점이 있으나 피드백이 충분하지 않으면 다른 멤버들의 이해사항을 충분히 반영하지 못하는 단점이 있다. 수평적 코디네이션은 수직적 코디네이션의 장단점을 반대로 가지게 된다.

- 정보 교환의 종류: 예를 들어 어떤 조직은 생산비용에 관련된 정보는 공유하려고 하나 생산용량에 대한 정보는 공유하기를 꺼려하는 것처럼 정보 공유의 내용에 따라 공급사슬을 분류할 수 있다.

8.3 공급사슬계획

8.3.1 공급사슬계획의 종류

이 장에서는 공급사슬의 계획 방식에 따른 분류와 공급사슬의 계획구간에 따른 분류에 대해 설명하고 공급사슬계획이 가지는 특징에 대해 살펴보도록 한다.

(1) 계획 방식에 따른 분류

일반적으로 공급사슬계획에서 다루는 의사결정 문제는 다목적 함수이다. 즉 멤버 간에 서로 상충되는 목적들을 모두 고려하여 절충된 계획을 세워야 하는데 일반적으로 다목적 함수를 가지는 의사결정 문제는 최적해를 찾기 어려운 것으로 알려져 있다. 또한 공급사슬계획은 불확실한 상황에 대한 예측을 필연적으로 암시한다. 이 때문에 현실은 공급사슬계획과 다르기 마련이고 또 이러한 차이가 너무 크면 공급사슬계획을 변경시켜야 되는데 언제 어떻게 계획을 변경해야 하는지가 이슈가 된다. 이것을 해결하기 위한 방법으로 롤링구간계획(Rolling horizon planning) 방법과 사건기반계획(Event-driven planning) 방법이 있는데 이에 대해 자세히 알아보도록 한다.

- 롤링구간계획

먼저 계획구간은 계획을 수립해야 하는 총기간을 의미하는데 이는 계획기간으로 나누어진다. <그림 8-3>에서 계획구간은 1년이고 계획기간은 1개월이 된다. 롤링구간계획 방식에서는 먼저 1월의 시작시점에서 1월부터 12월까지의 계획을 생성한다. 그리고

1월의 계획만 고정되고(계획확정구간, frozen period) 이 계획을 실행 부서에 통보하여 계획대로 실행할 것을 명령한다. 즉 한번 계획을 수립하면 계획확정구간의 계획은 절대 변경될 수 없고 계획확정구간 이후의 계획은 변경 가능함을 의미한다. 다음에 2월의 시작시점에서 지난 1개월간의 시장과 기업의 변화를 고려하여 새로운 계획을 수립하는데 1월의 실적과 바뀐 수요예측을 고려하여 새로운 계획을 생성한다. 2월에 생성한 새로운 계획구간은 1월에 생성한 계획과 2월부터 12월까지 겹쳐지고 새로운 계획구간은 내년 1월의 계획을 더 생성한다. 이때 겹쳐진 구간은 새로운 계획으로 업데이트되고 다시 2월의 계획이 확정계획이 된다. 이러한 방식으로 계속적으로 계획을 수립하고 업데이트하는 계획 방식을 롤링구간계획 방식이라고 한다.

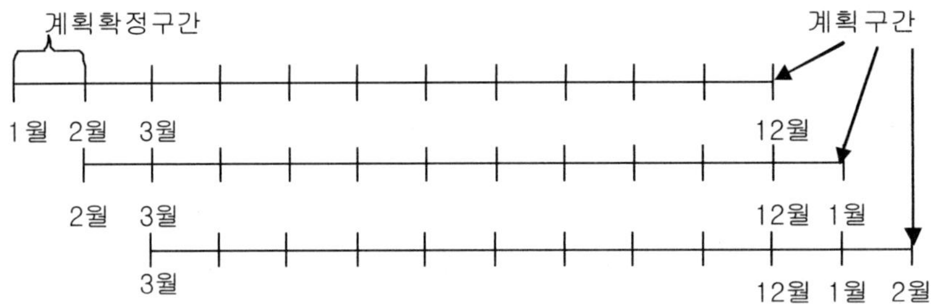

그림 8-3 롤링구간계획

- 사건기반계획

사건기반계획 방식에서는 새로운 계획이 정해진 시점에서 생성되는 것이 아니라 중요한 사건, 예를 들면 예기치 못한 판매, 주문의 주요한 변동, 설비의 고장 등이 발생하여 기존 계획의 수정이 불가피한 경우에 생성된다.

롤링구간계획 방식에서는 공급사슬계획을 생성하는 시점이 항상 정해져 있으므로 계획수립에 필요한 데이터가 계획 생성 시점에만 준비되면 문제가 없다. 그러나 사건기반계획 방식에서는 언제 계획수립이 필요할지 알 수 없으므로 계획에 필요한 모든 데이터가 항상 가용한 상태로 준비되어 있어야 한다. 롤링구간계획 상의 계획확정구간이 길수록 계획의 변동횟수를 줄여 안정적이나 변화된 상황을 즉각 반영할 수 없는 단점이 있다. 그러므로 적절한 계획확정구간의 길이를 정하는 것이 중요한 이슈가 된다.

(2) 계획구간에 따른 분류

공급사슬계획은 계획구간의 길이에 따라 장기, 중기, 단기계획으로 구분한다.

- 장기 계획

장기 계획은 보통 공급사슬의 설계와 구조에 대한 전략적 의사결정을 다룬다. 장기 계획은 수립빈도가 높지 않고 일단 한번 계획이 수립되면 사업이 종료되기 전까지는 거의 결과의 변화가 생기지 않는 계획이다.

- 중기 계획

중기 계획은 6개월에서 24개월의 계획구간을 가지는 계획으로 공급사슬상의 제품흐름과 자원활용에 대한 운용, 특히 물량과 시간에 대한 개략적 운용에 대한 의사결정을 다룬다.

- 단기 계획

단기 계획은 며칠에서 3개월까지의 계획구간을 가지는 계획으로 실행과 통제에 대한 구체적 지시사항을 다룬다.

공급사슬계획이 가지는 특징을 살펴보면 먼저 공급사슬계획은 공급자로부터 고객에 이르는 공급사슬 전체의 통합계획이다. 그리고 공급사슬계획은 대체안, 목적식, 제약을 고려하여 최적해나 휴리스틱 해를 찾는 진정한 의미의 최적화를 추구한다. 전체 공급사슬에 대한 최적 계획은 현실적으로 불가능하기 때문에 공급사슬계획은 계층적 계획 구조를 가진다. 즉 전체 계획 문제를 여러 개의 하위 수준의 문제로 모듈화하여 분할시키고 최상위 계층의 의사결정문제는 기업수준의 장기 의사결정을 다루게 하고 계층이 낮아질수록 의사결정 모듈은 공급사슬의 제한적 영역에 대한 짧은 계획구간의 구체적 계획을 다루도록 한다.

8.3.2 공급사슬 계획시스템

이 절에서는 공급사슬계획을 전산적으로 수립하게 하는 시스템인 공급사슬 계획시스템(Advanced Planning System; APS)에 대해 학습한다. 또한 고등계획시스템을 구성하고 있는 모듈들이 어떠한 계획기능을 가지고 있고 모듈들이 어떠한 상호작용을 통해 복잡한 공급사슬계획을 수립하는지에 대해 알아본다.

(1) 공급사슬 계획시스템의 구조

<그림 8-4>는 공급사슬 계획시스템을 구성하고 있는 계획 기능을 가진 모듈들을 보여주고 있다. 현재 상용화된 공급사슬 계획시스템은 대부분이 <그림 8-4>와 유사한 구조를 가지고 있다. 그림에서 가로축은 공급사슬의 대표적 프로세스인 조달, 생산, 분배, 판매 프로세스를 나타내고 있고 세로축은 시간을 나타내는데 여기서는 장기, 중기, 단기적 시간으로 구분하고 있다. 그림의 각 모듈은 특정 프로세스에서의 장기, 중기, 단기적 공급사슬계획을 나타낸다.

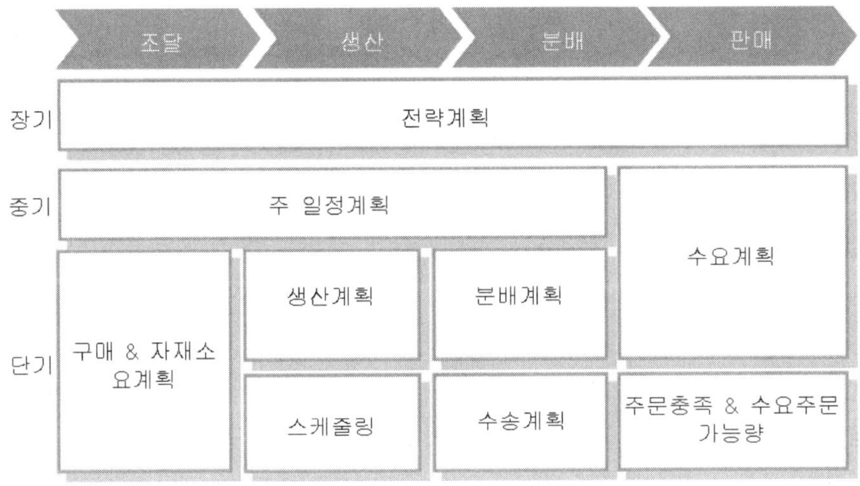

[출처: Stadtler T. and Kilger C., 2005, Supply chain management and advanced planning: Concepts, models, software and case studies, 3rd edition, Springer Berlin]

그림 8-4 공급사슬 계획시스템의 구조

- **전략계획**

전략계획은 장기간 동안의 공급사슬의 경제적 성능을 극대화시키기 위해 공급사슬을 설계하는 것을 말한다. 전략계획을 통해, 주력제품을 결정하고, 목표시장을 설정하며, 핵심 생산프로세스와 원자재와 부품공급자를 결정한다. 전략계획은 비교적 수립빈도가 낮은 계획으로 주로 지리적으로 새로운 영역에 사업을 확장하려고 할 때나 현재 존재하는 중복되는 분배시스템을 통합하고자 할 때 혹은 기업이나 설비를 철수시킬 때 필요한 계획이다.

전략계획이 가지는 특징을 살펴보면 먼저 전형적인 전략 계획은 3년에서 10년 사이의 계획구간을 가진다. 전략계획의 목적은 이익의 현가(Net Present Value; NPV)최대화 혹은 비용의 현가최소화하는 등과 같은 재무적 목적이 대부분이다. 또한 전략계획의 의사결정변수는 대부분 0/1이다. 예를 들면 공장을 세운다(1) 혹은 세우지 않는다(0)로 의사결정이 내려야 하는 경우가 대부분이고 이러한 문제를 정수계획 모형이라고 하는데 정수계획 모형의 최적해를 찾는 것은 일반적으로 어려운 것으로 알려져 있다. 수리모형을 통한 계획수립이 어려운 경우 전략적 접근방법이 필요한데 전략적 계획수립 프로세스는 아래와 같다.

- 전략적 계획수립 프로세스

step 1. **대안의 생성**: 계획을 수립하기 위한 목적식, 시나리오, 최적화 문제 등을 기술함으로써 다양한 설계대안을 생성하는 단계이다.

step 2. **대안 평가**: 각각의 설계대안에 대해 보다 상세한 모델을 구축하여 운용에 관련된 최적 의사결정을 내린다.

step 3. **벤치마킹**: 관련 산업의 베스트 프랙티스(best practice)를 벤치마킹하고 각각의 설계대안의 주요성능척도를 비교한다.

step 4. **대안 선택**: 대안 중에서 하나를 선택하는데 필요시 정성적인 목적식을 의사결정시 사용할 수 있다.

(2) 공급사슬 계획시스템의 내용

- 수요계획

수요계획은 미래에 발생할 판매(확정된 고객 주문과 수요예측)를 예측하는 것을 말한다. 확정된 고객주문은 주어진 데이터이므로 수요예측의 정확도가 신뢰성 있는 수요계획 수립에 있어서 가장 중요한 요소이다. 수요계획은 뒤에서 설명하게 될 주 일정계획과 주문충족 & 수요주문가능량 모듈의 주요한 입력정보로 사용된다. 수요예측을 할 때 중요한 고려 요소는 크게 외부적 요소와 내부적 요소로 나뉠 수 있는데 먼저 외부적 요소를 살펴보면 아래와 같다.

① 외부적 요소

수요예측 시 고려해야 할 중요한 외부적요소로는 먼저 미래에 발생할 고객의 수요가 있다. 이러한 수요는 고객으로부터 직접 정보를 얻으면 가장 정확하므로 고객과 공급자가 협력하여 수요예측을 수행하는 협업예측(Collaborative forecasting)을 통해 예측할 수 있다. 그러나 협업예측은 고객의 계획프로세스 자체가 잘 정립되어 있지 않으면 성공할 수 없다. 고객측의 수요가 내부 계획에 의해 잘 집계되고 계획될 수 있는 시스템이 없다면 수요에 대한 신뢰성을 확보하기 어려울 것이다. 다음으로 중요한 외부적 요소는 아직 확보하지 못했으나 곧 확보할 수 있으리라 기대되는 신규고객의 수요이다. 신규고객에 대한 수요는 과거 데이터가 없기 때문에 통계적 방법으로 예측하기 어렵다. 이 경우는 유사한 제품의 수요데이터를 응용하는 것이 방법이 될 수 있다. 그 외에도 경쟁업체의 동향 분석과 경제전망을 고려한 수요예측이 필요하다.

② 내부적 요소

수요예측 시 고려할 내부적 요소로는 먼저 신제품의 수요가 기존 제품의 수요에 어떤 영향을 미치는지를 분석해야 한다. 신제품의 수요가 기존 제품의 수요를 잠식할 수도 있고 반대로 상승효과를 가져와 수요가 동반 상승할 수도 있기 때문이다. 또한 제품의 가격변경과 판촉행사의 영향으로 수요에 변동이 생기는지를 조사해야 한다. 드물지만 신제품 양산 이전에 성능평가의 목적으로 샘플을 생산해야 하는 경우, 만약 샘플의 생산수량이 많다면 이것을 추가적인 수요로 간주해야 한다. 현실적으로는 시장의 환경변화와는 무관한 경영층의 지시로 수요예측치가 결정되는 경우도 발생하기도 한다. 마지막으로 과거 판매실적데이터는 수요예측에 있어 매우 중요한 자료이다. 주로 통계적 분석기법을 사용하여 예측값을 정하는데 실적데이터는 중요한 요소이기는 수많은 입력정보들 중 하나일 뿐임을 명심해야 한다. 판매실적을 고려할 때 발생될 수요(고객 예약)를 사용할 것인가, 실제판매(출하)를 과거실적으로 간주할 것인가에 따라 수요예측이 달라질 수 있다. 이 경우 출하실적은 출하가 지연되거나 수율 저하 등의 원인에 의해 잘못 이해될 수 있으므로 발생될 수요를 사용하면 고객의 원하는 바를 좀 더 명확히 반영할 수 있다.

주 일정계획

현실적으로 많은 기업에서 전략계획보다는 계획구간이 짧고 주 일정계획보다는 계획구간이 긴 판매/운영계획(Sales and Operation Plan; SOP)을 수립하고 있다. 판매운영계획은 수요와 공급의 균형을 이루도록 돕는 업무프로세스로 볼륨(volume) 수준의 판매와 볼륨 수준의 생산에 대한 중기 계획을 수립하고 기존의 계획을 시장환경에 맞게 변경하는 것을 목적으로 하는 계획이다. 제품을 볼륨 수준으로 계획함은 계획을 할 때 최종제품별로 계획을 하지 않고 제품의 특성이나 생산공정에서의 유사성을 기준으로 최종제품을 그룹핑한 가상적인 제품군에 대해서만 계획함을 의미한다. 반면에 최종제품 수준에서 계획은 믹스(mix)계획이라 하고 이는 주 일정계획에서 수립하게 된다. 판매/

운영계획은 주로 매월마다 개최되는데 관리, 판매, 제조, 재무, 제품개발 등의 사업부문에 책임을 지는 부서장과 최고경영층이 참여한다. 판매운영계획은 회사경영층에 사업을 전체적으로 볼 수 있도록 도와주며 사업의 미래를 예측할 수 있는 창을 제공하는 역할을 한다.

반면에 주 일정계획은 판매운영계획이 수립한 볼륨 수준의 생산계획으로부터 실제 무엇을 제조할 것인가를 명확히 정의하고 믹스 수준의 생산계획과 연결하는 역할을 한다. 즉 판매운영계획의 생산계획이 제품군을 대상으로 하는 반면 주 일정계획은 최종 완제품을 대상으로 한다. 판매운영계획의 생산계획을 세분화하여 주 일정계획을 수립하므로 판매/운영계획의 생산계획상의 총량과 주 일정계획상의 총량이 반드시 일치해야 한다. 뒤에서 설명하게 될 자재소요계획(MRP)도 주 일정계획에 근거하여 수립된다. <그림 8-4>에 나타난 바와 같이 주 일정계획은 조달, 생산, 분배프로세스를 대상으로 삼고 있다.

주문충족 및 수요주문 가능량

E-business 상황에서 고객은 온라인으로 주문을 입력하고 짧은 시간 안에 그 주문에 대한 신뢰성 있는 납기일을 알고 싶어한다. 주문충족(Order Fulfillment)은 고객의 주문에 대하여 재고와 기준 생산계획(Master Production Scheduling; MPS)으로부터 고객의 주문에 대해 수요주문가능량(Available To Promise; ATP)을 계산하여 고객의 주문과 납기일정을 약속(납기약속)해 주는 계획절차를 말한다. 여기서 주생산 일정계획은 주 일정계획(Master Planning) 중에서 생산프로세스의 계획부분을 말한다.

주문충족의 상세한 프로세스는 아래와 같다.

step 1. 수요주문 가능량 계산

수요주문 가능량은 예상가용재고가 아닌 실재고와 주생산 일정계획에 의한 실제 입고예정량을 고려한 수량으로 고객의 주문에 응할 수 있는 수량을 의미한다. 예를 들어 이번 달 입고예정수량이 100개이고 월초 재고수량이 70개라면 이번 달의 수요주문 가능량은 170개가 된다.

step 2. 수요주문 가능량 할당

자재나 생산용량이 병목(bottleneck)이어서 모든 수요가 다 충족될 수 없는 공급제약 상황에서 어떤 고객의 주문에 대해서는 납기약속을 할 수 없다. 여기에서 어떤 고객의 주문을 얼마나 거절할 것인가가 중요한 이슈가 된다. 만약 FCFS(First Come First Serve)방식으로 납기를 약속한다면 중요한 고객이 납기약속을 받지 못할 수 있다. 그러므로 고객의 중요도나 전략에 의해 고객주문에 대해 수요주문 가능량을 미리 할당하여 고객의 주문에 응하도록 한다. 예를 들어 고객 우선순위에 의해 수요주문 가능량을 할당한다고 하고 고객 우선순위가 A>B>C이고 각각 150, 200, 100개를 주문하였다고 하자. 전체 가용한 수요주문 가능량이 400개라면 A에게 150, B에게 200, C에게는 50개만 할당되게 된다.

step 3. 납기약속

고객에게 할당된 수요주문 가능량으로 커버가 가능하면 고객에게 납기약속을 한다.

step 4. 수요주문 가능량 탐색

만약 납기약속을 하기에 충분하지 않은 수량만 할당되어 있으면 대체 제품이나 미래를 위해 할당된 수요주문 가능량을 탐색해서 납기약속을 한다.

생산계획 및 스케줄링

생산계획 및 스케줄링은 비교적 짧은 시간 동안의 작업의 시작과 끝 시간을 설비별로 나타내는 상세 계획을 만드는 것을 목적으로 한다. 생산계획 및 스케줄링의 계획 기간은 하루 혹은 몇 주가 될 수 있는데 이는 수요예측이 정확한 기간이 얼마인가에 의존한다. 모든 제품과 설비에 대한 계획을 수립할 때 너무 많은 시간이 소요될 수 있으므로 생산시스템의 특성에 따라 병목설비와 주요 제품에 대한 생산계획과 스케줄링만으로 족할 수도 있다. 주 일정계획은 볼륨 수준의 생산계획을 내려줌으로써 생산계획과 스케줄링을 위한 지시만을 설정하고 실제 믹스 수준의 계획은 생산 권역에 따라 권한을 위임하여 수립하도록 한다.

생산계획 및 스케줄링 절차는 아래와 같다.

step 1. 모델생성

생산계획용 모델은 생산프로세스를 잘 반영하고 있어야 한다. 모델을 구성할 때는 자재명세서와 공정라우팅(routing), 자원의 휴무를 보여주는 일정표, 설비 셋업시간 등의 정적인 데이터와 기초 재고, 설비의 셋업상태, 주문상태 등의 동적인 데이터가 필요하다. 또한 생산계획의 목적함수를 무엇으로 하고 생산계획과 스케줄링의 해를 무엇으로 표현할지를 결정해야 한다. 대부분의 경우 목적함수는 납기와 작업완료시간 등 시간에 대한 목적함수와 생산비용, 셋업비용과 같은 비용함수로 구성된다. 또한 생산계획과 스케줄링의 해는 간트차트(Gantt Chart)로 표현되는 경우가 많다. 간트차트는 1908년 Henry Laurence Gantt가 생산시스템에서의 작업을 계획하고 통제하기 위해 고안한 것으로 <그림 8-5>에 나타난 바와 같이 가로축은 시간을 나타내고 세로축은 작업을 수행하는 데 필요한 생산설비(A)를 표시한다. 막대 안의 숫자는 작업을 나타내고 막대의 길이는 작업시간의 길이를 나타낸다.

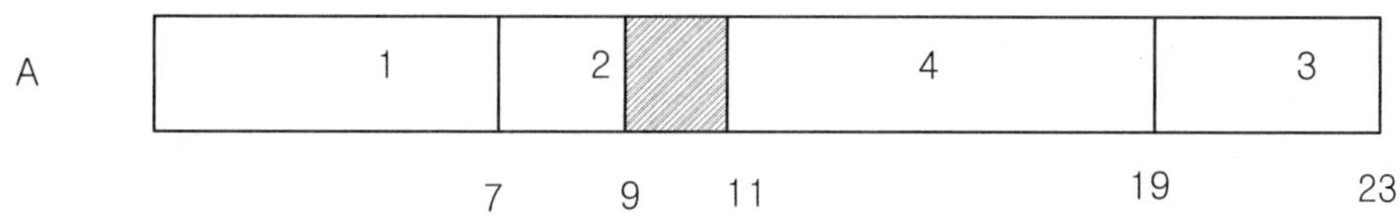

그림 8-5 간트차트의 예

step 2. 생산계획 및 스케줄링 수립

생산계획과 스케줄링을 수립하는 방법으로는 상위 수준에서 생산계획을 수립하고 하위 수준에서는 생산계획에 기반한 스케줄링을 결정하는 이중수준방법과 생산계획을 하지 않고 바로 주문을 개별 설비에 할당하고 순서를 정하는 단일수준방법이 있다(Kwak and Jeong, 2011). 이중수준방법은 생산계획을 통해 스케줄링에 걸리는 시간이 짧은 데 비해 단일수준방법에서는 해를 찾는 데 걸리는 시간이 지수적으로 증가하는 단점이 있다. 또한 이중수준방법의 경우 생산계획은 가능해이나 이를 개별 설비에 할당하는 순간 비가능해가 될 수 있는 단점이 있다.

step 3. 생산계획 및 스케줄링 변경

생산설비의 고장이나 주문의 급격한 변동 등이 너무 큰 변화여서 기존의 계획을 폐기하고 다시 수립하는 전면적 재최적화 방법과 기존의 계획에 대한 변동을 최소화하는 범위에서 추가된 주문이나 변동사항을 계획에 삽입하거나 반영하는 확장계획 방법이 있다.

구매 및 자재소요계획

자재소요계획(Material Requirement Planning; MRP)은 기준 생산계획에서 결정된 최종제품의 수량을 생산하기 위해 필요한 부품이 어느 시점에 얼마만큼 필요한지를 보여주는 계획이다. 자재소요계획의 입력데이터로 기준 생산계획, 재고기록, 자재명세서

(Bill Of Material; BOM)등이 필요한데 자재명세서는 최종제품을 만드는 데 필요한 부분품, 중간재, 부품, 원자재 및 각각의 필요량을 나타내는 일련의 목록을 말한다. 자재소요계획이 수립되면 이를 공급자로부터 구매하기 위한 구매계획의 수립이 필요하다. 구매는 돈이나 그에 상응하는 대가를 지불하고 상품이나 자본재, 원자재 서비스 혹은 유지, 보수, 운영을 위한 품목을 확보하는 행위를 일컫는다. 구매계획은 신뢰성 있는 공급자를 선정하여 최소비용으로 원자재를 확보하는 것을 목적으로 한다.

- 분배계획 및 수송계획

분배시스템(distribution system)은 제품이 다수의 공장에서 다수의 고객으로 전달되는 흐름을 말한다. 만약 공장이 공급자의 분배시스템상의 문제에 대한 의사결정 권한을 가지고 있다면 공급자의 분배시스템은 제조업체의 조달시스템이 된다. 분배계획은 수송에 관련된 중기적 계획을 의미하고 수송계획은 수송에 관련된 단기적 계획을 의미한다. 여기에서의 수송은 좁게는 분배를 위한 수송을 의미하고 넓게는 분배와 조달을 위한 수송을 모두 포함한다.

분배계획을 통해 결정할 중요한 의사결정 변수로는 수송횟수, 분배경로 결정 등이 있다. 먼저 수송횟수는 분배시스템의 경우 분배센터로의 수송횟수를 의미하고 조달시스템의 경우 공급자의 자재수송횟수를 의미한다. 수송횟수를 결정할 때에는 수송비용, 주문비용(ordering cost), 재고비용을 고려해야 한다. 분배경로에 대한 의사결정은 예를 들어 “제품의 무게가 1000 kg 미만인 경우 분배센터를 거쳐 배송하고 1000 kg 이상인 경우 직접 배송한다.”와 같은 것을 의미한다. 수송계획에서는 매일 공장에서 분배센터와 고객에게 보내야 할 수송량을 결정하고 이것을 수송수단의 용량을 고려하여 할당해야 한다. 또한 이 수송수단을 이용하여 고객에게 최단거리로 배송하기 위한 경로를 결정하는 것도 중요한 의사결정사항이다.

(3) 공급사슬 계획시스템의 활용

앞에서 설명한 바와 같이 공급사슬 계획시스템은 전산화된 시스템이다. 그러므로 공급사슬 계획시스템의 도입에 따라 기존의 계획수립 담당자의 역할이 사라지는 데 불안감을 느낄 수 있다. 그러나 공급사슬 계획시스템은 현실을 단순화한 가상적인 모델로부터 계획을 수립하기 때문에 사람의 개입 없이 바로 실행에 옮길 수 있을 만큼의 정확하고 정교한 계획이 수립되기란 현실적으로 매우 어렵다. 그러므로 이러한 현실과 전산상의 계획의 갭을 극복하기 위한 계획 담당자의 경험, 지식, 역할은 매우 중요하다. 현실적으로 공급사슬 계획시스템을 도입한 기업의 대부분의 경우에 있어 소프트웨어 모듈별로 자료수집과 운영, 분석을 전담하는 계획 담당자가 존재한다. 특히 사건기반계획 방식에서 계획을 재수립할 시점인지를 결정하는 것은 사람이 판단할 수밖에 없기 때문에 계획수립자의 역할은 더욱 커질 수밖에 없는 상황이다.

공급사슬 계획시스템이 한 공급사슬 내에서 여러 개가 운영되고 있는 상황, 즉 공급사슬 멤버별로 별도의 공급사슬 계획시스템을 운영하고 있는 경우에는 공급사슬 계획시스템 간의 협업(collaboration)이 필수적이다. 각각의 공급사슬 계획시스템은 판매프로세스와 구매프로세스에서 다른 시스템과 프로세스가 중첩되므로 이 프로세스에서의 계획에 대한 협력이 가장 중요한 이슈가 된다. 판매 부문의 가장 중요한 협업은 중기 협업 수요계획으로 고객과 공동으로 협력하여 수요예측을 수행(협업예측)하여 수요계획을 수립하는 것이 있다. 구매부문 협업으로는 주 일정계획으로부터 확정된 볼륨 수준의 생산수량을 최종제품의 생산수량으로 환산하여 이후 공급자의 생산용량을 고려하여 바로 구매를 하는 형태가 가능하다.

토의문제

1. 하나의 공급사슬을 선정하고 공급사슬의 재무적 목표를 선정하고 이를 달성하기 위한 KPI를 선정하고 KPI를 달성하기 위한 개선활동을 제안하라. 그리고 개선활동-KPI-재무적 목표에 대한 상관관계를 가능하면 정량적으로 표시하여 개선활동의 재무적 목표에 대한 영향을 예측해 보라.
2. 상용화된 공급사슬 계획시스템으로 어떤 것들이 있는지 조사하고 각 시스템의 특성과 장점, 단점을 분석하라. 그리고 상용시스템의 현재 시장 점유율을 조사하고 시장 점유율이 높은 시스템의 이유를 분석하라.
3. 공급사슬 계획시스템은 상용화된 제품을 구입하여 커스터마이징하여 사용하거나 혹은 고려 중인 공급사슬의 특성에 맞게 처음부터 자체 개발할 수 있다. 각각의 방법이 가지는 장단점에 대해서 논하고 하나의 기업을 선정하여 이 기업이 어떤 선택을 하는 것이 좋을지 토론하라.

참고문헌

1. Christopher, M., Logistics and supply chain management-Strategies for reducing cost and improving service, 2nd edition, London
2. Forrester, J. W.(1958), Industrial dynamics: A major breakthrough for decision makers, Harvard business review, 36, July-August, 37-66
3. Hax, A. C., Meal, H. C.(1975), Hierarchical integration of production planning and scheduling in: Geisler, M. A., Studies in management science, VI, Logistics, Amsterdam, 53-69
4. Jeong I-J.(2011), A dynamic model for the optimization of decoupling point and production planning in a supply chain, doi:10. 1016/j.ijpe.2011.02.001, International Journal of Production Economics
5. Kwak, I. S., Jeong, I-J.(2011), A hierarchical approach for capacitated lot-sizing and scheduling problem with a special structure of sequence-dependent setups, To appear in International Journal of Production Research
6. Lee, H. L., Padmanabhan, V., Whang, S.(1997), The bullwhip effect in supply chains, Sloan Management Review, Spring, V38, 93-102
7. Olhager, J.(2003), Strategic positioning of the order penetration point, International Journal of Production Economics, 85, 319-329
8. Ross, D. F.(1997), Competing through supply chain management: Creating market-winning strategies through supply chain partnerships, Kluwer
9. Simchi-Levi, D. Kaminsky, P. and Simchi-Levi, E.(2003), Designing and managing the supply chain: Concepts, strategies and case studies, 2nd edition, McGraw-Hill
10. Stadtler T. and Kilger C.(2005), Supply chain management and advanced planning: Concepts, models, software and case studies, 3rd edition, Springer Berlin
11. Supply chain council, URL: http://www.supplychain.org

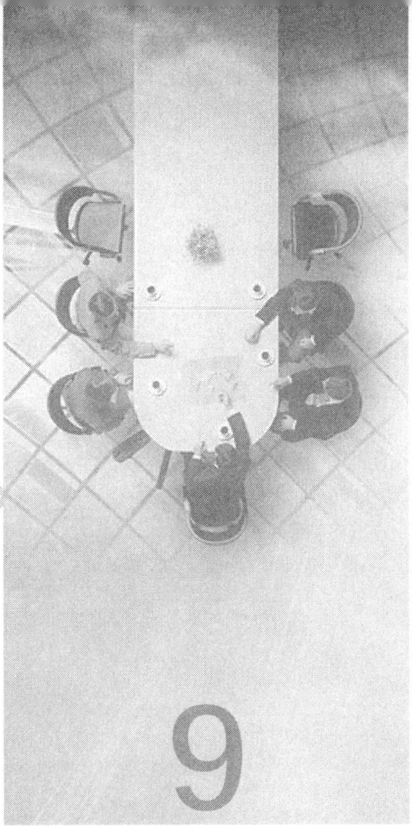

9 회계시스템과 재무전략

기업의 무분별한 차입경영과 과다한 투자가 외환위기의 원인 중 하나로 지적되면서 재무보고에 대한 사회적인 관심이 커지고 있다. 기업회계의 투명성과 건전성을 확보하지 않고서는 효율적인 경영과 함께 회계 본래의 기능인 사회적 자원의 효율적인 배분기능도 달성할 수 없다는 것이 사회의 공통된 인식이기도 하다. 9장에서는 회계의 기본적인 흐름과 함께 회계결과의 최종적인 산출물인 재무제표에 대한 기본적인 이해를 돕고 재무제표를 구성하는 각 항목 및 종류에 대하여 알아본다. 또한 기업의 수익성, 유동성 및 안전성을 나타내는 지표가 어떠한 것이 있는지에 대하여 알아보기로 한다.

9.1 재무회계의 기초

9.1.1 회계는 모든 경제 주체들의 정보원

외환위기 이전만 하더라도 회계에 대한 일반의 관심은 매우 낮아서 회계는 이들 분야에 종사하는 극히 제한된 사람들만이 알아도 되는 것으로 간주되었다. 그러나 우리나라가 외환위기를 겪게 된 원인 중의 하나로 기업들의 무분별한 차입경영과 문어발식 확장경영이 지적되었으며 이를 위한 과다한 차입과 주주에 의한 자금조달을 가능하게 하기 위해 이른바 '분식결산'이라고 하는 잘못된 방법까지 동원되었음을 알게 되면서부터 회계에 대한 사회일반의 관심은 매우 커지게 되었다. 왜냐하면 분식결산 등 잘못된 회계처리의 최종적인 피해는 결국 우리 국민 모두에게 돌아간다는 사실을 직접 경험했기 때문이다. 그러므로 최근에 와서는 회계가 회사의 재경부서나 경리 회계팀만 알아야 하는 것이 아니라 기업과 이해관계를 가지고 있는 모든 경제주체들이 알아야 하는 중요한 정보원으로 간주되고 있다.

뿐만 아니라 최근 새로운 경영기법으로 등장하고 있는 OBM(Open Book Management: 열린 경영에 의한 경영결과의 공유시스템)이나 VBM(Value Based Management: 가치중심경영) 등도 임직원의 제무재표에 대한 이해능력이 전제되지 않고서는 불가능하다. 또한 기업의 투명성과 신뢰성이 투자에 대한 필수적인 조건으로 요구되면서 앞으로 회계의 중요성은 더욱 커질 수밖에 없을 것으로 예상된다.

9.1.2 회계의 사회적 기능 및 목적

(1) 회계는 기업에 대한 투자자와 채권자들의 투자 및 신용의사결정에 도움이 되는 유용한 정보를 제공한다.

회사의 안정성과 수익성을 알려주기 위해서 기업의 모든 일상적인 거래는 회계라는 방법을 통해 기록・요약・전달된다.

(2) 회계는 기업의 현금흐름 예상액을 평가하는 데 필요한 정보를 제공한다.

주식투자자와 금융기관 등 채권자는 배당금과 시세차익 그리고 이자수익을 얻을 목적으로 기업에 자금을 제공하므로 이들 모두는 바로 그 기업의 현금흐름(cash flow)과 직접적으로 연관되어 있다. 다시 말해 투자한 기업의 현금흐름이 양호하지 못하면 투자자는 배당금을 기대할 수 없고 채권자도 이자와 원금의 회수를 보장받지 못하게 된다는 의미이다.

(3) 회계는 기업의 경제적 자원과 이에 대한 청구권 그리고 자원의 변동에 대한 정보를 제공한다.

기업은 특정 회계기간 종료일(결산일) 현재 자신이 가지고 있는 모든 자산과 부채 및 자본의 상태를 회계를 통해 외부 이해관계자에게 보여줄 수 있으며 당해 회계기간 동안 그 항목들이 무슨 이유로 얼마나 변동되었는지도 보여주게 된다.

이렇듯 다양한 사회적 기능을 가지고 있는 회계를 한마디로 정의하면 '기업의 수많은 이해관계자들의 의사결정에 도움이 되는 정보를 제공하기 위한 사회적 제도'라고 말할 수 있다. 우리나라 기업회계기준서(제21호)에서도 '재무보고는 현재 및 잠재 투자자와 채권자가 합리적인 의사결정을 하는 데 유용한 정보를 제공하는 것을 목적으로 한다. 재무제표는 재무보고의 핵심적인 수단이며, 투자자와 채권자의 의사결정에 유용한 정보란 기업의 미래 현금흐름의 크기/시기 및 불확실성을 예측하는 데 도움을 주는 정보를 말하며, 더 구체적으로는 기업의 재무상태 · 경영성과 · 이익잉여금처분(또는 결손분처리) · 현금흐름 및 자본변동에 관한 정보를 말한다'라고 명시하고 있다.

9.1.3 회계의 종류

회계를 '정보제공을 위한 사회적인 전달 체계'로 정의할 때 정보의 제공자는 주로 기업과 같은 경제적 실체를 의미한다. 반면에 회계정보를 필요로 하는 정보의 수요자는 매우 다양하게 존재한다. 먼저 기업에 자금을 제공한 투자자 집단으로서 주주와 채권자가 있고, 외상거래를 통해 신용을 제공한 거래처도 상대방 회사에 대한 회계정보를 필요로 한다. 또한 기업의 경영에 대한 책임을 지고 있는 경영자와 관리자들도 그 기업이 현재 어떻게 돌아가고 있는지를 회계정보를 통해 파악하고자 할 것이며, 근로자 또한 임금협상이나 성과급 배분의 기초자료로서 회계정보를 필요로 한다. 뿐만 아니라 기업의 소득에 대한 법인세 과세도 회계결과에 따라 이루어지므로 정부(세무서) 또한 회계정보의 수요자가 된다.

이렇게 회계정보를 이용하는 집단은 매우 다양하지만 모든 정보이용자 집단이 똑같은 정보를 필요로 하지는 않는다. 예를 들어 투자자들은 기업의 재무상태와 경영성과에 관심을 두고, 경영자와 관리자는 경영능률의 향상과 사업부의 성과평가 · 원가절감 등 기업실적 개선을 위한 자료를 더 필요로 한다. 이에 반해 정부는 법인세 과세를 위해 법인이 회계기간 동안 얼마만큼의 소득을 얻었는가에 관심을 둔다.

이에 따라 회계정보를 제공하되, 각각의 정보수요자의 요구에 맞게 제공하기 위해 회계를 다시 재무회계와 관리회계, 그리고 세무회계라는 3가지 영역으로 나누게 된다.

(1) 재무회계

가장 일반적인 목적의 회계로서 특정인이 아닌 여러 이해관계자들의 공통적인 수요, 예를 들면 재무상태와 경영성과 파악에 맞추어 이루어진다. 주된 정보이용자는 주주와 채권자라고 보면 된다. 재무회계는 이른바 재무제표라는 것을 주기적으로 작성하여 공시하는데 주주와 채권자들은 분기/반기 또는 회계기간별로 작성하여 공시되는 재무제표를 통해 그 기업에 관한 정보를 얻고 이를 통해 의사결정을 내리게 된다.

이때 주기적으로 작성하여 공시되는 재무제표에는 대차대조표와 손익계산서, 이익잉여금처분계산서, 현금흐름표 및 자본변동표가 있다. 이는 반드시 기업회계기준에 따라 작성되어야 하며 재무제표가 기업회계기준에 의해 작성되었는지를 검증하기 위해 일정 규모(자산총액 70억 원) 이상의 기업은 의무적으로 공인회계사의 외부감사를 받아야 한다.

(2) 관리회계

기업의 재무상태와 경영성과의 표시보다는 주로 관리적인 차원에서 기업의 경영효율을 향상시키고 이를 통한 관리적인 성과를 개선시키기 위해 이루어지는 회계시스템을 말한다. 예를 들어 사업부별 성과분석이나 원가절감을 위한 표준원가계산 제도 그리고 예산과 실적의 차이 분석이나 제품교체 의사결정을 위한 분석 등 다양한 형태가 있을 수 있다. 따라서 재무회계가 주로 외부보고 중심의 회계인 데 반해 관리회계는 내부보고 중심의 회계라고 할 수 있으며, 기업회계기준이라는 지배규범의 통제를 받는 재무회계와 달리 관리회계는 이를 규율하는 지배규범이나 규칙이 전혀 없는 것이 차이점이다.

(3) 세무회계

세무회계는 주로 기업의 소득에 대한 세금, 즉 법인세 과세를 목적으로 이루어진다. 법인도 개인과 마찬가지로 회계기간 동안 영업을 해서 이익을 얻으면 소득에 대한 세금을 내야 하는데, 이를 법인세라고 한다. 법인세는 법인의 소득에 대한 세금이므로 법인세를 과세하기 위해서는 세법기준에 의해 소득금액을 계산해야 한다. 법인의 소득은 세법상의 수익을 의미하는 익금에서 세법상의 비용을 의미하는 손금을 차감해 계산한다.

이때 법인의 소득금액은 익금총액에서 손금총액을 개별적으로 차감하여 계산하는 것이 아니라 재무회계에 따른 수익에서 비용을 차감하여 산출된 손익계산서상의 이익에다 재무회계상 수익과 세법상의 익금, 재무회계상 비용과 세법상의 손금의 차이를 조정함으로써 계산하게 되는데 이를 세무조정이라고 한다. 따라서 세무회계는 재무회계와 서로 보완적이고 의존적인 관계에 있다.

9.1.4 기업회계기준의 필요성

회계는 사회적 자원의 효율적 배분기능을 가지고 있다. 이는 회계기능을 통해 투자자와 채권자들이 가지고 있는 자금이 좀 더 효율적으로 이동될 수 있음을 의미한다. 따라서 회계정보는 사회적 공공재로서의 역할도 수행하게 되며, 이러한 연유로 기업이 적용하는 회계의 방법과 작성 및 공시하는 재무제표는 일정한 준거기준에 따라야 한다. 이렇게 함으로써 공공재로서의 회계정보에 보다 높은 사회적 신뢰성과 유용성이 부여된다.

기업이 회계와 관련된 행위, 즉 회계처리 및 결산을 포함하여 재무제표를 작성할 때 지켜야 하는 지배 규범을 '회계원칙'이라고 하는데 회계원칙 중에서도 회계시장을 구성하는 다수의 합의에 의해 제정된 원칙을 '일반적으로 인정된 회계원칙'이라고 한다. 일반적으로 인정된 회계원칙(Generally Accepted Accounting Principles; GAAP)은 사전적으로는 기업이 회계를 할 때 반드시 지켜야만 하는 규범이며 사후적으로는 독립된 감사인(공인회계사)이 기업이 작성/공시한 재무제표의 적정성 여부를 판단하는 기준이 된다.

우리나라의 경우 과거에는 회계시장을 규제하는 회계기준의 제정이 주로 정부 주도로 이루어졌으나 현재는 한국회계기준원 등 민간기관에 점차 이양되고 있는 추세이다. 현재 법적으로는 주식회사의 외부감사에 관한 법률에 따라 금융감독위원회가 기업회계기준의 제정권한을 보유하고 있다. 그러나 별도의 위임규정에 의해 회계기준서의 제정 및 회계처리기준에 대한 해석과 질의회신 등 회계처리기준에 관한 업무를 한국회계기준원에 위탁하고 있기 때문에 실제로는 민간기구에 의해 회계기준이 제정되고 있는 셈이다.

9.1.5 회계의 기본가정

회계학이라는 학문도 사회과학의 한 분야로서 다른 사회과학이 모두 그러하듯 이론을 전개하는 데 약간의 가정이 필요하다. 그렇다면 회계를 하는 데는 어떤 가정이 필요할까? 모두 4가지를 가정해야 하는데 이를 '회계공준'이라고 한다. 회계공준은 회계가정과도 같은 말이며 회계를 하기 위해서 불가피하게 받아들여야만 하는 기본가정과 전제를 말한다.

(1) 기업실체의 가정

주주가 아닌 기업의 입장에서 회계를 한다는 가정. 즉 주주와 기업은 별개의 존재이고 모든 회계처리는 기업이라는 실체의 관점에서 이루어진다.

(2) 계속기업의 가정

반대되는 명확한 증거가 없는 이상 기업은 망하지 않고 계속된다는 가정. 계속기업의 가정으로부터 회계기간과 기간손익계산을 위한 여러가지 개념(수익비용대응, 충당부채, 원가배분 등)이 도출된다.

(3) 화폐단위 측정의 가정

회계의 측정단위는 화폐이고 화폐가치는 변하지 않는다는 가정. 10년 전 1억 원에 구입한 토지는 현재의 대차대조표에도 여전히 취득원가인 1억 원으로 표시된다. 만약 화폐가치가 변한다는 것을 인정한다면 우리는 매년 원가주의에 의해 작성한 회계보고서를 시가로 수정하는 작업을 해야만 할 것이다.

(4) 기간별보고의 가정

기업실체의 존속기간을 인위적으로 분할하여 회계기간별로 회계보고를 하는 것을 말한다. 기업실체의 이해관계자들은 지속적으로 경제적 의사결정을 해야 하므로 적시성이 있는 정보를 요구하게 되고, 이러한 요구를 충족시키기 위해 기업실체의 경영성과를 특정 회계기간에 귀속시켜야 할 필요성을 가진다.

9.1.6 회계의 원리와 결산흐름

회계과정의 종착지는 결국 재무제표이다. 그렇다면 재무제표는 어떻게 만들어지는 것일까? 재무제표는 거래의 내용을 회계기간별로 기록/요약/정리한 것인데 회계기록의 대상이 되는 경제적인 사건을 '거래'라고 한다. 거래란 그로 인해 기업의 재무상태, 즉 자산과 부채 및 자본에 어떤 변화를 가져다 주는 일체의 것을 모두 포함한다. 예를 들어 제품을 팔기로 하고 계약금을 받는 것은 현금이라는 자산과 부채(제품인도 의무)가 늘어난 거래이고 임직원들에게 월급을 주는 것은 비용의 발생과 함께 현금이라는 자산이 감소한 거래이며, 은행에서 대출을 받았다면 부채와 현금이 모두 증가한 거래이다. 이와 같은 사건은 회사의 재무상태에 변화를 초래한 것이므로 모두 거래에 해당한다.

이러한 일반적인 유형의 거래 외에 우리가 상식적으로는 도저히 거래라고 볼 수 없는 것도 회계상으로는 거래로 취급되는 경우가 있다. 예를 들면 보유하고 있는 주식의 가치(시가)가 하락했다든지, 창고에 보관 중인 제품을 도난 당했다든지 하는 것도 모두 회사의 재무상태에 변화를 가져다 준 것이므로 회계상으로는 거래로 본다. 일반적으로 회계가 이루어지는 과정을 정리하면 <그림 9-1>과 같다.

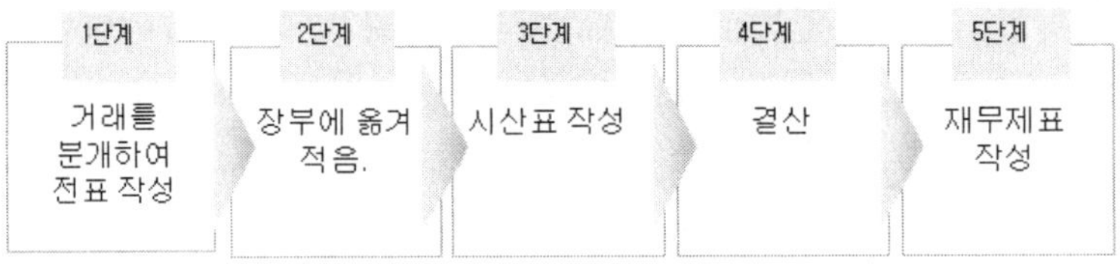

그림 9-1 회계가 이루어지는 과정

1단계: 거래를 분개하여 전표를 만든다.

먼저 거래가 발생하면 이들을 인식하여 전표를 기록하게 되는데, 이를 '분개'라고 한다. 즉 거래를 정리하여 자산/부채/자본의 증감변동을 일정한 원칙(이를 분개의 법칙이라고 함)에 따라 좌우로 배열하는 것을 말한다. 이때 왼쪽을 차변이라고 하고 오른쪽을 대변이라고 한다.

모든 거래는 예외 없이 항상 차변의 한 요소와 대변의 한 요소의 결합으로 구성된다. 예를 들면 자산의 증가와 자산의 감소로 이루어진 거래가 있을 수 있고, 부채의 감소와 자산의 감소로 이루어진 거래 등 다양한 형태의 거래가 발생할 수 있다. 이렇게 모든 거래는 차변의 4가지 요소 중 하나와 대변의 4가지 요소 중 하나가 만나서 이루어지는데, 이를 '거래의 8요소'라고 한다. 앞서 예를 든 거래들을 분개해보면 다음과 같다.

- **제품매출계약을 맺고 계약금을 받다.**

  (차) 현금: 자산의 증가　　(대) 선수금: 부채의 증가

- **임직원들에게 월급을 주다.**

  (차) 급여: 비용의 발생　　(대) 현금: 자산의 감소

– 은행에서 돈을 대출받다.

(차) 현금: 자산의 증가 (대) 차입금: 부채의 증가

– 보유중인 주식의 시가가 하락했다.

(차) 단기매매증권평가손실: 비용의 발생 (대) 단기매매증권: 자산의 감소

이와 같이 분개를 하다 보면 차변(왼쪽)과 대변(오른쪽)이 항상 같은 금액으로 기록되므로 어느 시점에서 보더라도 모든 계정의 차변금액과 대변금액은 일치할 수밖에 없는데, 이를 대차평균의 원리라고 한다. 분개는 회사에서 거래를 인식하는 1차적인 단계에 해당하는 것으로 분개를 기입하는 형식이 바로 전표이다. 전표에는 입금전표와 출금전표 및 대체전표가 있다.

2단계: 장부에 옮겨 적는다.

이제 모든 거래가 전표 작성을 통해 분개가 되었으면 매일의 전표내용을 빠짐없이 장부에 옮겨 적는 절차를 거쳐야 하는데, 이를 '전기'한다고 말한다. 전기를 통해 비로소 장부가 만들어지는데, 장부에는 주요장부와 보조장부가 있다. 주요장부란 회사의 모든 계정과목을 망라한 총계정원장이며, 보조장부는 특정계정을 좀더 상세하게 기록한 것이다. 예를 들면 금전출납장이나 거래처별 원장 등이 이에 해당한다. 매일매일의 거래가 이와 같이 전표를 거쳐 장부에 전기되고 매월 말마다 장부를 마감하게 된다.

3단계: 시산표를 만든다.

매월 말 장부를 마감하면 시산표라는 것을 작성하게 되는데, 이는 문자 그대로 계산을 검증하기 위한 것이다. 즉 앞서 전표로부터 모든 거래가 틀림없이 장부에 전기되었는지를 확인하기 위해서 작성하는 것인데, 대차평균의 원리상 월말 현재 왼쪽의 자산과 비용의 합계액은 오른쪽의 부채와 자본 그리고 수익의 합계액과 항상 일치해야 하므로 이를 통해 잘못된 전기를 찾아낼 수 있다.

이와 같은 기능을 하는 시산표는 계정의 잔액만을 가지고 작성할 수 있고, 그 기간 중의 총거래금액을 기준으로 작성할 수도 있는데, 전자를 잔액시산표, 후자를 합계시산표라고 한다. 그리고 2가지를 결합한 것을 합계잔액시산표라고 한다.

4단계: 결산을 한다.

회계기말이 되면 결산을 하게 되는데 결산이란 회사의 회계연도 단위별로 경영성과를 측정하기 위한 것으로 이 결산작업을 통해 비로소 재무제표가 만들어진다. 결산을 하기 위해서는 가장 먼저 결산일(우리나라는 대부분 12월 31일) 현재의 시산표가 작성

되야 한다. 이어서 이른바 결산정리사항에 대한 수정절차가 이루어지는데, 여러가지 결산수정사항 중 대표적인 것 몇 가지만 살펴보면 다음과 같다.

- 매출원가를 확정하기 위해서는 기말에 팔리지 않고 남아있는 재고자산이 얼마인지를 평가해야 한다.
- 재고자산이나 단기매매증권 등 기말에 새로이 평가해야 하는 자산 등은 기말의 시가가 얼마인지를 확인해야 한다.
- 유형 자산에 대해서는 당해 년도에 가치가 소멸된 부분만큼을 감가상각비로 계상하여 장부가액을 줄여야 한다.
- 매출채권과 같이 장래에 회수할 자산에 대해서는 회수가능성을 검토하여 회수가 불가능하다고 추정되는 금액에 대해서는 대손비용을 계상해야 한다.
- 보험료와 같은 비용항목 중 기간미경과분에 대해서는 발생주의에 따른 수정을 해주어야 한다.

5단계: 재무제표를 작성한다.

결산기말의 잔액시산표에 결산수정사항을 반영하면 계정과목별로 수정된 후의 금액이 계산되는데, 이를 토대로 재무제표를 작성한다.

9.2 재무제표의 이해

9.2.1 재무보고와 재무제표

제조업체는 원료를 구입하여 제품을 생산한 후 이를 거래체에 판매함으로써 수익을 창출한다. 반면 도소매업체는 생산활동 없이 단순히 상품을 구입하여 소비자나 거래처에 판매함으로써 수익을 창출한다. 보통 원료의 구입대금 · 인건비 · 임차료 · 전기료 같은 비용은 판매수익이 현금화되기 전에 먼저 지급된다. 이처럼 회사가 구매 · 생산 · 판매활동을 위해 필요로 하는 자금을 설비자금이라고 한다. 일반적으로 회사가 정상적인 영업활동을 원활하게 수행하기 위해서는 운전자금이 필요하다. 그리고 사업의 규모가 커질수록 더 많은 운전자금이 필요해진다. 특히 회사가 성장 · 발전을 위해 신규사업에 진출한다든지 또는 공장을 준설하게 되면 대규모의 설비자금이 필요하게 된다.

이때 회사는 부족자금이 생기면 금융기관이나 투자자로부터 자금을 빌려 필요한 원료나 상품을 조달하거나 외상으로 조달한 후 일정 기간이 경과하면 결제하는 방식을 취하게 된다. 이처럼 회사에 자금을 빌려주거나 투자한 사람, 원료나 상품을 납품하는 업체들을 회계에서는 이해관계자라고 하며, 이들은 회사의 자금상환 능력이나 결제능력에 많은 관심을 기울이게 된다.

회사는 이해관계자들에게 사업의 진행내용을 보고하기 위해 1년에 한 번씩 회계장부를 집계하여 결산을 해야 한다. 특히 회사는 상법이나 세법의 규정에 따라 의무적으로 1년에 한 번 결산을 하여 재무보고서를 발표하거나 관련 기관에 신고해야 한다. 재무보고(Financial Reporting)란 기업 등과 같은 경제주체들이 경제활동을 함에 있어서 필요한 자원을 효율적으로 제공받기 위해 기업에 관한 모든 재무정보를 외부의 이해관계자에게 전달하는 것을 일컫는데 주로 재무제표를 통해 이루어진다. 재무제표는 기업의 재무상태, 영업성과, 그리고 자금흐름에 관한 기본적인 재무정보를 담고 있는 가장 일반적인 형태의 정보원천으로, 주주·거래처·은행 등 회사의 이해관계자와 정부의 감독관청(세무서 포함)에 보고할 목적으로 작성되었다. 그러나 요즈음에는 이러한 외부보고를 위한 목적 외에 회사 내부적으로 경영자나 임직원들이 외사결정을 내리는 데 필요한 경영정보 또는 계획·통제를 위한 자료로 적극 활용되고 있다.

기업의 모든 경영활동의 내용 및 결과는 결국 회계수치를 통해 최종적으로 집약되기 때문에 재무보고에 포함되는 정보의 주된 내용은 회계적인 정보가 될 수밖에 없다. 또한 재무보고의 대상이 특정 이해관계자로 국한될 수 없기 때문에 기업의 일반목적의 재무제표를 주기적으로 작성하여 공시함으로써 이해관계자들의 정보욕구를 충족시키게 된다.

9.2.2 재무제표의 종류

회사는 법률의 규정에 따라 재무제표를 작성해야 한다. 이러한 재무제표 중에서 가장 공통적이면서 중요한 재무보고서로 대차대조표와 손익계산서가 있으며, 이외에 이익잉여금처분계산서, 현금흐름표 및 자본변동표가 있다.

(1) 대차대조표(B/S: Balance Sheet)

회사는 주주나 은행 등으로부터 자금을 조달하여 원재료·기계설비 등의 자산을 구입한다. 그리고 제품을 판매함으로써 매출액과 부가가치를 얻게 되고, 일정 기간이 지나면 판매대금을 받아 회사운영을 해 나가게 된다. 이러한 경영활동에 따라 자금의 흐름을 자산과 부채 및 자본으로 구분하여, 일정 시점(결산기말)의 잔액을 요약, 집계한 것이 대차대조표이다. 대차대조표는 회사의 자금이 어떻게 조달되었고 현재 어디에 사용되고 있는지를 나타내준다. 대차대조표를 살펴보면 재산의 보유상황(자금의 운용)이 좌측(차변)에 표시되고, 자금의 출처(자금의 조달)가 우측(대변)에 표시된다. 대차대조표는 항상 다음과 같은 등식이 성립한다.

자산 = 부채 + 자본

1) 자산(Asset)

자산이란 과거의 거래나 사건의 결과로서 현재 기업실체에 의해 지배되고 미래에 경제적 효익을 창출할 것으로 기대되는 자원을 말한다. 회계상 자산이 되기 위해서는 첫째, 과거에 거래나 사건이 발생했어야 하며, 둘째, 자산이 되기 위해서는 당해 항목이 미래에 경제적 효익을 제공할 수 있어야 한다. 자산에 내재된 경제적 효익이란 기업실체의 미래 현금흐름 창출에 직/간접적으로 기여하는 잠재력을 말한다. 즉 특허권이나 영업권 같은 무형의 권리도 장래 기업에 경제적 효익을 가져다 줄 수 있기 때문에 자산에 해당한다.

투자의사결정의 결과 또는 자금의 사용처로서의 자산은 크게 다음과 같이 분류할 수 있다.

유동자산: 현금 및 현금등가물, 단기금융상품, 유가증권 매출채권, 재고자산 등과 같이 1년 내에 현금화할 수 있는 항목

고정자산: 장기금융상품, 투자유가증권, 영업권, 토지, 기계장치 등과 같이 장기간 동안 정상적인 영업활동과 투자활동에 사용되어 기업에 경제적 효익을 제공하는 항목

2) 부채(Liability)

부채는 과거 거래나 사건의 결과로서 현재 기업실체가 부담하고 그 이행에 자원의 유출이 예상되는 의무를 말한다. 이러한 의무는 법적인 의무에만 국한되는 것이 아니라 상관습이나 관행 등에 의한 것까지도 포함된다. 부채의 상환을 위해서는 반드시 장래에 기업자원의 유출이 수반되어야 한다.

자금조달 의사결정의 결과 또는 자금의 원천으로서의 부채와 자본은 다음과 같이 분류할 수 있다.

유동부채: 매입채무, 미지급금, 단기차입금, 예수금 등과 같이 1년 이내에 갚거나 지불해야 하는 항목

고정부채: 장기차입금, 퇴직급여충당금 등과 같이 1년 후에 갚거나 지불해야 하는 항목
주주지분: 주주들이 투자한 자본금과 이익을 기업 내부에 유보한 이익잉여금 등

3) **자본(Equity)**

자본은 기업실체의 자산에서 부채를 차감한 잔여액 또는 순자산으로서 자산에 대한 잔여청구권을 나타낸다. 그러므로 대차대조표상 자본총액은 회계장부상 자산에서 부채를 차감한 금액으로 계산되며, 따라서 이 금액이 당해 기업 주식의 시가총액이나 기업 순자산의 처분가액과 일치하지는 않는다.

대차대조표의 차변인 자산은 기업이 과거에 했던 투자의사결정의 결과를 보여주고 대변인 부채와 주주지분(자본)은 기업이 과거에 했던 자금조달의사결정의 결과를 보여준다. 대차대조표를 통해 얻을 수 있는 정보는 다음과 같다.

- 회사의 총 자산규모가 얼마나 되는가?
- 자기자본에 비해 부채가 너무 많지 않은가?
- 재무구조가 양호한가?
- 과거의 이익(이익잉여금)이 많이 누적되어 있는가?
- 적절한 유동성을 확보하고 있는가?
- 회사의 순자산가치는 얼마인가?

<그림 9-2>는 도소매업 A사의 대차대조표의 예를 보여주고 있는데 보는 바와 같이 자산은 좌측, 부채와 자본 항목이 우측에 표시되며, 좌측 및 우측의 금액은 항상 같게 된다.

(도소매업 A사) (0000년 12월 31일 현재)

자산		부채와 자본	
계정과목	금액	계정과목	금액
유동자산	127,984	**유동부채**	71,364
(1)당좌자산	96,371	단기차입금	12,500
현금 및 현금성자산	43,446	매입채무	49,206
매출채권	41,618	미지급비용	5,650
기타당좌자산	11,307	기타유동부채	4,008
(2)재고자산	31,613	**비유동부채**	15,940
비유동자산	149,894	장기차입금	7,600
(1)투자자산	9,160	퇴직금충당부채	1,410
장기금융상품	610	기타비유동부채	6,930
장기투자증권	8,550	부채총계	87,304
(2)유형자산	140,339		
토지	64,610	**자본금**	45,000
건물	49,720	**자본잉여금**	63,940
기계장치	26,009	**자본조정**	-
(3)무형자산	395	**기타포괄손익누계액**	-
(4)기타비유동자산	-	**이익잉여금**	81,634
자산총계	277,878	자본총계	190,574
		부채,자본총계	277,878

(❖단위:천원)

그림 9-2 대차대조표의 예

(2) 손익계산서(P/L: Profit and Loss, I/S: Income Statement)

손익계산서는 일정 기간 동안에 회사에서 어느 정도의 이익을 냈는지, 즉 경영성적을 보여주는 재무제표이다. 이익의 크기뿐 아니라 어떤 활동에서 어떤 종류의 이익이 발생했는지도 보여준다. 이익은 일정 기간 동안 회사에서 벌어들인 금액(매출액 등)을 의미하는 수익에서 그 수익을 얻기 위해 소요된 비용을 차감하여 계산하므로 손익계산서에서는 항상 다음과 같은 등식이 성립된다.

수익 – 비용 = 이익

손익계산서의 구성요소는 수익, 비용, 차익 및 차손으로 구분된다.

1) 수익(Revenue)

수익이란 재화의 생산/판매/용역의 제공 등 주요 경영활동의 의해 경제적 효익이 유입되는 것으로서 이는 자산의 증가나 부채의 감소 및 그 결과에 따른 자본의 증가로 나타난다. 또한 경영활동의 종류에 따라 매출액과 같은 영업수익과 이자수익·배당수익 및 임대료 같은 영업외수익으로 구분된다.

2) 비용(Expense)

비용이란 기업의 주요 경영활동과 관련하여 발생된 경제적 효익의 유출로서 자산의 감소나 부채의 증가 및 그 결과에 따른 자본의 감소로 나타난다. 비용도 그 내용에 따라 매출원가, 지급수수료와 같은 판매관리비, 이자비용과 같은 영업외비용으로 나누어진다.

3) 차익과 차손(Gain and Loss)

차익과 차손이란 수익 및 비용과는 달리 기업의 주요 경영활동 이외의 부수적인 거래나 사건의 결과로서 발생한 항목을 말한다. 예를 들어 자산을 타인으로부터 증여받아 생긴 자산수증이익이나 화재사고 등에 의해 발생한 보험차익 및 재해손실 등이 이에 해당한다.

손익계산서는 크게 영업부문과 영업 이외의 부문으로 나뉘어진다. 영업부문은 기업의 계속적인 주요 영업활동의 결과를 담고 있으며, 영업 이외의 부문은 영업활동을 통해 창출한 이익의 배분과 기업의 부수적 활동을 요약하고 있다. 손익계산서를 통해 우리는 다음과 같은 정보를 얻을 수 있다.

- 당해년도의 경영성적이 어떠한가?
- 회사의 비용이 효율적으로 관리되고 있는가?
- 회사가 계속 성장하고 있는가?
- 회사의 영업활동 성과와 재무활동 성과는 어떠한가?

<그림 9-3>은 일반적인 손익계산서의 예로서 1년 동안의 경영노력의 결과를 수익 · 비용 · 이익의 관계로 체계적으로 집계하였다.

(도소매업 A사) (0000년 1월 1일 부터 0000년 12월 31일 현재)

계정과목	금액
매출액	592,573
매출원가	(-)474,058
매출총이익	118,515
판매비와 관리비	(-)107,001
영업이익	11,514
영업외 수익	(+)2,264
영업외 비용	(-) 2,270
법인세비용차감 전 순이익	11,508
법인세 비용	(-) 3,500
당기순이익	8008

(❖단위:천원)

그림 9-3 손익계산서의 예

(3) 이익잉여금처분계산서

회사를 경영한 결과 이익이 발생하면 그 이익을 어떻게 사용(처분)할 것인지를 결정해야 한다. 이익은 여러 가지 용도로 사용될 수 있겠지만 가장 대표적인 것이 주주에 대한 배당이다. 회사는 주주로부터 회사운영에 필요한 자금을 제공받았기 때문에 이에 대한 보상을 해야 한다. 채권자로부터 빌린 돈에 대해서는 경영성과에 관계없이 미리 약속한 이자를 주어야 하지만 주주에게는 경영성과가 좋아서 이익이 발생한 경우에만 배당금 지급을 통해 자금사용의 대가를 지불한다. 배당금 지급 이외에도 회사의 장래를 위해서 이익의 일부를 내부에 적립할 수도 있다. 이와 같은 기업이익의 처분내용이 담긴 재무제표가 이익잉여금처분계산서이다.

(도소매업 A사) (0000년 1월 1일부터 0000년 12월 31일 현재)

계정과목	금액	
Ⅰ. 미처분이익잉여금		8,958
1. 전기이월미처분이익잉여금	1,120	
2. 회계정책변경 누적효과	(-) 120	
3. 전기오류수정손익	(+) 150	
4. 중간배당액	(-) 200	
5. 당기순이익	(+) 8,008	
Ⅱ. 임의적립금 등의 이입액		(+) 1,239
Ⅲ. 이익잉여금처분액		(-) 3,650
1. 이익준비금	150	
2. 기타법정적립금	2,000	
3. 배당금	1,500	
Ⅳ. 차기이월미처분이익잉여금		6,547

(❖단위:천원)

그림 9-4 이익잉여금처분계산서의 예

매년도에 발생한 이익이 그때그때마다 전액 배당금 지급으로 빠져나가는 것은 아니므로 처분되고 남은 이익은 회사 내부에 계속 쌓이게 되는데, 이를 이익잉여금이라고 한다. 회사가 과거에 벌어놓은 이익 중 처분하지 않고 남은 금액(이를 전기이월미처분이익잉여금이라고 함)에다 당기에 새로 벌어들인 이익을 더한 것이 미처분이익잉여금이다. 그 중 일부 금액이 여러 가지 용도로 처분되고 남은 잔액을 차기이월미처분이익잉여금이라고 하며 이는 다음 회계연도로 이월된다.

> 전기이월미처분이익잉여금 + 당기순이익 = 미처분이익잉여금
> 미처분이익잉여금 − 이익잉여금 처분액 = 차기이월미처분이익잉여금

회계적 이익을 측정하기 위해서는 두 가지 절차가 필요하다. 첫째, 일정 기간 동안 수익을 측정해야 한다. 둘째, 측정된 수익에 대해 원가 및 비용을 대응시킨다. 우선, 측정된 수익과 그에 대응하는 현금수입은 일치하지 않는다는 것을 이해해야 한다. 가령 예를 들면 생산한 제품을 거래처에 외상으로 판매한 경우 발생주의(accrual) 회계하에서 수익을 인식하는 시기는 현금을 회수하는 때가 아니라 제품을 판매하는 때이다. 따라서 결과적으로 실제로 현금을 회수한 때에는 현금수입에 따른 분개만이 있게 된다.

유형자산과 관련된 감가상각은 수익과 비용의 대응이라는 관점에서 볼 때 상당히 어려운 문제를 야기한다. 가령 2003년에 OOO 주식회사가 내용연수가 4년인 기계장치를 20억 원에 구입했다고 할 경우 취득원가 20억 원을 2003년에 전액 비용으로 계산한다면 2003년의 영업이익은 매우 낮아지겠지만, 그 후 3년간의 영업이익은 반대로 좋아질 것이다. 이러한 왜곡을 막기 위해서 기업회계기준에서는 기계장치 등의 취득원가를 경

제적 내용연수에 걸쳐 감가상각비의 형태로 배분하도록 하고 있다. 감가상각은 수익과 비용의 합리적 대응을 위해 과거에 취득한 자산의 원가를 장래에 경제적 효익이 발생하는 기간 동안 배부하는 과정으로 이해되어야 한다. 어떤 자산의 감가상각비를 계산하려면 그 자산의 내용연수, 잔존가치, 감가상각법에 대하여 알아야 할 것이다.

(4) 현금흐름표(Cash Flow Statement)

경영자의 의사결정에 의해 결정되는 분야는 이익(손실)만은 아니다. 이미 언급했듯이 경영자의 의사결정에 따라 기업이 보유한 경제적 자원 및 그 자원에 대한 청구권은 변동하게 되며 특히 현금 및 현금등가물, 매출채권, 재고자산, 매입채무와 같은 운전자본도 변동한다. 일정 기간 동안 운전자본과 같은 자금의 변동을 나타내는 재무제표를 자금흐름표라고 하며 특히 현금의 변동을 나타내는 재무제표를 현금흐름표라고 한다. 현금흐름표는 일정 기간 동안 경영자의 의사결정으로 인한 현금의 변동에 초점을 맞춘 것이다.

현금흐름표에 익숙하지 않은 사람들은 각 계정의 증가와 감소로 표현되는 현금흐름표의 복잡함에 황당함을 느끼게 된다. 어떤 이는 이러한 황당함을 '더하기와 빼기의 임의적 집합'이라는 말로 표현하기도 한다. 게다가 이러한 이유 때문에 현금흐름표의 목적과 유용성에 대해 회의적으로 바라보는 시각도 있다.

현금흐름표가 담고 있는 대부분의 정보는 기업의 손익계산서와 대차대조표를 주의 깊게 살펴봄으로써 얻을 수 있다. 그럼에도 불구하고 현금흐름표를 작성하는 이유는

(도소매업 A사) (0000년 1월 1일부터 0000년 12월 31일 현재)

계정과목	금액	
Ⅰ. 영업활동으로 인한 현금흐름		10,289
1. 당기순이익	8,008	
2. 비용 가산	(+) 2,501	
3. 수익 차감	(-) 1,420	
4. 자산 · 부채의 변동	(+) 1,200	
Ⅱ. 투자활동으로 인한 현금흐름		(-)3,446
1. 투자활동으로 인한 현금유입액	5,426	
2. 투자활동으로 인한 현금유출액	8,872	
Ⅲ. 재무활동으로 인한 현금흐름		3,330
1. 재무활동으로 인한 현금유입액	8,762	
2. 재무활동으로 인한 현금유출액	5,432	
Ⅳ. 현금의 증감		10,173
Ⅴ. 기초의 현금		33,273
Ⅵ. 기말의 현금		43,446

(❖단위·천원)

그림 9-5 현금흐름표의 예

다음과 같은 장점이 있기 때문이다. 첫째, 특정 현금흐름에 대해 손익계산서와 대차대조표만으로 추론할 수 있는 것보다 훨씬 정확한 정보를 제공해준다. 둘째, 기업의 상환능력에 관한 평가를 가능하게 한다. 기업이 자금을 어디서 조달하고 어디에 사용했는지를 살펴봄으로써 기업의 영업전략과 이러한 전략의 적합성에 관한 통찰력을 얻을 수 있다.

(5) 자본변동표

자본변동표는 자본의 크기와 그 변동에 관한 정보를 제공하는 재무보고서로서 자본을 구성하고 있는 자본금, 자본잉여금, 자본조정, 기타포괄손익누계액 및 이익잉여금(또는 결손금)의 변동에 대한 포괄적인 정보를 제공한다. 여기서 포괄손익이란 일정 기간 동안 주주와의 자본거래를 제외한 모든 거래나 사건에서 인식한 자본의 변동(예를 들면 매도가능 증권평가손익이나 해외사업 환산손익 등)을 말한다.

9.3 기업의 재무분석

기업의 재무비율의 유형은 다음과 같은 것이 있다.

9.3.1 수익성비율

주식투자자나 대여자들이 기업에 투자한 자본이 얼마나 효율적으로 이용되고 있는가를 나타낸다.

(1) 자산수익률(Return On Asset; ROA)

경영자가 수익을 창출하기 위하여 조달한 총자본을 얼마나 효율적으로 이용하고 있는지를 평가하는 비율로서 총자본수익률이라고도 한다. 분자인 영업이익에는 재무비용이 제외되어 있다. 따라서 기업 간의 자본구조의 차이에 관계없이 기업 간의 효율성 비교가 가능하다. 장부에는 자산이 취득원가로 기록되어 있는데, 실제 자산가격이 상승하였다면 이 비율은 실제보다 과대평가된다.

$$\text{자산수익률} = \frac{\text{영업이익}}{(\text{기초자산}+\text{기말자산})/2}$$

(2) 자본이익률(Return On Equity; ROE)

일정 기간 동안 기업이 거둔 기간이익을 출자된 자본으로 나눠 백분율로 나타낸 것으로 이 비율이 높을수록 영업성과가 뛰어나게 된다. 일반인들은 자본을 자기자본, 부채를 타인자본 그리고 자본과 부채의 합을 자본이라고 부르는 의미로서, 자본이익률을 자기자본이익률이라고도 한다.

$$\text{자본이익률} = \frac{\text{순이익}-\text{우선주배당금}}{(\text{기초자본}+\text{기말자본})/2}$$

(3) 매출액이익률(Return On Sales)

매출활동의 수익성을 측정하는 지표. 분자인 이익에 매출총이익, 영업이익, 경상이익, 순이익 등을 넣어서 측정한다.

$$\text{매출액이익률} = \frac{\text{이익}}{\text{매출액}}$$

(4) 주당순이익(Earnings Per Share; EPS)

$$\text{주당순이익} = \frac{\text{순이익}-\text{우선주배당금}}{\text{평균유통주식수}}$$

유의할 점은 이익유보 현상으로 주당순이익이 경영성과에 관계없이 과대평가될 우려가 있다는 것이다. 자본이익률을 이용하면 이러한 단점을 회피할 수 있다.

9.3.2 유동성비율

Liquidity Ratio라고 하며, 기업의 단기지급능력을 나타낸다.

(1) 유동비율(Current Ratio)

유동자산을 유동부채로 나눈 것으로서 기업의 단기지급능력의 척도가 된다. 이는 기업이 보유하고 있는 유동자산으로 단기 지급의무를 이행할 수 있는 능력을 나타낸다. 대차대조표에서 유동성 배열에 의하여 자산 및 부채 항목을 세분하여 구분 표시하는 이유는 이와 같은 유동성을 용이하게 파악할 수 있도록 하기 위함이다. 유동성, 즉 유동비율은 유동자산과 유동부채의 비로 측정한다. 유동성은 특히 중요한데 이는 지급불능의 원인이 어디에 있든지 기업이 만기가 도래하는 지급의무를 이행하지 못하였을 때에는 영업활동의 중단을 초래하기 때문이다.

일반적으로 200% 이상이면 만족한 수준이다. 이는 유동자산 중에는 쉽게 현금화할 수 없는 재고자산이 포함되었기 때문에, 유동부채의 두 배 정도의 유동자산을 보유하여야 안전하다. 유동비율을 이용할 때 유의할 점은 다음과 같다.

1) 유동비율이 너무 높을 경우 기업이 자산을 효율적으로 이용하지 못하고 있다는 것을 의미할 수 있다.
2) 연말에 측정한 유동비율은 기업의 연중 유동성을 나타내는 것은 아니다.
3) 유동비율은 운전자본의 상대적 크기와 함께 평가하는 것이 바람직하다.
   - 사례 1: 유동자산 200,000원, 유동부채 100,000원 → 유동비율 200% → 유동부채 100,000원 차입 → 유동비율 100% 급격히 하락
   - 사례 2: 사례 1에 비하여 유동자산 및 유동부채의 크기가 10배.
     유동자산 2,000,000원, 유동부채 1,000,000원 → 유동비율 200% → 유동부채 100,000원 차입 → 유동비율 190% 소폭 하락

(2) 당좌비율(Quick Ratio)

$$\text{당좌비율} = \frac{\text{당좌자산(현금+유가증권+매출채권)}}{\text{유동부채}}$$

유동비율보다 엄격한 기업유동성의 평가방법으로서 유동자산에서 상대적으로 현금화하기 어려운 재고자산을 제외한 것이다. 일반적으로 100%이면 양호한 것으로 간주한다.

9.3.3 안전성

장기지급능력을 나타내는 비율로서 기업이 장기채무의 원금과 이자를 원만하게 지급할 수 있는지 여부를 평가한다. 채권자는 레버리지 비율을 장기채권에 대한 위험부담 정도를 평가하는 기준으로 사용한다. 타인자본에 대한 이자비용은 자기자본에 대한 배당금과는 달리 비용 처리되어 세금공제되므로 현금흐름상 유리하다. 그러나 수익성 악화 시 이자비용지급으로 재무위험이 증가한다.

(1) 고정비율 및 고정장기적합률

$$\text{고정비율} = \frac{\text{고정자산+투자 및 기타자산}}{\text{자기자본}}$$

$$\text{고정장기적합률} = \frac{\text{고정자산+투자 및 기타자산}}{\text{자기자본+고정부채}}$$

이는 보유자산 중 고정자산과 유동자산의 구성비를 나타낸다. 상대적으로 너무 많은 자금을 고정자산에 투자한 기업은 재무 위험에 크게 노출될 수 있다. 이는 고정자산은 단기 지급의무를 이행하기 위하여 현금으로 전환시키기가 매우 어렵기 때문이다. 고정자산을 현금으로 전환하려 할 경우 상당한 손실을 감수할지 모른다. 왜냐하면 외부 시장에서 처분하려는 고정자산이 보유 기업이 평가하는 가치로 처분하기가 어렵기 때문이다. 예를 들어 특정한 기계설비의 일부는 타 기업에는 별 가치가 없을지 모르지만, 원래의 보유 기업에는 매우 소중한 가치를 지니는 자산일 수 있다.

고정비율과 고정장기적합률은 조달된 자본이 유동자산과 고정자산에 어떻게 배분, 운용되고 있는가를 측정함으로써 자본조달의 원천과 운용 사이의 균형관계, 즉 자본배분의 안정성을 판단하기 위한 척도이다. 장기적으로 자금이 고착되는 고정자산은 가급적 가장 안정적인 자기자본으로 충당하는 것이 기업의 장기적 안정성 면에서 바람직하다. 고정비율은 100% 이하를 유지하는 것이 바람직하다.

그러나 거액의 설비투자를 요하는 장치산업에 있어서는 현실적으로 소요자금의 상당 부분을 부채로 충당할 수밖에 없다. 이 경우에 고정부채도 안정성 있는 장기자금이므로 고정자산에 대한 투자는 자기자본과 고정부채의 합의 범위 내에서 하게 되면 안정성이 있다고 볼 수 있다. 고정장기적합률은 이러한 취지에서 고정자산과 투자 및 기타자산의 합을 장기자본으로 나누어 측정한다. 고정장기적합률은 Gregory가 기업의 재무상태 변동의 적절성을 판단하기 위하여 사용한 기준에 근거하고 있다. Gregory는 다음과 같은 3기준을 제시하였다.

① 고정자산에 대한 투자는 자기자본과 고정부채의 범위 내에서 이루어져야 한다.
② 유동(단기)부채로 조달한 자금은 유동(단기)자산에만 투자되어야 한다.
③ 고정부채는 유동부채보다 안전하다. 따라서 재무적인 안정성 면에서 볼 때 유동부채를 고정부채로 바꾸는 것은 바람직하나, 반대로 고정부채를 유동부채로 바꾸는 것은 매우 적절치 못하다.

(2) 부채비율(Debt to Equity Ratio)

$$\text{부채비율} = \frac{\text{부채}}{\text{자기자본}}$$

부채비율은 채권자 및 보통주소유자들이 자기의 청구권에 대한 위험을 측정하는 척도가 된다. 채권자뿐만 아니라 보통주소유자들이 자신의 청구권에 대한 위험을 측정하는 척도가 되는데, 이는 이자비용의 지급이 많을 때에는 재무위험, 즉 이익의 변동폭이 커진다. 부채비율은 또한 기업의 재무구조를 나타낸다. 이는 자산의 취득에 사용된 자금의 조달원천, 즉 소유주와 외부인에 의하여 제공된 재원의 상대적 비중을 나타낸다. 자금의 조달을 외부에 의존하는 비중이 클 경우 기업은 정기적으로 막대한 금액의 이자비용의 지급이나 원금상환을 하여야 할 것이다. 그러나 자금의 조달이 기업의 소유주, 즉 주주로부터 이루어질 경우 기업은 이자지급이나 원금상환과 같은 금융적 압박을 받지 않는다. 따라서 자산의 취득에 사용된 총자금 중 소유주로부터 조달된 자금, 즉 자본의 비중이 높을수록 기업의 재무건전성은 높아진다. 채권자의 입장에서는 위험요인 때문에 부채비율이 낮은 것을 바라지만, 소유주 입장에서는 레버리지 효과 때문에 저렴한 자본비용을 갖고 있는 부채를 많이 이용하려는 경향이 있어 채권자와 소유주의 이해가 상반되는 비율이다.

레버리지(Leverage)는 '지렛대를 이용한다'라는 의미로 자기자본을 지렛대로 삼은 타인자본의 이용 정도를 말한다. 즉 재무레버리지는 기업이 투입하고 있는 총자산이 자기자본의 몇 배인지로 측정한다. 재무레버리지가 수익률 지표인 자기자본순이익률(ROE)에 끼치는 영향을 재무 레버리지 효과라고 한다. 타인자본, 즉 부채의 사용은 재무 레버리지 효과를 발생시킨다. 즉 타인자본 조달을 통해 얻은 투자수익률이 지급이자율보다 높으면 자기자본에 대한 수익은 확대된다. 그러나 투자손실이 발생하는 경우, 손실의 확대효과도 고려해야 한다. 따라서 투자수익이 부채비용을 상회할 수 있다면 레버리지는 바람직하지만 그 반대의 경우는 바람직하지 못하다. 다시 말하면 기업의 타인자본 의존도가 지나치면 재무위험의 가능성이 높아지고, 반면에 자본구조의 안정성을 지나치게 강조하면 수익성이 떨어진다. 그러므로 자본조달에 관한 의사결정은 투자수익률과 재무위험 사이의 트레이드오프 관계를 적정하게 고려하여 이루어져야 할 것이다.

(3) 부채자본비율(D/E ratio)

$$부채자본비율 = \frac{차입금}{자기자본}$$

차입금이 자기자본의 몇 배인지를 나타내는 지표이며 자본 구성의 건전성을 측정하는 중요한 지표로, 낮을수록 안전하다.

토의문제

1. 손익계산서에 있어서 매출이익, 영업이익, 경상이익, 당기순이익이 어떠한 차이가 있는지 설명해보시오.
2. 자산이 얼마나 효율적으로 사용되었는가를 나타내는 척도로서 활동성비율이라는 것이 있다. 활동성비율을 나타내는 지표로서 어떠한 것들이 있는지 알아보시오.
3. 회계를 하는 데 필요한 가정이 있는데 이를 '회계공준'이라고 한다. 회계공준은 회계가정과도 같은 말이기도 하다. 회계의 4가지 기본가정에 대하여 알아보시오.

참고문헌

1. 이병권(2007), 재무회계, 새로운제안
2. 이성엽(1999), 가치창조경영을 위한 신재무전략, 경영베스트
3. 히라노 겐, 김성민 편역(2007), 재무분석, 새로운제안

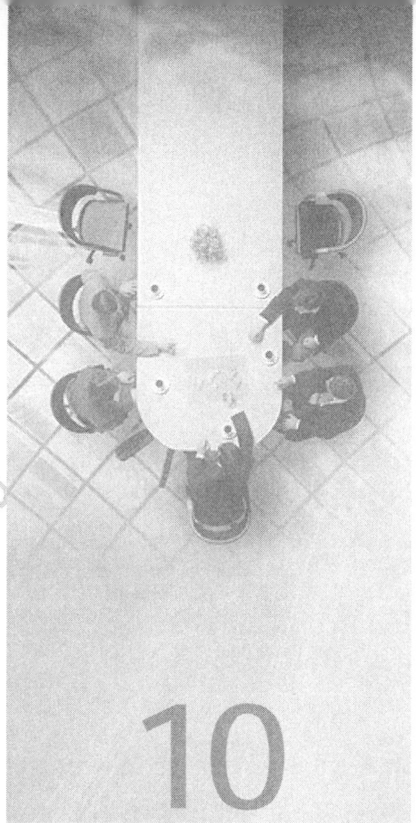

Techno Management

10

6시그마 경영

6시그마란 제품의 설계와 제조뿐 아니라 사무간접, 지원 등을 포함하는 모든 종류의 프로세스에서 결함을 제거하고 목표로부터의 이탈을 최소화하여 조직의 이익 창출과 함께 고객만족을 극대화하자는 혁신전략이다. 6시그마는 공장의 일부 공정을 바꾸거나 최신 기계를 설치한다고 도달할 수 있는 것이 아니라 경영관리의 총체적 프로세스는 물론 전 사원의 가치관까지 바꾸어야만 가능하다. 실제로 6시그마 구현전략인 DMAIC(Define, Measure, Analyze, Improve, Control)를 따라 6시그마 프로젝트 문제를 해결하는 방법에 대하여 알아본다. DMAIC는 철저한 데이터 중심의 체계적인 개선전략으로서 프로세스를 개선하고, 전사적 차원의 6시그마 경영혁신을 수행하는 데 핵심이 된다.

10.1 6시그마 경영의 정의

10.1.1 6시그마의 도입배경

6시그마란 제품의 설계와 제조뿐 아니라 사무간접, 지원등을 포함하는 모든 종류의 프로세스에서 결함을 제거하고 목표로부터의 이탈을 최소화하여 조직의 이익 창출과 함께 고객만족을 극대화하자는 혁신전략이다. 6시그마 경영은 지금까지 나타난 혁신활동 중 가장 강력한 도구로서, 21세기의 경영혁신 방향은 극한 품질을 달성함으로써 고객만족을 통한 기업 이익을 극대화하고 나아가 경쟁력을 확보하는 데 있다.

6시그마는 1981년 미국 모토로라(Motolola)사의 CEO 로버트 갤빈(Robert W. Galvin)으로부터 출발하였는데, 향후 5년 이내에 10배 이상의 품질혁신을 이룩한다는 계획을 추진, 모든 부문에서 낭비와 불량을 줄이는 연구가 활발하게 이루어졌다. 그러한 과정에서 빌 스미스(Bill Smith)라는 기술자가 매우 흥미로운 사실을 발견하였다. 재작업과정을 거친 완제품일수록 초기 사용단계에서 고장이 많이 발생한다는 것이었다. 바꾸어 말하면, 제조과정에서 결함이 없이 조립된 제품은 고객이 사용할 때 초기고장이 덜 발생한다는 것이다. 이것이 계기가 되어 당시 모토로라에 근무하던 마이클 해리(Mikel Harry)에 의해 1987년 6시그마 경영이라는 것이 창안되었다. 당시 정부용 전자기기 사업부에 근무하던 마이클 해리는 어떻게 하면 품질을 획기적으로 향상시킬 수 있을 것인가를 고민하던 중, 통계지식을 활용하자는 착안을 하게 되었다. 이 통계적 기법과 70년대 말부터 갤빈 회장 주도로 진행되어온 품질개선 활동이 결합하여 탄생한 것이 바로 6시그마 운동이다.

마이클 해리는 모토로라 사내에 설치된 모토로라 대학 내에 6시그마 기관(6 Sigma Institute)를 열고 연구를 거듭하여 6시그마를 수준 높게 발전시켰다. 그 결과 6시그마는 모토로라 이외의 기업에도 적용 가능한 경영기법으로 확립되었으며, 이후 텍사스인스트루먼트가 92년 6시그마 운동을 도입하였으며 점차 GE, IBM, ABB, 소니 등으로 확산되어 갔다.

그 후 6시그마는 GE의 CEO 잭 웰치(Jack Welch)에 의해 성장 발전되었는데 1995년 12개의 독립된 사업부서를 운영하면서 히든카드로서 6시그마 경영을 제시하였다. 잭 웰치는 전 임직원에게 품질의 중요성을 인식시키기 위해 임원회의의 안건 순서까지 바꿔 가면서 많은 노력을 기울였다. 그는 품질은 경쟁우위를 가져다주는 새로운 기회이며 개선된 품질은 종업원, 고객만족향상, 주주이익 증대, 기업의 신뢰도를 높이며 성공조건으로 열정적인 신념과 의지가 필요함을 역설하였다. 또한 '6시그마 2000'의 목표를 달성하기 위해서는 충분한 인적, 물적 자원의 지원 및 구성원의 협조, 의지, 헌신을 요구하였다. GE에서 정의하는 6시그마는 다음과 같의 정리될 수 있다.

표 1-1 GE에서 정의하는 6시그마 경영

철 학	열심히만 일하지 말고 스마트하게 일해라 (Working Smarter, Not Harder)
전 략	품질을 개선하고 비용을 줄이자 (Improve Quality and Reduce Costs)
도 구	편차를 줄이는 도구 (Tool to Eliminate Variation)
방 법	문제해결 프로세스 (Problem Solving Process)
비 전	제품과 서비스의 탁월성에 대한 비전 (Vision of Product and Service Excellence)
가치측정	우리 고객들을 위한 가치 (Value to Our Customer)
기 준	세계적인 기업들의 측정기준 (Metric of World-class Companies)
목 표	경쟁력을 위한 목표 (Goal for Competitive Strength)

10.1.2 6시그마의 개념

일반적으로 6시그마는 다음 세 가지 측면에서 이해할 수 있다.

(1) 측정가능한 목표로서의 6시그마

먼저 측정가능한 목표로서의 6시그마 경영은 기업이 생산하는 제품이나 서비스에서 오류 혹은 결함의 발생확률을 100만분의 3.4회 정도까지 획기적으로 줄이겠다는 것이다. 이것은 관념적인 목표로서의 무결함이 아니라, 벤치마킹 결과 설정된 달성 가능한 최고 수준으로서의 실천목표이다.

(2) 조직의 문화를 형성하는 기본 철학으로서의 6시그마

철학으로서의 6시그마는 우리가 일하고 생각하는 자세로서 조직 내의 모든 문제를 처리함에 있어서 사실을 바탕으로 과학적인 해결 방법을 모색하는 것이다. 이는 과정이 완벽하면 결과가 완벽할 수밖에 없다는 신념에 근거하며 이와 같은 자세가 조직 문화로 정착됨으로써 6시그마 품질수준은 달성 가능하게 된다는 것이다.

(3) 경영전략으로서의 6시그마

경영전략으로서의 6시그마는 조직의 생존 경쟁력을 확보하기 위한 혁신 전략으로서 고객이 무엇을 필요로 하는가를 정확하게 파악 또는 예측하여 이들을 일련의 제품 혹은 서비스 특성으로 변환하고 그것을 결함 없이 구현함으로써 고객을 만족시킴과 동시에 기업의 이익 구조를 획기적으로 개선하는 전략이다.

6시그마 활동은 고객의 니즈를 분석하여 품질에 결정적 영향을 미치는 인자(Critical To Quality; CTQ)에 반영시키며, 이러한 CTQ의 품질변동에 영향을 주는 인자를 추출하고 그 인자들의 최적조건을 찾아 개선하는 활동이다. 6시그마는 과학적 분석기법을 사용하여 제품 및 서비스 관련 프로세스를 분석, 개선하여 무결점에 가까운 품질수준으로 향상시킨다. 이로써 조직의 손실을 극소화시키고 이윤을 극대화시켜 총체적인 경쟁력 증대를 꾀함으로써 제품 및 서비스의 불량품이나 에러 발생률을 100만 개당 3.4개 수준으로 획기적으로 줄이는 6시그마의 목표를 달성할 수 있다. 6시그마는 공장의 일부 공정을 바꾸거나 최신 기계를 설치한다고 도달할 수 있는 것이 아니라 경영관리의 총체적 프로세스는 물론 전 사원의 가치관까지 바꾸어야만 가능하다. 6시그마의 사고의 초점을 함수로 표현하여 생각하면, 독립변수 X로 인해 종속변수 Y값이 정해지는 것으로 볼 수 있다. 독립변수 X는 주요인자로도 표현되는데 이 주요인자를 발견하고 관리함으로써 품질이라는 Y값을 개선하자는 것이 6시그마의 기본적 사고이다.

10.1.3 6시그마 품질수준

시그마(σ)는 데이터 산포의 정도를 나타내는데, 산포란 중심치로부터 벗어난 정도를 나타내는 것으로, 표준편차라고도 불린다. 제품이나 서비스가 제공될 때 프로세스 내·외의 요소들이 항상 동일하게 이루어지는 것은 아니다. 산포란 기업이 고객에게 제공하는 가치와 고객 기대치와의 차이로서 제품 및 서비스의 질이 일정하지 않음을 의미한다. 비즈니스 프로세스에서 산포를 측정하고 이해하는 것은 현재 성과수준이 어느 정도인지, 산포와 불량을 함께 줄이기 위해 필요한 것이 무엇인지를 도출하는 데 도움을 준다. 산포의 주요 원인은 부적절한 제품설계, 불안정한 원재료 및 불충분한 공정능력 등이 있다.

통계적으로 시그마(σ)를 설명하면, 일반적으로 정규분포곡선에서 내부면적은 1을 나타내며, 시그마에 따른 면적값을 나타내면 다음과 같다.

$$\pm 1\sigma\text{: } 68.27\% \quad \pm 2\sigma\text{: } 95.46\% \quad \pm 3\sigma\text{: } 99.73\%$$

$\pm 6\sigma$ 범위를 벗어날 확률은 100만 개 중 약 3.4번으로서, 6시그마 활동은 산포를 획기적으로 감소시켜 주어진 규격 내에 약 3.4 ppm(parts per million)의 불량만 허용할 정도의 완벽한 프로세스를 구축하는 데 있다.

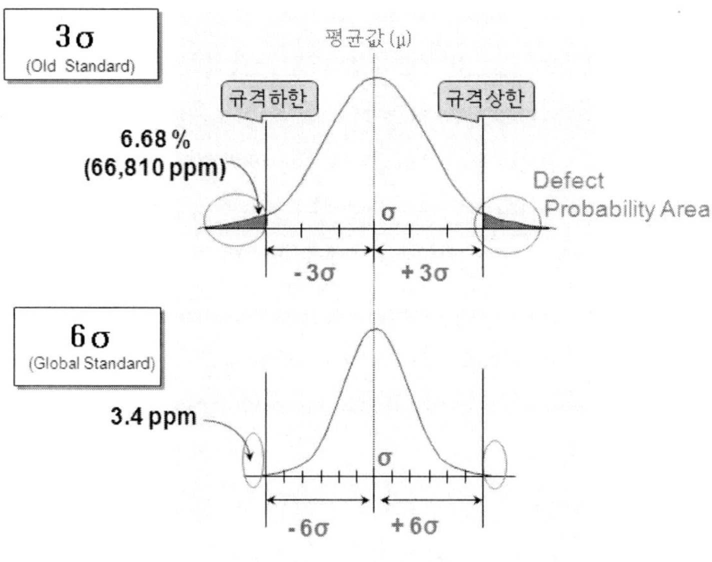

그림 10-1 3σ 및 6σ 확률의 비교

기존 3σ(66,810ppm) 수준의 개념에서는 '시간당 우편물 분실 20,000통', '매주 외과수술 실수 5,000건', '매일 미국 주요 공항에서 착륙사고 2건'의 사건발생확률을 가지지만, 새로운 개념의 6σ(3.4ppm) 수준에서는 '시간당 우편물 분실 7통', '매주 외과수술 실수 1.7건', '5년 동안 미국 주요 공항에서 착륙사고 1건'으로 획기적인 품질수준의 향상을 가져올 수 있다.

표 10-1 3시그마와 6시그마 수준의 회사비교

항목	3σ 추진회사	6σ 추진회사
품질실패비용	판매액의 10 ~ 15%	판매액의 5%
불량품	100만 개 중 66,807개	100만 개 중 3.4개
관리항목	검사에 의존	제품불량 사후관리보다 공정능력을 관리
시스템	체계적인 접근이 불가	측정/분석/개선/관리의 체계적 접근
벤치마킹	경쟁회사를 벤치마킹	세계 최고의 회사를 벤치마킹
양품률	99%에 만족하여 안주	99%를 인정하지 않음
CTQ	회사 내부 기준의 CTQ를 정하여 관리	고객의 관점에서 CTQ를 정하여 관리

일반적으로 2σ에서 3σ가 되기 위해서는 약 5배의 개선노력으로 달성이 가능하지만 5σ에서 6σ로의 개선은 70배의 개선노력을 기울여야 달성될 수 있다. 따라서 3σ에서 6σ로의 개선은 약 2만 배의 개선노력을 기울여야 한다. 이와 같이 상위 단계로 올라갈수록 노력의 강도는 강해지며, 따라서 6σ를 달성하기 위해서는 품질을 결정짓는 설계단계에서의 개선이 필수적이다.

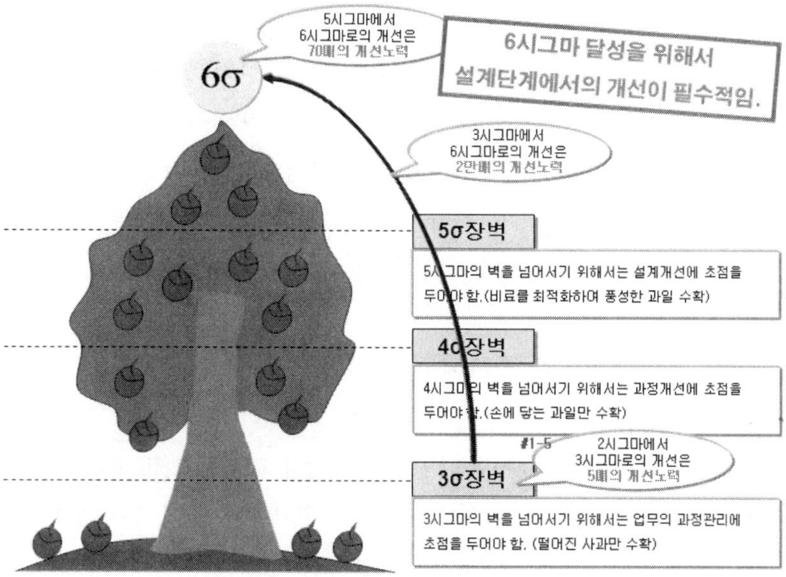

그림 10-2 6σ 달성을 위한 개선노력

10.1.4 6시그마의 도입의 필요성

대부분의 전문가들의 견해는 이제까지 품질관리가 기업 내의 전 계층에 걸쳐서 구체적인 목표제시를 못하고 있었다는 데 의견을 같이한다. 대부분의 기업들이 막연하게 전사적 품질경영, 100PPM 등 여러 형태의 품질향상운동을 추진하였으나 그 노력에 비해 성과는 만족스럽지 못하였다. 다시 말해, 불량률 감소를 위한 노력은 열심히 하였지만 수치화를 통한 구체적인 목표설정에는 실패했다는 것이다.

특히 원인의 제거 없이 검사위주의 불량률 감소를 추구하였기 때문에 외면상으로는 불량률이 감소했다고 보여질 수 있지만 내부적으로는 여전히 많은 불량품이 발생하였으며, 재가공이나 수정작업에 따른 비용의 지출을 가져와 제품가격을 상승시켰고 시장경쟁력에서 뒤떨어지는 결과를 초래하였다.

이에 반해 6시그마 경영은 기업이 최고의 이익, 최대의 효율을 낼 수 있도록 '최적조건'을 찾는 경영기법이다. 생산현장은 물론 판매와 구매, 관리, 회계 등 기업경영의 모든 부분에서 발생하는 문제를 통계적 방법으로 접근, 효율을 극대화할 수 있는 방안을 '매뉴얼화'하는 것이며, 품질을 향상시키기 위해서는 많은 돈과 시간을 들여야 한다는 기존의 사고에서 벗어나 비용과 시간을 최대한 줄이면서 고객이 원하는 품질을 제공하겠다는 '발상의 전환' 과정이라고 생각할 수 있다.

실제로 6시그마 활동의 효과는 6시그마 품질향상, 신뢰성 향상 및 제품 사이클타임이 감소하며 설계변경비용의 감소 및 고객불만처리 비용의 감소를 통해 궁극적으로 저품질비용(Cost Of Poor Quality; COPQ)을 획기적으로 절감하는 데에 있다.

1) **6시그마 품질**: 6시그마를 달성함으로써 결함이 감소하고 수율 및 생산성이 향상되며 프로세스가 안정된다.
2) **신뢰성 향상**: 고객만족도가 증가되고 기업이미지가 향상되어, 고객불만에 의한 문제가 감소된다.
3) **사이클타임 감소**: 서비스 사이클타임 및 공정재고(Work In Process; WIP)가 감소되며 지연시간(lead time)이 줄어들게 되어 고객대응력이 향상된다.

저품질비용이란 기업의 모든 경영활동이 결함이나 문제없이 수행된다면 사라지게 되는 비용으로, 평균적인 기업의 경우 일반적으로 회계상 파악가능한 저품질비용은 매출의 약 4~6%에 불과하지만 회계상 파악이 불가능한 저품질비용은 매출의 약 25~30%

에 달하는 것으로 알려져 있다. 이러하듯 보이는 비용은 정의가 쉽지만, 보이지 않고 숨어있는 실패비용은 측정이 어렵고, 정의가 곤란하다. 따라서 이러한 숨어있는 실패비용을 찾아내고 개선하기 위해서 6시그마 활동이 필요하다.

10.1.5 6시그마의 추진조건

6시그마는 많은 기업들이 도입하여 추진하였지만 모든 기업이 기대만큼 큰 성과를 낸 것은 아니었다. 그것은 성공한 기업들의 외부적인 효과에 매료되어 내부적으로 이행되어야 할 많은 노력을 고려하지 않고 부분별하게 도입을 추진한 결과이다. 무엇보다도 6시그마의 성공을 위해서는 다음 세 가지 조건을 갖추는 것이 필요하다는 데 인식을 같이하고 있다.

(1) 최고경영자의 강력한 의지

무엇보다도 최고경영자의 적극적인 지원이 필요하다, 6시그마 역시 다른 경영혁신 및 품질혁신 프로그램과 마찬가지로 최고경영자의 리더십과 의지를 가장 중요시한다. 특히 6시그마 전략은 실행에 있어 전사적인 교육과 훈련, 상당한 초기 비용의 투자, 개선 활동의 경우 세부적인 시스템의 확립 및 지원체계가 완벽하게 이루어져야 하므로 최고경영자의 강한 리더십과 지원은 절대적이라 할 수 있다.

이것은 GE에서 대표적인 예를 찾을 수 있는데, GE의 경우 6시그마를 다른 기업보다 늦게 시작한 편이었으나 6시그마의 GE화를 이루어 오히려 다른 기업의 벤치마킹의 대상이 되었다. 여기에는 잭 웰치 회장의 강력한 리더십이 주요 요인이라는 데 의견을 같이한다. 실제로 6시그마의 체계화가 이루어졌다고 볼 수 있는 얼라이드 시그널(Allied Signal)사의 경우도 1991년 GE에서 옮겨와 회장으로 취임한 로렌스 보시디(Lawrence Bossidy)의 강한 리더십이 주요 성공요인이었다.

(2) 6시그마 추진을 위한 인력양성

어떤 경영체제를 도입하든지 필요 인력에 대한 교육과 양성은 성공여부를 가늠하는 중요한 요소 중 하나이다. 특히 6시그마 추진에 있어서 인력양성은 더욱 중요한 부분을 차지한다. 프로젝트 추진조직의 구성에 따라 6시그마의 성공과 실패가 명확히 판가름나기 때문이다. 따라서 그 구성 조직원에 대한 교육은 필수 불가결한 사항으로 기본지식과 소양을 가질 수 있도록 경영진의 지원과 후원이 꼭 필요하다.

(3) 올바른 6시그마 기법의 적용과 이해

정확하고 객관적인 사실에 바탕을 둔 데이터에 근거한 관리가 이루어져야 하는 6시그마는 우선 현재 발생하거나 보여지는 사실을 객관화하고 수치화가 가능한 특성들로 분류하여 이 중에서 중요하다고 볼 수 있는 특성들을 선택, 모든 노력을 집중시키는 것이 필요하다. 현재 사실의 수치화는 현상파악과 개선을 위해 필수적으로 거쳐야 하는 수순으로 이것에 대하여 마이클 해리는 다음과 같이 이야기한다.

- 우리는 우리가 무엇을 모르고 있는지 모른다.
- 만약 우리가 아는 것을 수치로 표현할 수 없으면, 사실은 그것에 관해 잘 모르는 것이다.
- 만약 잘 모르고 있다면, 우리는 그것을 관리할 수 없다.
- 만약 우리가 관리할 수 없다면, 우리는 우연에 좌우되는 것이다.

10.1.6 6시그마 추진조직

6시그마 성공을 위한 인프라 구축은 최고경영자의 강력한 리더십과 시스템 구축 및 그 시스템을 체계적으로 움직일 수 있는 품질전문가 양성과 전 직원을 대상으로 하는 6시그마 교육이수라 할 수 있다. 아무리 잘 갖춰진 시스템이라 할지라도 그것을 일상 경영활동으로 전개할 수 있는 전문가와 전 사원의 팀워크 및 조화가 이루어지지 않는다면 그 조직은 성공할 수 없다. 6시그마를 성공적으로 수행하기 위해서는 반드시 품질전문가와 양성교육의 제도장치 인프라 구축이 필요하며 이는 기존의 품질혁신운동에서 찾아볼 수 없는 6시그마의 차별화 전략이라고 할 수 있겠다.

6시그마는 챔피언(Champion), 마스터 블랙벨트(Master Black Belt), 블랙벨트(Black Belt) 및 그린벨트(Green Belt), 화이트벨트(White Belt) 등 5개의 전문가 조직으로 구성되어 6시그마 활동이 수행된다. 이 벨트 제도는 전 사원의 품질개선 참여를 유도하고, 과학적 문제해결 능력을 갖춘 인재를 양성하기 위하여 운용하는 제도이다. 벨트라는 명칭은 가라대의 띠에서 따왔다고 한다. 각각의 역할을 정리하면 다음과 같다.

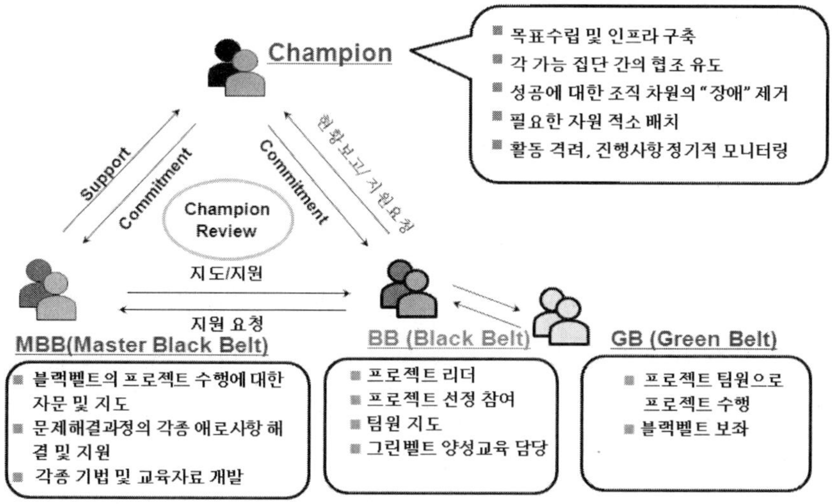

* Champion Review: 챔피언이 6시그마 프로젝트 진척현황을 리뷰하고 의사결정하는 회의

그림 10-3 6시그마 추진조직

10.2 6시그마 DMAIC 프로세스

많은 기업들이 GE의 6시그마 구현전략인 DMAIC(Define, Measure, Analyze, Improve, Control)를 많이 따르고 있다. DMAIC는 6시그마 프로젝트 문제해결 과정에 사용되는 로드맵으로서 문제해결의 합리적인 접근방식으로 구성된 DMAIC는 기존 프로세스의 개선에 주로 활용된다. DMAIC는 철저한 데이터 중심의 체계적인 개선전략으로서 프로세스를 개선하고, 전사적 차원의 6시그마 경영혁신을 수행하는 데 핵심이 된다. DMAIC 각 단계에서 주로 하는 활동은 다음과 같다(백재욱, 1999).

(1) 정의(Define)

- 주요 고객을 정의한다.
- 고객의 요구사항(CTQ)을 파악한다.
- 고객만족을 위한 내부 프로세스를 정의한다.
- 개선 프로젝트를 선정한다.

(2) 측정(Measure)

- 불량은 어느 정도인지 파악한다.

- 문제를 계량적으로 규명한다.
- 프로세스 맵핑을 한다.
- 측정방법을 확인한다.

(3) 분석(Analyze)

- 언제, 어디에서 불량이 발생하였는지 확인한다.
- 불량의 형태와 원인을 규명한다.
- 불량의 잠재 원인들에 대한 이해를 도모하기 위해 자료를 확보한다.

(4) 개선(Improve)

- 프로세스를 어떻게 개선할 수 있는지 살펴본다.
- 브레인스토밍 방법으로 여러 사람의 지혜를 모은다.
- Action Work-Out 기법을 활용한다.
- 가능한 해결방법을 실험적으로 실시한다.

(5) 통제(Control)

- 개선된 프로세스가 지속될 수 있도록 한다.
- 새로운 프로세스의 디자인과 절차를 제도화한다.
- 적절한 프로세스의 측정 방법과 통제의 한계를 확인한다.

6시그마 DMAIC 프로세스별 주요 점검사항 및 주 사용툴을 정리하면 아래와 같다.

추진단계	Define	Measure	Analyse	Improvement	Control
Key Question	개선기회는 무엇인가?	문제와 현재의 징후는?	생각할 수 있는 원인은 무엇인가?	근본원인과 그에 대한 해결책은?	성과를 체질화 하려면?
주 사용 Tool	팀 차터 CTQ 선정 고객조사 QFD 프로세스정의	Z값 계산 Gauge R&R 기술통계 Process Mapping 공정능력 분석 품질비용 분석	특성요인도 층별 분석 ANOVA 통계분석(t, F, χ^2)	실험계획법 회귀분석 Historical DOE Risk Analysis 개선기회 평가	SPC 설계 Error Proofing Process Monitoring

그림 10-4 6시그마 DMAIC 프로세스

10.2.1 정의(Define) 단계

Six Sigma 프로젝트 진행의 첫 단계인 정의(Define)는 올바른 프로젝트를 선정하고 이를 실제로 수행하는 데 문제가 없도록 구체적으로 명확하게 정의하며 프로젝트를 수행할 적절한 팀을 구성하는 단계이다. 과거 진행된 많은 프로젝트의 사례로 보면 정의가 잘된 프로젝트는 거의 확실하게 성공하지만 정의 단계를 소홀히 하여 문제와 목표를 명확하게 설정하지 않은 프로젝트는 실패할 경우가 많았다. 먼저 성공할 수 있도록 프로젝트를 올바르게 정의하기 위해서 어떻게 해야 하는가를 생각해야만 한다. 성공을 위해서는 올바른 프로젝트를 선정하는 것이 무엇보다도 중요한데 그러면 무엇이 올바른 프로젝트일까?

첫째, 사업 영향도가 큰 문제로서 프로젝트를 성공적으로 완료했을 때 실질적인 가치나 재무 효과가 있어야 한다. 수개월에 걸쳐 기껏 노력해서 얻은 결과가 아무런 의미도 부여할 수 없는 하찮은 것이라면 이 문제는 프로젝트화하여 진행할 가치가 없는 문제이다.

둘째, 한 번만 발생하고 두 번 다시 발생하지 않을 문제는 6시그마 프로젝트로서 적절하지 않다. 6시그마 프로젝트는 두고두고 속썩이는 고질적이고 만성적인 문제가 좋다.

셋째, 프로젝트 리더가 진행하는 데 무리가 없을 만큼 관리 가능한 규모라야 한다. 일개 그린벨트가 회사의 전략적인 최상위 목표를 하나의 프로젝트로 수행하여 단숨에 달성하는 것은 불가능하기 때문이다.

넷째, 6시그마 프로젝트에서 개선하고자 하는 문제가 객관적으로 측정 가능한 특성을 가지고 있어야 한다. 측정이 불가능한 특성을 개선한다고 할 경우, 개선 여부를 객관적으로 입증할 수 없으며 결국에는 말장난으로 그치게 되고 말기 때문이다.

다섯째, 해결책이 정해져 있지는 않지만 성공 가능성이 있는 문제라야 한다. 예를 들어, 굉장히 바쁜 사람의 도움을 받아야만 하는 프로젝트는 처음부터 성공 가능성이 희박하다고 할 수 있다.

올바른 프로젝트를 선정하기 위한 방법으로서 대개 세 가지 정도를 들 수 있다.

(1) 기업전략(Voice Of Business; VOB)으로부터 프로젝트 CTQ를 도출하는 방법

조직의 전략적인 목표를 전개하여 구체적인 하위 목표를 설정한 후, 이를 바탕으로 6시그마 프로젝트를 발굴하는 방법이다. 비전 및 전략 리뷰를 통한 프로젝트의 도출은 사업에 대한 비전 전략을 이해하고, 3C분석, SWOT분석 및 현업이 지금까지 축적해 온 지식뿐 아니라 직관에 의해 도출될 수 있어야 한다.

3C(Customer, Company, Competitor)는 마케팅에서 세부시장 분석 시 쓰이는 용어로서, 3C분석이란 자사분석(Company), 경쟁사분석(Competitor), 고객분석(Customer)을 의미한다. 자사분석은 매출액, 시장점유율, 이익 등의 철저한 구조 분석을 통해 자사의 강점과 약점을 분석하고 자사의 경쟁우위의 창출 가능성을 식별하는 것이며, 경쟁사분석이란 경쟁상황의 현재 및 미래를 파악하고 누가 주 경쟁자인지를 명확히 정의한 다음, 경쟁사의 생산능력, 경쟁사의 시설투자규모의 진척정도, 경쟁사의 주요 고객 및 판매전략 등에 대해서 분석 및 베스트 프랙티스 분석을 통해 자사에 적용 가능한 내용을 찾아내는 활동을 의미하며, 고객분석은 고객에 대한 분석을 말한다.

SWOT(Strength, Weakness, Opportunities, Threats)분석은 외부환경 분석을 통해 사업환경과 더불어 고객 현황과 변화가 자사 및 경쟁사에 무엇을 요구하는지 사실을 통해 도출하며, 이는 내부여건 분석을 통해 고객이나 환경 요구에 대응하는 자사현황을 경쟁 및 선진 기업의 대응 현황과 비교 분석하기 위한 방법이다.

SWOT분석은 외부환경 기회 요인과 위협 요인을 파악하고 기업 내부의 강점과 약점을 분석한 후 전략적 대안을 도출하는 분석방법으로 SWOT분석을 통해 기업의 강점을 최대한 활용하면서 새로운 사업기회를 포착하고, 기업 약점을 최소화하면서 위협요인에 대처하는 전략을 다각적으로 모색할 수 있다. 일반적인 SWOT 매트릭스를 작성하면 다음과 같다.

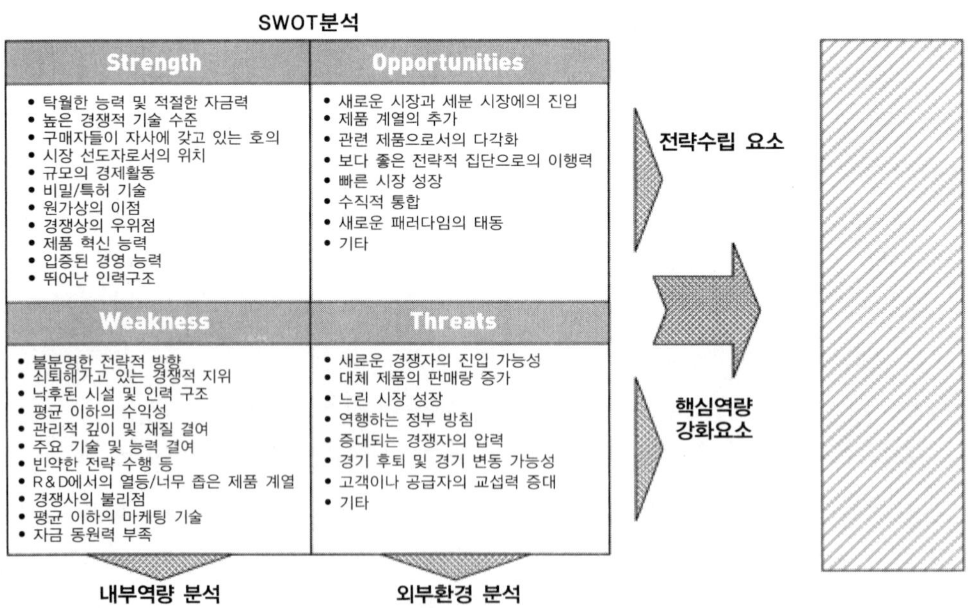

그림 10-5 SWOT 매트릭스

SWOT 매트릭스를 기반으로 전략수립 시 다음과 같은 전략수립 매트릭스를 활용하면 편리하다.

	T	O
W	• 철수전략 • 제품/시장 집중화 전략 TW	• 핵심역량 강화 전략 • 전략적 제휴 OW
S	TS • 시장침투전략 • 제품확충전략	OS • 시장기회 선점전략 • 시장/제품 다양화 전략

(2) 저품질비용(COPQ) 분석을 통해 프로젝트 CTQ를 도출하는 방법

저품질비용은 모든 활동이 결함이나 문제없이 수행된다면 사라지는 비용을 말한다. 즉 저품질비용이 많이 발생되는 프로세스가 있다면 그만큼 손실이 발생되고 있음을 의미하는 것으로, 저품질비용이 많이 발생되는 프로세스는 6시그마 프로젝트 대상이 된다. 결함이나 불량 등으로 인해 저품질비용이 가장 많이 발생하는 제품이나 공정 혹은 프로세스를 찾아내어 그로부터 프로젝트를 도출하는데, 일반적으로 파레토(Pareto) 분석이 많이 쓰인다. <그림 10-6>은 이와 같은 방법의 예를 보여 주고 있다.

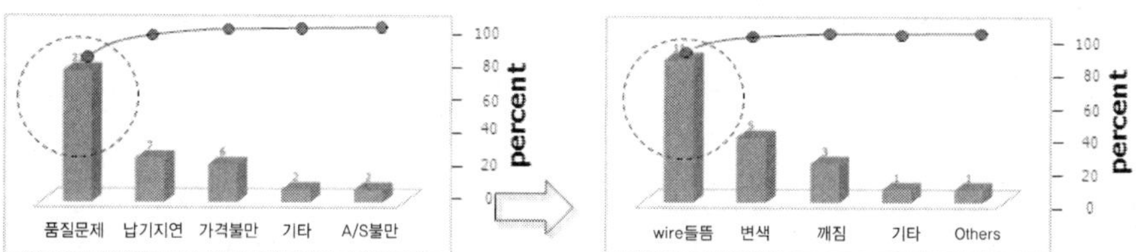

Defect	Count	Percent	Cum%
품질문제	21	55.3%	55.3%
납기지연	7	18.4%	73.7%
가격불만	6	15.8%	89.5%
기타	2	5.3%	94.7%
A/S불만	2	5.3%	100.0%

Defect	Count	Percent	Cum%
wire들뜸	11	55.3%	55.3%
변색	5	18.4%	73.7%
깨짐	3	15.8%	89.5%
기타	1	5.3%	94.7%
Others	1	5.3%	100.0%

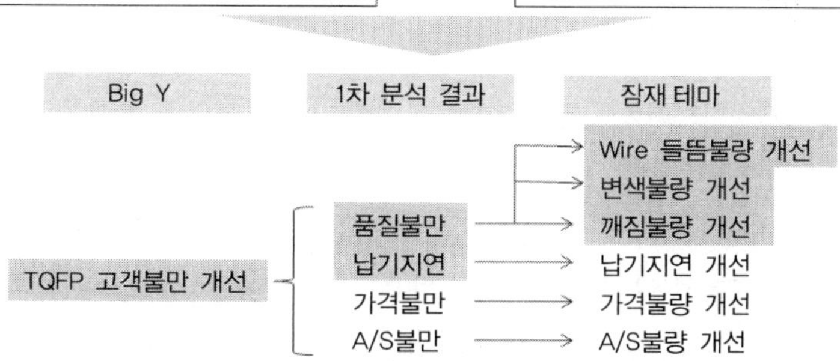

그림 10-6 파레토 분석을 통한 6시그마 프로젝트 도출의 예

위의 경우 고객 불만사항 분석결과 품질문제가 전체 63%를 차지하고 있음을 알 수 있으며, 위의 품질문제 중에서 Wire 들뜸 불량, 변색불량 및 깨짐 불량이 전체 품질문제의 약 90%를 차지함을 알 수 있다. 막대그래프 위의 선은 누적백분율을 나타내고 있다.

(3) 고객의 소리(Voice Of Customers; VOC)를 바탕으로 프로젝트 CTQ를 도출하는 방법

고객의 소리로부터 프로젝트를 결정할 때에는 보통 고객의 식별, 고객의 소리 수집, 중요 이슈의 식별, 요구사항 파악, 프로젝트 CTQ 도출의 순서로 진행된다. CTQ 도출을 위해 가장 먼저 해야 할 일은 고객을 식별하는 작업이다. 고객이란 일반적으로 완제품 또는 서비스를 받는 사람이 아니라 '프로세스 결과물(Output)을 받는 사람'을 의미한다. 고객에는 회사의 제품 혹은 서비스를 구매 혹은 사용하는 외부 고객, 제품이나 서비스 혹은 프로세스에 영향권을 행사할 수 있는 이해관계자 집단, 대상 프로세스의 결과를 받게 되는 내부 고객 등이 모두 포함된다. 고객 중 사업에 미치는 영향의 정도를 고려하여 큰 영향을 미치는 고객과 그렇지 않은 고객으로 분류한다.

고객 정의가 끝나면 고객을 대상으로 고객의 소리를 수집하고 고객의 다양한 요구사항을 체계적으로 정리하여 구조화함으로써 고객의 요구사항을 보다 명확히 할 수 있다.

10.2.2 측정(Measure) 단계

6시그마 프로젝트 진행의 두 번째 단계인 측정(Measure)은 정의된 프로젝트를 실질적으로 수행하는 첫 단계이다. 측정 단계는 단위 프로젝트로부터 객관적으로 측정 가능한 프로젝트 CTQ를 정의하는 일부터 시작된다. 이어서 CTQ의 현재 수준을 평가하고, 다음 단계를 위한 준비작업으로서 CTQ에 영향을 줄 수 있는 중요한 인자(*X*s)를 도출하게 된다.

(1) 프로젝트 CTQ 선정

프로젝트 CTQ는 단위 프로젝트에서 성과의 측정을 위해, 구체적이고 측정 가능한 기술적 언어로 나타내며, 고객이 요구하는 중요한 품질특성이나 지표를 말한다. 단위 프로젝트 안에는 잠재적인 CTQ가 하나일 수도 있고 경우에 따라서는 여러 개가 도출될 수 있다. 예를 들어 대출승인 프로세스의 경우 대출승인을 받는 데 소요되는 시간이 문제가 되고 있어서 이를 개선하는 것을 6시그마 프로젝트로 정의했다면 대출승인 소요시간은 프로젝트 CTQ가 되는 것이다. 설비의 가동률 향상이 단위 프로젝트라면 설

비가동률이 프로젝트 CTQ가 된다. 만약 인터넷 정보 제공 부서에서 고객만족도를 개선하는 것을 단위 프로젝트로 선정하였다면 고객만족도가 CTQ가 될 수도 있겠지만 정보의 내용, 정확성, 최신성, 접속 용이성 등의 지표가 더 구체적이고 측정이 용이하다. 따라서 이러한 지표들을 프로젝트 CTQ로 정의하는 것이 더 합리적이다.

CTQ를 측정하거나 데이터를 수집하기가 어려운 경우, 대용특성을 개발할 수 있다. 예를 들어 제품의 해외시장 불량률을 CTQ로 정의하였으나 데이터의 수집이 월 1회로 비정기적이고 데이터의 신뢰도도 떨어지는 경우, 불량률에 크게 영향을 미치며 측정이 용이한 제품의 기능적 특성을 대용 특성으로 정의할 수 있는 것이다.

(2) 프로젝트 CTQ 현수준 파악

프로젝트 CTQ가 올바르게 정의되고 나면 데이터를 수집하여 현재 수준을 평가할 수 있다. 그런데 데이터를 수집할 때는 항상 수집된 데이터의 정확도나 정밀도를 신뢰할 수 있는지 검토하는 것이 중요하다. 수치로 나타난 모든 데이터는 사실과 다를 개연성이 항상 있다는 것을 명심해야 한다. 실제로 사실과 다른 데이터를 믿고 잘못 판단하여 돌이킬 수 없는 손실을 입은 사례를 수없이 많이 봤기 때문이다. 그래서 6시그마에서는 데이터를 수집하기에 앞서 측정시스템 분석을 실시할 것을 요구하며, 차후에 공정능력 분석을 통해 프로세스의 현재 능력을 평가하도록 하고 있다.

현재 수준을 평가한 결과 만족할 만한 수준이라면 이 프로젝트는 더 이상 진행하지 말고 이 상태에서 매듭지은 후, 개선이 절실한 다른 프로젝트를 수행하는 것이 타당하다. 그러나 그렇지 못하다면 다음 절차로서 프로젝트 CTQ에 영향을 주는 것으로 생각되는 주요한 입력변수(Xs)를 도출한다.

(3) CTQ에 영향을 줄 수 있는 주요한 입력변수(Xs) 도출

CTQ에 영향을 줄 수 있는 주요한 입력변수(Xs)를 도출하는 방법의 첫 번째 도구로서 프로세스 맵(Process Map)을 사용할 수 있다. 프로세스 맵은 업무 프로세스상에서 발생하는 제반활동과 정보의 흐름을 체계적으로 진단하는 데 사용된다. 프로세스와 관련된 제반 관리활동 및 개선활동이 효과적으로 수행되기 위해서는 우선 그 프로세스가 어떻게 작동하는지 알아야 한다. 그러기 위해 가장 효과적으로 활용될 수 있는 기법이 프로세스 맵이며, 현재 업무 프로세스에서 발생하는 세부활동의 분석을 통해 개선 필요점을 효과적으로 추출하며, 바람직한 업무수행 프로세스를 시각적인 맵으로 작성하는 기법이다. 프로세스 맵은 개선 대상 프로세스의 실상을 그대로 나타내도록 작성되어야 하고 각 프로세스 단계별로 CTQ에 영향을 줄 수 있는 *Xs*를 기입한다. 단계별 *Xs*를 도출하기 위해 특성요인도(Cause & Effect Diagram)를 프로세스 맵과 병행하여 많이 작성한다. 특성요인도란 일의 결과(특성)와 그것에 영향을 미치는 원인(요인)을 계통적으로 정리한 그림으로, 특성에 대하여 어떤 요인이 어떤 관계로 영향을 미치고 있는지 명확히 하여 원인규명을 쉽게 할 수 있도록 한다. 특성요인도는 그 모양이 생선 뼈와 비슷하여 '물고기 뼈 그림(Fishbone Diagram)'이라고도 하는데, 이 기법은 품질개선 활동에서 널리 사용되고 있다.

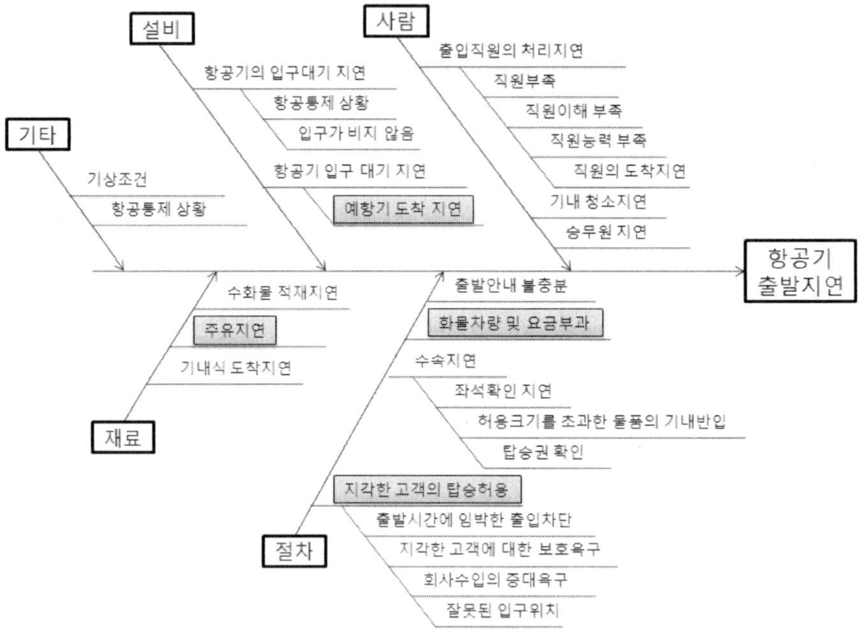

[출처: 주종문 외 5인(2007), 6시그마 프로젝트 추진방법론, 글로벌]

그림 10-7 미드웨이 항공사의 출발지연에 대한 특성요인도의 예

<그림 10-7>은 미드웨이 항공사(Midway Airlines)에서 작성한 특성요인도로서, 고객들의 가장 큰 불만은 항공기가 정시에 출발하지 않는다는 것이었다. 이 항공사는 정시출발의 장애요인을 찾기 위해 특성요인도를 사용, 분석하였는데 항공기 출발지연의 주요 원인을 사람, 설비, 자재, 절차의 4개 범주로 나누고, 각 범주별로 주요 원인을 정리한 결과, <그림 10-7>과 같이 분류되었다. 특성요인도에 정리된 요인들을 검토한 결과, 지각한 승객을 탑승시키기 위한 대기, 예항기 도착지연, 연료 주입 대기, 화물중량 측정 및 요금부과 지연 등이 정시출발의 주된 장애요인으로 나타났다. 도출

된 주요 원인에 대한 대책을 세우고 이를 실행에 옮긴 결과 정시출발률을 획기적으로 높일 수 있었다.

10.2.3 분석(Analyze) 단계

이 단계에서는 측정 단계에서 주요 입력변수로 판명된 10여 개의 변수들에 대해 데이터를 수집하고, 이들이 출력변수(Y)에 미치는 효과를 파악한다. 필요에 따라 여러 가지 통계적 분석기법들이 활용될 수 있는데, 이 단계부터는 엔지니어의 공학적 지식보다는 데이터 분석 결과에 기초해 프로젝트를 진행 방향을 결정한다. 실제 많은 프로젝트들에서 데이터 분석을 통해 엔지니어가 전혀 생각하지 못한 원인들을 찾아낸 경우가 흔히 있다. 아마도 엔지니어가 의심할 수 있었던 원인들이라면 굳이 6시그마 기법을 쓰지 않더라도 해결책 마련이 가능했을 것이다.

데이터 수집은 2~3주 내외의 기간에 걸쳐 진행하는 데 주요 입력변수(Xs)로 판명된 10여 개의 작업조건 변화에 따른 출력변수(Y)의 변화를 자세히 기록한다. 수집한 데이터는 여러 가지 방법을 통해 분석하는 데, 히스토그램(Histogram), 파레토도(Pareto Plot), 산점도(Scatter Plot), 시계열 그림(Time Series Plot) 등의 그래프를 활용한 분석뿐 아니라, 정규성 검정 및 일원분석(one-way ANOVA)을 포함한 여러 가지 통계적 기법들을 활용한다.

분석 단계의 궁극적 목적은 측정 단계에서 주요 입력변수로 판명된 10여 개의 변수들 중 출력변수에 큰 영향을 미치는 주요한 소수의 입력변수(Vital Few Xs)를 3~4개 이내로 압축하는 것이다. 물론 프로젝트의 특성에 따라 5~6개까지는 허락할 수 있는데 이들 변수에 대해서는 개선(Improve) 단계에서 개선안을 마련하게 된다. 데이터 분석 시 한 가지 주의할 점은 통계적 가설검정, 분산분석, 회귀분석 등 복잡한 통계적 툴들을 무분별하게 사용하여 결과해석을 너무 복잡하게 만들지 말라는 것이다. 대부분의 데이터 분석은 일반 작업자들의 이해가 가능한 그래프 분석만으로도 가능하며, 통계적 분석은 특별히 의심이 가는 일부의 변수에 대한 확인 용도로 활용하는 것이 바람직하다.

(1) 히스토그램(Histogram)

출력변수(Y)의 분포형태를 표현하는 그래프로 가장 많이 사용되는 것이 히스토그램인데, 히스토그램은 분포의 형태와 중심위치 및 산포를 나타낸다[그림 10-8 참조].

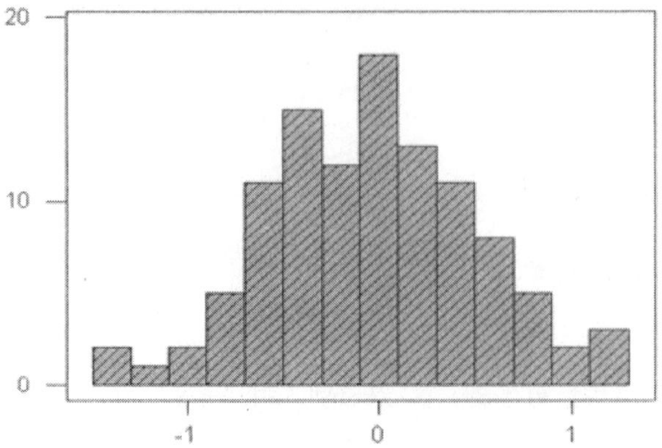

그림 10-8 히스토그램의 예

(2) 파레토도(Pareto Plot)

파레토도는 불량품이나 결점, 클레임, 사고 등이 집중된 항목을 식별하고, 문제가 편중된 정도를 파악하는 도구이다. 파레토 원리는 불량 원인이나 현상은 여러 가지가 있을 수 있으나, 이 중 극소수의 항목이 불량건수 혹은 손실금액의 대부분을 차지한다는 것이다. 현상 혹은 원인에 대한 파레토도는 문제가 편중된 항목과 정도를 시각적으로 파악할 수 있으므로 중점 관리항목 선정에 효과적이다. <그림 10-9>의 예제에서 플라스틱 성형품의 불량을 조사한 결과 치수 및 긁힘에 의한 불량 발생 2항목이 전체의 88.4%를 차지함을 알 수 있다.

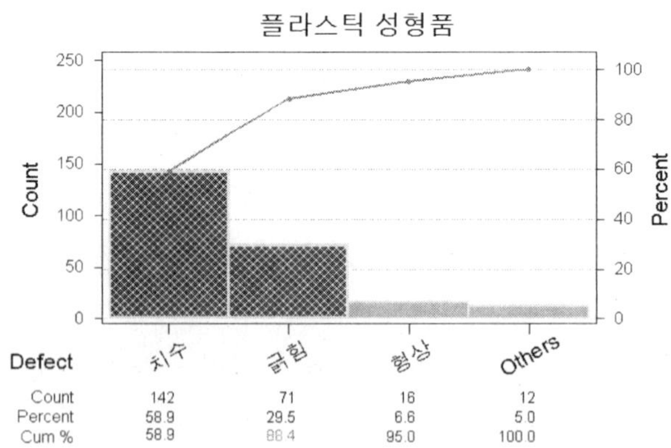

그림 10-9 파레토도의 예

(3) 산점도(Scatter Plot)

X와 Y의 관계를 나타내는 그래프로서 산점도가 있는데 산점도는 여러 변수들 간의

상관관계를 나타낼 때 사용한다. 예를 들면 매일 소비되는 난방용 석유의 양(L)과 사무실의 평균온도(℃) 간에는 어떤 관계가 있는지 알아보기 위하여 산점도를 작성하였는데 그 결과는 <그림 10-10>과 같다. 그림에서 난방용 석유의 하루 소비량이 증가할수록 사무실의 평균온도는 감소하는 것을 알 수 있다. 즉 석유의 양과 평균온도는 음의 상관관계를 나타내고 있음을 알 수 있다.

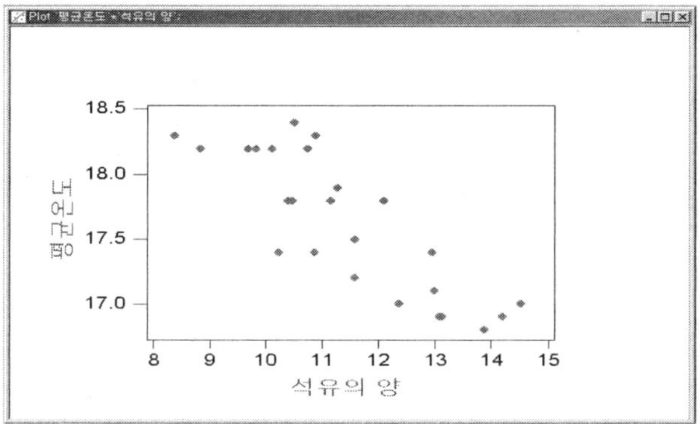

그림 10-10 산점도의 예

(4) 시계열 그림(Time Series Plot)

시간에 따른 데이터의 경향을 살펴보기 위하여 시계열 그림을 활용할 수 있다. <그림 10-10>의 년도에 따른 총 고용자의 수에 대한 시계열 그림에서 매년 고용자의 수가 증가하고 있음을 알 수 있다. 특히 고용자의 수가 3/4분기에 많이 증가함을 알 수 있는데 이를 토대로 앞으로도 고용자의 수가 계속 증가할 것임을 예측할 수 있다.

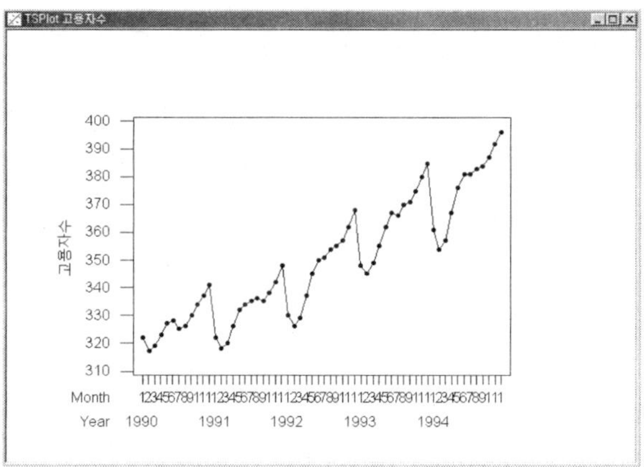

그림 10-11 시계열 그림의 예

10.2.4 개선(Improve) 단계

분석 단계를 통하여 프로젝트의 출력변수(Y)에 영향을 준다고 생각하는 소수의 주요 입력변수(Vital Few Xs)를 파악하였다. 이 Xs를 사용하여 우리가 원하는 프로젝트의 Y를 얻기 위한 대책을 수립해야 한다. 개선 단계에서는 이를 위해 Xs에 대한 최적 설정값을 결정하거나 최적의 대책을 결정하기 위한 추가적 시험을 실시해야 한다. 이러한 활동은 다음과 같은 순서에 따라 진행한다.

(1) 입력변수의 특성 파악

분석 단계에서 선정된 소수의 주요 입력변수의 특성에 따라 개선방법을 3가지로 분류하여 개선을 실시한다.

1) 제어인자 최적화

제어인자는 수치화가 가능한 인자로, 실험계획법(Design Of Experiment; DOE), 반응표면 분석법과 같은 실험계획 방법을 통해 공정을 최적화할 수 있다. 제어인자 최적화 사례로는 '생산 공정의 온도, 압력, 시간 최적화로 수율 향상', '납땜 온도 최적화로 납땜 불량 감소' 등이 있다.

2) 대안인자 최적화

대안인자는 수치화하기 어려운 인자로, 최적 대안을 설정해 프로세스를 최적화한다. 대안인자 최적화 사례로는 '프로세스 설계/최적화', '작업장 흐름 또는 레이아웃 흐름 최적화', '의사결정 프로세스 개선' 등이 있다.

3) 관리인자 최적화

관리인자는 단순하게 준수/실행되지 않아 문제가 발생하는 인자에 해당한다.

개선 활동은 분석 단계에서 밝혀진 소수의 주요 입력변수를 최적화하는 동시에 창의적 아이디어를 이용하여 돌파구를 찾아낼 수 있는 혁신(Innovation)을 추구해야만 한다.

(2) 개선 전략의 선택

먼저 입력변수의 특성이 실험계획법 적용이 필요한 경우를 살펴보자. 만일 Xs의 특성이 실험계획법 적용이 가능하고 출력변수 Y와 어떤 관계에 있는지 관찰하고자, 혹은 프로세스가 어떻게 반응할지 예측하고자 한다면 실험계획법을 수행하여 데이터를 얻고 이를 토대로 수학적 모델을 선택, Xs의 최적 상태나 Xs의 최적 조합을 선택한다.

만일 입력변수의 특성이 대안인자 선정에 필요한 경우 Vital Few Xs가 프로세스 흐름의 문제이면 프로세스 흐름을 최적화하기 위한 전략을 선택하고, Vital Few Xs가 표준화된 운영의 부족에서 기인한다면 프로세스를 표준화하는 전략을 선택하고, 구체적인 문제를 규명했다면 실용적 대책을 개발하는 전략을 선택한다.

프로세스 흐름의 최적화 예

6시그마 팀은 신용카드 신청서 처리 시간을 줄이기 위한 작업에 착수했다. 세 가지 다른 지점의 프로세스들을 분석한 후 그들은 현재 프로세스에서 다음과 같은 문제점들이 개선되어야 한다고 결정했다.

- 각 프로세스는 전체 처리시간의 70%를 차지하는 최소한 10개의 비부가가치의 업무단계가 포함되어 있었다.
- 신청서에 6명의 관리자의 승인을 필요로 하는 지점도 있다.
- 위험 정도나 금액에 상관없이 모든 신청서는 동일한 프로세스를 거쳤다.
- 미완성 신청서가 프로세스의 최종 단계에 이르기까지 사용되고 있었다.

각 분야의 전문가들과 함께 팀은 부가가치 없는 서류 작업과 요구되는 서류를 줄이는 다른 프로세스를 개발하고 시험하였다. 그들은 표준신청서에 받아야 하는 관리자의 승인을 5단계에서 1단계로 줄였다. 부가적으로 위험도가 낮은 신청자를 위한 신속한 절차를 개선하고 미완성 신청서는 고객에게 되돌려 주기로 하였다. 이러한 개선의 결과로 위험도가 낮은 신청의 경우 발급허가 시간을 45일에서 5일로 단축했고 처음보다 표준양식의 작성분량도 40% 감소시켰다.

프로세스 표준화 예

6시그마 팀은 프로세스 변동과 전자 통제장치의 조립 프로세스 시간을 줄이기 위한 프로젝트를 진행하였다. 작업흐름 분석을 통하여, 제품설계 변경의 결과로 세 가지의 독립된 프로세스가 공장의 다른 부분에서 진행되고 있음을 알았다. 현재 진행되고 있는 그 프로세스들은 문서화와 표준화가 되어있지 않았다. 그 결과 조립 프로세스에서는 빈번한 지연이 초래되었고 많은 폐기물이 발생되었다.

각 프로세스를 조사한 뒤에, 팀은 모든 제품의 실제적인 작업 흐름도를 구축하고 각 제품에 맞는 흐름도를 만들기로 결정했다. 6시그마 팀은 각 부서의 전문가들과 함께 실제적인 작업 흐름도를 구축하고 검토했다. 최종적으로 CFT(Cross-Functional Team)는 조립되는 각각의 제품에 맞는 작업 절차서를 개발, 시험하고 적용하였다.

◉ 실용적 개선 대책의 예

6시그마 팀은 장비대여 사업에 대한 판매 수와 질을 향 시키기 위한 프로젝트에 착수했다. 그들은 전년도의 고객상담 전화를 검토하여, 고객들이 제품에 대한 충분한 정보를 제공받지 못했기 때문에 경쟁사에 상당한 수의 고객을 빼앗긴 것으로 분석했다. 팀은 판매하려는 제품에 대해서 잠재고객을 교육시킴으로써 판매로 유도하기로 하였다. 그들은 이를 위해서 다음의 다른 방법들을 개발했다.

- 미리 인쇄된 판촉물을 대량 발송
- 장비의 현장시연회
- 기존 고객으로부터 제품에 대한 증명서 입수
- 경쟁사의 고객에게 선전
- 무료 장비 사용을 제공

위의 5가지에 대한 실행결과 장비의 현장시연회가 가장 높은 성과가 있는 것으로 나타났다.

(3) 개선전략의 수행

개선목표를 가장 충족시킬 대책을 결정하기 위하여 선택된 개선전략을 토대로 계획된 실험들을 실행하거나 준비된 또다른 대안의 시험을 적용한다. 실행결과로부터 도출된 데이터를 분석하고 필요에 따라 수정과 반복을 계속하여 실험을 진행해 나간다.

10.2.5 통제(Control) 단계

통제 단계는 개선 단계에서 도출한 출력변수 Y에 대한 Vital Few Xs의 최적조건을 장기간에 걸쳐 지속적으로 유지하기 위한 관리시스템을 구축하고 적용하는 단계이다. 우선 관리항목을 도출하여 관리하여야 하는데 관리항목이란 분석 단계와 개선 단계에서 도출된 핵심인자들과, 파이롯트 시험과 위험평가를 통해 도출된 관리인자들을 포함한다. 통제의 주목적은 프로젝트 진행의 각 단계에서 실행한 개선안에 대해 성과가 지속적으로 유지되도록 하기 위해 관리해야 할 항목을 도출하고, 각 항목에 대해 표준화/

문서화와 관리계획을 수립하기 위함이다.

일반적으로 통제 단계에서 출력변수 Y에 대한 공정능력을 파악하여 개선목표의 달성 여부도 판정하며 개선된 프로세스의 지속적인 관리를 위한 관리계획서를 수립하게 된다. 관리계획서를 작성하는 이유는 피드백 루프 자체가 여러 업무에 걸쳐 일어나게 되므로 책임 소재를 명확하게 하기 위함이며, 동시에 의사결정 기준과 조치사항 등을 미리 정해 놓음으로써 프로세스의 성능을 일정하게 유지하도록 하기 위한 것이다.

통제 단계에서 Vital Few Xs 또는 출력변수 Y에 대한 관리는 주로 통계적 공정관리(Statistical Process Control; SPC) 기법을 활용하는데 공정을 관리하는 매우 효율적인 기법으로, 1924년 Shewhart에 의해 개발되어 현재까지 사용되고 있다. 특히 현대에 와서 자동검사/측정장치 및 데이터 분석시스템의 발달로 그 활용도가 더욱 높아지고 있다.

통계적 공정관리는 공정의 산포를 최소화하는 것을 목표로 하는데, 예를 들어 공정의 입력값을 측정하여 만일 이상요인이 탐지되었다면 그 근본원인을 규명한 뒤 필요한 수정조치를 취하고 이를 검증한다. 그리고 지속적인 모니터링을 통해 이상요인의 발생 여부를 확인함으로써 공정의 산포를 점차 줄여가게 된다.

통계적 공정관리 기법을 사용할 때 주의해야 하는 것들이 있는데 첫째는 통계적 공정관리에 대하여 정확한 이해를 한 뒤 활용해야 한다는 것이고, 둘째는 정확한 데이터가 확보되어야 사용할 수 있다는 점이고, 셋째는 올바른 분석과 대응을 할 수 있어야 한다는 것이다.

통계적 공정관리를 위하여 관리도(Control Chart)가 주로 사용되는데, 관리도는 관리 대상이 되는 품질특성의 변동상황을 그래프로 나타낸 것이다. 프로세스에 이상요인이 발생한 경우 관리도 상에서 이에 대한 신호를 나타내주므로 수정조치를 취하여 프로세스를 관리상태로 돌아갈 수 있게 해준다. 또한 프로세스에 대한 정보를 제공하여 프로세스의 능력을 분석하거나 추정을 하는 데 도움을 주기도 한다.

관리도를 사용하는 이유는 관리도를 통해 프로세스를 관리하고 예측할 수 있기 때문이다. 즉 관리도는 프로세스에 대한 진단정보를 제공하므로 프로세스에 예상치 않은 변동이 발생하는 경우 이를 해결하기 위한 조치가 언제 이루어져야 하는지 우리에게 알려 준다. 관리도는 출력변수 또는 Vital Few Xs에 대해 사용하게 되는데, 특히 Vital Few Xs에 대해 이루어지는 것이 효과적이다.

관리도는 <그림 10-11>과 같이 중심선(Center Line; CL), 관리상한선(Upper Control Limit; UCL), 관리하한선(Lower Control Limit; LCL)으로 구성된다. 관리도의 중심선은 관리 대상이 되는 품질특성의 모수(Parameter)를 아는 경우 이를 직접 사용하며, 모르는 경우에는 대상 모수에 대한 표본통계량을 선정하여 사용한다. 관리한계선의 폭은 경제적인 이유 등으로 관리 대상 품질특성의 표준편차의 3배를 사용한다. 이와 같이 설계된 관리도를 'Shewhart 관리도' 또는 'X bar 관리도'라고 부른다.

$$UCL = m_w + 3s_w, \qquad CL = m_w, \qquad LCL = m_w - 3s_w$$

단 W는 표본 통계량이고 m_w는 W의 평균, s_w는 W의 표준편차에 해당한다.

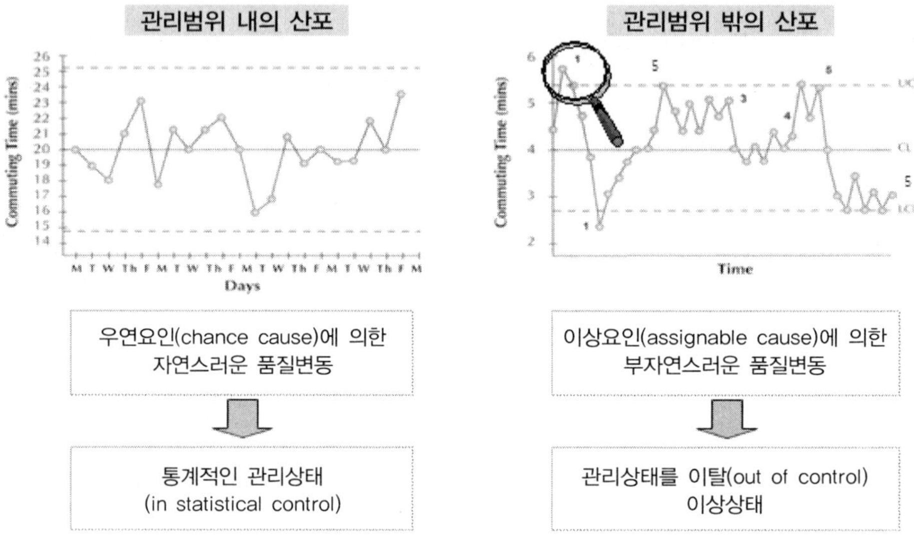

그림 10-12 Schwart 관리도의 예

관리도의 해석은 주로 이상패턴에 대한 검정을 중심으로 이루어진다. 예를 들어, Schwart 관리도에서 하나의 점이 관리한계선을 벗어나면 공정 평균이 이동하는 이상상태가 발생했다고 판정하게 된다. 관리도 상에서 프로세스가 관리상태를 이탈했다는 신호가 나타날 때, 그 원인을 찾아 제거하여 공정을 안정상태로 하는 1차 조치를 취하고 차후 같은 원인에 의해 이상상태가 발생하지 않도록 근본적인 재발방지 조치를 시행한다.

위와 같이 DMAIC프로세스를 통해 프로젝트를 수행한 후, 프로젝트 목표의 달성 정도에 대한 성과평가를 실시한다. CTQ에 대한 성과 확인 후에는 프로젝트의 출력변수 Y에 대한 성과를 파악하여 프로젝트의 성공 여부를 결정해야 한다. 일반적으로 프로젝트의 목표달성을 재무적인 정량적 성과와, 고객만족도 개선과 같은 정성적인 성과로 연계시킨다. 각 기업에서는 사업의 특성을 잘 고려하여 프로젝트의 성과를 객관적으로 평가할 수 있는 기준을 마련해야 한다. 일반적인 성과평가는 연간 COPQ 개선효과를 사용한다. 평가기준이 명확하지 않을 경우 특정한 평가지표를 개발하여 관리할 수도 있다.

성공적인 프로젝트 활동을 한 인원들에게는 별도의 보상 체계를 마련함으로써 조직 내에 지속적인 혁신 의지를 고양시킬 수 있어야 한다. 그리고 효율적인 확산 전파를 위해서는 표준화와 문서화, 그리고 구체적인 의사소통 계획을 수립하는 것이 중요하다. 마지막으로 프로젝트의 최종 보고를 통해 프로젝트를 마무리한다.

토의문제

1. 6시그마를 채택하여 성공한 기업들로는 어떤 기업들이 있는지 조사하고, 그 기업들의 성공요인에 대하여 정리해보시오. 반대로 국내외 기업 중에서 6시그마 실패 사례를 살펴보고 이로부터 얻을 수 있는 교훈을 정리해보시오.
2. 생활 속에서 개선이 필요한 프로젝트를 직접 발굴하여 6시그마의 DMAIC프로세스를 적용하여 어떻게 개선할 수 있는지 검토하고 이를 체계적으로 기술해보시오.
3. 데이터 유형에 따라 관리도의 종류에는 어떠한 것이 있는지 조사하고, 각각의 관리도의 특성을 요약하여 정리해보시오.

참고문헌

1. 백재욱(1999), 6시그마 경영: 허와실 그리고 우리의 나아갈 바, 자유아카데미
2. 송인식(2009), MBB/BB를 위한 Six Sigma Bible[DMAIC편], 이담
3. 주종문(2007), 6시그마 프로젝트 추진도구, 글로벌
4. 주종문, 오호세, 주원식, 조길복, 송종대, 강형규(2007), 6시그마 프로젝트 추진방법론, 글로벌
5. DSRI 컨설팅 그룹(2006), 전략적 6시그마 실천 매뉴얼, DSRI

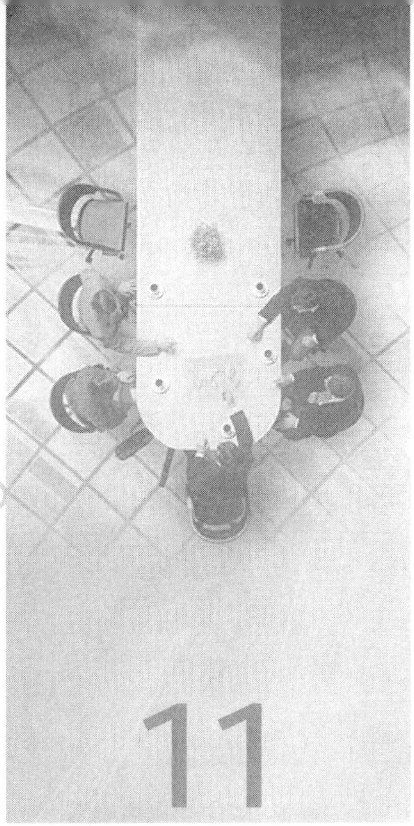

Techno Management

11 전략경영

경영환경은 급속히 변화되어 가고 있는 유동적 실체이다. 기업운영에 있어서 전략은 기업의 정체성과 존재를 의미한다. 전략경영은 미래를 보고 현재의 위치를 파악하여 전 조직원의 하나의 방향으로 나가게 하는 경영기법이다. 전략경영의 올바른 실행이 기업의 경쟁우위 확보와 지속을 가능하게 하는 핵심적 방법론으로 자리잡고 있다.

11.1 전략경영의 개념

11.1.1 전략개념의 태동과 정의

원래 전쟁을 지휘하는 장군이라는 뜻의 'strategos'에서 유래한 것으로 '전쟁을 지휘하는 장군'이라는 뜻을 가진다. 'stratego'는 동사로서 '자원을 효과적으로 사용하여 적을 패배시키기 위한 계획을 수립한다'라는 뜻을 가지고 있었다. 이를 경영학에서는 '기업이 경쟁에서 승리하기 위한 계획'이란 의미로 전략경영(strategic management)이라하여 사용하고 있다(Bracker, 1980). 이러한 사전적인 의미에서 기업의 활용적 의미로 해석이 변하여 전략이란 기업의 모든 핵심적인 활동들을 포함하는 다차원적인 개념으로 볼 수 있다. 이러한 핵심활동들은 조직의 조화, 방향, 목적, 감각들을 포함하고 있으며, 환경변화에 의한 필수적인 변화를 이끌어 내기도 한다. 전략의 의미를 학자들에 따라 다양하게 정의를 내리고 있다. 그 대표적인 내용들은 다음과 같다.

- 전략이란 통일, 조화, 통합을 이루는 의사결정 패턴이다.
- 전략이란 조직의 목표 성취를 위하여 중장기적으로 목표, 실행과제, 자원배분 등으로 표현하는 수단이다.
- 전략이란 기업의 경쟁영역이다.
- 전략이란 경쟁우위를 점하기 위하여 외부의 기회와 위협요소, 내부의 강점과 약점 등에 대한 대응방안이다.
- 전략이란 기업 수준[10], 사업단위 수준[11], 기능 또는 운영 수준[12]에서의 차별화 경영과제를 추진하는 일종의 채널이다.
- 전략이란 이해관계자들에게 제공하려는 경제적, 비경제적 공헌의지이다.

이외에도 다양한 주장들이 제시되었는데 Mintzberg(1972)는 전략을 기업 고유의 의사결정 패턴이라고 정의하고, 특히 환경의 영향에 대한 경영자의 리더십이 조직시스템을 형성해 간다고 주장하였다. 그는 의도한 전략(intended strategy)과 실현되지 못한 전략(unrealized strategy), 발현하는 전략(emergent strategy), 실현된 전략(realized strategy)의 개념을 구분하여 전략형성(strategy formation)이라는 개념을 제시하였다. Quinn

10) corporate strategy라고 하는데 일반적으로 strategy(전략)라 함
11) business unit의 전략인데 일반적으로 tactic(전술)이라고 표현함
12) functional strategy라고 하며, 때로는 operation이라고 함

(1980)은 '전략이란 기업의 주요 목표, 정책, 행위들을 하나의 응집력있는 전체로 통합시키는 패턴 계획이다.'라고 정의하고 기업 내의 정치적, 문화적, 인간적 과정들이 전략의 수립과 실행에 있어 매우 중요한 요인이라고 주장한다.

전략 변화에 관한 최근 연구를 살펴보면, 이들은 전략을 연속적, 점진적 변화의 과정으로 보며, 조직의 인간적, 문화적, 정치적 측면을 중요시하고 있으며, 경영자의 의도와 선택을 전략의 핵심적 개념으로 인정하고 있다는 것을 알 수 있다. 즉 최선의 대안을 제시하기 보다는 기업에 맞는 고유한 선택과 실행과정을 구축하는 것을 더욱 강조하는 것이라고 이해할 수 있다.

전략이 하나의 독립적인 학문분야로서 자리를 잡은 것은 80년대 이후로 볼 수 있다(Rumelt et al, 1994). 70년대에는 전략 개념에 대한 실증적, 규범적 연구들이 시작되었으며, 환경-전략-성과식의 구조 기능주의적 접근들과 다각화에 대한 다양한 연구, 하버드를 중심으로 광범위하게 진행되었던 PIMS(Profit Impact on Market Strategy) database, 특히 주류적 위치에 있었던 경제학의 산업조직론(IO)을 중심으로 한 분석적 전략 연구들이 활발했던 시기이다. 이것이 80년대에 Porter(1980, 1985, 1990)를 중심으로 한 경쟁전략 패러다임의 변화 계기가 되었다. 이들은 산업과 제품시장에서의 경쟁전략으로 전략을 Porter식의 연구들은 많은 이론적 실증적 실무적 지지를 받았음에도 기계적이고 편협한 분석기법에 그치고 있으며 전략의 고유성(uniqueness)과 기업의 이질성(heterogeneity), 장기적인 전략적 의도(strategic intent) 등을 간과한다는 점, 조직간 관계를 설명할 수 없다는 등의 수많은 비판에 직면, 이와 함께 새롭고 다양한 연구들이 시도되었다.

11.1.2 비전(vision)체계에서의 전략

기업은 비전체계에 의하여 사업의 방향, 경영 및 관리의 방향, 기업의 구조 등이 결정되고 지속적인 경쟁우위를 확보하고 유지시켜 나갈 수 있도록 한다. 비전체계는 비전과 미션 또는 목표, 그리고 전략으로 구성된다. 비전은 기업 또는 조직의 미래의 모습을 추상화하여 표현하는데 중장기적인 모습을 형상화한 것이라 볼 수 있다. 비전의 미래의 모습이라고 한다면, 구체적인 수행목표를 미션(mission) 또는 목표(object)라고 한다. 경영학자 또는 컨설팅 기업의 방법론에 따라 미션구조를 이용하는 경우도 있고, 목표를 설정하기도 한다. 이것들은 기업이 미션을 달성하기 위한 구체적 또는 수치적 달성 수준을 설정한 것이다. 전략은 미션과 목표를 달성하기 위한 구체적 활동방향을 설정한 것인데, 11.1.1절에서 정의된 다양한 정의를 통하여 이해할 수 있다. 일반적으로 비전, 미션 또는 목표, 전략 등을 묶은 실체를 비전체계라고 한다.

비전체계는 기업과 조직구성원이 하나의 방향으로 갈 수 있게 해주는 원동력이 되는데, 기업의 미션과 핵심 공유가치에 의해 기업이 운영됨에 따라 모든 조직구성원의 행동지침이고 역할에 대한 방향을 제시하여 준다. 또한 비전체계는 기업의 구조를 설계하고 형성하는 근간이 되는데, 이에 따른 업무프로세스(business process)와 자원 할당이 이루어지게 한다. 나아가 비전체계는 기업이 지속적으로 경영성과를 창출할 수 있도록 하는 방향을 제공하며, 특정 리더의 역량 또는 개인기에 의한 것이 아니라 시스템적으로 운영될 수 있도록 하고 기업의 지속적인 변화를 추구하여 경쟁우위를 확보하고 유지할 수 있도록 한다.

비전과 미션이 다소 감성적, 개념적으로 정의될 수는 있으나 전략은 기업의 사업활동 그 자체를 정의하는 것이기에 가장 중요한 요소라고 할 수 있다. 때로는 전략경영이라는 용어 속에 비전체계를 전부 포함하여 정의하기도 하며, 경영전략이라는 일반적인 용어에 미션체계를 포함시키기도 한다. 따라서 여기에서도 전략경영이라는 포괄적인 용어를 이용하여 그 개념을 서술한다.

전략의 역할은 조직원의 일상적인 업무와 별개인 추가적인 업무 또는 방향이 아니라는 것을 분명히 인식하여야 한다. 전사적 수준 전략(corporate level strategy)의 수행주체는 각 사업단위 조직원 전체이다. 모든 단위 사업조직은 성과(performance)책임 단위로써 전사 또는 상위 조직의 전략을 지원하는 전략을 수립하여 전사적 차원에서 전략이 조율(align)되고 실행 가능하도록 하여야 한다. 전략은 모든 조직원이 이해하기 쉽도록 명료하게 정의되어야 하며 공유할 수 있도록 하여야 하고, 전략의 구성과 용어가 일관되어야 한다. 전략을 구체적으로 추진하는 전략과제는 그 수행결과를 측정할 수 있는 성과지표(performance index)로써 관리 운영되어야 한다. 전략을 논하는 데 있어 또 하나의 중요한 점은 전략수립 및 관리프로세스이다. 전략의 지속적인 동인효과(driving effect)의 극대화를 위해서는 전략수립 시점에서의 리더십이 필수적이다. 또한 전략수립과 성과관리 등에 있어서는 상향(bottom-up)식과 하향(top-down)식의 적절한 조화가 필요하며 사전(priori)에 합의된 성과지표와 평가방식에 의하여 모니터링되고 평가되어야 한다.

11.2 전략경영의 개요

11.2.1 전략경영(strategic management)의 정의와 변화

전략경영은 전략과 성과관리 및 자원배분을 연계시킴으로써 '전략실행력(Strategy Execution)'을 강화하고 궁극적으로 기업가치를 극대화하는 것을 목적으로 하고 있고 지속적으로 Plan-Do-See의 Cycle을 운영하는 것이다. 이러한 관점에서 전략경영의 프레임워크는 <그림 11-1>과 같다. 전략경영체계를 통해 전략실행을 지원하고 전략실행의 성과를 명확하게 관리함으로써 궁극적으로 전략에 자원을 집중하고, 조직 및 제도, 프로세스가 전략과 조율되는 전략집중형 조직으로 변화하여 조직의 성과 및 가치 창출을 극대화할 수 있도록 하기 위한 것이다.

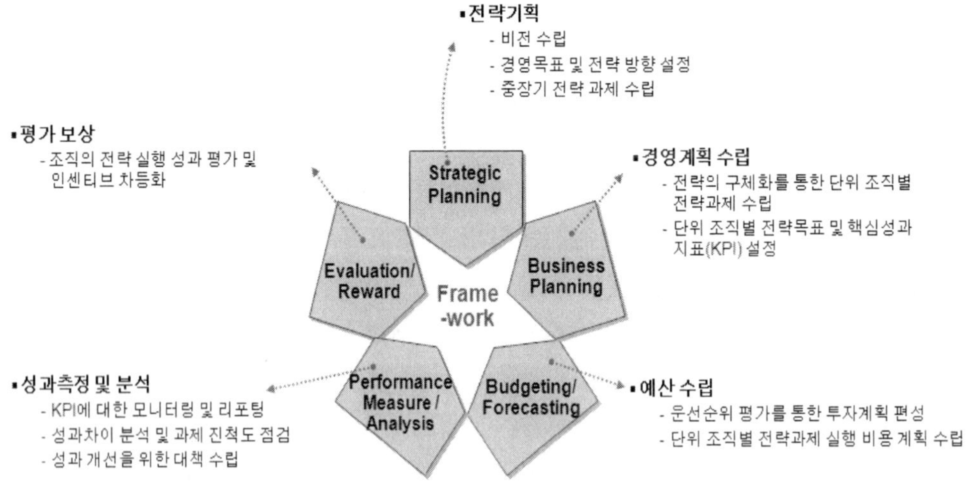

그림 11-1 전략경영 프레임워크

전략경영의 발전 단계를 살펴보면 다음과 같다. 과거에는 전략수립과 예산, 성과관리가 별개로 수행되어 왔으나 경영환경의 변화 및 경쟁의 심화로 인해 전략실행력을 제고시키기 위해 전략을 단위조직 차원에서 실행이 가능하도록 구체화하고 이를 위한 예산수립(자원 할당)과 성과관리가 가능하도록 진화해 왔다. 1960년대까지만 하더라도 경영정책에서는 기업활동의 각 부문들을 종합적으로 고려함으로써 효율적인 정책을 수립하는 것이야말로 최고경영자의 주요 과업으로 간주되었다. 이후 환경의 급속한 변화로 인해 환경에 적응하지 못한 많은 기업들이 도태됨에 따라 기업의 환경적응의 중요성에 대한 인식이 증대되고 기업의 다각화 등으로 인해 기업의 규모가 급성장하였으며, 이는 기업의 복잡성을 초래함으로써 전략 또는 정책수립뿐만 아니라 이를 조직 내에서 효과적으로 실행하는 것이 중요한 과제로 대두되었다. 그에 따라 전략경영의 영역은 전략의 수립뿐만 아니라 전략의 실행 및 전략의 통제과정도 포함하며, 기업 내부의 강·약점을 바탕으로 환경의 기회와 위협에 효과적으로 대처하는 기업의 환경적응과정을 중요시한다. <표 11-1>은 전략경영의 관점이 어떻게 변해오고 있는지 보여주고 있다. 1단계에서부터 4단계에 이르기까지 전략의 유효성과 실효성이 높아진다고 알려져 있다.

표 11-1 전략경영의 변화

단계	1단계	2단계	3단계	4단계
개념	기본 재무계획	장기적 계획	외부중심적 전략 계획	전략경영
내용 및 장단점	• 재무계획, 예산관리 • 기업 전략과의 연계성 부족 • 단기적 내부 통제 중심	• 장기 경영계획 수립 • 거시적 환경요인 예측 중심 • 실무자와의 업무 연계성 부족	• 전문적이고 체계적인 전략계획 수립 • 현장의 업무 실행과 연계 부족	• 전략수립과 전략실행의 연계성 강화 • 경영성과 연결 • 업무현장과의 연계성 강화

또한 현재 전략경영은 정적(static)의 개념에서 동적(dynamic) 전략경영의 개념으로 전환하고 있다. 즉 내외부 환경이 끊임없이 변화하는 환경하에서 신속한 대응능력과 전략실행력을 동시에 확보할 수 있는 형태로 구현되어야만 실제로 전략을 관리하는 도구로 정착될 수 있다. 이 두 가지의 개념 차이는 여러 곳에서 찾아볼 수 있다. 먼저 목적에서 정적인 전략은 전략실행력을 강화하는 데 초점을 두고 있는 반면에 동적 전략은 환경변화에 전략대응력을 추가적으로 강화하고 있다. 전략수립 프로세스에서도 동적 전략은 미래 시나리오에 따른 포트폴리오(portfolio)별 전략을 수립하고 전략수립 시에 적용된 여러 가지 가정 사항을 주기적으로 점검한다. 이러한 두 가지 개념의 차이에 대한 내용은 <표 11-2>에 구체적으로 나타나있다.

표 11-2 정적 전략경영과 동적 전략경영의 차이

	정적 전략경영	동적 전략경영
목적과 초점	• 전략실행력 강화	• 전략실행력과 환경변화에 대한 전략대응력 강화
전략수립 절차	• 환경의 예측에 따른 최적전략 수립	• 미래의 비즈니스 시나리오에 따른 포트폴리오별 전략 수립 • 전략수립에 사용된 가정 사항에 대한 주기적 검토
경영계획	• 연도별 명확한 목표 설정	• 연도개념 없이 주기적 경영계획 수정
성과 측정 및 평가	• 주기적 성과 평가 • 성과변화에 대한 환경변화 분석	• 성과변동 요인 발생 시 평가 • 성과변동에 대한 시나리오 분석
정보시스템	• ERP, ABC, BSC 등 개별 시스템 구축 및 연계	• 전략적성과관리 시스템을 포털(portal)로 통합 추세 • BPM 기반 강화

* ERP(Enterprise Resource Planning), ABC(Activity Based Cost), BSC(Balanced Score Card)

11.2.2 전략경영의 성과관리

많은 조직들이 전략경영체계를 수립하고 운영하고 있지만 기대한 성과 및 가치 창출을 하지 못하고 오히려 전략경영을 포기하는 경우도 나타나고 있는데 일반적인 조직에서의 전략경영 실패의 요인 및 핵심 이슈는 주로 전략수립 시 전략적 성과관리를 위한 전략과 성과관리 체계와의 연계 실패, 전략 실행에 대한 과정 관리 및 사전 대응을 원활하게 수행하지 못함으로써 나타나고 있다.

이러한 전사적 통합경영관리체계 상의 문제점을 해결하기 위해서는 결국 BSC(균형성과표: Balanced Score Card)를 이용한 경영성과 관리방법이 제시되었다(Kaplan and Norton, 1996). 그들은 지속적인 경쟁우위를 유지하는 기업에게는 재무적 수치들만으로는 경영의 요소가 충분하지 않다는 것을 인지하고 많은 기업의 성과측정의 우수 사례를 분류하는 연구를 수행하여 그 결과로 BSC를 제시하였다. 그 후 BSC는 평가체계에서부터 전략을 표현하고 연계하는 강력한 의사소통 도구로의 전략경영 체계로 활용되기 시작하였다. 이후 BSC는 경영관리시스템으로써 그 효과가 입증되어 많은 국내외 선진기업 및 공공기관들을 중심으로 도입되어 활용되고 있다.

기업에 종사하는 많은 이들이 인적역량, 고객과의 관계, R&D 지식, 기업문화 등의 무형자산이 경쟁우위 확보 및 유지를 위해 가장 중요한 것이라 인지하고 있다. 그러나 기존의 성과평가 방법에는 이들을 평가할 수 있는 적절한 도구를 지원하고 있지 않았다. 즉 대부분의 기업들은 성과측정을 위해 정량화가 가능한 재무적인 업적을 중심으로 평가항목을 설정해 왔다. 그러나 최근 기업의 경쟁력을 확보하기 위해서 물적, 유형자산보다 눈에 보이지 않는 무형자산의 중요성이 점차 증대함에 따라 기존의 성과관리 체계로는 진정한 경영성과를 판단하기 어려운 것으로 이해하고 있다. 또한 더욱 중요한 점은 전략의 미흡함이 기업의 성과에 영향을 미친다는 것보다 전략의 수행 능력이 더욱 중요하게 경영성과에 영향을 주고 있다는 것이다.

Kaplan and Norton(1996)은 전략수행의 장벽(barrier)을 4가지로 구분하여 그 구체적 내용을 제시하였다. 결국 BSC는 이러한 장벽을 극복하기 위한 도구(tool)로써 제안된 것이다. <그림 11-2>는 전략수행의 4가지 장벽을 도식으로 표현하고 있다.

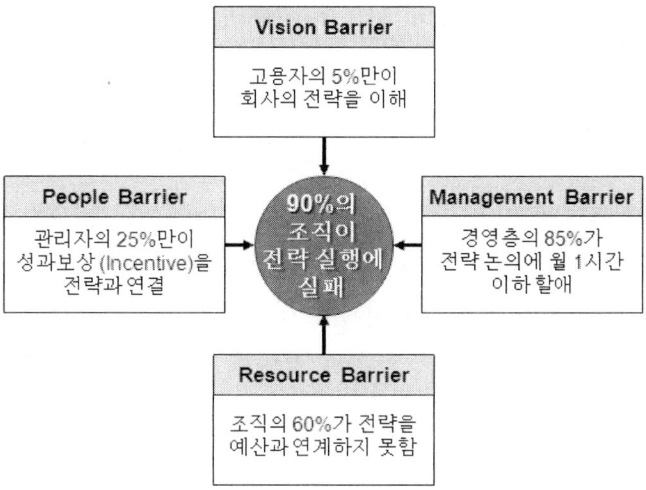

[출처: Kaplan and Norton(1996) 재이용]

그림 11-2 전략수행의 장벽

전략을 실행하기 위해서는 전략을 인식하고, 그 의미를 이해하고, 그 이해를 바탕으로 실천에 옮겨야 한다. 전략을 수립하지만 그것에 대한 인식과 이해를 확보하기 위해 필요한 시간과 적절한 자원의 배분을 하지 않는 리더들은 조직원이 전략을 수행할 기회를 주지 않고 있는 것이다. 예를 들어 고객과 관련된 상황을 어떻게 해결해야 할지, 내년의 예산안을 어떻게 수립할 것인지, 어떤 인력을 뽑아야 하는지, 그리고 그 외에도 아주 중요한 많은 고민을 한다. 결국 조직원 전체가 비전 및 전략에 대한 명확한 이해 없이는 전략수행을 위한 적절한 행동이 나올 수가 없다. 이것이 비전의 장벽(vision barrier)이다. 전략수행의 결과는 중장기적인 기업의 성과로 연결되어 있다. 그러나 기업의 보상(incentive) 제도는 단기적인 재무목표에 연계되어 단기적인 이익 극대화를 위한 노력만이 평가받고 보상을 받고 있는 실정이다. 이러한 현상은 미래를 위한 기업의 성장기반 확보전략 등을 구현하는 임직원들에게는 인적장벽(people barrier)이 될 수밖에 없다. 관리장벽은 임직원의 사업활동 시간의 대부분을 매출액, 영업비용 등의 손익계산서에 대한 논쟁으로 허비하고 있어 실제로 전략을 검토하고 실행과제를 논의하는 시간을 충분히 가지지 못하고 있다는 의미이다. 자원장벽(resource barrier)은 기업의 예산정책이 전략에 맞춰 구성되지 못하고 있다는 현상을 나타낸다.

이러한 장벽을 극복하기 위하여 제시된 BSC는 전사(corporate) 전략을 전 조직에 커뮤니케이션하고 그에 따른 변화를 효과적으로 유도하기 위한 경영관리도구로서 균형있게 비전과 전략을 실행시키고 모니터링하며 이에 따른 성과를 관리할 수 있는 체계이다. 즉 조직의 비전 및 경영목표의 달성을 위한 중장기 및 단기 전략을 전략목표(또는 핵심성공요소), 성과지표, 지표별 목표치, 전략실행과제로 구체적으로 전환함으로써 성과에 대해 결과 평가뿐만 아니라 과정에 대한 관리를 통해 전략 실행을 촉진하고, 각 조직별로 전략이 서로 연계되어 각 단위조직별로 경영성과에 미치는 영향을 파악할 수 있으며, 단위조직별 BSC로부터 도출된 성과결과를 조직 및 개인의 성과평가와 연계하고 전략실행과제 수행을 위해 예산과의 연계가 가능하도록 구성되어 있다.

BSC는 4가지의 관점에서 균형적인 성과를 이루도록 유도하고 있다. 재무적 관점, 고객관점, 내부 프로세스 관점, 그리고 학습과 성장관점이다. 재무적 관점은 기업의 재무적 성과를 나타내는데 주로 총 매출액, 주주 수익률, 이익률 등의 성과를 나타내는데 이는 기업활동을 통하여 얼마나 재무적 이익을 취했느냐 하는 전통적 기업성과의 평가항목과 거의 동일하다. 고객관점은 고객의 만족도, 고객 유지율, 신규고객 유치율 등 기업과 고객 간의 관계에서 나타나는 경영성과를 나타낸다. 내부 프로세스 관점은 업무처리의 생산성, 업무 수행시간 준수율 등 기업 내부활동의 효율성을 나타내는데 주로 비용과 연계된다. 학습과 성장관점은 기업의 미래에 관련된 지표이다. 이는 기업이 미래의 비전 달성을 위한 중장기적 관점에서의 성장기반 확보와 임직원 교육 및 커리어(career)관리 등이 포함된다. 이러한 BSC 프레임워크는 <그림 11-3>에서 표현한다. 이 프레임워크는 초기에 제안된 내용이며, 이를 활용하기 위해서는 기업의 특성, 업종, 적용범위, 적용부서 등에 따라서 적절히 변형하여 이용한다.

BSC의 기본 철학을 예를 들어 설명하면 다음과 같다. 기업이 수익의 극대화를 위해서 종업원의 노동시간을 늘리고 예산 투입을 줄이면, 재무적 관점에서는 높은 점수를 받을 수 있으나 내부 프로세스 및 학습과 성장 관점에서는 아주 낮은 점수를 받게 되어 결국 경영성과가 나쁘게 나타난다. 또한 비용을 줄이기 위하여 불량 원자재의 사용과 도덕적 해이로 인한 부정 구매 등의 행동을 취한다면 결국에는 제품의 품질이 저하되고, 사회적으로 기업의 도덕성이 떨어져서 경영성과는 나쁘게 나타날 수밖에 없다. 따라서 이 4가지의 관점을 서로 균형있게 경영하여 근시안적인 성과보다는 중장기적인 성과 달성과 임직원과 고객의 충성도(loyalty)를 향상시키면서 기업을 발전시켜 나가야 한다는 의미로 해석할 수 있다.

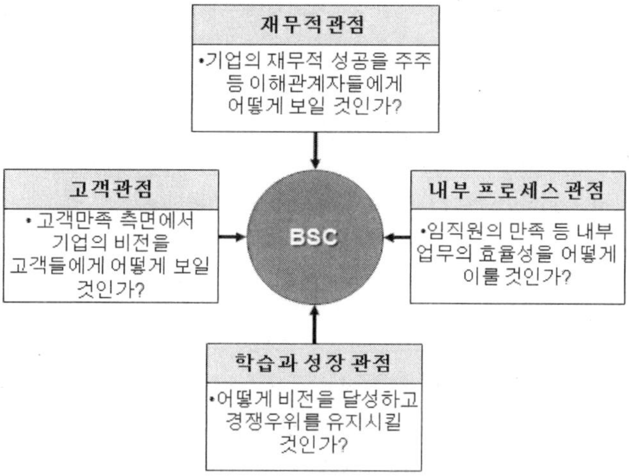

그림 11-3 BSC 프레임워크

11.3 전략수립 프로세스

11.3.1 단계별 전략수립

조직의 전략은 전사적 수준(Corporate Level), 비즈니스 사업단위(Business Level), 기능 또는 운영 수준(Function/Operation Level)으로 구분되고, 하위 Level로 주로 조직단위와 연계되어 더 구체적이고 실행가능한 수준의 전략을 수립하게 된다. 그리고 전략방향 및 중장기 전략에 대해 구체적인 사업계획 및 예산을 수립하는 과정을 통해 마찬가지로 전략의 구체화가 이루어지게 된다.

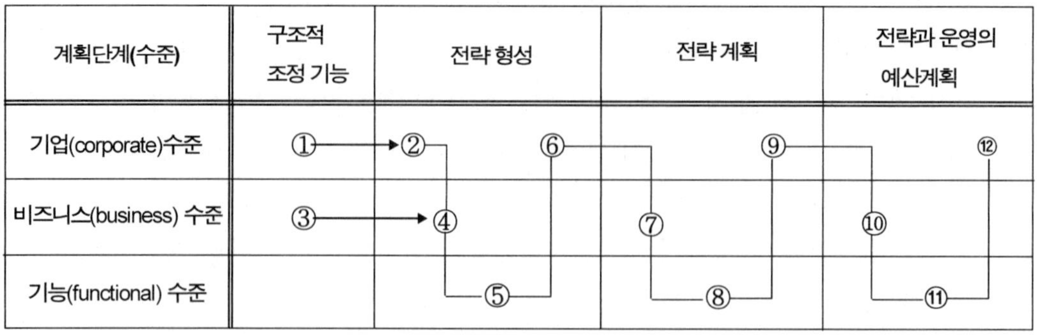

① 기업의 비전, 미션, 사업세분화, 수평적 수직적 통합, 기업철학, 경영인프라, 기업문화 등
② 전략의 형태 및 계획 가이드라인
③ 비즈니스 미션, 규모 및 범위, 경쟁방안, 시장과 제품의 세분화 등
④ 비즈니스전략, 상위 실행 프로그램
⑤ 기능/운영 부분의 전략
⑥ 비즈니스 전략과 기능 전략의 통합, 포트폴리오 관리, 자원할당
⑦ ⑧ 수준별 구체적 실행 계획
⑨ 자원할당, 성과평가 방안 등
⑩ ⑪ ⑫ 각 수준별 재무계획 및 통합

[출처: Hax and Malif(1991)의 수정 보완]

그림 11-4 전략수립 체계

(1) 기업차원 전략(Corporate Strategy)

기업차원 전략은 우선 기업의 경제성 측면을 고려해야 한다. 경제성이란 기업차원에서의 가치창출 방안수립전략으로, 예를 들면 사업단위를 분리하는 것이 더욱 이익인지 검증하고 기업차원의 전체 이익은 각 사업단위를 합한 것보다는 큰 시너지 효과가 있는지 확인한다. 또한 경제성 평가는 첫째, 기업의 사업단위 분류/정의, 둘째, 각 사업단위를 연계한 정체성과 상호이용 내부관계 규명, 셋째, 각 사업단위별 자산, 기술 등의 공동 활용 및 조화를 고려해야 한다. 경제성에 대한 전략수립 8가지 절차는 다음과 같다.

step 1. 기업차원에서 기업 전체에 영향을 주는 외부환경 분석
step 2. 기업미션 정의: 경쟁영역과 방법 설정
step 3. 비즈니스 분할: 각 비즈니스를 계획과 조직화 차원에서 선정
step 4. 수평적 전략: 사업단위 간의 시너지 창출을 위한 연계 추구
step 5. 수직적 통합: 기업영역을 정의(공급자, 유통, 판매채널, 고객, 최종소비자 등의 수직 통합 범위)
- 장점: 원가 절감, 공급자/고객 위협에 대한 방어력 창조, 신사업기회에 대한 수익 확보 공격력 확보 등
- 단점: 간접비 증가, 자본투자 에 의한 규모의 비경제, 유연성 상실, 경영관리 측면의 약점 발생 등
step 6. 기업철학 정립: 기업과 이해관계자(Stakeholder)와의 관계 정의
step 7. 기업의 전략적 미래상 정의: 기업의 전략 아젠다 및 기업 성과목표 정의
step 8. 포트폴리오 관리: 자원 할당, 다각화와 투자회수 기회 정의

(2) 비즈니스 차원 전략(Business Strategy)

비즈니스 차원 전략은 수립하는 목적은 기업의 사업 영역에서 기업 매출/이익의 근본이 되는 전략적 사업단위(Strategic Business Unit; SBU)를 최적화하고, 사업영역별 경쟁우위를 확보하기 위한 전략을 수립하여, 기업의 재무적 사업성과를 극대화하는 것이 주요 목적이다. 비즈니스 차원 전략의 핵심 5요소는 다음과 같다.

- **사업미션(Business Mission) 정의**: 사업영역 정의(상품, 시장, 사업 지역), 사업영역 내에서 타 경쟁업체가 보유하지 못한 독점적 역량(Unique Competency) 도출 및 정의를 의미한다. 또한 현재와 미래의 비즈니스 영역에 대한 명확한 정의가 포함되어야 하며, 이는 제품, 시장, 지리적 범위 등을 표현한다. 이러한 비즈니스 영역의 정의는 산업동향에 따른 영역수정, 제품과 시장의 관계 재형성, 신규사업지 진출에 대한 대비책 등이 충분히 광의적으로 표현되어야 한다. <표 11-3>은 비즈니스 미션의 사례를 보여준다.
- **산업매력도(Industry Attractiveness) 분석**: 5 Force Analysis를 통하여 외부환경 분석
- **경쟁위치(Competitive Position) 설정**: Value Chain Analysis를 통하여 기업 내부역량 분석
- **비즈니스 전략(Strategic Action Programs) 형성**: 다차원의 전략실행 프로그램 수립
- **예산(Budgeting) 수립**: 전략실행 프로그램 예산과 사업운영 예산 수립

표 11-3 금속 및 에너지기업 A사의 비즈니스 미션 사례

	현재	미래
제품 영역	- 일용품에 사용되는 금속 - 지하자원을 이용한 에너지 상품	- 금속과 에너지의 비일용품 분야로 확대 및 차별화 제품
시장 영역	- 금속, 자동차, 제철 산업 - 주거용 에너지와 유틸리티	- 비내구성 소비자 제품으로 확장 - 서비스 산업으로 확장
지리적 영역	- 유럽, 북미, 호주	- 미국시장의 침식을 대비한 북미주와 동아프리카에 집중
경쟁우위 달성방안	- 저비용, 고품질의 광산 개발	- 저비용 제품에 집중 - 신제품과 니치마켓을 위한 마케팅과 - 재무적 위험관리

출처: Hax and Malif(1991)의 수정 보완

<그림 11-5>는 비즈니스 전략수립의 기본 구성을 도식화한 것이다.

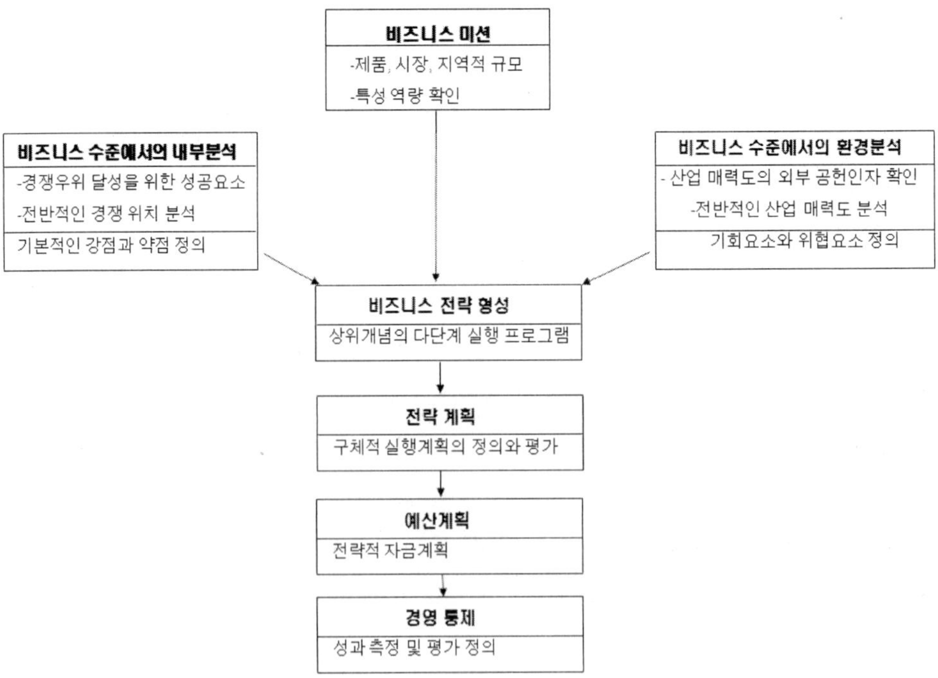

[출처: Hax and Malif(1991)의 수정 보완]

그림 11-5 비즈니스 전략수립 기본구성

(3) 기능차원 전략(Function Strategy)

기능 전략은 수립하는 목적은 첫째로 기업차원, 사업차원 목표달성을 위한 기능차원 요구사항을 도출하여 그를 만족시키기 위한 계획을 수립하고, 둘째로 기업의 독점적 역량(Unique Competency)을 위한 경영자원의 저장소(depository)를 이용하여 축적하고 활용할 수 있는 계획을 수립하는 것이다.

기능 전략은 기업의 비즈니스 전략에서 도출한 Value Chain을 기준으로 기능 측면에서 분할하는 것으로서 다음과 같은 전략으로 분류할 수 있다.

- **재무 전략**: 자금 획득 및 할당, 비즈니스 포트폴리오 균형에 대한 의사결정
- **인적자원 전략**: 인력시장 측면과 SBU 측면
- **기술 전략**: 전략적 기술단위 분석(Strategic Technology Unit; STU)
- **구매조달 전략**: 외부물류, 구매
- **제조 전략**: 내부물류와 운영
- **마케팅 전략**: 마케팅, 영업

<그림 11-6>은 기능차원의 전략수립 구성도를 나타내고 있다.

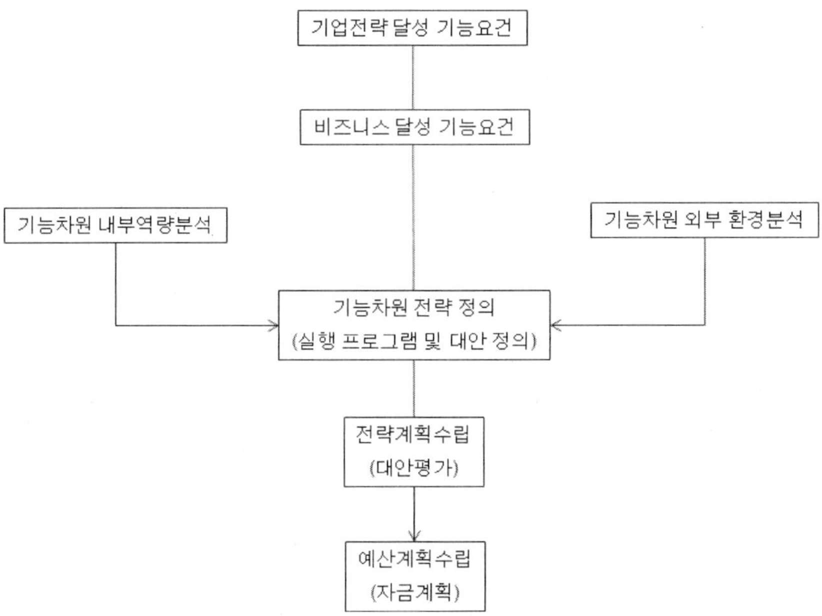

[출처: Hax and Malif(1991)의 수정 보완]

그림 11-6 기능차원 전략수립 기본구성

11.3.2 전략수립 방법론

11.3.1에서는 다양한 방법을 이용하여 수준(또는 차원) 맞는 전략수립 절차, 단계를 설명하였다. 본 절에서는 이러한 방법들을 구체적으로 설명한다.

(1) 전략그룹 분석

전략그룹 분석은 제품영역과 수직통합정도 분석, 시장영역과 시장에서의 위치(선구자 또는 추종자) 분석 등이 있다. 일반적으로 매트릭스 분석을 이용하여 현 위치를 확인할 수 있다.

그림 11-7 전략그룹 분석 도구(예)

(2) 환경분석: 5-Forces 모델

5-Forces 모델은 기업에 영향을 미치는 외부의 5가지 힘에 대한 분석을 하기 위한 도구로 전략경영의 초기 단계인 1980년대 후반에 포터에 의하여 제안되었다. 5가지의 외부의 힘은 같은 업종의 경쟁자에 의한 경쟁력, 공급자에 의한 판매력, 구매자에 의한 구매력, 신규 진입자의 위협, 대체자의 위협 등으로 정의하였다. 이러한 외부의 위협요소(힘)를 평가 분석함으로써 기업의 현 위치와 미래의 기업환경을 추정하여 전략수립에 활용한다. <그림 11-9>는 5-Forces 모델을 활용하여 전략을 수립하는 방법을 제시하고 있다.

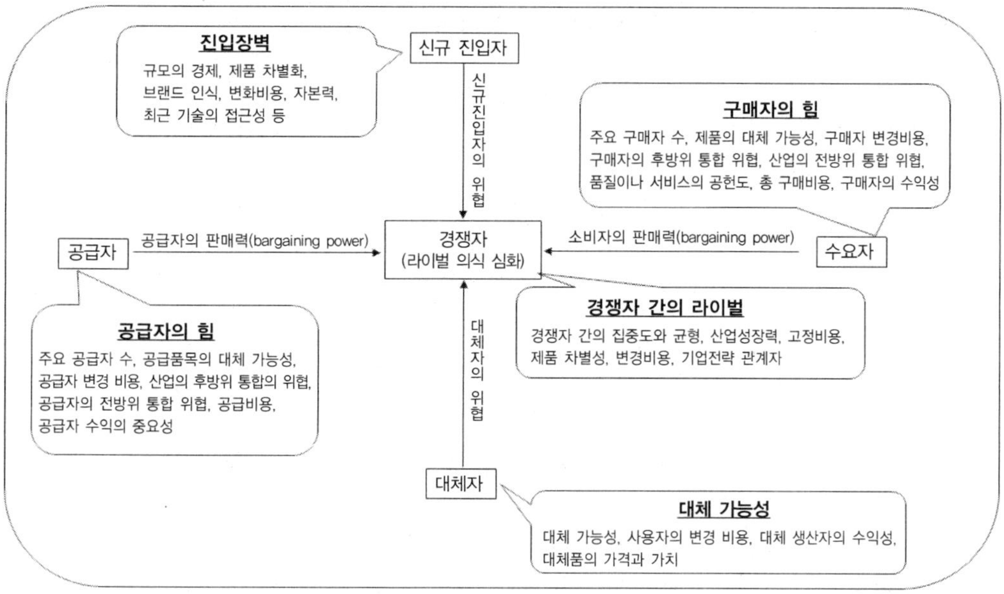

[출처: Porter(1985) 번역 인용]

그림 11-8 5-Forces 모델

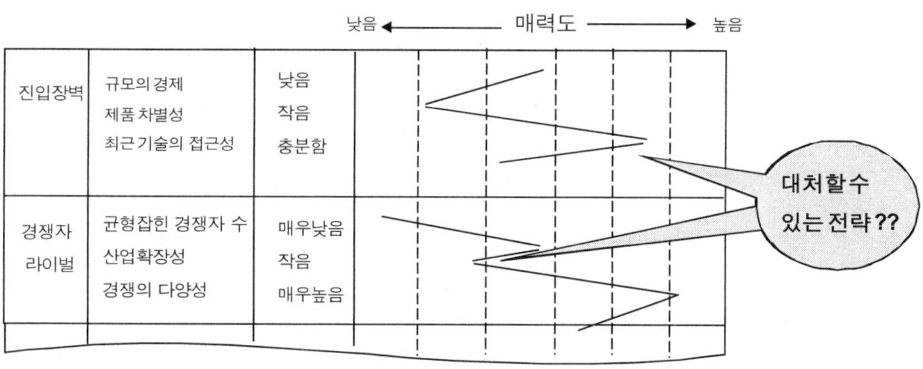

[출처: Hax and Malif(1991)의 번역, 수정 인용]

그림 11-9 5-Forces 모델을 이용한 경쟁 전략수립 방법

(3) 비즈니스 역량과 산업매력도를 이용한 전략수립 방법

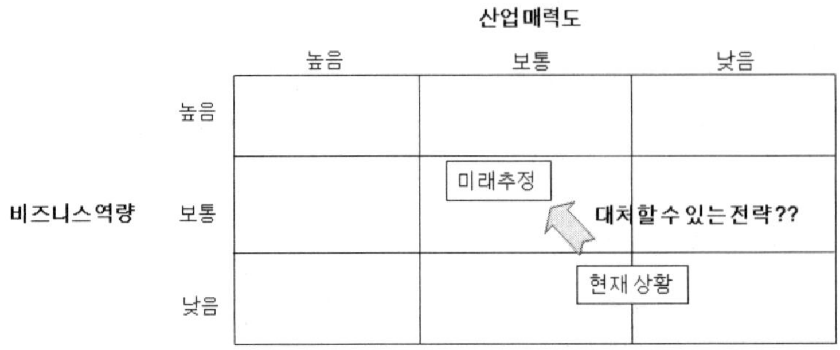

[출처: Hax and Malif(1991)의 수정 보완]

그림 11-10 비즈니스 역량과 산업매력도를 이용한 전략수립 방법

비즈니스 역량은 기업의 사업능력을 표현하는 것으로 내부적인 자금, 인력, 기술, 평판도 등 다양한 지표로써 평가되며, 시장매력도는 일반적으로 시장의 성장가능성 또는 잠재력을 나타낸다. 이는 미래의 시장변화와 기업의 역량을 매트릭스로 표현함으로써 위상의 변화 예상에 따른 전략수립 방법이다.

(4) SWOT분석을 이용한 전략 수립 방법

	비즈니스강점 (Strength) S	비즈니스약점 (Weakness) W
비즈니스기회요소 (Opportunity) O	SO전략 -강점을 이용하여 기회요소를 적극 활용 전략	WO전략 -기회요소를 잡기 위한 약점의 보강 전략
비즈니스위협요소 (Threat) T	ST전략 -강점을 이용하여 위협요소를 제거/극복 하는 전략	WT전략 -위협요소에 대비한 약점의 보강 전략

그림 11-11 SWOT분석을 이용한 전략 수립 방법

SWOT분석은 기업의 내부역량을 강점(strength)과 약점(weakness)으로 구분하여 평가하고, 기업 외부환경을 기회요소(opportunity)와 위협요소(threat)로 구분하여 도출한 후, 이들 간의 상관관계 분석을 통하여 전략을 수립하는 방법이다. <그림 11-11>은 이를 나타내고 있는데, 도출된 강점을 S 부분에 약점을 W 부분에 입력하고, 기회요소를

O 부분에 위협요소를 W 부분에 입력한다. 브레인스토밍(brainstorming)을 통하여 SO 전략, WO전략, ST전략, WT전략을 수립한다.

(5) 가치사슬분석 방법

기업의 전체 활동을 하나로 보아서 지속 경쟁우위를 확보하는 전략을 수립하는 것은 쉽지 않다. 따라서 비즈니스 단위별 전략적으로 적절한 단계를 구분하여 가치를 부가하는 단위업무(태스크)별로 구분하는 것이 필요하다. 포트(1985)는 가치사슬분석 도구를 제안하여 이러한 방법이 가능하게 하였다. 기업의 업무를 크게 핵심활동과 지원활동으로 구분하는데, 핵심활동은 기업의 사업실적을 만드는 활동들을 지칭하고(비즈니스 센터: business center), 지원활동은 기업활동을 지원하는 인사, 총무, 회계 등의 업무를 지칭한다. 이렇게 기업업무를 단위업무로 분류하여 구조화하는 것을 가치사슬(value chain)이라 한다. <그림 11-12>는 가치사슬분석 도구를 나타내고 있다.

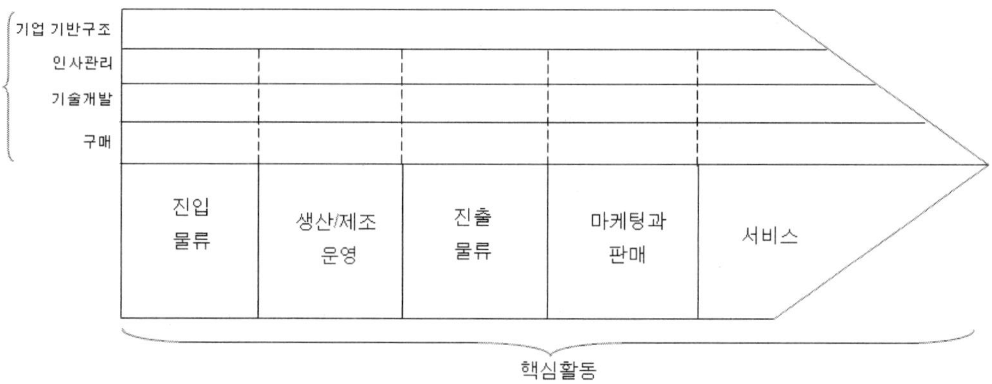

[출처: Porter(1985) 번역 인용]

그림 11-12 가치사슬분석

토의문제

1. 가상기업을 선정하여 전략수립 방법론을 적용해보시오.
2. 전략경영의 성공과 실패사례를 조사해보시오.
3. 성공적인 전략경영을 위한 임직원의 올바른 자세를 정립해보시오.

참고문헌

1. Hax and Majluf(1991), The Strategy Concept and Process
2. Kaplan, R. and Norton, D.(1996), The Balanced Scorecard, Harvard Business School Press
3. Porter, M.(1985), Competitive Advantage

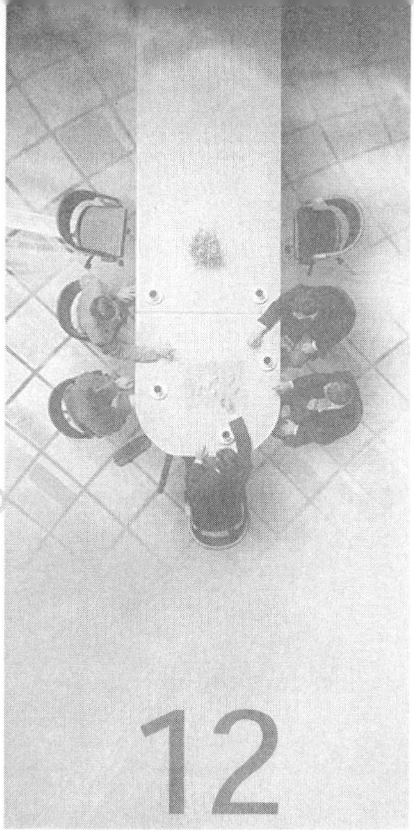

Techno Management

12 기술경영

최근의 기업이 처한 환경은 세계 일등만이 살아남을 수 있는 디지털 경쟁환경으로 과학기술 혁신 분야를 선도할 새로운 리더를 요구하고 있다. 시대가 요구하는 기술혁신 리더는 기술과 정보에 대한 기본적 이해를 갖추고 있으면서, 동시에 경제 및 사회적 환경의 변화추세를 읽어낼 수 있는 능력을 겸비하고 있어야 한다. 또한 서로 다른 관점을 가지고 복잡하게 얽혀있는 여러 이해관계를 합의로 이끌어 낼 수 있는 리더십을 갖추고 있어야 한다. 본 장에서는 이러한 기술혁신의 리더가 반드시 숙지해야 할 기술경영의 내용들에 대해 소개하고 배경이 되는 이론을 설명한다.

12.1 기술경영의 정의

기업은 기업이 가지고 있는 한정된 자원을 잘 계획하고 최적화시키고 또 효율적으로 사용하여 수익을 극대화하는 것을 목적으로 한다. 그 중에서도 기업이 보유하고 있는 대표적인 자원인 설비, 인적자원, 재고 등의 효율적 관리에 대해서는 수많은 연구가 진행되어 왔다. 그러나 기업이 가지고 있는 가장 실질적이고 경쟁력을 결정짓는 중요한 자산인 기술에 대한 계획, 효율적 관리에 대해서는 비교적 최근에 관심을 가지게 되었다. 그 이유 중 중요한 것은 과거에 비해 기술의 수명주기가 짧아지고 시장의 경쟁이 심화됨에 따라 기술요소가 기업의 생애주기 동안 끝없이 전략적으로 관리되고 계획되어야 할 요소가 되었다는 점이다. 또한 기술의 융합과 같이 관리적 측면에 의해 새로운 시장과 비즈니스 기회가 생길 수 있는 여건이 조성되었다는 점도 이유가 된다. 본 절에서는 기술경영의 연구개발관리적 측면, 기술전략적 측면, 기술혁신적 측면에서의 정의에 대해 알아본다.

12.1.1 연구개발관리 측면

연구개발관리(Research and Development(R&D) management)는 새로운 기술과 제품의 개발을 위한 모든 활동과 과정을 어떻게 효율적으로 관리할 것인가를 말한다. Miller(1999)의 정의에 의하면 4세대 연구개발관리에서는 오늘날의 첨단기술이나 미래의 신기술 아이디어는 기존의 기술과는 근본적으로 다른 불연속적 기술혁신(Technology innovation)을 통해서만 얻을 수 있고 이러한 아이디어를 고객으로부터 발굴한다는 것이 거의 불가능함을 인식하는 단계이다. 박용태(2007)는 기술경영을 Miller(1999)가 정의한 4세대 연구개발관리에 기업이 보유한 기술을 어떻게 기업경영과 전략수립에 이용하여 이윤 창출에 이용할 것인가에 관한 기술에 의한 경영(Management by technology), 기업이 개발하여 보유하고 있는 기술을 어떻게 관리하여 다음 기술의 개발에 효율적으로 사용할 수 있게 할 것인가에 관한 기술관리(Technology management)를 기술경영의 내용이라고 하였다. Chanaron과 Jolly(1999)는 연구개발관리에서는 연구개발이 기술혁신의 유일한 원천이라고 생각하고 효율적인 연구개발 자원을 관리하는 것을 목적으로 하였다. 기술혁신이 연구개발뿐 아니라 기업의 다른 비즈니스 기능(예를 들면 영업, 생산)과도 연관이 되어 있으므로 통합적 접근방법을 취하는 것을 기술경영이라고 하였다.

12.1.2 기술전략 측면

Ford(1988)는 기술전략(Technology strategy)을 '지식과 능력을 획득하기 위한 정책, 계획, 과정 그리고 기업의 이익을 위해 이러한 지식과 능력을 활용하고 관리하는 것'이라고 정의하였다. 기술전략의 내용으로 기술을 자체개발할지 외부로부터 획득할지를 결정하는 기술의 획득(Technology acquisition), 획득된 기술의 체계적 관리와 축적을 통해 새로운 기술의 창출에 이용하기 위한 기술의 관리, 그리고 기술을 판매하거나 라이센싱(Licensing)을 통해 대여하는 등의 기술의 활용(Technology exploitation)이 있다고 하였다. 기술전략의 확장된 형태를 기술경영으로 정의하는 관점이 있는데 Pieterse (2005)는 <그림 12-1>과 같이 기술전략에 기술이전(Technology transfer)을 포함하여 기술경영을 확대하여 정의하였다.

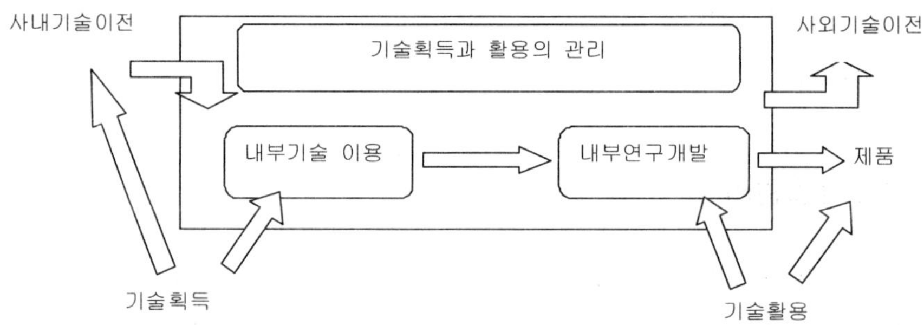

[출처: Pieterse, E.(2005) "The development of an internal technology strategy assessment framework within the services sector utilizing total quality management principles", Ph. D. dissertation, University of Pretoria, South Africa]

그림 12-1 기술경영의 내용

배종태(2007)는 기술전략, 연구개발, 기술관리 등의 영역을 포함하여 기술경영을 "기술을 효과적으로 획득, 관리, 활용하여 기술역량을 축적하고 수익창출을 극대화하기 위한 제반 경영활동"이라고 정의하였다[그림 12-2 참조]. 그리고 <그림 12-2>에서 나타난 바와 같이 기술경영의 내용과 프로세스를 제안하였는데, 먼저 기술전략 수립을 통한 기술획득 방법을 결정한 후, 자체 개발인 경우 연구개발활동을 통해 제품과 기술의 사업화를 이루고 기술을 활용한다. 만약 외부에서 기술을 도입하기로 결정되면 기술을 획득, 관리하면서 기술의 활용을 모색하거나 혹은 기술의 축적을 통해 새로운 기술의 사업화를 이루게 된다.

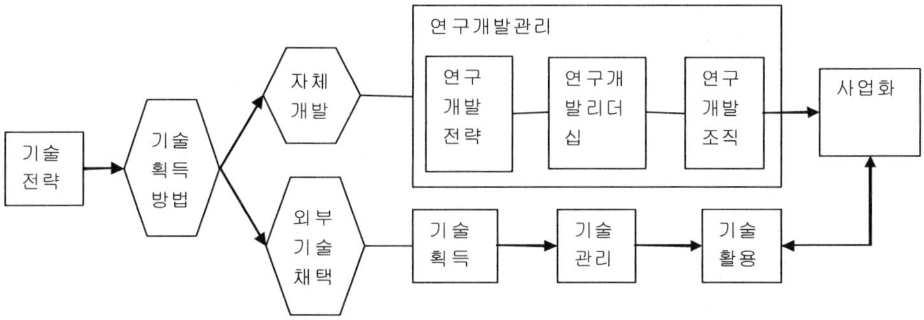

[출처: 배종태(2007), 기술경영 개요 및 R&D 전략수립, 2007년 R&D기획관리자 양성과정, 산업기술진흥협회]

그림 12-2 기술경영의 체계와 주요영역

12.1.3 기술혁신 측면

또 하나의 관점은 기술경영을 기술혁신의 경영과 같이 인식하는 것이다. 기술혁신은 문제의 해결을 위해 기술적 아이디어를 고안해내고 이를 실제로 구현시키는 것을 말한다. 이러한 기술혁신활동을 체계적으로 관리하여 기업의 이윤 창출에 기여하고자 하는 것을 기술혁신경영이라고 한다. 관련된 기술경영의 정의를 살펴보면, 먼저 미국 NRC (National Research Council, 1987)에서는 기술경영을 공학, 자연과학 및 경영학의 원리를 결합하여 기업의 전략적이고 실무적인 목표를 수립하고 달성하기 위한 기술능력을 계획, 개발, 실현하는 것에 대한 학문이라고 정의하였다. Bayraktar(1990)은 기술적인 기회와 혁신에 대한 이성적이고 체계적인 접근법이라고 정의하였고 Dankbaar(1993)은 기업에서 기술의 도입, 연구개발, 커스터마이징과 관련된 활동이라고 정의하였다. Badawy (1998)은 기술전략과 비즈니스 전략을 통합하는 활동이라고 정의하였다. 위의 정의에서 공통적인 것은 기술경영이 기술의 혁신과정을 관리하는 측면을 강조한다는 점이다.

이외에도 많은 정의가 있지만 기술경영이 신생학문이고 융합학문의 특성을 가지고 있기 때문에 강조하고자 하는 기술경영의 영역에 따라 서로 다른 정의를 인용하고 있다. 다만 배종태(2007)의 기술경영에 대한 정의에 더하여 기술혁신이론을 이론적 바탕으로 두는 것이 바람직한 기술경영의 정의가 될 것으로 생각된다. 그러므로 다음 절부터는 기술경영의 주요 내용인 연구개발관리, 기술혁신이론, 기술전략을 포함한 기술관리 등의 순으로 설명한다.

12.2 연구개발관리

기업이 기존의 비즈니스를 확장하거나 더욱 공고히 할 때, 새로운 시장에 뛰어들고자 할 때, 혹은 기업의 기술적 능력을 더욱 향상시키고자 할 때 연구개발을 시작하게 된다. 본 절에서는 연구개발의 다양한 종류와 연구개발조직의 구성 그리고 연구개발관리의 세대 등에 대해 알아본다.

12.2.1 연구개발의 종류

연구개발은 시장견인(Market pull) 연구개발과 기술주도(Technology push) 연구개발로 나눌 수 있다. 시장견인 연구개발은 시장의 수요가 새로운 제품에 대한 연구개발을 촉진하는 경우이다(Schumpeter, 1934). 시장에서 매출이 성장하고 성공을 거두고 있는 기업들이 주로 시장견인적 연구개발을 통해 기술혁신을 이루고 있다는 것이 이를 뒷받침해 주고 있다. 이 경우는 시장수요를 충족시킬 수 있는 기술과 제품을 실제로 개발할 수 있느냐가 관건이다. 반면에 기술주도 연구개발은 새로운 기술과 제품에 대한 발명이 수요와 시장을 만들어내는 경우이다(Schmookler, 1962). 주로 기초과학이 발전되어 있는 국가에서 기술혁신이 자주 일어나고 성공적인 사례가 많은 것이 이러한 견해를 뒷받침해주고 있다. 이 경우는 새로운 기술과 제품을 팔 수 있는 새로운 시장을 창조하거나 찾아내는 것이 이슈가 된다. 역사적으로 볼 때 초기에는 기술주도 연구개발의 사례가 많았고 시간이 지남에 따라 시장견인적 연구개발의 사례가 점차 증가했다. 최근에는 기술혁신이 일어나는 원인이 두 가지 이론이 복합적으로 작용하기 때문이라고 보고 있다.

12.2.2 연구개발조직

연구개발을 담당하는 조직을 어떻게 구성하는가는 연구개발의 효율적 측면에서 뿐만 아니라 연구개발 성과의 혁신성에 영향을 미친다. 연구개발조직은 크게 기능적 조직, 프로젝트 조직, 매트릭스 조직으로 구분된다. 기능적 조직은 기업의 비즈니스 기능에 의해 구성된 조직을 의미한다. 예로써 생산부서원들로 구성된 조직, 혹은 텔레비전사업부서원으로 구성된 조직 등을 들 수 있다. 기능적 조직은 혁신적 제품을 개발하기에 다양성이 부족한 인적구성을 이루게 될 가능성이 높다. 프로젝트 조직은 특정 프로젝트를 위해 조직된 특별한 조직을 의미하는데 보통 기업의 모든 부서원들이 구성원이 될 수 있다. 프로젝트 조직은 기능적 조직이 가지고 있는 특화된 기술과 지식이 없는 구성원들로 이루어지게 될 단점이 있다. 매트릭스 조직은 기능적 조직과 프로젝트 조직이 섞여있는 조직으로 두 조직이 가지는 장점을 모두 가지고 있으나 기능적 조직 부분과 프로젝트 조직 부분에 복수의 프로젝트 관리자를 둬야 하는 문제점이 있다. 이는 구성원과의 의사소통과, 책임과 권한의 명확한 구분을 어렵게 할 수 있다.

12.2.3 연구개발관리 세대

Miller(1999)는 연구개발관리를 아래와 같이 4세대로 구분하였다.

- 1세대(20세기 초부터 2차 대전): 연구개발시스템이 기업 전체의 구조 및 전략과 분리되어 독자적인 실험실 형태로 운영되던 시기를 말하며 연구중심은 과학자와 기술자, 그리고 연구비의 성격은 단순한 간접비(overhead cost)로 인식되었다.
- 2세대(2차 대전 이후부터 1970년대): 과학적이고 정량적인 방식을 통해 연구개발 프로젝트를 효율적, 경제적으로 운영하고 관리하는 프로젝트 관리(Project Management)에 집중했던 시기를 말한다. 연구개발의 경제성 분석, 프로젝트의 일정관리, 연구결과의 성과 분석 등을 위한 다양한 기법이 개발되고 활용된 시기이다. 연구개발의 영역과 주제를 수요 중심적으로 조정하고 결정하기 시작한 세대이기도 하다.
- 3세대(1980년대부터 1990년대): 연구개발조직이 더 이상 독립적인 별도 조직이 아니라 기업 전체의 일부로서 다른 경영조직과 유기적인 연계를 맺어야 하며 연구개발 전략도 상위의 기업전략을 뒷받침하는 방향과 기준으로 수립되어야 함을 인식한 세대이다. 신제품의 원천은 시장에 있다는 인식하에 내부의 연구부문이나 생산부문이 아니라 마케팅 부문 내지 외부의 공급자, 구매자, 고객 등으로부터 새로운 아이디어나 기술정보를 수집하고 분석하기 시작하였다.
- 4세대(1990년대부터 현재): 오늘날의 첨단기술이나 미래의 신기술 아이디어는 기존의 기술과는 근본적으로 다른 불연속적 기술혁신을 통해서만 얻을 수 있고 이러한 아이디어를 고객으로부터 발굴한다는 것이 거의 불가능함을 인식하였다. 4세대는 획기적 아이디어를 과학적인 방법으로 찾고 타당성을 검증하기 위해 자료와 정보를 가공하고 분석하여 지식으로 전환하는 방법을 연구하기 시작한 세대이다.

12.3 기술혁신

문제를 해결하기 위해 아이디어를 고안해 내는 것을 발명이라 하고, 이러한 발명을 실제로 사용이 가능하도록 구현하는 것을 우리는 혁신이라고 한다. 이러한 혁신을 확산시키고 이를 활용하는 것을 기술혁신경영이라고 한다. 본 절에서는 기술혁신의 기본적인 이론에 대해 소개한다.

12.3.1 기술혁신 단계

Utterback과 Abernathy(1975)는 기술혁신이 일어나는 단계를 설명하기 위해 기술혁신주기(Technology innovation cycle) 모형을 제안하였는데 이는 제품혁신주기(Product innovation cycle) 모형과 공정혁신주기(Process innovation cycle) 모형이 결합된 것이다. <그림 12-3>에 나타난 바와 같이 x축은 시간의 흐름을 나타내고 y축은 혁신의 빈도를 나타낸다. 기술혁신 주기는 크게 유동기(fluid stage), 과도기(transition stage), 고정기(specific stage)로 구분하는데 아래와 같은 특성을 나타낸다.

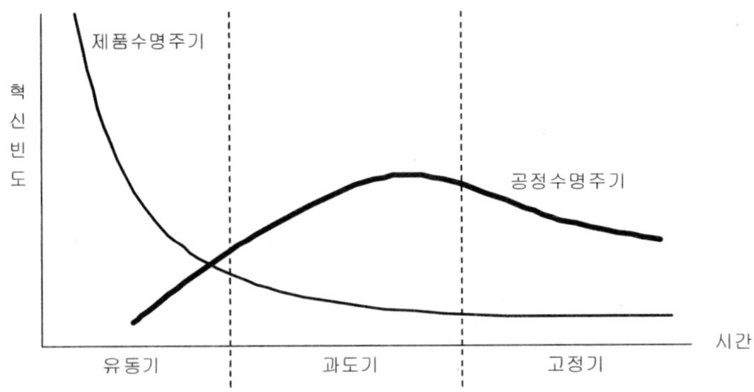

[출처: Utterback etal(1975).,A dynamic model of process and product innovation. Omega, 3, pp.639-656]

그림 12-3 기술혁신의 단계

- **유동기**: 제품개발 초기 단계이므로 제품의 사양이 안정되지 못하여 기술혁신의 대부분은 프로토타입을 만들기 위한 제품혁신이 차지하고 공정혁신은 미미한 수준인 단계이다.
- **과도기**: 유동기를 거치면서 다양한 프로토타입 중에서 지배적 제품이 출현함과 동시

에 제품에 대한 혁신은 점차 줄어들게 되고 대신 생산프로세스 개선에 의한 대량생산능력 확대를 위한 공정혁신이 활발하게 진행되는 단계로 접어든다.

- 고정기: 제품이 성숙기에 들어 제품혁신은 거의 일어나지 않고 생산프로세스도 안정화되어있어 공정에 대한 혁신의 빈도도 줄어드는 단계이다. 다만 비용절감이나 품질향상, 생산효율성 제고를 위한 부분적인 공정혁신만 일어나게 된다.

12.3.2 기술혁신 이론

<그림 12-4>에 나타난 바와 같이 Christensen과 Michael(2003)은 기술혁신을 존속형혁신(Sustainable innovation)과 와해형혁신(Disruptive innovation)로 구분하였다. 존속형혁신은 기존의 잘 구축되어 있는 시장에서 제품성능을 개선을 통해 고성능을 원하는 고객을 만족시키기 위한 기술혁신을 말한다. 반면에 와해형혁신은 초기에는 존속형혁신 제품보다 성능이 떨어지나 저가브랜드를 원하는 고객을 만족시키기 위한 기술혁신을 말한다. 일반적으로 와해형혁신에 의한 제품은 더 작고 싸며 단순한 구조를 가진다. 기존의 고성능 제품을 만들어 오던 기업은 대부분 보다 좋은 성능을 제품을 원하는 고객을 만족시키기 위한 존속형혁신에 매달리게 된다. 왜냐하면 존속형혁신 전략이 시장과 고객에 대한 불확실성을 낮춰서 기업의 생존가능성을 높여주기 때문이다. 그래서 와해형혁신 제품이 시장에서 수익성을 확보하고 안정화되기 전에는 사업에 뛰어들 수가 없게 된다. 그러나 그때는 이미 와해형혁신을 추구한 기업에 뒤쳐지게 된다. Christensen은 이것을 Innovator's Dilemma라고 하였다. 예를 들어 데스크탑 컴퓨터 시장에서 성공한 대기업들은 대부분 더욱 빠르고 기억용량이 큰 데스크탑의 개발에 노력을 기울인다. 그때 노트북을 개발해서 컴퓨터 시장에 뛰어든 업체는 노트북의 성능이 데스크탑보다 좋을 수 없으므로 초기에 어려움을 겪게 된다. 그러나 시간이 지남에 따라 데스크탑보다 작고 휴대하기 편하고 가격도 저렴한 노트북에 대한 수요가 증가하게 되고 데스크탑 개발에만 전념한 기업은 사업에 실패하게 된다.

Christensen은 Innovator's Dilemma를 극복하기 위해서는 존속형혁신의 과정 중에 와해형혁신을 위한 시간과 여유를 주고, 실패에 대한 위험을 안은 채 와해형혁신에 끊임없이 투자해야 한다고 하였다.

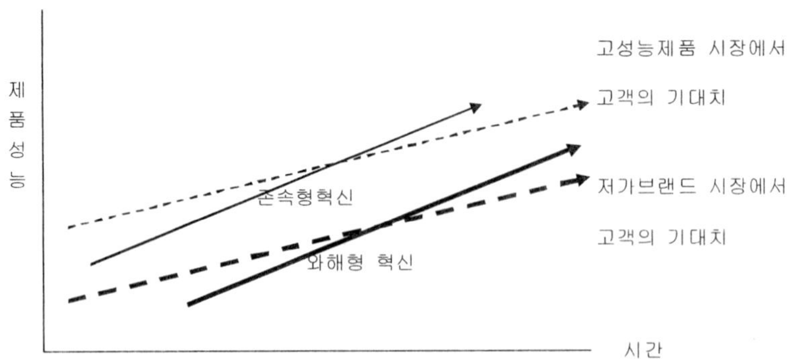

[출처: Christensen, C. etal(2003) "The Innovator's Solution: Creating and sustaining successful growth", Harvard Business School Press, Boston]

그림 12-4 와해형혁신 이론

12.4 기술관리

본 절에서는 기술경영의 협의의 정의에 해당하는 기술관리에 대해 설명하고 아래와 같은 기술관리의 내용에 대해 알아본다.

- 기술예측과 평가
- 기술계획과 전략
- 기술개발과 획득
- 기술이전
- 기술확산

12.4.1 기술예측과 평가

Bright(1968)는 기술예측을 시스템적 분석이나 로직에 의해 미래기술의 속성, 형태, 특성값, 출현시기의 정량화된 관계를 밝혀내어 주관적인 견해가 아닌 확률적으로 예측하는 것이라고 정의하였다. 기술예측은 기업의 가장 중요한 관리기능 중의 하나로 사업의 확장이나 신사업, 혹은 시장에서의 경쟁력 향상을 위한 중요한 입력자료로서 사용된다.

(1) 기술예측

기술예측의 방법으로는 먼저 전문가들의 지식과 경험에 의존하여 예측하는 방법이 있을 수 있다. 예를 들면 델파이 방법이 있는데 아래와 같은 방식으로 진행이 된다.

- 1단계: 전문가에게 특정한 기술의 출현 가능성 혹은 출현 시기에 관한 설문지를 발송하고 결과를 통계분석해서 전문가들 간 의견의 분산이 작으면 예측을 종료하고 그렇지 않으면 2단계로 진행한다.
- 2단계: 전문가에게 1라운드의 결과를 알려주고 다시 예측하게 한다. 만약 어느 전문가가 1단계에서 제시한 예측값이 평균과 큰 차이가 있고 2단계에서도 같은 예측치를 제시하는 경우 근거를 제시하도록 유도한다. 의견에 대한 분산이 충분히 신뢰할 수준으로 줄어들면 종료, 그렇지 않으면 2단계를 반복한다.

델파이 방법은 전문가들의 의견을 반영하여 기술을 예측할 수 있는 장점이 있지만 의견이 수렴되지 않아 단계가 반복될수록 비용이 증가하는 단점이 있고 이해집단의 의도가 개입될 가능성도 있다.

데이터에 대한 통계적, 수학적 분석에 의해 기술을 예측할 수도 있다. 예측대상 기술의 변화추세를 알 수 있는 통계자료가 존재한다면 기술의 추세에 대한 회귀분석과 같은 통계적 분석을 통해 '현재 이 기술은 기술수명주기의 어느 단계에 진입했으며 앞으로 어떤 양상과 속도를 거쳐 한계수준까지 발전해 나갈 것이다'라는 식의 예측이 가능하다. <그림 12-5>는 기술의 성장을 수학적 분석으로 예측하기 위한 S-curve모형을 나타내고 있다. 기술이 도입기에 있을 때는 수요가 적고 기술성장이 더디게 진행되다 성장기를 거치며 기술의 성능이 급속히 발전하다 성숙기에 접어들면 기술적 한계에 부딪

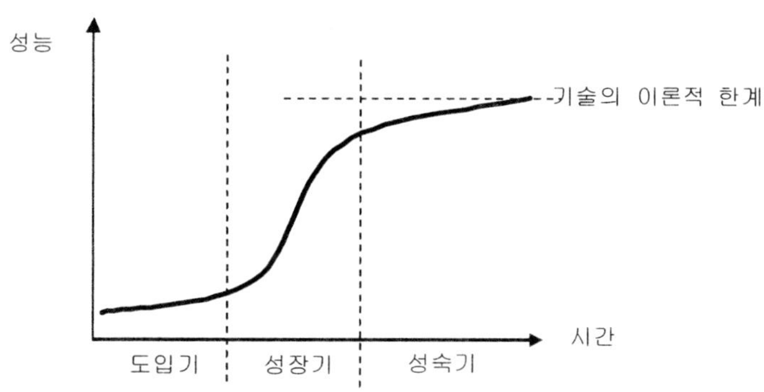

그림 12-5 기술의 S-curve 성장모형

혀 정체기를 맞게 된다. S-curve를 정의하는 함수의 모수를 조정함으로써 다양한 형태의 성장곡선을 만들어 낼 수 있는 장점이 있지만 x축의 시간요소 외에도 다양한 기술의 입력요소(예를 들면, 연구개발 투자규모, 연구인력 규모)가 존재할 수 있고 마찬가지로 기술의 성능도 하나 이상의 다차원적 요소를 가질 수 있는 것을 표현하기 어려운 단점이 있다.

혹은 시나리오 분석과 같이 발생 가능한 미래의 여러 가지 시나리오를 구성하고 시나리오별로 기술을 예측 하는 것도 하나의 방법이 된다. 예를 들면 유가가 100달러가 되고 탄소배출 세금이 톤당 10달러가 될 때 등장 가능한 친환경 자동차가 무엇이 될 것인가를 분석하는 것이 그 예가 될것이다. 그러나 예에서처럼 친환경 자동차의 등장에 영향을 미치는 요소가 많을 경우 발생 가능한 시나리오가 기하급수적으로 늘어나게 되고 분석에 시간이 오래 걸릴 수 있는 단점이 있다.

(2) 기술평가

기술예측이 끝나면 해당 기술의 가치를 평가해야 하는데 Gordon 외(1994)는 기술평가란 무형의 기술을 대상으로 그 기술의 기술성, 사업성, 시장성을 검토하여, 기술을 금액, 등급, 점수, 의견 등으로 표시하는 평가활동으로 정의하였다. 일반적으로 기술평가라 함은 기술을 사고 팔 때, 즉 기술을 거래할 때에 기술가치에 대한 평가와 기술이 사회적으로 미치는 파급효과에 대한 정성적, 정량적 평가를 포함하게 된다. 기술의 파급효과에 대한 평가는 본 서의 범위를 벗어나므로 기술평가를 기술가치의 평가로 한정하여 논하고자 한다.

기술가치 평가에 사용되는 방법으로는 비용접근법, 시장사례접근법, 손익접근법 등이 있다. 비용접근법은 기술의 개발에 소요된 연구개발비용에 근거하여 기술의 가치를 계산하는 방법이다. 이 방식에 따르면 기술개발에 소요된 물적, 인적자원의 가치를 합산하여 이 가치를 현재가치로 환산하는 방법이다. 방법이 명확하고 단순한 장점이 있으나 이 기술이 향후 창출하게 될 미래의 수익에 대한 고려를 하지 않는 단점이 있다. 원천기술과 기초연구와 같이 시장이 형성되지 않은 기술과 연구에 대한 가치를 평가할 때 사용 가능하다.

시장사례접근법은 과거에 시장에서 거래된 유사한 기술의 가치를 근거로 해서 해당 기술의 가치를 추정하는 방법이다. 과거에 유사한 기술의 거래실적이 있는 경우는 기술의 가치에 대한 설득력이 높으나 거래실적이 없는 경우 논란의 여지가 많은 방법이다. 손익접근법은 기술이 상품화되었을 때의 예상매출과 예상비용을 고려하여 예상순

수익을 계산하여 이를 현재가치로 환산하여 기술의 기여도를 곱하고 이를 기술의 가치로 정하는 방법이다. 기술의 기여도는 보통 20~30%를 많이 사용한다. 비용접근법과 시장사례접근법의 단점을 극복한 방법이지만 미래에 발생할 매출과 비용을 추정한다는 것에 대한 신뢰성 문제가 제기될 수 있다.

12.4.2 기술계획과 전략

기술계획은 기술예측의 결과를 토대로 기술의 구현에 필요한 기술활동을 도출하고 그 활동들이 수행되어야 할 순서나 시점을 결정하는 작업이다.

(1) 기술계획방법

기술을 계획하는 하나의 방법으로 기술로드맵(Technology Road Map; TRM)을 들 수 있는데 80년대 후반에 모토로라에서 개발된 후 90년대 초반부터 활용범위가 확대되어 현재는 거의 모든 산업분야에 확산되고 있다. 기술로드맵은 다양한 유형이 존재하는데 민간기업에서 가장 폭넓게 활용되는 제품기술의 기술로드맵의 내용을 살펴보자.

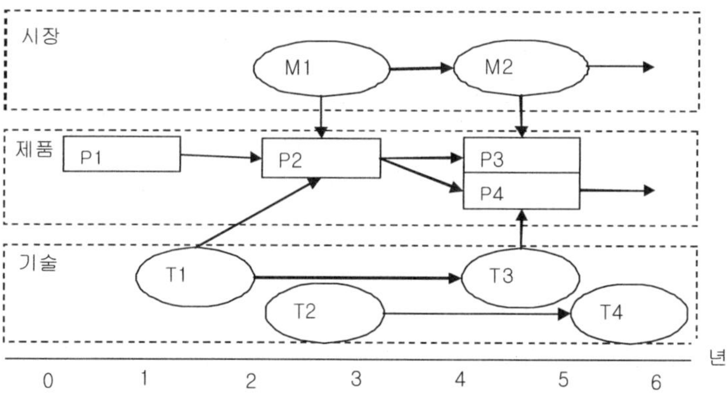

[출처: 박용태(2007), 차세대 기술혁신을 위한 기술지식경영, 생능출판사]

그림 12-6 제품기술 기술로드맵의 형태

<그림 12-6>은 제품기술 기술로드맵의 일반적인 형태를 나타낸다. 가로축은 시간, 세로축은 시장, 제품, 기술의 세 가지 계층으로 나뉜다. 그림에 따르면 현재로부터 2~3년 후에 M1이라는 새로운 시장이 형성되고 4~5년 후에 M2라는 새로운 시장으로 이동할 것을 예측하고 있다. 이에 따라 제품은 P1에서 P2로 새로운 제품이 출시되어 M1 시장의 고객 니즈를 만족시키게 된다. 이를 위해서는 1~2년 후에 T1이라는 기술의 개

발이 반드시 필요함을 보여준다. 그리고 T1기술은 진보하여 T3라는 새로운 기술을 실현하게 된다. 이러한 과정을 거치면 목표시장, 출시예정 제품, 필요기술, 그리고 최종적으로 필요기술을 개발하기 위한 연구개발 일정 등이 계층적으로 계획되게 된다. 이와 같이 기술개발로드맵은 미래의 목표기술을 정한 뒤 이를 달성하기 위한 단계별 이정표를 제시하는 역할을 한다.

(2) 연구개발투자

기술계획 과정에서 또 다른 중요한 이슈로는 연구개발투자에 관한 계획이 있다. 연구개발의 성격에 따라 민간의 투자에만 의존하는 경우가 있고 공익적 성격, 즉 국가의 미래 성장동력과 관련된 기술과 제품의 연구개발인 경우 정부의 투자 지원이 있기도 한다. 이원희와 김현한(2009)에 의하면 기업이 신기술을 개발하는 데 있어 개발 결과물이 무용화되고 시장창출에 실패하는 경우를 '기술적 위험'이라고 하는데 기술적 위험은 산업수명주기에 따라 결정된다. 개별 기업의 연구개발 역량 부족 등 내부적 요인으로 인한 위험을 '역량 위험'이라고 하는데 역량 위험은 민간기업의 역량에 따라 결정된다. 아래의 표는 산업수명주기와 민간역량에 따른 정부 연구개발투자의 역할을 네 가지 유형으로 나눠서 나타낸 것이다.

표 12-1 산업수명주기와 민간역량에 따른 정부의 역할

산업수명주기		민간역량: 낮음	민간역량: 높음
산업수명주기	성숙	<유형 1> 기술 위험도 低 역량 위험도 高 **→ 기술 공급자**	<유형 2> 기술 위험도 低 역량 위험도 低 **→ 기술 협력자**
산업수명주기	초기	<유형 4> 기술 위험도 高 역량 위험도 高 **→ 기술 공급자, 시장 조성자**	<유형 3> 기술 위험도 高 역량 위험도 低 **→ 시장 조성자**
		낮음	높음
		민간역량	

출처: 이원희 , 김현한(2009), 신성장동력 육성의 비결, 정부 R&D, 삼성경제연구소

- 유형 1: 기술변화의 속도가 느리고 기존 시장이 존재하므로 'Catch-up' 전략이 유효하며, 민간역량이 부족하여 정부주도의 기술공급이 필요한 산업이다. 예로 초기의 조선산업을 들 수 있는데 당시 세계적으로 조선산업은 성숙기였음에도 불구하고 국

내의 조선산업의 민간역량은 초기 수준이었지만, 정부의 집중적인 기술개발에 대한 투자로 기술공급자의 역할을 수행함으로써 우리나라 조선산업 초기에 큰 성장을 거둘 수 있었다.

- 유형 2: 해당 산업의 민간역량이 높으나 시장이 포화 상태로, 지속적인 경쟁우위를 확보하기 위해서는 민간과 정부가 협력하여 차세대 기술개발에 주력하는 것이 필요한 분야이다. 이에 해당하는 예가 최근의 조선산업이다. 국내의 조선산업은 2000년대 이후 글로벌 리더의 위치를 확고히 하고 있고 민간기업의 역량확대와 더불어 정부도 선행기술에 대한 협력을 확대하고 있다.

- 유형 3: 신기술을 기반으로 신시장을 창출하는 경우로, 민간의 역량이 높아 기술개발은 민간이 주도하고 정부는 시장확대를 위한 기반 조성을 하는 산업이다. 국내 휴대 인터넷 산업을 보면 원천기술과 상용화 기술 등 기술개발은 민간기업이 주도하고, 정부가 국제표준정책과 주파수 정책으로 기업 간 경쟁을 유도함으로써 시장조성자의 역할을 하여 국내기업의 경쟁력이 급성장할 수 있었다.

- 유형 4: 기술·시장 불확실성이 높을 뿐 아니라 민간이 기술개발 및 시장창출역량이 부족하기 때문에 정부주도의 기술공급과 동시에 시장창출의 노력이 필요하다. 이에 해당하는 산업은 바이오산업을 들 수 있는데 정부주도의 기초연구개발에 대한 기술지원과 초기 시장에서의 시장조성자의 역할을 동시에 수행해야 하는 산업이다.

위에서 설명한 것과 같이 유형별로 정부의 역할이 다르고 또 유형별로 정부가 연구개발에 일부를 다르게 투자할 수 있다. 이 경우 정부와 민간의 투자를 어떻게 효율적으로 할 것인가가 중요한 이슈가 된다. 정부가 산업수명주기 상 초기에 연구개발에 투자하게 되면 사업의 불확실성 때문에 꺼려하는 민간의 참여를 이끌 수 있게 되는데 언제까지 투자를 지속해야 하고 또 민간과의 투자를 어떻게 배분하는 것이 합리적인지에 대한 연구의 필요성이 있다.

(3) 기술전략

기업의 경쟁전략이란 고객의 욕구를 충족시키기 위한 제품과 서비스에 대한 기업의 전략(예: 시장점유율 극대화)을 말한다. 이 예에서는 기업 내 비즈니스 기능조직들의 기능적 전략은 기업의 수익 극대화를 지원하는 방향으로 설정되어야 한다. 예를 들어 기업의 경쟁전략이 다품종 소량생산이라고 하면 연구개발부서의 제품개발 전략은 부품 호환성 향상이 되어야 기업의 경쟁전략과 부합된다. 이렇게 경쟁전략과 기능적 전략사이의 목적이 일치됨을 전략적 적합(Strategic fit)이라고 한다(Chopra and Meindl, 2006). 마찬가지로 기술전략 역시 전략적 적합을 이루어야 한다.

Burgelman 외(2001)는 기술전략에 영향을 미치는 4가지 요소로 산업특성, 기술진보의 특성, 조직특성, 전략적 방향을 들었다.

- 산업특성: 기술전략을 수립할 때 산업의 표준, 산업의 구조 등 산업의 특성을 고려한 전략이 필요하다. Porter(1988)는 산업의 구조를 결정짓는 5가지의 힘으로 공급자의 교섭력, 진입장벽, 고객 교섭력, 대체품의 존재 여부, 시장 내 경쟁을 들었다. 이에 대한 내용을 살펴보면, 먼저 희소 원자재를 필요로 하는 산업의 경우 공급자의 교섭력이 강하고, 하나의 고객에 여러 곳의 공급자가 존재하는 산업의 경우 고객의 교섭력이 높아진다. 시장의 진입장벽이 높을수록 시장에 이미 진입한 기업은 높은 수익을 거둘 수 있다. 대체품의 가격이 인하되면 고객들이 시장에서 이탈하여 수요가 줄어들게 되므로 대체품이 존재하는 산업에서는 가격인상에 제한을 받는다. 시장의 성장이 느리고 진입 기업이 많은 산업일수록 시장 내 경쟁이 치열하다. 산업의 표준이 확립되기 이전 단계인지 이후 단계인지, 혹은 산업의 표준이 빨리 바뀌는 산업인지 아닌지에 따라 산업의 특성이 달라진다.

- 기술진보의 특성: 앞에서 설명한 다양한 기술예측 기법을 이용하여 기술의 성장곡선이나 제품/프로세스 기술 간의 관계, 신기술의 파급효과 등 기술의 진보 특성을 파악하고 이를 기술전략 수립에 반영한다.

- 조직특성: 기술전략이 조직문화와 맞지 않거나 조직의 역량을 벗어나지는 않는지 조직특성을 고려해서 수립되어야 한다. 창조적 조직문화를 가지는 조직에서는 급진적인 기술을 채택하는 데 어려움이 없을 것이고 보수적인 성향의 조직에서는 급진적 기술보다 점진적인 변화를 가져오는 기술의 채택이 적합할 것이다.

- 전략적 방향: 마지막으로 기업은 현재의 전략적 방향에 최적화된 모습으로 운영되고 있기 때문에 기술전략의 변화나 도입이 기업의 현재 효율성을 저하시킬 가능성이

있으므로 기술전략이 어떤 영향을 미칠 것인지도 고려해야 한다. 이는 위에서 설명한 전략적 적합과도 관계가 있다.

12.4.3 기술개발과 획득

기술개발은 기업의 연구개발 노력을 시장에 판매할 수 있는 제품, 프로세스, 서비스로 전환하는 과정을 말한다.

(1) 기술개발 방법

		기능특성 O 강한상관관계, □ 보통상관관계 X 약한상관관계					고객만족(척도 1~5(최고))			
		연필길이(인치)	연필깎기 시간간격(필기 라인수)	흑연가루(라인 당 입자수)	육각형정도(%)	중요도(척도 1~5(최고))	당사현황	경쟁사 X	경쟁사 Y	당사목표
고객요구사항	잡기편함	□			□	3	4	3	3	4
	번지지 않음		□	O		4	5	4	5	5
	적은 마모	X	O	□		5	4	5	3	5
	구르지않음	X			O	2	3	3	3	4
벤치마크	당사현황	5	56	10	70		당사현황	경쟁사 X	경쟁사 Y	당사목표
	경쟁사 X	5	84	12	80					
	경쟁사 Y	4	41	10	60					
	당사목표	5.5	100	6	80					
						시장가	$15	$18	$14	$16
						점유율	6%	12%	32%	20%
						수익	$2	$3	$2	$4

그림 12-7 QFD의 예(Business review, 1991년 9월 21일)

기술개발의 방법론 중에 하나인 QFD(Quality Function Deployment)는 고객의 요구사항을 제품이나 서비스 개발의 각 단계에서 요구되는 기술적 기능으로 전환시켜 제품개발이나 품질개선에 유용한 정보를 도출하는 체계적인 방법이다. QFD를 수행하는 데 있어서 가장 기본이 되는 작업은 품질의 집(House of Quality)을 작성하는 일이다. 품질의 집은 고객의 요구조건이 무엇이며 고객의 요구조건에 대한 자사와 경쟁사의 기술능력과 수준이 어떠하며 경쟁우위를 확보하기 위한 목표 수준은 어느 정도인지, 이러한 요구조건을 만족시키기 위해 검토해야 할 요소들은 무엇인지를 체계적으로 분석하고 도출하기 위해 만드는 일종의 매트릭스이다.

<그림 12-7>에 나타난 예에서는 연필개발을 위한 QFD를 볼 수 있는데 고객의 요구조건은 연필이 잡기 편하고, 번지지 않고 적게 마모되며 구르지 않아야 한다는 것이다. 각 요구조건의 중요도는 5점 척도로 표시되어 있는데 이에 대한 당사제품과 경쟁사 X, Y제품 그리고 당사의 목표치에 대한 기술수준이 고객만족도로 표현되어있다. 고객의 요구조건을 만족시키기 위해 검토해야 할 요소로 연필의 길이, 연필을 다시 깎기까지 걸린 시간, 필기 시 발생하는 연필가루의 양, 육각형의 정도 등인 것으로 파악되었다. 고객요구사항과 기능특성 간의 상관관계가 O, X, □로 나타나 있으므로 어떤 기능을 구현해야 고객만족도가 높아질지를 분석할 수 있다. 마지막으로 제품의 시장가격과 현재의 시장점유율, 수익에 대한 자료가 나타나 있다.

(2) 기술획득의 방법

기술획득은 기업이 기술의 수명주기 동안 기술개발을 위해 수행하는 내부적 혁신 프로세스를 보완하는 역할을 한다. 즉 외부에서 기술을 획득함으로써 기업은 기술수명주기의 초기단계에서 성숙단계까지 가는 힘든 과정에서 살아남기 위한 수고를 덜 수 있다. 기술획득은 내부적인 연구개발을 통해 자체 개발하는가 혹은 외부로부터 도입하는가로 크게 구분된다. 먼저 수익과 비용 측면에서 자체개발 혹은 외부도입이 좋은지 단기적, 장기적 관점에서 분석해야 한다. 다음으로 정성적인 측면에서 기술이 가지는 전략적 중요성 때문에 비용과 상관없이 자체개발해야 하는지 판단해야 한다. 자체개발은 내부기술이 상대적으로 우위에 있을 때 효과적이다. 외부도입을 선택하게 되는 경우는 해당 기술이 기업의 핵심역량과 다른 기술인 경우 혹은 연구개발에 대형투자가 필요한 경우이다. 최근의 기술이 여러 기술의 융복합화가 이루어지는 경향에서는 한 기업이 모든 기술을 보유하기 어렵고 또 기술시장이 활성화되고 있어서 필요한 기술에 손쉽게 접근할 수 있는 환경이 조성되어 있다.

외부로부터의 기술획득방법으로는 기술구매, 라이센싱, 공동연구등이 있다. 라이센싱(Licensing)은 저작권, Know-how, 상표와 같은 지적재산을 대가를 받고 일정기간 사용할 수 있는 권한을 부여하는 것을 말한다. 내부기술이 취약하고 상용화 단계인 기술인 경우 직접구매를 통해 획득하는 것이 바람직하다. 내부기술 역량이 높지 않은 개발 단계의 기술인 경우는 상용화에 불확실성이 있으므로 일정기간 라이센싱의 형태로 도입하는 것이 바람직하다. 내부기술 역량이 매우 취약한 개발단계의 경우 공동연구를 통해 기술을 축적하는 것이 바람직하다. <표 12-2>에 이러한 내용이 정리되어 있다.

표 12-2 기술유형과 기술역량을 고려한 기술획득방법

기술유형	기업 내부 기술 역량		
	높음	보통	낮음
상용화 기술	자체개발	기술구매	기술구매
미래 기반 기술	자체개발	라이센싱	공동연구

획득된 기술을 활용하기 위해서는 기업 내부적으로 기술을 이해하고 발전시키기 위한 학습과정이 필요하며 이러한 학습을 거쳐 내부적으로 기술이 확산되게 된다. <그림 12-8>에 나타난 바와 같이 단기적으로 외부에서 기술을 획득한 경우 초기의 기업내부에서의 확산 정도는 자체개발보다 높지만 시간이 지날수록 자체개발보다 낮아지게 된다. 반면에 자체개발의 경우 초기에 많은 시행착오를 겪고 기술의 이해가 낮지만 안정화 단계에 도달하게 되면 축적된 기술지식이 지수적으로 높아지면서 빠르게 기술이 확산된다.

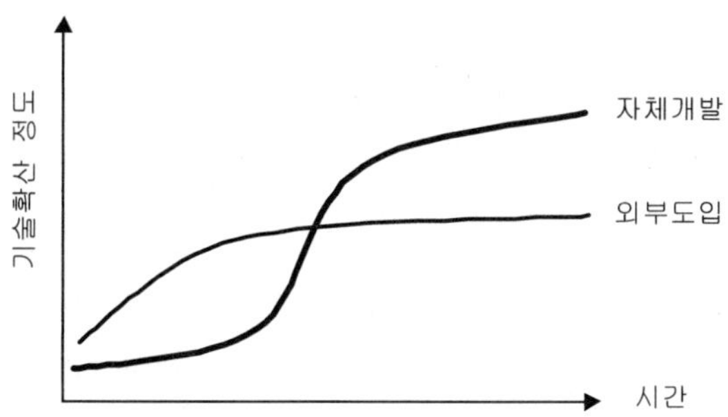

그림 12-8 기술획득방식과 기술확산

12.4.4 기술이전

기술이전은 앞에서 설명한 기술획득의 과정에서 일어나는 현상이지만 기술도입자의 입장뿐 아니라 기술제공자의 입장에서 발생하는 기술판매와 기술도입자의 기술활용까지 포함하는 기술이전 시스템의 개념에서 이해하는 것이 필요하다.

Gougeon과 Gupta(1997)는 기술이전시스템이 기술제공자와 기술도입자, 이전되는 기술, 기술이전 메커니즘, 기술제공자와 기술도입자의 환경 그리고 일반적인 환경으로 구성되어 있다고 하였다.

(1) 이전기술

이전기술은 기술지식의 깊이에 따라 단편적 지식의 공유에서부터 심오한 기업의 노하우까지 다양하다. 가장 낮은 단계의 기술이전은 Show-how이다. 이 단계에서는 주로 기술수준이 낮은 하청업체에게 낮은 수준의 기술을 이전하는 것을 의미한다. Know-how 단계에서는 기술의 결과와 공식 등을 제공하고 완벽한 기술적 도움을 준다. Know-why 단계에서는 현재 진행 중인 연구에 같이 참여하게 하고 개발중인 기술의 개념과 공식을 공유한다. Know-everything 단계에서는 핵심기술이 전수되고 기술이전의 결과가 부메랑이 되어 돌아올 확률이 높아진다.

(2) 기술이전 메커니즘

기술이전은 기술이전의 주체에 의해 수평적 기술이전과 수직적 기술이전으로 구분한다. 수평적 기술이전은 서로 다른 국적을 가지는 하나의 기업에서 다른 기업으로의 이전을 말한다. 수직적 기술이전은 하나의 연구개발조직에서 기업으로의 이전을 말한다. 수평적 기술이전의 경우 선진국에서 개발도상국으로의 기술이전이 일반적이나 두 국가 간의 기술격차가 심하게 되면 선진국 간의 기술이전이 더 활발하게 된다. 수직적 기술이전은 주로 국내에서 이뤄지고 기업 내 연구개발조직에서 생산조직으로의 기술이전과 같은 것을 말한다. 주로 신기술일 경우가 많고 때때로 상업화를 위해 별도의 노력을 기울여야 한다.

기술이전의 절차에 따라 기술이전을 구분하면 기술제공자와 기술도입자 간에 명시적인 계약을 하는 공식적 기술이전이 있고 거래나 계약이 없이 기술도입자의 노력으로 기술이 이전되는 경우가 있다. 공식적 기술이전의 경우, 턴키계약, 라이센스계약, 공동연구, 기술지도 등이 있고 비공식적 기술이전의 경우는 기존 제품을 모방해서 개발하거나 논문, 잡지, 학술회의 등을 통해 기술을 습득하여 기술이 이전되는 것을 말한다.

(3) 기술제공자와 기술도입자의 환경

기술제공자와 기술도입자는 서로 다른 이유에서 기술이전을 하게 된다. 기술제공자는 기술의 판매를 통한 이익이 더 크다고 판단되거나 기업의 사업전략에 맞지 않거나 사업화가 힘들다고 판단되는 경우 기술이전을 하게 된다. 기술도입자의 경우의 핵심자원으로 기술확보의 필요성이 있을 경우, 혹은 연구개발비용보다 이전비용이 더 싸다고 판단되는 경우에 기술이전을 하게 된다.

기술이전 시 기술제공자는 자신이 제공하는 기술이 외부로 유출되어 권리가 침해받을까 걱정하고 기술도입자는 도입된 기술이 얼마나 효과적일지 의심을 하게 된다. 또한 기술도입자의 경우 초기에는 외부의 기술을 받아들이는 데 저항감을 가지게 되므로 이를 극복하는 것이 중요하고 도입되는 기술에 대한 기술적 이해 능력이 부족하다면 기술의 도입효과가 떨어지게 되므로 이는 다시 기술도입에 대한 저항감으로 이어질 수 있다.

(4) 기술이전의 단계

Bar-Zakay(1977)는 기술이전의 4단계를 다음과 같이 제안하였다.

- **탐색단계:** 기술이전의 기회를 인지하고 기술의 가격, 잠재적 고객과 기술이전 파트너를 탐색한다. 기술제공자의 경우는 기술도입자의 기술이전에 대한 의도를 파악하고 기술도입자의 경우는 기술제공자의 기술적 능력에 대해 탐색한다.

- **적응단계:** 기술이전에 따르는 비용과 효과를 분석하고 기술이전 프로젝트를 추진하는 단계로 프로젝트의 위험을 관리하고 기업문화의 차이에서 오는 갈등을 조정해야 한다.

- **실행단계:** 이전된 기술을 기술도입자의 세부적인 상황에 맞게 기술을 조정하고 교육과 훈련을 포함한 기술적 지원을 하는 단계이다.

- **유지단계:** 기술의 운영상에서 발생하는 문제점을 해결하고 개선점을 파악하고 개선하는 단계이다. 또한 기술이전으로 발생한 효과를 분석하고 기술이전 후 기술도입자의 기술능력 향상을 점검하고 기술확산 정도를 점검한다.

12.4.5 기술확산

기술창출을 통해서 개발된 기술의 효과를 극대화하기 위해서 기술을 폭넓게 확산시키고 새로운 기술의 개발을 유도하는 활동이 필요하다. OECD(1996)에 의하면 기술확산(Technology diffusion)은 일차적인 기술혁신이 외부의 기업이나 조직 등 다양한 사용자들에 의해 채택됨으로써 기술혁신이 지니는 잠재적 경제효과를 사회 전체적으로 극대화시키는 활동과 과정이라고 정의하고 있다.

(1) 기술확산 요인

기술확산은 기술이 한 영역에서 다른 영역으로 이동하는 속도 및 범위와 더불어 이동의 양상까지를 포괄하는 동적인 개념이다. 이러한 기술확산의 크기와 속도는 다양한 내부 요인 및 환경적 요인에 의해 결정되는데, 그 중에서 핵심적인 요인들로는 기술자체의 요인, 커뮤니케이션 채널의 요인, 기술채택자의 요인, 사회체계의 요인 등이 있다(박용태, 2007).

- **기술 자체의 요인**: 기술의 속성이나 기능의 차이에 의해 기술확산의 크기와 속도, 양상이 결정될 수 있다. 일반적으로 소프트웨어 기술은 기술을 관찰하고 인식하기가 어려운 속성에 의해 하드웨어 기술보다 기술확산의 속도가 느리다.

- **커뮤니케이션 채널 요인**: 커뮤니케이션 채널은 기술에 관한 정보를 한 개인이 다른 개인에게 전해주는 수단을 의미하며 기술확산의 양상을 결정하는 핵심적인 요인이다. 커뮤니케이션 채널은 텔레비전, 신문과 같은 매스미디어 채널과 개인들 간의 의사교환의 채널이 되는 대인 채널로 구분한다. 기술확산의 대상이 되는 기술의 성격에 따라 적정한 커뮤니케이션 채널을 선택하는 것이 중요한 이슈가 된다.

- **기술채택자 요인**: 새로운 기술을 채택하는 사람들이 얼마나 혁신적 성향을 가지느냐에 따라 기술확산의 속도와 양상에 영향을 미친다. 혁신가는 기술이 현재 확산되어 있는 상태와 무관하게 자신의 의지로 기술을 채택하게 되지만 모방가는 현재 기술을 채택하고 있는 사람이 많으면 구매할 확률이 높아지는 기술채택자를 의미한다. 이는 뒤에서 설명하게 될 Bass의 기술확산 모형에 기술채택 확률로서 포함되게 된다.

- **사회체계 요인**: 한 개인이나 조직이 기술을 채택하는데 관련된 공식적인 제도나 물리적 장치가 어떻게 구성되어 있느냐에 따라 기술확산의 패턴이 달라지게 된다. 예를 들면 전기자동차의 확산에 영향을 미치는 공식적 제도로는 정부의 보조금지급이 있다. 전기자동차 구매자에게 일정액의 보조금을 지급한다면 기술확산의 속도를 빠르게 할 수 있다. 또 전기자동차의 확산에 영향을 미치는 중요한 요소로는 전기충전 인프라 구축상황이 있는데 이는 물리적 장치에 해당된다. 전기충전소가 많이 건설되어 있지 않은 경우 고객이 구매를 꺼려 전기자동차의 확산 속도가 느려질 것이다.

(2) 기술확산 모형

기술의 확산을 설명하고 예측하는 여러 가지 수학 모형 중 Bass(1969)가 제안한 기술확산 모형을 설명하기 위해서는 다음의 모수와 변수에 대한 정의가 필요하다.

m: 잠재적 고객수
$N(t)$: t 시점에서 제품을 구입한 누적고객 수
$F(t)$: t 시점에서 제품을 구입할 누적확률
p: 소비자가 다른 사람의 구매 여부와 상관없이 제품을 구매하는 혁신가일 확률
q: 소비자가 다른 사람의 구매형태를 모방하는 모방가일 확률

Bass는 t 시점에서 제품을 구입한 누적고객의 수는 다음과 같은 식으로 표현된다고 가정하였다.

$$N(t) = mF(t)$$

즉 어떤 시점에서 평균적 구매자의 수는 전체 잠재고객의 수에 고객이 제품을 구매할 확률을 곱함으로써 얻어진다. 그러므로 $N(t)$는 어떤 제품 혹은 기술이 시간 t에서 얼마나 확산되었는지를 나타내는 함수이다. m이 주어진 데이터이므로 $F(t)$가 계산되면 $N(t)$가 계산되고 기술확산을 예측할 수 있게 된다.

다음의 식을 보면

$$\frac{dF(t)}{dt} = (p + qF(t))(1 - F(t))$$

이는 현재시간 t에서 어떤 소비자가 제품을 구매할 확률=(혁신가일 확률+모방가이며 제품을 구매할 확률)(소비자가 제품을 아직 구입하지 않았을 확률)을 나타낸다. 위의 미분방정식을 풀게 되면 아래와 같이 $F(t)$를 구할 수 있게 된다.

$$F(t) = \frac{1 - e^{-(p+q)t}}{1 + \frac{p}{q}e^{-(p+q)t}}$$

Bass모형은 모수 p, q, m에 대한 값을 알고 있어야 완전한 형태를 가지게 되는데 이는 주로 통계적 방법에 의존한다. 즉 시간에 지남에 따른 기술확산에 대한 과거의 자료

가 존재하면 이를 이용하여 과거의 자료와 가장 모형이 잘 맞게 모수를 추정한다. 만약 고려 중인 제품이 신제품이어서 과거의 실적 자료가 없다면 모형을 적용하기 어렵고 유사한 제품의 자료를 보완하여 적용시킬 수는 있을 것이다.

토의문제

1. 연구개발관리 프로세스와 기술혁신 프로세스에 대해서 조사하고 공통점과 차이점에 대해서 논하라.
2. 기술개발 방법론의 하나인 트리즈(TRIZ)는 특허 정보에 대한 과학적이고 체계적인 분석을 토대로 기술적 문제의 해결방법과 신제품 아이디어의 창출 원리를 제시하는 방법이다. 또한 기술트리(Technology tree)는 일반적인 문제해결 트리를 연구개발 과정에 적용한 방법이다. 트리즈와 기술트리의 내용과 적용사례를 조사하라.
3. 기술이전의 국내외 성공사례와 실패사례를 각각 하나씩 조사하고 성공과 실패의 원인에 대해 분석하라.
4. Bass모형 이외에 기술확산의 수학적 모형에 대해 조사하고 모형이 가지고 있는 장점과 단점에 대해 논하라.

참고문헌

1. 박용태(2007), 차세대 기술혁신을 위한 기술지식경영, 생능출판사
2. 배종태(2007), 기술경영 개요 및 R&D 전략수립, 2007년 R&D기획관리자 양성과정, 산업기술진흥협회
3. 이원희 · 김현한(2009), 신성장동력 육성의 비결, 정부 R&D, 삼성경제연구소
4. Badawy, M. K.(1998), Technology Management Education: Alternative models, California Management Review, 40(4), 94-115
5. Bar-Zarkay, S. N.(1977), Technology Transfer from the Defense to the Civilian Sector in Israel: Methodology and Findings, Technological Forecasting and social change, 10
6. Bass, F. M.(1969), A New Product Growth Model for Consumer Durables,

Management Science, 15(5), 215-227

7. Bayraktar, B. A.(1990), On the Concepts of Technology and Management of Technology. In: Khalil, T. M., Management of Technology II. The key to global competitiveness. Proceedings of the second international conference on management of technology, 161-175
8. Bright, J.(1968), Can we forecast technology?, Industrial Research, 56
9. Burgelman, R. A., Maidique, M. A. and Wheelwright, S. C.(2001), Strategic Management of Technology and Innovation, 3nd edition, McGraw-Hill
10. Chanaron, J. J, Jolly, D.(1999), Technological Management: Expanding the Perspective of Management of Technology, Management Decision, 37(8), 613-621
11. Christensen, C. and Michael R.(2003), The Innovator's Solution: Creating and Sustaining Successful Growth, Harvard Business School Press, Boston
12. Chopra, S. and Meindl, P.(2006), Supply Chain Management: Strategy, Planning & Operations, Prentice Hall
13. Dankbaar, B.(1993), Research and Technology Management in Enterprise: Issues for Community Policy. Overall strategic review, EUR 15438 EN. Brussels.
    Ford, D, 1988, Developing your technology strategy, Long Range Planning, 21, 5
14. Gordon V. Smith and Russell L. Parr(1994),Valuation of Intellectual Property and Intangible Asset, New York: John Wiley & Sons
15. Gougeon, P. and Gupta, J.(1997), Contemporary Issues in Technology Transfer, ESKA Publishing, Paris
16. Khamba, J. S., Singh, T. P. and Sushil(2001), Application of Flexible System Methodology to Technology Management. In Sushil and K. Momaya(eds.). Globalization, Flexibility and Competitiveness: A Technology Management Perspective, Global Institute of Flexible Systems Management. New Delhi: Vikas Publishing House
17. Miller, W. L. and Morris, L.(1998), Fourth generation R&D. New York: Wiley
    National Research Council, 1987, Management of Technology: The Hidden Competitive Advantage. Washington, D. C: National academy press
18. Pieterse, E.(2005), The Development of an Internal Technology Strategy

Assessment Framework within the Services Sector Utilizing Total Quality Management Principles, Ph. D. dissertation, University of Pretoria, South Africa

19. Porter, M. E.(1988), The Technological Dimension of Competitive Strategy, Strategic Management of Technology and Innovation, 1st edition, Irwin
20. Schumpeter, J. A.(1934), The Theory of Economic Development, Cambridge: Harvard College
21. Schmookler(1966), Invention and Economic Growth, Cambridge: Harvard University Press
22. Utterback, J. and W. Abernathy(1975), A Dynamic Model of Process and Product Innovation. Omega, 3, 639-656

Techno Management

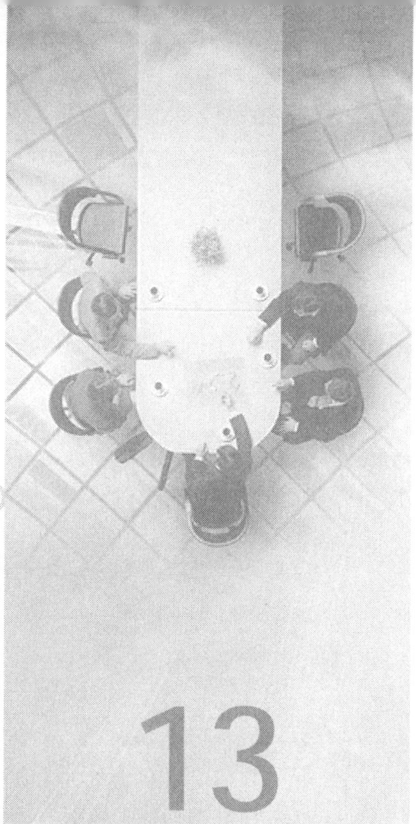

13 환경경영

원가, 품질, 비용, 유연성 등 전통적인 기업의 경영활동의 목표에 추가적으로 환경문제가 부상하고 있다. 예를 들어, 최근 지구온난화에 대처하기 위하여 발효된 교토 의정서는 국가별 이산화탄소 배출 저감량을 정하고 있으며 이는 당장 기업에게 커다란 압박으로 다가와 어떤 모습으로든 경영활동에 반영을 해야 할 시점에 있다. 1980년대 후반부터 세계적인 선진기업들을 중심으로 도입되기 시작한 환경경영은 기업의 입장에서 전 지구적인 환경문제에 대처하기 위한 산업체의 노력으로 탄생했으며 새로운 경영 패러다임으로 자리 잡기 시작하고 있다. 본 환경경영 분야에서는 기업의 다양한 환경문제에 대처하기 위한 환경경영에 대하여 개요 및 관련 세부내용들을 소개한다.

13.1 기초

13.1.1 환경 및 환경문제

환경(environment)이란 일반적으로 우리를 둘러싸고 있는 물리적인 지구환경을 말하며, 대기, 물, 토양 및 인간이 만들어 놓은 다양한 기반시설 등으로 구성된다. 이러한 물리적인 환경은 지구상의 생명체에 직간접적으로 영향을 미치고 있으며, 특히 인류에 대한 영향이 매우 중대하다. 특히 동물, 식물, 미생물 등 생물체가 서식하는 지구의 표층부분을 생물권(biosphere)이라고 정의하며, 이에 대한 보존 문제는 인류의 생존에 직접적인 관련이 있다.

역사적으로 인류의 문명은 자연과 불가분의 관계를 가져왔으며, 문명이 발전할수록 인류는 자연을 더 많이 이용하고 개발하여 왔다. 그러나 18세기 산업혁명 이후 급격한 인구증가, 산업화 및 도시화 과정에서 인류는 물리적인 지구환경에 지속적으로 부정적 영향을 미쳐왔으며, 최근 들어 그 영향이 전 지구적으로 심각해지고 있다. 이에 관해 영국 옥스퍼드 대학의 노먼 마이어스 등의 논문 <인류경제의 생태학적 과소비 추적>에서 1961년 인류는 지구 생태계 생산능력의 약 70% 정도만 사용하였으나, 1980년 중반 이미 100%를 넘어섰으며, 1999년 120%를 넘었다고 보고하였다. 환경문제의 중요성을 인식시켰던 결정적 계기는 레이첼 카슨의 ≪침묵의 봄≫이 출판되면서부터이다. 이 책에서는 살충제의 사용이 생태계 및 궁극적으로 인류에게 미치는 영향을 사실적으로 표현하고 있는데, 이 책이 출판된 이후 전 세계적으로 환경문제를 인식하기 시작하고, 이에 대한 대비책을 강구하기 시작하였다. 국내에서도 최근 태안반도 기름유출 사건, 지구온난화 문제 등으로 인해 환경문제가 부각되고 있으며, 이에 대한 국가적인 대비가 시급히 요구되고 있다.

앞에서 설명한 전 지구적 환경문제의 종류로는 기후변화, 오존층 파괴, 산성비, 생물다양성 감소, 자원고갈, 폐기물 문제 등이 있으며, 이들 중 대표적인 몇 가지를 간단히 소개하면 다음과 같다.

- **기후변화(climate changes)**: 기후변화의 대표적인 사례로 이산화탄소, 메탄 등 온실효과를 발생시키는 가스물질의 농도가 대기 중에 상승함에 따라 발생하는 지구온난화가 있다. 대표적인 지구온난화 물질인 이산화탄소의 경우 그 저감을 위한 교토 의정서가 발효됨에 따라 이 문제는 전 세계적으로 중요한 환경문제로 부각되고 있다.

- 오존층 파괴(stratospheric ozone depletion): CFC 물질들에 의해 지구의 성층권에 존재하는 오존층이 파괴되는 문제로, 태양광으로부터 유해한 자외선을 차단시키지 못하여 생태계에 영향을 미치는 현상을 의미한다. 이 문제에 대해서는 국제적인 노력의 일환으로 1987년 몬트리올 의정서를 채택하였다.
- 산성비(acid rain): 공업지역이나 자동차 배기가스에 포함된 황산화물이나 질소산화물과 같은 산성기체가 대기 중으로 배출되어 비와 섞여 내리는 것으로 기존 동식물이나 토양을 오염시킨다. 이 문제에 대한 국제적인 노력의 일환으로 1987년 헬싱키 의정서를 채택하였고, 이후 1988년 소피아 의정서가 발효되었다.
- 폐기물 문제(solid and hazardous wastes): 앞에서 소개한 다양한 환경문제 이외에 산업과 관련된 주요한 환경문제가 폐기물 문제로 제품의 수명주기 단축, 제품 폐기 시설의 부족 등으로 심각한 문제를 초래하고 있다. 이 문제에 대한 대표적인 국제협약으로 1992년 바젤협약이 있는데, 이는 유해물질의 국가 간 이동을 금지하는 내용을 담고 있다. 폐기물 문제에 대해서는 유럽을 중심으로 수명이 다하거나 소비자가 폐기한 제품의 수거 및 재처리에 관한 체계를 마련하고 있으며, 현재 가시적인 성과를 보이고 있다.

이상 대표적인 환경문제에 대하여 국제적으로 대응하기 위하여 다양한 국제 환경협약들이 체결되어 왔는데 대표적인 몇 가지를 소개하면 아래의 <표 13-1>과 같다.

표 13-1 대표적 국제 환경협약

분야	내용	관련 협약
기후변화	• 지구온난화에 영향을 미치는 온실가스 배출량에 대한 규제	• 리우 환경개발회의에서 기후변화협약 채택(1992) • 기후변화협약 발효(1994) • 교토 의정서 제정(1997) • 교토 의정서 발효(2005)
오존층 파괴	• 오존층 파괴물질의 생산 및 사용을 규제하고 비회원국에게 이전하는 것도 규제	• 비엔나 협약(1985) • 몬트리올 의정서 채택(1987) • 몬트리올 의정서 시행(1987) • 몬트리올 의정서 개정(1990, 1992)
유해 폐기물	• 유해폐기물의 국가 간 이동 및 처리 규제	• 바젤협약 발효(1992)

우리나라의 경우 좁은 국토, 높은 인구밀도, 강우량 편중, 급속한 산업화 및 도시화 등 열악한 환경여건을 가지고 있으며, 2006년 다보스 세계경제포럼에서 발표한 환경지속성 지수 및 환경성과 지수가 각각 122위와 42위로 하위권에 머물러 국가적으로 심각한 환경문제에 직면해 있다. 이에 국내에서도 환경문제의 중요성을 인식하고 대처하려는 노력이 적극적으로 진행되고 있다.

앞에서 설명한 환경위기는 기본적으로 친환경적인 생산 및 소비 시스템의 구축을 통하여 해결이 가능하며, 생존문제로 다가온 환경문제의 심각성에 비추어 정부, 산업 및 민간이 친환경 사고와 행동으로 변화해야 한다. 환경문제에 대한 대처하기 위한 정부, 산업 및 민간의 역할을 간단히 정리하면 다음과 같다(Young et al., 1997).

- 정부(government): 사전예방, 수요관리를 바탕으로 환경정책의 효율성 제고
- 산업(industry): 자율과 책임을 바탕으로 친환경 기업경영시스템 정착
- 민간(public): 녹색소비를 생활화하고 지역 및 국가환경 개선에 자발적이고 능동적으로 참여

13.1.2 산업과 환경

우리 인류는 환경으로부터 자원과 에너지를 얻어 왔으며, 이를 통하여 산업을 일으키고 산업의 생산성이 향상됨에 따라 환경오염이 가속화되고 환경의 자정능력 또한 상실되기 시작하였다. 앞에서 설명한 환경문제에 대한 정부, 산업 및 민간의 역할 중 특히 생산활동의 주체가 되는 산업계의 역할은 매우 지대하다. 특히 자동차, 화학, 전자, 철강, 금속, 발전 등 대표적인 산업은 기후변화, 오존층 파괴, 산성비, 생물다양성 감소, 자원고갈, 폐기물 문제 등에 직간접적으로 영향을 미치고 있다.

이러한 환경파괴에 대응하기 위하여 다양한 앞의 <표 13-1>에 설명한 다양한 국제환경협약들이 발효되었고, 특히 산업 입장에서는 생산하는 제품과 관련된 다양한 환경규제가 제정됨에 따라 이에 대한 대응이 시급이 요구되고 있다. 특히 이러한 제품 관련 환경규제는 국제무역에 있어서도 우루과이 라운드에 이어 환경을 구실로 한 무역제제 조치를 취할 수 있는 그린라운드가 본격적으로 시행됨에 따라 우리 기업들은 환경규제만을 만족시키는 소극적인 대응에서 탈피하여 경영전략의 한 축으로 자리매김을 시켜야 하며, 기업경영의 최우선 과제로 삼아 적극적으로 대응해야 할 시점에 있다. 특히 글로벌 경영, 정치, 경제 제도의 변화, 고객 및 시장의 변화, 기술의 발전, 지식산업의 중요성 등 비즈니스 환경의 급격한 변화에 대응하는 경쟁우위의 원천으로서 환경성의

확보는 미래의 기업이 나아가야 할 기본 방향 중 하나로 볼 수 있다.

먼저 산업에서 환경문제를 이해하기 위하여 대표적인 제품 관련 환경규제를 정리하면 아래의 <표 13-2>와 같다.

표 13-2 대표적 제품 관련 환경규제

규제	지역	내용
EuP(Eco-design requirements for Energy using Products)	EU	에너지 사용 제품의 생산, 유통, 사용 및 폐기 단계에서 환경에 미치는 영향을 줄이기 위한 친환경 설계 규정
WEEE(Waste Electrical and Electronic Equipment)	EU	전기 및 전자장비의 폐기를 줄이기 위해 폐기물의 재이용, 재활용 및 재생을 촉진하는 전기 및 전자장비 폐기물 처리 지침
RoHS(Restriction of the use of certain Hazardous Substance in electric and electronic equipment)	EU	특정 유해물질의 전기 및 전자장비 사용을 제한하는 유해물질 사용제한 지침
ELV(End-of-Life Vehicle Directive)	EU	폐차 시 발생하는 폐기물의 감축 및 재이용을 촉진하기 위한 폐차 처리 지침

앞에서 설명한 다양한 국제환경협약 및 제품 환경규제하에 산업계는 기술혁신, 짧은 제품수명주기, 첨예한 경쟁 등의 비즈니스 환경변화에 더해 전 지구적 환경문제를 해결해야 하는 주요한 주체가 되었다. 또한 환경전략 측면에서 산업계는 환경 관련 법규만을 만족시키는 수동적으로 대응하는 시기에서 환경을 전략적 무기로 활용하는 주도적이고 적극적으로 환경문제에 대응해야 할 시점에 있다. 이러한 상황에서 전 세계적으로 기업들은 내용을 명기한 다양한 환경헌장을 공포하고 있는데 기본적으로 아래의 내용을 명기하고 있다.

- 법규준수 및 그 이상의 환경기준 설정
- 통합적 환경경영
- 내·외부 환경감사 및 평가
- 청정기술 개발
- 폐기물 최소화 및 재활용 확대

환경헌장의 예로 1993년에 제정하고 2007년에 개정한 캐논그룹의 환경헌장을 소개하면 <그림 13-1>과 같다.

기업이념 (공생)

세계의 번영과 인류의 행복을 위하여 공헌할 것
이를 위하여 기업의 성정과 발전을 이룩할 것

환경보증 이념

세계의 번영과 인류의 행복을 위하여 자원생산성의 극대화를 추구하고
지속적인 발전이 가능한 사회 구축에 공헌한다.

환경보증 기본방침

모든 기업활동, 제품 및 서비스에서의 환경과 경제성의 일치를 목표로
자원생산성을 혁신적으로 개선해 "환경부하가 적은 제품"을 제공하며
인류의 건강과 안전 및 자연환경을 위협하는 반사회적 행위를 배제한다.

그림 13-1 캐논그룹의 환경헌장

13.1.3 본 장의 구성

지구 환경문제에 대처하기 위한 산업계의 의지로 출현한 환경경영은 기존의 비용, 품질, 납기, 유연성 등을 중심으로 진행된 기존의 경영패러다임에 환경이라는 핵심적인 요소를 추가한 새로운 경영패러다임으로, 1980년 후반 일부 선진 기업을 중심으로 도입이 되기 시작하였으며 그 중요성이 점차적으로 증대되고 있다.

본 장에서는 앞에서 소개한 다양한 환경문제에 대처하기 위한 기업의 노력의 일환으로 출현한 환경경영에 대하여 소개하며, 구체적인 내용은 다음과 같다.

- **환경경영 개요**: 환경문제에 대한 정치, 경제 및 철학적인 배경으로 지속가능발전을 소개하고 환경경영의 기본개념 및 체계를 소개한다.
- **환경경영 전략**: 환경문제에 대한 기업의 장기적인 목표를 설정하고 이를 달성하기 위한 활동 방향과 자원배분을 결정하는 환경경영 전략에 대하여 소개한다.
- **환경경영 각론**: 환경경영을 구성하는 구체적인 내용으로 환경경영시스템, 그린 조직, 친환경 제품개발, 친환경 공급망 관리, 청정생산 및 그린 마케팅을 소개한다.

13.2 환경경영 개요

13.2.1 환경경영의 배경: 지속가능발전

지속가능발전(sustainable development)이라는 개념은 전 지구적인 환경문제에 대하여 인류가 추구해야 할 공통의 가치 및 규범으로, 1987년 유엔 산하의 세계환경 및 개발위원회에서 장기 지구환경보전전략 수립을 위한 보고서인 'Our Common Future'를 통해 구체화되었다.

지속가능발전의 개념이 구체화되고 보편화된 것은 최근의 일이지만 지속가능발전에 관련된 천연자원의 지속가능한 운용이라는 개념은 다양한 문헌을 통해 찾아볼 수 있다. 예를 들어, von Carlowitz는 저서인 ≪산림경제(1713)≫에서 벌목량은 새로 심은 나무의 성장에 의해서 보충될 수 있을 만큼만 허용해야 한다는 원칙을 제시하였고 어업자원의 남획문제와 관련하여 최대지속가능 어획량이 제정되었으며, 경제학적으로는 Malthus의 한계이론 등이 있었다. 이러한 개념들은 국지적이라는 한계와 환경문제에 대한 무관심으로 주목을 끌지 못하였으나 산업혁명 이후 인류의 환경파괴가 가속화되고 지구적인 환경문제가 발생함에 따라 그 중요성이 부각되었다. 그 결과 1972년 스톡홀름에서 개최된 유엔인간환경회의(United Nations Conference on Human and Environment; UNCHE)에서 환경문제가 심각하며 공동의 노력을 통해서만 해결될 수 있다는 데 국제사회가 인식을 같이하였다.

지속가능발전이란 개념이 정리되고 국제사회에서 그 인식을 공유하게 된 계기는 1987년 세계환경 및 개발위원회(World Commission on Environment and Development; WCED)이다. 이 회의는 2000년대를 향한 장기 지구환경 보전전략을 수립하고 국제적 환경문제 대처를 위한 방법을 검토하는 것을 목적으로 구성되었으며, 그 연구결과를 <Our Common Future>라는 보고서를 통해 발표하였다. 그 후 1992년 리우회의로 알려진 유엔환경개발회의(United Nations Conference on Environment and Development; UNCED)에서는 각국의 정상들이 지구환경보호 및 지속가능발전의 추진을 위한 기본지침으로 전문과 27개의 원칙으로 구성되는 리우선언을 하였고, 특히 21세기 지구환경 보전 실천 강령인 150개 프로그램과 2509개의 환경보호 활동을 정리한 '의제 21'을 제시하여 리우선언을 구체적으로 이행하고자 하였다. 그리고 2002년 요하네스버그에서의 지속가능발전 세계정상회의(World Summit on Sustainable Development; WSSD)에서는 리우회의 이후 10년간 국제사회의 지속가능발전 추진실적을 평가하고 향후 구체적인 추진계획을 마련하였으며, 지속가능발전을 위한 노력을 지속할 것을 결의하였다.

이상 지속가능발전에 대한 국제사회의 노력 및 역사적 배경을 정리하면 다음의 <표 13-3>과 같으며, 국내의 경우 2000년 대통령직속자문기구로 지속가능발전위원회를 설치하여 환경보전과 관련된 국제동향을 파악하고 이에 대한 대응방안을 강구하고 있다.

표 13-3 지속가능발전에 대한 역사적 고찰

시대	주요 사건
Pre-Stockholm (~1972)	• 지속 가능한 산림경제(von Carlowitz, 1713) • 최대지속가능 어획량 • 경제학의 한계이론(Malthus, 1789)
From Stockholm to WCED (1972~1987)	• UNCHE(United Nations Conference on Human and Environment): 환경문제가 심각하며 공동의 노력을 통해서만 해결될 수 있다는 데 국제사회가 인식을 같이한 최초의 회의 • 로마클럽(Club of Rome): 인간의 활동은 생태학적인 한계로 제한을 받을 수밖에 없다는 점을 경고 • WCED(World Commission on Environment and Development): 2000년대를 향한 장기 지구환경보전전략 수립하고 국제적 환경문제 대처를 위한 방법으로 지속가능발전 개념 채택
Post WCED (1987~)	• UNCED(United Nations Conference on Environment and Development): 스톡홀름회의 20주년을 기념하고 지속가능발전 개념을 범세계적으로 실현하기 위한 국제회의로 리우선언과 '의제 21' 발표 • WSSD(World Summit on Sustainable Development): 리우회의 이후 10년간 국제사회의 지속가능발전 추진 실적을 종합 평가하고 향후 구체적인 추진계획을 마련(요하네스버그 선언)

지속가능발전에 대한 구체적인 개념은 WCED에서 발간한 Our Common Future라는 보고서에서 소개하고 있으며 "미래 세대의 필요를 충족할 능력에 손상을 주지 않으면서 현 세대의 필요를 충족시키는 발전"으로 정의하였다. 이 개념의 기본적인 철학은 경제발전에 앞서 환경보전을 우선적으로 고려해야 한다는 점을 강조하고 있으며 다음과 같은 다양한 정의가 있다(박재창 외, 2004).

- 인간의 욕구를 지속적으로 충족시키고 삶의 질을 개선시키는 데 적합한 발전
- 인간종의 무한한 생존과 단순한 생물학적 생존을 넘어서는 삶의 질 고양, 외견상 인류에게 어떠한 이익도 제공하지 않는 요소들까지 포함한 생태계의 모든 구성요

소들의 존속

- 미래의 유사한 이익에 대한 잠재적 가능성을 위태롭게 하지 않으면서도 현재 살고 있는 사람들의 경제적·사회적 이익들을 극대화하는 사회적·경제 구조적 변혁을 위한 모형
- 미래 세대의 삶의 질이 보장될 수 있도록 자연환경과 이와 결부된 자연자원 총량의 보존을 목표로 하는 구상

이상의 다양한 정의를 종합하면 발전과 환경의 조화가 아닌 환경을 제약조건으로 하는 발전을 의미하며, 기본적으로 경제, 사회 및 환경적 관점의 3대축(Triple Bottom Line; TBL)의 개념이 포함되어 있다. 또한 세 가지의 공생관계로 지속가능발전이라는 개념을 정리할 수 있다. 여기서 세 가지의 공생관계를 구체적으로 설명하면, 첫째, 환경용량 또는 지역수용력의 범위 내에서 개발함으로써 인간과 자연의 공생을 유지하여야 하며, 둘째, 현 세대 구성원들의 공생을 유지하여야 하고, 셋째, 세대 간 자원배분의 형평성을 생각하여 개발을 절제함으로써 현 세대와 후 세대의 공생을 유지하여야 한다는 점이다.

앞에서 설명한 지속가능발전이라는 개념은 추상적이고 모호한 측면이 있으나, 과거 한계라는 비관적 전망을 지속가능이라는 희망적 전망으로 전환시키는 계기가 되었다는 점에서 기본적인 의의를 가진다. 즉 로마클럽에서의 한계라는 개념을 넘어 자연의 수용능력이 지탱할 수 있는 범위 내에서 발전을 지속하자는 새로운 개념을 정립함으로써 인류에게 희망적인 방향을 제시하였다. 또한 정치적으로는 선진국과 개발도상국의 입장을 수렴하는 계기가 되었다는 점에서 그 중요성이 크다. 다시 말하면, 미래의 환경보전을 우선시하는 선진국의 입장과 과거 선진국이 발생시킨 환경오염의 책임을 강조하는 개발도상국의 입장을 지속가능한 발전이라는 개념하에 수렴함으로써 지구의 환경보전을 위한 기초를 마련하였으며, 환경문제에 대한 국지적 대응에서 국제기구가 환경논의의 전면에 나서는 주요한 계기가 되었다. 특히 WBCSD(World Business Council for Sustainable Development)를 발족으로 기업차원에서 지속가능발전을 도모하고 있다.

13.2.2 환경경영: 개념 및 체계

환경경영이란 크게 협의와 광의로 나누어 설명할 수 있다. 먼저 좁은 의미에서 환경경영이란 기업의 환경성과 개선을 위한 구체적인 기능이나 방법을 의미하며, 특히 Christie는 사후처리 방식에서 탈피하여 폐기물 및 오염의 예방과 청정생산으로의 전환을 지원하는 일련의 기법과 실천수단으로 정의하고 있다. 반면, 넓은 의미에서 환경경

영이란 기업의 환경측면을 경영전략 차원에서 해석하는 것으로 Gray는 기업의 환경적 입장을 검토하여 개선 방침이나 전략을 개발하고 시행하며, 지속적인 개선 및 효과적인 관리시스템을 갖추는 일련의 환경 대응활동으로 정의하고 있다.

이상의 내용을 종합하여 환경경영의 내용, 범위 및 목적을 정의하면 다음과 같다.

- **통합적 정의**: 기업활동의 전 과정에 걸쳐 환경성과를 개선함으로써 경제적 수익과 환경적 지속가능성을 동시에 추구하는 일련의 경영활동을 말한다.
- **범위**: 원료의 구매에서부터 생산, 마케팅, 소비, 재활용 및 폐기에 이르는 기업활동
- **목적**: 환경성과 경제성의 조화

환경경영의 내용으로는 경영학의 주요 기능별 영역인 경영전략, 인사, 조직, 생산, 마케팅, 재무, 회계 등을 전통적인 원가, 품질, 납품, 유연성 관점에 환경적 관점을 추가하는 것으로 아래의 <그림 13-2>와 같은 체계로 표현할 수 있다.

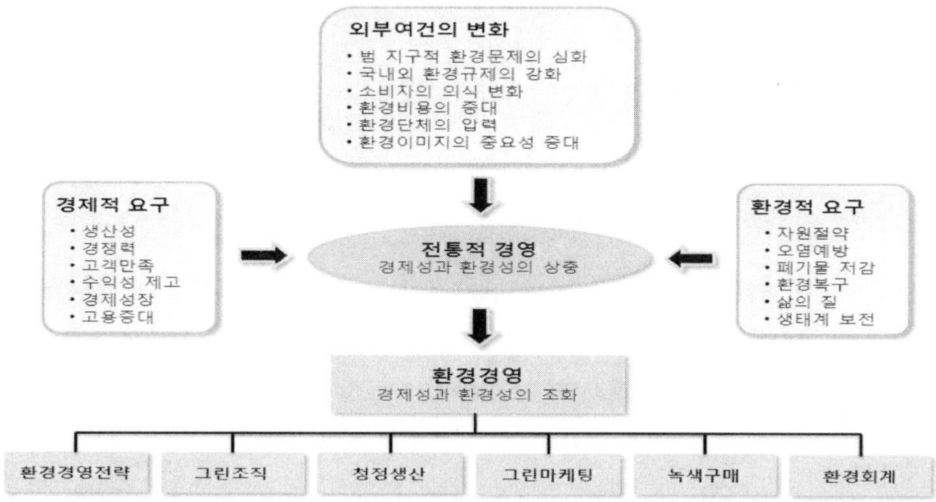

[출처: 이병욱, 황금주, 김남규(2005), 환경경영, 에코리브르]

그림 13-2 환경경영의 체계

앞에서 설명한 환경경영 체계하에 환경경영에 대해서 다루는 구체적인 주제들을 간단히 설명하면 아래와 같다.

- **환경경영 전략**: 전사적 전략, 사업단위 전략 및 기능별 전략을 환경적 관점에서 재조명하는 것을 의미한다.
- **그린 조직**: 인사 및 조직 문제에 대하여 환경관점을 고려하는 것으로 그린 조직구조,

교육 및 훈련, 동기부여 등이 있다.

- **청정생산**: 기업의 생산기능을 청정생산 기법, 친환경 설계, 폐기물 최소화, 자원 재활용 등의 측면에서 친환경적으로 변화시키는 것을 의미한다.
- **그린 마케팅**: 녹색 소비자, 환경 라벨링 제도 등 환경적 관점을 고려한 마케팅을 의미한다.
- **녹색구매**: 친환경 공급망 관리, 녹색구매 가이드라인 등 기존의 구매기능을 친환경적으로 변화시키는 것을 의미한다.
- **환경회계**: 환경비용 분석 및 배분, 투자분석 및 평가, 환경성과 평가, 환경보고 등이 있다.

위에서 설명한 환경경영의 주제와 관련하여 본 장에서는 환경경영전략을 먼저 설명한 후 각론으로 환경경영시스템, 그린 조직, 친환경 제품 개발, 친환경 공급망 관리, 청정생산 및 그린 마케팅에 대하여 소개한다.

13.3 환경경영 전략

13.3.1 개요

본 절에서는 환경문제에 대한 기업의 장기적인 목표를 설정하고 이를 달성하기 위한 활동방향과 자원배분을 결정하는 환경경영 전략에 대하여 간단히 소개한다. 먼저 기업이 환경문제에 대응하는 기본방식인 환경전략의 변천과정을 간단히 소개한다.

일반적으로 기업의 환경문제 대한 전략은 환경문제에 대응하는 방식에 따라 크게 세 단계로 나누어 볼 수 있으며 다음의 <표 13-4>와 같다.

표 13-4 환경전략의 변천과정

특성	단계 1 (여명기)	단계 2 (능동적 대처시기)	단계 3 (환경전략 시대)
일반적 접근방법	방어적	능동적	적극적/선도적
관계자	특정 부서 직원	기업 내 모든 조직	사회/국제
실행조치	end-of-pipe	예방 및 재활용	오염원의 원천
규제 및 통제	방출 오염물질의 통제	통합적 오염통제 제품 수거의무 규제	규범적 가치

첫 단계는 1970~80년대로 흔히 환경시대의 여명기로 불린다. 이 시대에는 일반 대중이 환경문제를 인식하기 시작하였고, 정부에서는 환경 관련 규범을 홍보하기 시작하고 다양한 규제들이 제정되기 시작하였다. 이 시기 산업계에서는 환경문제에 대하여 방어적인 자세를 취하였고 환경 관련 투자가 기업의 부담으로 인식되는 시기였다. 이 시기 산업의 환경 관련 처리방식은 산출물 최종평가(end-of-pipe)의 개념으로 단순히 환경오염물질의 방출량을 저감하려는 노력을 기울였다.

다음으로, 1980~90년대에 와서는 인도 보팔 시의 화학공장 사태, 독일 라인 강의 화학물질 유출사태 등으로 환경문제가 사회문제로 가시화되면서 산업계에서는 환경문제에 대하여 능동적으로 대처하기 시작하였다. 이 시기에는 기업의 모든 부서가 환경문제를 인식하기 시작하였고 주로 폐기물 감축과 에너지 절약에 초점을 맞춘 처리방식을 따르며 산출물 최종평가방식에서 환경오염원을 발생시점부터 차단하기 위하여 생산공정을 통합하려는 노력을 기울였다.

마지막으로 1990년대 이후 현재까지는 환경전략의 시대로, 기업들이 환경경영 개념을 적극적으로 도입하여 경쟁우위를 획득하고 동시에 타사와의 차별성을 부각하는 전략적 도구화를 추구하고 있다. 특히 기업의 사회적 공헌을 위하여 환경문제를 적극적으로 활용하며 규범적 가치로서의 환경을 대상으로 한다.

13.3.2 환경경영 전략의 개념 및 수립절차

일반적으로 전략(strategy)이란 조직의 목표를 성취하기 위한 활동에 대한 통일성, 방향, 목적 및 외부환경의 변화에 대한 대응방안 등을 제공하는 조직의 최상위 의사결정으로 정의할 수 있다. 기업의 경영전략은 기업의 장기적인 목적/목표를 설정하고 이를 달성하기 위하여 필요한 활동방향과 자원배분을 결정하는 것으로 계층구조에 따라 기업전략, 사업전략 및 기능전략으로 분류할 수 있다[13)]

다양한 기업환경 변화에서 환경성과의 개선은 기업의 경영전략에서 필수 불가결한 요소로 자리 잡아가고 있다. 환경문제가 기업의 경쟁우위를 확보할 수 있는 기회로 인식되는 환경전략의 시대를 맞이하여 기업이 환경 리더십을 갖추어 나가는 데 있어 전략적 접근이 필요하다. 특히 기후변화에 대응하기 위한 온실가스 감축 기술, 산업 폐기

13) 기업전략(corporate strategy)이란 기업 전체 수준에서 기업의 목적과 목표의 설정하는 것으로 사업을 선택하고 자원의 획득과 배분하는 것과 관련되며 사업전략(business strategy)이란 사업부 수준에서 사업영역의 정의, 목표설정 및 경쟁우위 성취방안을 다루며 기능전략(functional strategy)이란 사업부 수준의 경쟁우위 성취방안을 실현하기 위하여 각 기능부문에서 목표를 설정하고 실행해 나가는 전략으로 정의된다. 자세한 내용은 5장 생산관리의 생산전략 부분과 11장 전략경영을 참고하기 바란다.

물의 재사용, 재활용 기술 등 환경 관련 기술혁신은 기술적 측면에서 주요 기업의 차별화 요소임에 틀림이 없다.

환경경영 전략은 일반적인 경영전략의 개념과 동일하며 환경부문에서 기업의 목표를 달성하기 위한 자원의 획득과 배분, 외부환경의 변화 등에 관련된 의사결정의 과정으로 정의할 수 있다. 즉 기존의 비용, 품질, 납기 및 유연성 중심의 경영전략에 환경요소를 감안하여 환경 측면에서 기업이 경쟁환경에서 살아남을 수 있도록 기업의 생존 방향을 결정하고 자원을 배분해 나가는 과정으로 볼 수 있다.

환경경영 전략은 기업전략, 사업전략 및 기능전략으로 구성되는 기업의 경영전략 체계와 통합적으로 추진되어야 하며 아래와 같은 환경적 경쟁우위 요소들을 확보하고자 하는 기업경영 활동의 일환으로 볼 수 있다.

- 자원의 효율적 이용
- 제품 품질 향상
- 환경위험의 사전 예방
- 종업원의 동기부여
- 현재 및 미래의 국내외 환경법규 준수 등

다음으로 기업의 환경경영 전략의 수립단계를 설명하면 다음과 같다. 환경경영 전략은 일반적인 경영전략의 수립과 크게 다르지 않으며 목표설정, 전략적 분석, 전략의 선택 및 이행 단계로 구성되며 각 단계에 대하여 간략히 설명하면 다음과 같다.

(1) 목표설정

환경경영 전략 수립을 위하여 기업의 목표를 확인하고 검토하는 단계로 환경경영의 경우 최고경영자의 자세가 매우 중요하다.

(2) 전략적 분석

경영전략 체계, 제품 및 서비스의 환경성, 인사 및 조직 여건 등 기업의 내부환경과 국제환경협약, 국내외 환경법규, 시장여건의 변화, 기술개발 동향 등 외부환경에 대해 정보를 수집하고 수집된 정보를 이용하여 기업의 강점과 약점 및 기회와 위협요인을 파악하고 이를 기반으로 가능한 전략들을 수립하는 단계이다[14].

---

14) 이를 SWOT(Strength, Weakness, Opportunity and Threat)분석이라고 하며 강점을 살리고 약점은 보완하며, 기회는 활용하고 위협은 억제하는 방향으로 전략을 수립하는 것을 의미한다.

(3) 전략의 선택

실현 가능한 전략적 대안들을 검토하고 적절한 대안을 선택하는 단계로, 전략적 대안은 전략의 계층적 구조에 따라 전사적 차원, 사업부문별, 기능별로 도출한다.

(4) 전략의 이행

수립된 전략을 실행하는 단계이다.

13.4 환경경영 각론

13.4.1 개요

앞에서 환경경영에 대한 체계를 설명하고 가장 기본적인 의사결정인 환경경영 전략에 대하여 살펴보았다. 본 절에서는 앞에서 설명한 환경경영 체계 내의 세부 주제들 중 환경경영시스템, 그린 조직, 친환경 제품 개발, 친환경 공급망 관리, 청정생산 및 그린 마케팅에 대하여 간단히 소개한다.

13.4.2 환경경영시스템

(1) 정의

1990년 고객만족 개념의 품질경영시스템 개념이 확정되어 제정된 환경경영시스템(Environment Management System; EMS)이란 기업의 활동, 제품생산 및 공정운영 과정에서 발생할 수 있는 다양한 환경 관련 요소들을 관리하기 위한 체계화된 경영시스템이다. 구체적으로 환경경영시스템이란 제품 설계에서부터 원료조달, 생산, 유통, 판매 및 폐기에 이르는 제품수명주기 전 과정에서 환경성을 체계적으로 고려하는 지침으로 설명할 수 있다. 일반적으로 환경경영시스템에 대해서는 아래와 같은 다양한 정의가 있다.

- Roberts and Robinson: 기업의 제품생산 및 공정 운영과정에서 발생할 수 있는 환경 요소들을 관리하고 최소화하기 위한 경영시스템
- ISO: 환경방침을 개발, 실행, 달성 검토 및 유지 관리를 위한 조직의 구조, 계획 수립, 책임, 절차, 과정 및 자원을 포함하는 전체 경영시스템의 일부분

- **영국표준협회**: 환경방침을 결정하고 이행하기 위한 조직구조, 의무, 실행, 절차, 과정 및 자원

(2) 기본원칙 및 요건

다음으로 환경경영시스템 도입 및 구축에 있어 기업이 지켜야 할 주요한 기본원칙으로는 아래와 같은 것들이 있다.

- 환경개선 및 천연자원의 보전과 보호에 대한 실천의지를 천명한 방침 제정
- 조직 내/외부에서 방침을 실행할 계획과 프로그램의 수립
- 계획과 프로그램을 일상적 활동과 조직문화에 통합
- 환경경영 활동과 성과에 대한 측정, 감사 및 검토
- 조직의 환경이슈에 대한 조직구성원의 이해를 증진시키기 위한 교육/훈련
- 조직의 환경활동과 그 성과 발표

이상의 기본원칙을 바탕으로 환경경영시스템을 성공적으로 도입하고 실행하기 위하여 검토해야 할 기본요건들로는 다음과 같은 것들이 있다.

- **환경경영에 대한 최고경영자의 의지와 지원**: 환경경영시스템의 성공적인 도입에 있어 가장 중요한 요소인 최고경영자의 적극적인 지원과 참여를 말한다.
- **환경방침**: 기업이 공식적으로 환경경영에 대한 의지와 결의를 표명한 것으로 환경에 대한 기업의 태도, 조직의 환경개선 목표, 환경성과에 대한 감사와 검토, 제품, 서비스, 공정 등에서 발생하는 환경영향의 최소화, 작업환경 개선 등을 포함한다.
- **초기 환경성 검토**: 환경경영에 대한 현재 기업활동 전반에 대한 조사하는 것으로 국내외 환경법규 및 각종 규제 파악, 중대한 환경영향에 대한 책임이 있거나 그럴 가능성이 있는 활동이나 제품, 서비스에 대한 환경 측면 파악, 기존 환경관리 실태와 업무절차 분석 등이 있다.
- **종업원에 대한 환경교육**: 조직구성원으로 하여금 환경문제를 자각하게 하고 환경개선 과정에서 각자의 임무와 역할에 대한 이해를 증진시키는 것을 말한다. 특히 교육과정에서 개별 직원의 책임소재를 명확히 하는 절차가 필요하다.
- **환경목표, 세부목표 및 실천계획 설정**: 환경과 상호작용을 하는 조직의 활동, 제품 또는 서비스 요소인 환경 측면 및 환경 관련 법규를 파악하고 이를 기반으로 환경목표 및 세부목표를 수립한 후 환경경영 추진계획을 수립하는 것을 말한다.
- **환경감사**: 환경경영체계가 잘 이행되고 있는지 평가하는 것을 의미한다.

- **환경체제 검토**: 환경경영체제의 현 상태 및 환경성과, 기업 안팎의 환경압력에 대하여 살펴보고 환경성과를 증진시키기 위한 행동계획을 수립하는 것을 말한다.
- **환경보고**: 자사의 환경성과에 대한 대내외적 보고를 말한다.

(3) 종류

환경경영시스템에 대한 대표적인 표준으로는 기존의 품질경영시스템을 확장한 국제표준화기구(ISO)의 ISO 14000 시리즈와 유럽의 EMAS가 있는데 각각에 대하여 간단히 소개하면 다음과 같다.

- EMAS(Environmental Management and Audit System): 유럽연합의 환경경영시스템에 대한 규정으로 영국표준협회에서 제정한 세계 최초의 환경경영규격인 BS 7750을 기반으로 개발되었다.

표 13-5 ISO 14000 시리즈

조직 또는 프로세스 표준
14001 환경경영시스템: 사용지침 규격
14004 환경경영시스템: 원칙, 시스템 및 지원기법에 관한 일반지침
14010 환경감사지침: 환경감사의 일반원칙
14011/1 환경감사지침: 감사절차
14012 환경감사지침: 환경감사자를 위한 자격기준
14015 환경감사지침: 환경감사자를 위한 자격기준
14031 경영시스템의 환경 성과와 환경과의 관계에 대한 평가
제품 지향적 표준
14020 모든 환경라벨링에 대한 목표와 원칙
14021 환경라벨링의 자기선언적 환경주장: 용어와 정의
14022 환경라벨링의 심볼
14023 환경라벨링의 시험 및 검증방법론
14024 환경라벨링의 실무자 프로그램
14040 환경경영의 수명주기적 평가: 일반원칙과 지침
14041 환경경영의 수명주기적 평가: 일반원칙과 지침
14040 환경경영의 수명주기적 평가
14040 환경경영의 수명주기적 평가: 해석
14050 용어와 정의
14060 제품표준 내에 환경 측면을 포함시키기 위한 지침

- **ISO 14000 시리즈**: 기존 품질경영시스템인 ISO 9000 시리즈의 확장으로 기업 활동의 전 과정에 걸쳐 지속적으로 환경성과를 개선하려는 일련의 경영활동을 위해 ISO에서 제정한 국제환경경영시스템 규격이다. ISO 14000 인증제도는 기업이 구축한 환경경영시스템이 국제규격에 맞는지 제3자 인증기관에서 객관적으로 평가하여 인증해 주는 제도로, 기본적으로 계획(plan), 실행(do), 점검(check), 개선(act) 과정을 거치는 구조를 가진다. 다음의 <표 13-5>는 ISO 14000 시리즈의 구체적인 내용을 보여준다.

13.4.3 그린 조직

그린 조직이란 기업이 환경경영을 성공적으로 수행하는 데 필요한 조직을 구성하는 것으로 친환경적인 조직을 만드는 일을 의미한다. 그린 조직이 성공적으로 갖추어지기 위해서는 기업 최고경영진 차원의 결의, 전 조직원을 대상으로 하는 동기부여와 교육훈련 실시, 조직구조와 커뮤니케이션의 변화 등이 필요하다.

그린 조직은 일반적인 조직이론과 근본적으로 다르지 않으며, 기본적인 환경 관련 업무를 담당하는 조직의 형태를 분류해 보면 다음과 같다.

- **집중식 조직**: 기업내부 환경전문가들로 구성된 환경스텝부서로 기업의 환경문제를 전담하는 조직을 말한다. 집중식 조직의 경우 다른 스텝부서가 경영활동과 관련된 환경문제에 개입할 여지는 거의 없으며 환경스텝부서의 지침에 따라 작업을 수행한다.
- **분산식 조직**: 일반적인 환경문제에 대해서는 기업내부 관련 스텝부서가 모두 참여하는 환경위원회를 통하여 의사결정을 하고 전문적인 환경문제에 대해서는 환경스텝부서가 담당하는 이원화된 조직구조를 말한다.

13.4.4 친환경 제품 설계

(1) 개요

친환경 제품이란 기존의 제품에 비해 원자재 구입, 생산, 포장 및 운송, 사용 및 수명말 처리 및 폐기에 관련된 제품의 전 과정에 걸쳐 환경성이 우수한 제품을 의미한다. 예를 들어, 백열등에 비해 에너지 사용량을 절감한 형광등, 천연자원의 사용을 감소한 재활용 종이, 환경 유해물질의 배출을 감소시킨 복사지 등이 있다.

친환경 제품은 환경경영의 주요한 요소로서 제품의 성능과 품질이 경제적이고 환경적으로 양립할 수 있게 한다. 친환경 제품설계의 필요성을 정리하면 다음과 같다.

- **제품중심의 환경규제 강화**: 에너지사용제품 친환경설계 규정(EuP), 전기 및 전자장비 폐기물처리 지침(WEEE), 유해물질 사용제한 지침(RoHS), 폐차처리 지침(ELV) 등 기존의 공정중심에서 제품중심으로 환경정책이 변화하고 있어서 제품에 대한 환경성을 확보하는 것이 중요해지고 있다.
- **기업 경쟁력 강화**: 친환경설계를 통하며 부품 수를 줄이거나 재활용 부품의 사용으로 생산비 절감, 환경규제에 대응하기 위한 비용 절감, 친환경 제품의 출시로 소비자의 구매 유도 등을 통해 기업의 경쟁력을 강화하는 수단이 될 수 있다.
- **소비자의 제품 환경정보 요구**: 환경문제 대한 소비자의 인식이 커짐에 따라 친환경 제품에 대한 소비자의 요구가 확대되고 있다.

(2) 접근방법

친환경제품 설계방법은 기존의 제품설계 방법에 환경성을 고려한 것으로 볼 수 있다. 대표적인 친환경제품 설계방법으로 환경고려 설계와 전 과정 평가가 있는데 각각에 대하여 간략히 설명하면 다음과 같다.

- **환경고려 설계(Design For Environment; DFE)**: 제품 및 공정의 전 과정에 걸쳐 환경, 안전, 보건 측면에서 환경성과를 체계적으로 평가하여 설계에 반영하는 방법으로 다음과 같은 기본 지침들이 있다.
  - **환경에 영향이 적은 물질 사용**: 유해물질 사용 배제, 재생 및 재활용 가능 물질 이용, 생산과정에서 에너지 사용이 과다한 물질 사용억제 등
  - **원자재 사용량 감축**: 제품의 부피나 중량을 줄여 에너지 사용량을 감축
  - **생산기술의 최적화**: 생산공정 단계에서 새로운 공정기술 개발, 제조공정의 단순화, 청정에너지 사용 및 에너지 효율이 높은 공정 도입, 폐기물 발생량 감축 등을 통하여 환경성을 향상
  - **물류흐름의 최적화**: 수송 과정에서 친환경 포장재 사용, 에너지 사용을 절감하는 수송수단 선택, 수송일정 관리를 통한 공차 운행 감소 등 물류관리를 효율적으로 하여 에너지 사용량을 감축
  - **사용 단계의 환경영향 최소화**: 에너지 절약 제품, 재생 가능한 에너지를 사용하는 제품, 소모품이 상대적으로 적은 제품 사용과정에서 환경영향 감소

- **폐기과정의 최적화**: 수명이 다한 제품의 재이용(reuse), 재활용(recycling), 재제조(remanufacturing)[15) 등을 통하여 폐기물 감소

- **전 과정 평가**(Life Cycle Assessment; LCA): 전 과정 평가란 원료 조달, 가공, 제품 제조, 사용 및 폐기 등의 과정에서 발생하는 에너지, 물질, 배출되는 폐기물을 규명하고 정량화하여 제품 및 공정에 관련된 환경부하를 평가하는 과정으로 정의된다. 환경부하로는 앞에서 설명한 지구온난화, 오존층 파괴, 산성화, 폐기물 발생 등이 있으며 아래의 목적으로 사용이 된다.
  - **공정이나 제품의 환경성 개선**: 기존 공정이나 제품생산에 있어 환경부하의 주 원인이 되는 공정이나 부품을 규명하고 개선하는 데 이용
  - **제품의 환경성 비교**: 비슷한 기능의 제품들을 환경적 측면에서 비교
  - **기업의 전략적 의사결정**: 기업의 기획, 협력업체 관리, 연구개발, 제품 및 공정설계 등의 환경과 관련된 기업의 전략적 의사결정에 활용

13.4.5 친환경 공급망 관리

(1) 개요

친환경 공급망 관리(Supply Chain Environmental Management; SCEM)란 원자재 공급, 제품의 생산, 유통 및 소비자에게 판매될 때까지 모든 과정을 연결시켜 관리하는 기존의 공급망 관리에 환경부문을 추가한 것으로 정의된다. (공급망 관리에 대한 자세한 내용은 8장을 참조하기 바란다.) 다시 말하면, 원자재 공급, 설계, 생산, 유통, 사용, 재활용 및 폐기에 이르기까지 원료와 그로 인한 환경부하를 통합적으로 관리하는 포괄적 개념으로 아래의 <그림 13-3>과 같이 나타낼 수 있다.

15) 재제조란 소비자 폐기품을 적절한 재생공정들을 통해 성능과 품질이 신제품과 동일하거나 더 우수한 제품을 만드는 것을 의미하며 부가가치를 창출하는 제품복구라는 측면에서 가장 상위 수준의 재사용 형태로 볼 수 있다.

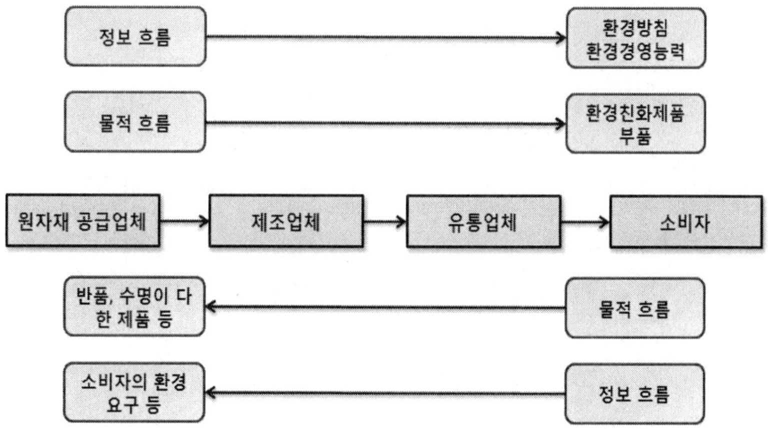

[출처: 이병욱, 황금주, 김남규(2005), 환경경영, 에코리브르]

그림 13-3 친환경 공급망의 개념도

(2) 구성요소

성공적인 친환경 공급망 관리를 위한 주요 구성요소로는 다음과 같은 것들이 있다.

- **녹색구매를 통한 협력업체 관리**: 가격이나 품질뿐만 아니라 환경과 인체에 해를 덜 미치는 친환경상품을 구매하는 것을 녹색구매라고 하며 지속가능한 소비와 동일한 개념이다. 성공적인 친환경 공급망 관리를 위해서는 녹색구매에 기반을 둔 새로운 협력업체를 선정하거나 기존 협력업체의 지원과 환경 실적을 평가하는 활동을 수행해야 한다.
- **제품이나 생산공정 관리**: 13.4.6절 청정생산 부분에서 자세히 설명한다.
- **유통관리**: 포장, 수송 및 하역, 유통 및 보관시설 등에 대한 기존의 전통적인 시간, 비용(운송거리 및 수단) 및 위험요소에 에너지 사용, 오염물질 및 폐기물 감소, 환경사고 방지 등 환경적 측면을 함께 고려한다.
- **역물류(reverse logistics)**: 수명이 다하거나 소비자가 폐기한 제품의 수거, 분해, 재이용, 재제조, 재활용, 폐기 등에 관련된 일련의 활동으로 전통적인 원자재 구매에서 소비자에게로 가는 순방향 공급망의 반대방향의 활동을 의미한다. 즉 제품의 수거(collection)에서부터 분해(disassembly) 및 분류와 검사(sorting and test) 후 재사용, 재제조 혹은 재활용으로 가는 제품 혹은 원자재 복구에 관련된 물류와 제품의 폐기(disposal)에 관련된 물류를 통합·관리하는 분야로 정의할 수 있다. 역물류는 전용 분야에 따라 역방향 로지스틱스, 회수물류, 반품물류, 폐기물류 등으로 불리며 기본 개념도는 아래의 <그림 13-4>와 같다.

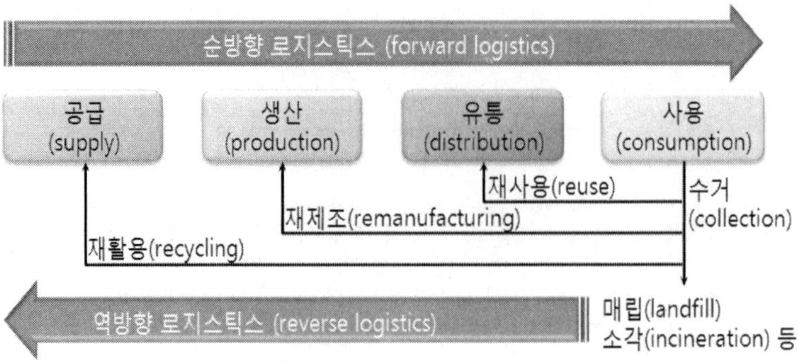

그림 13-4 역물류 개념도

13.4.6 청정생산

(1) 개요

청정생산(cleaner production)이란 생산공정뿐만이 아니라 설계, 생산, 유통, 소비 및 폐기의 제품 전 과정에서 자원의 효율성을 극대화하고, 환경적 유해요인을 최소화할 수 있도록 생산공정이나 제품 및 서비스를 개선하는 체계적인 방법을 말한다. 청정생산이란 개념은 1992년 리우회의에서 채택한 '의제 21'에서 산업계의 지속가능한 발전을 위한 실천수단으로서 제시되면서부터 국제적으로 확산되었다. 일반적으로 청정생산은 생산공정, 제품 및 서비스를 포괄하며 아래의 내용을 포함한다.

- **생산공정**: 원료와 에너지 사용량을 줄이거나 유해한 원료를 사용하지 않으며 생산공정에서의 배출물의 유해 농도와 양을 근원적으로 감축하고자 한다.
- **제품**: 원료의 추출에서 폐기에 이르기까지 제품 전 과정 동안 제품의 환경, 건강, 안전 분야에서 영향을 줄이고자 한다.
- **서비스**: 서비스 제공 과정에서 다양한 환경문제를 고려하는 것을 의미한다.

(2) 범위

청정생산의 범위로는 제품 및 생산공정을 중심으로 한 사전예방 차원과 생산이나 제품 사용 후에 발생하는 폐기물 감축 및 처리에 관련된 폐기물 관리로 나눌 수 있다. 청정생산의 범위에 대한 자세한 내용은 아래의 <그림 13-5>와 같으며 자세히 설명하면 다음과 같다.

- **사전예방 차원의 제품 변경**: 수명연장, 폐기물 발생량 감축, 분해 및 재활용 용이성 증대 등 제품 전 과정에 걸쳐 환경에 미치는 영향을 최소화하도록 제품의 설계를 변

경하는 것을 말한다.

- **사전예방 차원의 생산공정 변경:** 유해 화학물질의 대체 및 사용억제, 재활용 및 재이용 가능한 원료 사용 등 친환경 원재료 사용 확대, 오염물질을 많이 발생시키는 기존 공정을 친환경적인 공정으로 변경시키는 청정공정기술 개발, 불필요한 원료와 에너지의 소비를 없애는 친환경 생산공정 관리 등이 있다.
- **폐기물 관리:** 폐기물의 발생이 적도록 원천적으로 감축시키거나 사업장 내 원료로 재이용하거나 유용한 물질로 변환하여 재활용하고 이 방법이 불가능할 경우 친환경적으로 매립하거나 소각하는 것을 말한다.

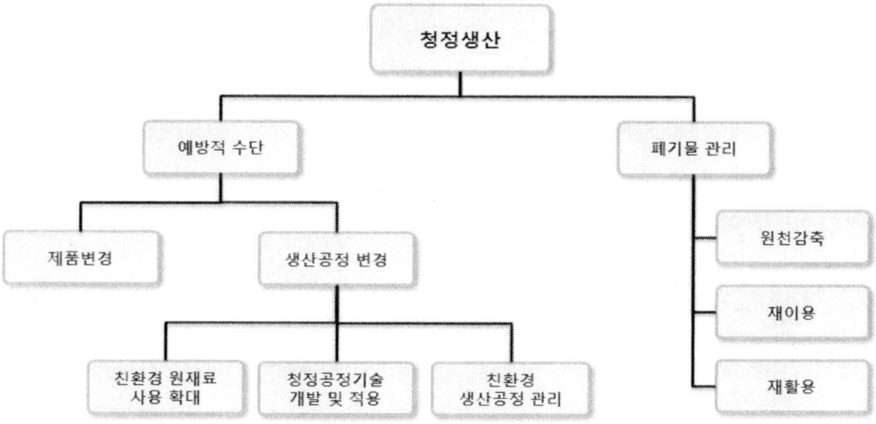

[출처: 이병욱, 황금주, 김남규(2005), 환경경영, 에코리브르]

그림 13-5 청정생산의 범위

13.4.7 그린 마케팅

(1) 개요

그린 마케팅이란 고객의 욕구를 식별 및 예측하고 만족시켜서 수익성을 제고해나가는 전통적인 마케팅에 환경적 의미를 추가하여 경제적 수익성과 환경적 지속성의 조화를 추구하는 것으로, 자연환경에 더 큰 비중을 주며 환경을 사회에 필요한 유용성의 측면이 아니라 더 중요한 내재적 가치로 취급한다는 측면에서 전통적인 마케팅과 차이점이 있다. 특히 그린 마케팅은 환경에 대한 관심에 기반을 두어 소비행위를 결정하고, 환경에 대한 부정적인 영향이 상대적으로 적은 제품을 적극적으로 선호하는 소비자 집단인 녹색소비자와 밀접한 관련이 있다.

(2) 접근방법

기업에서는 그린 마케팅을 위하여 다음과 같은 측면에서 접근하고 있다.

- **경쟁력 제고**: 환경적 요인을 경쟁력 제고의 수단으로 활용한다.
- **사업전략의 일환**: 그린 마케팅을 전통적인 가격, 품질, 납기, 유연성에 부가한 환경요인을 고려한 사업전략의 일환으로 간주한다.
- **마케팅 전략**: 환경에 대한 사회적 관심을 감안하여 미래지향적인 마케팅 전략으로 발전시키는 것을 말한다.
- **환경정보 제공**: 제품 및 기업과 관련된 구체적이고 신뢰성 있는 환경정보를 소비자와 이해관계자에게 제공한다.

그린 마케팅의 주요한 수단 중의 하나가 바로 환경 라벨링 제도인데 이는 기업이 소비자에게 친환경 제품과 서비스를 광고하여 판매를 촉진하기 위한 그린 커뮤니케이션의 수단이며 기업의 친환경 이미지를 알리고 친환경 제품과 서비스의 판매를 촉진하는 그린 마케팅의 주요한 부분이다. 환경 라벨링 제도의 대표적인 예로는 독일의 Blue Angel, 미국의 Green Seal, 캐나다 및 호주의 Environmental Choice, 북유럽 국가들의 White Swan 등이 있으며 국내의 경우 환경마크가 있다.

토의문제

1. 대표적인 전 지구적 환경문제를 설명하고 관련 국제협약을 정리하시오.
2. 지속가능발전의 기본개념을 설명하고 그 중요성에 대해 조사해보시오.
3. 환경경영의 정의, 목적 및 기본체계를 설명하고 일반적인 경영개념과의 차이점을 조사해보시오.
4. 환경경영 전략의 수립절차를 설명하고 관련 사례를 조사해보시오.
5. 환경경영시스템의 기본요건을 설명하고 대표적인 환경경영시스템인 ISO 14000 시리즈의 구축사례를 조사해보시오.
6. 청정생산의 정의 및 관련 범위를 기술하고 국내외의 대표적인 사례를 조사하시오.

참고문헌

1. 박재창 외(2004), 한국의 환경지속성: 평가와 과제, 대영문화사
2. 이병욱, 황금주, 김남규(2005), 환경경영, 에코리브르
3. 이진, 강현수(2004), 환경경영론, 형설출판사
4. Mebratu, D.(1998), Sustainability and Sustainable Development: Historical and Conceptual Review, Environmental Impact Assessment Review, Vol. 18, 493～520
5. Young, P., Byrne, G., and Cotterell, M.(1997), Manufacturing and the Environment, International Journal of Advanced Manufacturing Technology, Vol. 13, 488～493

찾아보기

20%룰 40
360도 피드백제도 85
3C분석 261
5-Forces 모델 292
5S운동 42
5WHY 추구법 42
6시그마 251
7S모형 34, 39
ABC 재고관리기법 138
Bass모형 319
BSC(Balanced Score Card, 균형성과표) 85, 284
CEO(Chief Executive Officer) 11, 18, 46
CRM(Customer Relationship Management) 89
DSS(Decision Support System) 182
GWP(Great Work Place) 15, 33
Innovator's Dilemma 305
KPI 85
OJT(On the Job Training) 69
OTD 209
QCD 117
QFD 313
RFM(Recency, Frequency, Monetary) 107
SCOR모델 202
S-curve모형 307
SOHO 13
SWOT분석 261, 294
T자형 인재 19
Z조직문화 41
Z형 조직 30, 31

ㄱ

가이젠 문화 42
가족주의 경영 40
가치(value)중심 92
가치사슬(value chain) 295
간트차트 221
감가상각 241
개별공정 124
개인주의 43
검사특성곡선(Operating Characteristic Curve) 168
경력개발 70
경력개발 프로그램(Career Development Program; CDP) 71
경영정보시스템 178
경영정보시스템의 구축단계 192
경제적 생산량 모형 140
경제적 주문량 모형 139
계약사원제도 67
계층적 생산계획 205
계획대응력 210
계획사이클타임 210
계획생산 116
계획확정구간 214

고객관계관리 89
고객서비스 200
고객세분화 109
고객유지 100
고객평생가치(Life Time Value; LTV) 106
고객획득 100
고용관계 82
고정기 304
고정비율 245
고정위치 배치 128
고정장기적합률 245
고정주문량 모형 138
공급사슬 199
공급사슬 계획시스템 202
공급사슬관리 199
공급자재고관리 207
공식적 기술이전 316
공유가치 34
공정기술 126
공정별 배치 127
공정선택 123
공정설계 123
공정혁신주기 304
과도기 304
관리격자이론(Managerial Grid Theory) 7
관리도(Control Chart) 164
관리자 10
교육훈련 68
구전효과 91
균형성과표 85
그린 마케팅 345
그린 조직 340
글로벌 매트릭스 조직문화 36
기능/부문별 정보시스템 185
기능목록(skill inventory) 65
기능적 조직 302
기본급 75
기술가치 평가 308
기술개발 313
기술계획 309
기술로드맵 309
기술예측 306
기술이전 315
기술적 위험 310
기술전략 300, 311
기술주도 연구개발 302
기술혁신 304
기술혁신주기 304
기술확산 317
기술획득 314
기업 간 정보시스템 185
기업문화 27, 28, 72
기업윤리 47
기업윤리강령 51
기업전략 35
기준생산계획 134
기후변화 325

ㄴ

납기약속 219
내부공개채용제도 67
녹색소비자 345

ㄷ

다면평가 85
단속공정 124
단심적 공급사슬 202
단일수준방법 221
당좌비율(Quick Ratio) 244
대차대조표(B/S; Balance Sheet) 235
대차평균의 원리 233
데이터 179

델파이법 64, 132, 307
독립수요 137
동시공학(concurrent engineering) 122

ㄹ

라인공정 123
롤링구간계획 213
리더 10
리더십(leadership) 3, 5
리더십 특성이론(Traits theory) 7
리더십 행동이론(Behavior theory) 7

ㅁ

마코브 분석 65
매출액이익률(Return On Sales) 243
매트릭스 조직 302
멘토링 제도 69
모방가 318
목표관리 74
믹스 218

ㅂ

발탁승진 79
배움경영 4
법정 복리후생제도 80
병합 206
복심적 공급사슬 202
볼륨 218
부채비율(Debt to Equity Ratio) 246
부채자본비율(D/E ratio) 247
분리점 211
분배계획 222
분식회계 16, 49
비공식적 기술이전 316
비용접근법 308
비전체계 280

ㅅ

사건기반계획 213
사무자동화시스템 183
사원추천제도 66
산성비 326
상시채용 67
상여금 75
상향적 접근방법 64
상황이론(Contingency theory) 9
샘플링(Sampling) 146
생산(production) 115
생산 및 운영관리 116
생산 및 일정계획 131
생산능력 129
생산대응력 210
생산시스템 115
생산전략 119
서비스업 115
설비계획 129
설비배치 127
성과급(performance-based pay) 77
성과보너스 77
성과주의 77, 84
성과지표(performance index) 281
성취지향의 문화 46
손익계산서(P/L: Profit and Loss, I/S: Income Statement) 238
손익접근법 308
수송계획 222
수요예측 131
수요주문가능량 219
수익성 비율 242
수직적 기술이전 316
수직적 통합 123
수평적 기술이전 316

스톡옵션(stock option) 78
스페셜리스트(specialist) 19
시계열 분석 64
시계열 분석법 133
시뮬레이션 69
시장견인 연구개발 302
시장사례접근법 308
시장조사법 132
신제품 개발과정 121
신제품 도입전략 120
심리(psychograph) 103

ㅇ

아웃소싱(Outsourcing) 13, 83
안전재고 140
업무분담제도 35
역량 위험 310
역물류 343
역할연기법(role playing) 70
연공급(seniority-based pay) 76
연공승진 79
연공주의 78
연구개발 302
연구개발관리 299
연봉제 77
연속재고검토 시스템 139
오존층 파괴 326
와해형혁신 305
완제품 재고 137
우선순위 규칙 136
원자재 재고 136
웹 기반 정보시스템 184
유동기 304
유동성비율 243
유머경영 40
유연제조시스템 126
윤리경영 49
의사결정지원시스템 182
의제 21 330
이동평균법 133
이익잉여금처분계산서 239
이중수준방법 221
이직관리 80
인과형 모형 132
인구통계적(demographic) 103
인사관리 59
인사평가 72
인적자원관리 59
인턴십 67
일정계획 135
임금피크제(salary peak) 78
입지문제 130

ㅈ

자격승진 79
자본이익률(Return On Equity; ROE) 243
자산수익률(Return On Asset; ROA) 242
자율 출퇴근제 64
자재계획 134
자재소요계획 134
잠재고객 95
재고 136
재고관리 137
재고생산공정 124
재공 재고 136
재무보고(Financial Reporting) 235
저품질비용(Cost Of Poor Quality; COPQ) 256
전 과정 평가 342
전개형 생산 116
전략경영 279
전략적 계획수립 프로세스 217

전략적 적합 312
전략적 정보시스템 183
전략적 정보시스템의 목표 191
전면적 재최적화 방법 221
전문가시스템 183
전사적 자원관리시스템 183, 202
전사적 정보시스템 185
전사적 품질관리(Total Quality Control; TQC) 146
정기재고검토 시스템 139
정기주문 모형 139
정보 179
정보공학 방법론 188
정보기술 178
정보기술전략 189
정보시스템 176
정보자원의 질적 조건 181
정보전략 계획 188
제3자 물류 204
제너럴리스트(generalist) 19
제무재표 227
제조업 115
제품 관련 환경규제 328
제품기술 126
제품별 배치 127
제품설계 120
제품혁신주기 304
조립라인 균형문제 129
조직간공급사슬 212
조직구조 35
조직내공급사슬 212
존속형혁신 305
종속수요 137
종업원 피드백 프로그램 83
종업원 행동지침 52
종업원 후원 프로그램 83
종합적 품질경영(Total Quality Management; TQM) 146
주 일정계획 219
주당순이익(Earnings Per Share; EPS) 243
주도기업 202
주문생산 116
주문생산 공정 125
주문충족률 209
주요성능지표 209
중역정보시스템 183
지속가능발전 330
지수평활법 133
지시 206
지식 179
지위중심의 문화 46
직계승진 79
직능급(skill-based pay) 76
직무급(job-based pay) 76
직무기술서 61
직무명세서 61
직무순환 63
직무충실화 63
직무확대 63
집단생산 126
집단주의 43
집약형 생산 116

ㅊ

채널(channel) 93
채찍효과 203
청정생산 344
체계적 배치계획 128
총괄계획 133
친환경 공급망 관리 342
친환경 제품 341

ㅋ

컴퓨터 기반 정보시스템 177
컴퓨터 지원 설계 126
컴퓨터 지원 제조 126
코디네이션 201

ㅌ

테크노 리더 19, 20
통계적 품질관리(Statistical Quality Control; SQC) 146
통합적 작업팀 63
특성요인도 162

ㅍ

파레토 법칙 91
파생(derived)정보 103
판매/운영계획 218
평판리스크 50
폐기물 문제 326
품질(Quality) 143
품질관리 145
품질비용 153
품질실패비용 154
품질통제비용 153
프로슈머 92
프로젝트 공정 124
프로젝트 조직 302
피드백 207

ㅎ

행동경험훈련 70
혁신가 318
현금흐름표(Cash Flow Statement) 241
협업예측 217, 223
확장계획 방법 221
환경 라벨링 제도 346
환경경영 329
환경경영 전략 334
환경경영시스템 337
환경고려 설계 341
환경협약 326
회계공준 231
회귀분석 65
흐름공정 123
히스토그램 161

저자약력

배석주
(현) 한양대학교 산업공학과 교수
Georgia Institute of Technology 산업공학 박사
한양대학교 산업공학 석사
한양대학교 산업공학 학사
삼성SDI 신뢰성연구팀 전임연구원
테네시 대학교 낙스빌캠퍼스 전기컴퓨터공학과 초빙연구원
신뢰성응용연구지 편집위원장
International Journal of Quality, Statistics, and Reliability 편집위원

안광일
(현) 한양대학교 산업공학과 교수
한양대학교 산업공학 박사
한양대학교 산업공학 석사
한양대학교 산업공학 학사
한양대학교 산업공학과 강의전담교수

이동호
(현) 한양대학교 산업공학과 교수
KAIST 산업공학 박사
KAIST 산업공학 석사
서울대학교 산업공학 학사
스위스연방공과대학-로잔(EPFL) 연구원
KAIST 산업공학과 박사후 연구원
대한산업공학회지 생산관리분야 편집위원

정인재
(현) 한양대학교 산업공학과 교수
Texas A&M University 산업공학 박사
KAIST 산업공학 석사
한양대학교 산업공학 학사
Texas A&M University Visiting Associate Professor
삼성전자 LCD 사업부 책임연구원
한국과학기술기획평가원 자문위원
한국산업경영시스템학회 운영이사

최경현
(현) 한양대학교 산업공학과 교수, 기술경영대학원 원장
Virginia Tech, ISE, Ph. D.
Virginia Tech, IEOR, M. S.
서강대학교 수학과 학사
삼성SDS SI 기획부, SI 컨설팅사업부 담당부장

테크노 경영 값 20,000 원

제1판 1쇄 2011년 3월 7일 발행
제1판 2쇄 2012년 2월 3일 발행

인지 생략

著 者 배석주 · 안광일 · 이동호 정인재 · 최경현

發行人 金 洪 錫

發行處 清 文 閣

경기도 파주시 문발동 파주출판도시 513-7
(등록1975. 05. 21. 제406-2005-000049호)
Tel. 031) 955-1451~7 Fax. 031) 955-1458
Homepage: http://www.cmgpg.com
Email: cmgbook@cmgbook.co.kr

ISBN: 978-89-6364-094-5